文革史料叢刊第一輯

第三冊：劉少奇與鄧小平反動言論彙編

李正中　輯編

只有不漠視、不迴避這段歷史，中國才有希望，中華民族才有希望！忘記歷史意味著背叛！

——摘自「文革史料叢刊·前言」

 蘭臺出版社

巴金先生說在文革

受盡火與血磨煉

的人是不會沉默的

八十又五叟 李正中

著名中國古瓷與歷史學家、教育家。
李正中　簡介

祖籍山東省諸城市，民國十九年（1930）出生於吉林省長春市。
北平中國大學史學系肄業，畢業於華北大學（今中國人民大學）。
歷任：天津教師進修學院教務處長兼歷史系主任（今天津師範大學）。
　　　天津大學冶金分校教務處長兼圖書館長、教授。
　　　天津社會科學院中國文化研究中心主任、研究員。
現任：天津理工大學經濟與文化研究所所長、特聘教授。
　　　天津文史研究館館員。
　　　天津市漢語言文學培訓測試中心專家學術委員會主任。
　　　香港世界華文文學家協會首席顧問。
　　　（天津理工大學經濟與文化研究所供稿）
為加強海內外學術交流，應邀赴日本、韓國、香港、臺灣進行講學，
其作品入圍德國法蘭克福國際書展和美國ABA國際書展。

前言：忘記歷史意味著背叛

文學巨匠巴金說：

應該把那一切醜惡的、陰暗的、殘酷的、可怕的、血淋淋的東西集中起來，展覽出來，毫不掩飾，讓大家看得清清楚楚，牢牢記住。不能允許再發生那樣的事。不再把我們當牛，首先我們要相信自己不是牛，是人，是一個能夠用自己腦子思考的人！

那些魔法都是從文字遊戲開始的。我們好好地想一想、看一看，那些變化，那些過程，那些謊言，那些騙局，那些血淋淋的慘劇，那些傷心斷腸的悲劇，那些勾心鬥角的醜劇，那些殘酷無情的鬥爭……為了那一切的文字遊戲！……為了那可怕的十年，我們也應該對中華民族子孫後代有一個交代。

要大家牢記那十年中間自己的和別人的一言一行，並不是讓人忘記過去的恩仇。這只是提醒我們要記住自己的責任，對那個給幾代人帶來大災難的「文革」應該負的責任，無論是受害者，或者害人者，無論是上一輩或是下一代，不管有沒有為「文革」舉過手點過頭，無論是造反派、走資派，或者逍遙派，無論是鳳或者是牛馬，讓大家都到這裡來照照鏡子，看看自己為「文革」做過什麼，或者為反對「文革」做過什麼。不這樣，我們怎麼償還對子孫後代欠下的那一筆債，那筆非還不可的債啊！

（摘自巴金《隨想錄》第五冊《無題集·紀念》）

我高舉雙手讚賞、支持前輩巴老的呼籲。這不是一個人的呼籲，而是一個民族對其歷史的反思。一個忘記自己悲慘歷史和命運的民族，就是一個沒有靈魂的民族，沒有希望的民族，沒有前途的民族。中華民族要真正重新崛起於世界之林，實現中華夢，首先必須根除這種漠視和回避自己民族災難的病根，因為那不意味著它的強大，而恰恰意味著軟弱和自欺。這就是我不計後果，一定要搜集、編輯和出版這部書的原因。我想，待巴老呼籲的「文革紀念館」真正建立起來的那一天，我們才可以無愧地向全世界宣告：中華民族真正走上了復興之路……。

當本書即將付梓時刻，使我想到蘭臺出版社出版該書的風險，使我內心感動、感激和感謝！同時也向高雅婷責任編輯對殘缺不全的文革報紙給以精心整理、校對，付出辛勤的勞累致以衷心得感謝！

感謝忘年交、學友南開大學博導張培鋒教授為拙書寫「序言」，這是一篇學者的呼喚、是正義的伸張，作為一個早以欲哭無淚的老者，為之動容，不覺潸然淚下：「一夜思量千年事，人生知己有一人」足矣！

李正中於古月齋

2014年6月1日文革48周年紀念

序言：中國歷史界的大幸，也是國家、民族之大幸

張培鋒

　　李正中先生積三十年之功，編集整理的《文革史料叢刊》即將出版，囑我為序。我生於1963年，在文革後期（1971-1976），我還在讀小學，那時，對世事懵懵懂懂，對於「文革」並不瞭解多少，因此我也並非為此書寫序的合適人選。但李先生堅持讓我寫序，我就從與先生交往以及對他的瞭解談起吧。

　　看到李先生所作「前言」中引述巴金老人的那段話，我頓時回想起當年我們一起購買巴老那套《隨想錄》時的情景。1985年我大學畢業後，分配到天津大學冶金分校文史教研室擔任教學工作，李正中先生當時是教務處長兼教研室主任，我在他的直接領導下工作。記得是工作後的第三年即1987年，天津舉辦過一次大型的圖書展銷會（當時這樣的展銷會很少），李正中先生帶領我們教研室的全體老師前往購書。在書展上，李正中先生一眼看到剛剛出版的《隨想錄》一書，他立刻買了一套，並向我們鄭重推薦：「好好讀一讀巴老這套書，這是對「文革」的控訴和懺悔。」我於是便也買了一套，並認真讀了其中大部分文章。說實話，巴老這套書確實是我對「文革」認識的一次啟蒙，這才對自己剛剛度過的那一個時代有了比較深切的瞭解，所以這件事我一直記憶猶新。我記得在那之後，李正中先生在教研室的活動中，不斷提到他特別讚賞巴金老人提出的建立「文革紀念館」的倡議，並說，如果這個紀念館真的能夠建立，他願意捐出一批文物。他說：「如果不徹底否定「文革」，中國就沒有希望！」我這才知道，從那時起，他就留意收集有關「文革」的文獻。算起來，到現在又三十年過去了，李先生對於「文革」那段歷史「鍾情」不改，現在終於將其裒輯付梓，我想，這是中國歷史界的大幸，也是國家、民族之大幸！

　　前兩年，我有幸讀到李正中先生的回憶錄，對他在「文革」中的遭遇有了更為真切的瞭解。「文革」不僅僅是中國知識分子的受難史，更是整個民族、人民的災難史。正如李先生在「前言」中所說，忘記這段歷史就意味著背叛。李先生是歷史學家，他的話絕非僅僅出於個人感受，而是站在歷史的高度，表現出一個中國知識分子的真正良心。

　　就我個人而言，雖然「文革」對我這一代人的波及遠遠不及李先生那一代人，但自從我對「文革」有了新的認識後，對那段歷史也有所反思。結合我個人現在從事的中國傳統文化教學與研究來看，我覺得「文革」最大的災難在於：它對中華優秀傳統文化做出了一次「史無前例」的摧毀（當時稱之為「破四舊，立新風」，當時究竟是如何做的，我想李先生這套書中一定有非常真實的史料證明），從根本上造成人心

的扭曲和敗壞，並由此敗壞了全社會的道德和風氣。「文革」中那層出不窮的事例，無不是對善良人性的摧殘，對人性中那些最邪惡部分的激發。而歷史與現在、與未來是緊緊聯繫在一起的，當代中國社會種種社會問題、人心的問題，其實都可以從「文革」那裡找到根源。比如中國大陸出現的大量的假冒偽劣、坑蒙拐騙、貪汙腐化等現象，很多人責怪說這是市場經濟造成的，但我認為，其根源並不在當下，而可以追溯到四十年前的那場「革命」。而時下一些所謂「左派」們，或別有用心，或昧了良心，仍然在用「文革」那套思維方式，不斷地掩飾和粉飾那個時代，甚至將其稱為中國歷史上最文明、最理想的時代。我現在在高校教學中接觸到的那些八十年代、九十年代後出生的年輕人，他們對於「文革」或者絲毫不瞭解，或者瞭解的是一些經過掩飾和粉飾的假歷史，因而他們對於那個時代的總體認識是模糊甚至是錯誤的。我想，這正是從巴金老人到李正中先生，不斷呼籲不要忘記「文革」那段歷史的深刻含義所在。不要忘記「文革」，既是對歷史負責，更是對未來負責啊！

記得我在上小學的時候，整天不上課，拿著毛筆——我現在感到奇怪，其實就連毛筆不也是我們老祖宗的發明創造嗎？「文革」怎麼就沒把它「革」掉呢？——寫「大字報」，批判「孔老二」，其實不過是從報紙上照抄一些段落而已，我的《論語》啟蒙竟然是在那樣一種可笑的背景下完成的。但是，僅僅過去三十多年，孔子仍然是我們全民族共尊的至聖先師，「文革」中那些「風流人物」們今朝又何在呢？所以我認為，歷史是最公正、最無情的，是不容歪曲，也無法掩飾的，試圖對歷史進行歪曲和掩飾其實是最愚蠢的事。李正中先生將這些「文革」時期的真實史料拿出來，讓那些並沒有經歷過那個時代的人們真正認識和體會一下那場「革命」的真實過程，看一看那所謂「革命」、「理想」造成了怎樣嚴重的後果，這就是最好的歷史、最真實的歷史，這也就是巴老所說的「文革紀念館」的一個重要組成部分啊！我非常讚成李正中先生在「前言」中所說的，只有不漠視、不回避這段歷史，中國才有希望，中華民族才有希望！

是為序。

中華民族最黑暗的年代「文革」48周年紀念於天津聆鍾室
〔注〕張培鋒：現任南開大學文學院教授博士班導師

古月齋叢書3　文革史料叢刊　第一輯

前言：忘記歷史意味著背叛　李正中

序言：中國歷史界的大幸，也是國家、民族之大幸　張培鋒

第一冊：最高指示及中央首長關於文化大革命講話

最高指示

中央及有關負責同志關於無產階級文化大革命講話（二種）

第二冊：批判劉少奇與鄧小平罪行大字報選編

揭發批判劉少奇反革命主義罪行大字報選編（四種）

劉少奇鄧小平反社會主義反毛澤東思想的言論摘編

劉少奇在經濟方面的反革命修正主意言論摘編

紅砲兵——批臭黑《修養》

第三冊：劉少奇與鄧小平反動言論彙編

打倒鄧小平（農村版）

反革命修正主義分子鄧小平罪惡史

劉少奇鄧小平資產階級反動史學言論匯編

劉少奇鄧小平反革命黑話簡編

劉子厚反黨反社會主義反毛澤東思想黑話集

任白戈三反言行五百例

安源工人運動的歷史不容顛倒

以革命大批判推動鬥批改

第四冊：反黨篡軍野心家罪惡史選編

反黨篡軍野心家羅瑞卿罪惡史

反黨篡軍野心家賀龍罪惡史（二種）

憤怒聲討大軍閥大野心家朱德（大字報選編）

打倒李井泉（二種）

李井泉鬼魂東行記

第五冊：文藝戰線上兩條路線鬥爭大事紀

高舉毛澤東思想偉大紅旗

反革命修正主義分子胡喬木罪惡史

胡喬木的《三十年》必須批判

文藝戰線上兩條路線鬥爭大事紀1949~1967

江青同志關於文藝工作的指示彙編

十七年來出版工作兩條路線鬥爭大事紀1948~1966

三反分子侯外廬材料選編

《高教六十條》的出籠

第六冊：文革紅衛兵報紙選編

挺進報（四期）

文藝紅旗報

魯迅（二期）

紅太工（七期）

革命造反（六期）

「文化大革命」資料著作目錄

史料照片

第三冊　目錄

打倒邓小平

农村版

南开大学批判刘邓陶联络站编

一九六七年十一月

45660

目　　录

揭开反革命老底
前　言

毛主席教导我们："要特别警惕象赫鲁晓夫那样的个人野心家和阴谋家，防止这样的坏人篡夺党和国家的各级领导。"

党內第二号走资本主义道路的当权派邓小平，就是赫鲁晓夫式的野心家和阴谋家，多年以来，他打着"紅旗"反紅旗，自我吹嘘是"一貫正确"的代表，甚至打扮成"反修英雄"的模样，而在实际上，是一直在猖狂地反对我們革命人民最伟大的领袖毛主席，反对当代最高最活的馬列主义——毛泽东思想，反对走社会主义道路。邓小平当面装人，背后是鬼，是埋在毛主席身边的一颗定时炸弹。

伟大領袖毛主席亲自发动和领导了这塲史无前例的无产阶級文化大革命，炮打資产阶級司令部！革命造反派杀声四起，矛头直指党內最大的一小撮走資本主义道路的当权派，邓小平感到末日来临了，急忙跳了出来，和党內头号走资本主义道路的当权派刘少奇勾結密謀，抛出了一条资产阶级反动路綫，妄图灭火。但是，跳得越欢，暴露越明显。亿万革命群众掌握了毛泽东思想，革命洪流所向无敌，揪出了刘邓为首的一小撮走資本主义道路的当权派。邓小平这傢伙，眞是反动透頂又死不要脸，他的狐狸尾巴被揪住以后，还无耻的叫嚷什么"老革命遇到新问题。"那么，我们就来揭开邓小平的老底，看看他到底是哪家的老革命，看看他究竞是"老革命"，还是老反革命。

15

（一）抗日战争以前（1904—1937）

这一时期，邓小平初显野心家身手。主要罪状是：投机革命，大捞政治资本；紧急关头，逃跑保命；积极推行立三路线，又借反立三路线往脸上贴金。大搞政治扒手手段。

邓小平，1904年生于四川省广安县协兴乡。他的家庭是一个地主、官僚、恶霸三位一体的家庭。为什么说是三位一体呢？他的狗爹邓文明，有田210担谷，每年可收粮二万六千多斤，僱有长工短工，是当地有名的大地主。邓文明这傢伙，后来当了广安县练局长、八县联团参事，是反动的狗官。邓文明还是袍哥大爷，手下掌握一营人馬，无恶不做称霸一方。当地人民提起邓文明，眞是人人恨得咬牙根，邓小平从小就生长在这样的家里，娇生惯养，深得狗爹娘宠爱。

1919年，邓小平和重庆留法予备班一同学到了法国，他出国的目的，完全是想光宗耀祖，发财致富。到1922年春天，共产党员周恩来同志组织旅法共产主义青年团支部，邓小平也乘机混进党内，1925年，中国革命形势高潮，邓小平又忙耍个人野心，混进共产党内。

我們伟大領袖毛主席教导我们："绝不能象赫鲁晓夫那样，文过饰非，把一切功劳归于自己，把一切错误归于别人。"邓小平这傢伙，一登上政治舞台，就是赫鲁晓夫的徒弟。

1929年党派他到广西軍閥李宗仁、白崇禧的部队去，那里××师我党影响很大，师长是我党党員，同年12月，共产党领导的軍队和农民武装在百色举行起义，成立了右江工农民主政府和紅軍第七軍。这本是共产党的影响在群众中的胜利，邓小平却把这笔功劳完全记到自己头上，自我吹嘘。

邓小平当了红七军政委以后，就积极推行立三路綫，**把部队調到北面**，执行"見城就攻，見敌就打"的錯誤路綫，**使部队損失很大**，从一万多人縮減到二千多人，右江根据地也被敌人摧残，迫使红七军不得不轉移到江西同红一方面军会合。

邓小平这傢伙表面上左的要命，其实是个怕死鬼，1931年，他終于当了可耻的逃兵，那是在1931年1月，红七军在乐昌强渡北江，不幸被敌人截断。邓小平仅带一小部分队伍到达江西崇义休整。几天以后，上猷之敌又进攻崇义，邓小平在一个小山头上听得枪声激烈，吓得魂飞魄散，借口去中央汇报情况竟没有和部队其它负责人打招呼，就私自逃跑，一个小差开到上海去了。

1931年1月，我党举行了六届四中全会，王明上台。邓小平不久被派到中央苏区，担任中心县委书記，管辖会昌、寻鄔、安远三个县，这里是红区和白区交界的地区。

到1933年，左倾路綫排挤了毛泽东同志在党和红军中的领导。那时在江西，左倾分子搞了个"反王明路綫"，其实是对准以毛主席为代表的正确的革命路綫。当时，刚从苏联回来的反革命分子李維汉被派到了邓小平所管辖的中心县，李以中央组织干事身分领导该县的反王明路綫。李曾經遭受过立三路綫的打击，他认为邓小平当时是积极推行立三路綫的，是参与打击他的活动的。加上其它一些原因，李就乘机大反邓小平，把邓小平撤了职，罢了官。

在江西反王明路綫时，有个反毛（泽覃）、謝（維俊）、古（柏）、邓（小平）事件。毛、謝、古三位同志多年緊跟毛主席干革命，是毛主席革命路綫的忠实执行者。邓小平历来是投机革命的。执行立三路綫是急先锋，而且是1931年刚到江西的。但是，到后来，邓小平竟拿这个事件吹嘘自己一贯正确，往脸上貼金，眞是恬不知恥。

在长征途中，邓小平是作为紅軍总政宣传干事随行，一直消极怠工。但解放后却演了一出伪造历史的丑剧。事情是这样的：1935年一月。党中央在遵义召开具有伟大历史意义的遵义会議，确定了毛泽东同志在全党的領导地位，当时出席会議的共18名同志，根本沒有邓小平。但解放后邓去遵义，却胡編他也出席了遵义会議，还指点他坐在哪里，装得满象，但是当时出席会議的同志誰也不記得这个邓小平参加会議，連邓的狗党楊尚昆之流也不敢給他証明。由这里也可以看出邓小平政治扒手的本性。

(二)抗日战爭和解放战爭时期(1937—1949)

这一时期，邓小平的主要罪状是：在敌占区政策上忽"左"忽右；积极支持百团大战；吹捧人民公敌蔣介石；幻想对蔣介石和談而不做战备；在新解放区对資产阶級妥协投降。

1938年1月，邓小平任八路軍一二九师政委，次年，他完全不顾我党在敌占区的政策，在"把敌占区变成殖民地"的錯誤观点支配下，对敌占区实行"需索"政策，結果在敌占区人民中給我軍造成很坏影响。到1940年反对把敌占区变成殖民地观点时，邓小平又采取不到敌占区进行工作的錯誤作法，从一个极端跳到另一个极端。这傢伙搞忽"左"忽右、形"左"实右是具有历史性的。

百团大战是大野心家彭德怀等人搞的一次非常錯誤的大规模的軍事行动。1940年8月，彭德怀等人背着党中央和毛主席，在华北抗日根据地，調集一百一十多个团的兵力，对日寇作战，历时三个半月。这是完全违背毛主席当时制定的政治軍事路綫的。在方針路綫上是完全錯誤的，因为当时蒋介石消极抗战，把重兵屯集到西南西北，保存实力，准备反共、內战。当时在华北搞百团大战，过早暴露我在华北实力，使日寇調集重兵围剿，扫蕩我华北根据地，这样一来，却是保卫了蒋介石的安全，并且使我华北根据地受到极大损失。

邓小平当时是一二九师政委，又是中共中央太行分局书記，他积极支持了彭德怀的极端錯誤的軍事行动。

更令人气愤的是，邓小平以后明明知道毛主席是不贊成"百团大战"的，他却还为百团大战拼命地吹嘘什么"轰动全球的英勇的百团大战……它的辉煌战績不仅在中国是罕见的，即在世界历史上也是永垂不朽的。"（見《一二九师百团大战总結》1940年）在这里，邓小平又是公开与毛主席唱反調的。

中国人民都清楚，在抗日战爭时期，蒋介石一向是消极抗日，积极反共。他把重兵調到內地避免与日軍作战，而反共却十分猖狂，1940年，他制定了《限制异党活动办法》，《共产党問題处理办法》等极端反动的条令，在蒋管区內大建集中营連續制造平江惨案、角山石惨案，残杀八路軍、新四軍后方留守人員。蒋介石这样一个独夫民贼、人民公敌，中国人民恨得叫他"蒋該死"，这样一个反动傢伙，难道还有什么可爱之处么？可是，邓小平这个无耻的败类，在1940年12月，还把蒋介石称作"統帅"，百般地美化、吹捧蒋該死："……伴着这次严重危险而来的，是国內亲日派和內战挑拨者的活跃。这些混蛋在日寇指使下，拼命挑拨反共的內战，企图用內战的方式，置統帅于火炉之上，拖一批友軍下水"。（見《迎接一九四一年》）

这一番話，充分暴露了邓小平搞阶级投降主义的眞面目，这就是他自我吹嘘的"老革命"的本象。

1945年4月──6月，我党在延安召开了第七次全国代表大会。惯于投机、善于耍两面派手法的邓小平，骗取了中央信任，当上了中央委員。

抗日战爭胜利之后，我們伟大的領袖毛主席发出"蒋介石在挑动内战"的警告，要准备跟国民党反动派进行更艰苦的斗爭，这代表当时中国人民的利益和意志。但是，邓小平却幻想和談，把地方部队轉为搞生产，部队大量复员，結果造成在他的管轄区內，在蒋介石的軍事进攻面前，处于准备不足状态，很被动。邓小平对中国人民的解放事业又犯下了滔天罪行。

1947年，中原分局成立，邓小平任中原分局书記，在他任职期間推行右傾机会主义路綫。毛主席早在1945年就明确指出："减租减息必须是群众斗爭的結果，不能是政府恩施的。"邓小平却明目张胆地对抗毛主席的指示。在土改中，他把广大农民当作"阿斗"，地主的土地由他們这些人"恩施"給贫下中农。停止土改后，邓又不认眞执行党的减租减息政策。反霸斗爭中，不是严办首恶分子，而是片面强調宽大，对于地主、富农欺压群众听之任之，置之不理。

在城市工作中，邓小平不依靠工人阶级，无视工农痛苦，却用大量公款帮助資本家复业。在城乡关系上，不是改造旧的城市以服务于农村，服务于工农大多数，而是迁就資本家，損害工农利益。邓小平所推行的右傾投降路綫，給中原解放区人民的革命事业造成了严重的損失。

在晋冀魯豫野战军挺进大别山后，邓小平竟依靠原有的保甲长去筹粮筹款。这些保甲长，多是地头蛇，他們利用邓小平所給他們的特殊权利，骑在劳动人民头上作威作福，魚肉人民，这是邓小平又一罪債！

上海、南京等大城市于1949年相继解放，当时劳資矛盾很尖銳。身为华东局第一书記的邓小平，却站在资产阶級立場上，为资产阶級效劳。他說："要大家（即资方和劳方）相互商量，先资方，后劳方，不能解决再到政府，用合理的方法，不能站在哪一边……"当工人对资本家的剝削压迫不滿，提出申訴时，他总是要求工人"忍受"，并下令"凡是党員与非党員合作不好，首先是党員负責，不管有理无理，有理三百板，无理板三百。不这样，統一战綫不能巩固。"这完全是一个资产阶級代言人的腔調，使人很自然想到几乎在同一时期，党内头号走资本主义道路当权派刘少奇在天津的讲話，刘少奇叫工人"不要搞乱"，"要听公司。"这两个老修本就是一路货！

（三）社会主义革命时期（1949—1966年）

新中国成立以后，毛主席带领我国人民走上社会主义的道路。中国大地上开始了史无前例的革命事业，在經济、政治、思想文化等各个領域內，无产阶級与资产阶級的斗爭逐步深入，资产阶級的代言人邓小平的反革命面目也就暴露的越来越明显。在新中国成立以后，邓小平的主要罪状包括：在西南局大搞独立王国，实行阶級投降；在党的"八大"会上伙同刘少奇，猖狂反对毛主席，反对毛泽东思想；在麻城事件中，推行阶級投降政策；在六一年六二年困难时期，大肆誣蔑三面紅旗，疯狂反对毛主席的革命路綫，大刮资本主义复辟黑风；操纵北大社敎运动，保护黑帮，大整革命派；在无产阶級文化大革命中，和刘少奇泡制资产阶級反动路綫，打击一大片，保护一小撮，妄图扑灭文化大革命的熊熊烈火，至今仍在对抗毛主席的革命路綫。

1949年下半年至1952年下半年，邓小平任中共中央西南局第一书記。他首先是大搞独立王国，在西南局文件上，曾有这样的按語："小平同志在中央局（指西南局）第三次委員会議上的报告已发至各地，小平同志的报告已經中央决定，作为今后西南的工作方針，不再另发指示。……"（見发表邓小平在中央西南局委員会第三次会議上的报告时的按語。一九五〇年七月二十二日）

进城以后，邓小平便沉溺在资产阶级奢侈腐化的生活中，他不顾当时国民經济的困难，大兴土木，修建了豪华的西南局办公大楼，他吃的、住的、用的都十分讲究，并且把他的地主继母、地主亲戚都接到重庆来住，真不愧是地主阶級的孝子贤孙。

邓小平对地主富农的"关心"，最露骨的是在1953年。1953年下半年，他调到中央不久就当上政务院（即国务院的前身）付总理，1953年2月11日，他在中央政府委員会上作了"关于中华人民共和国全国代表大会及地方各級代表大会选举法草案的說明"报告，公然提出对地主阶級分子选举权的限制只不过是"一种临时的办法"，"在不久的将来，·····就成为不必要的了"，"对于富农分子一般并不存在有无政治权力的問题。"这真是彻头彻尾的修正主义路綫！

随着社会主义革命的逐步深入，邓小平的反革命真面目就越暴露得明显。

在1956年召开的我党"八大"会議上，邓小平猖狂地攻击伟大的毛泽东思想和我們敬爱的領袖毛主席。和苏联的赫鲁晓夫遥相呼应。

邓小平在《修改党的章程的报告》中，他說："苏共二十大反对个人迷信，不但对于苏联共产党，而且对于全世界其它各国共产党都产生了巨大的影响。""苏联共产党第二十次代表大會的一個重要功績，就是告訴我們，把個人神秘化会造成多么严重的恶果。""对于领袖的爱护，本质上是表现在对于党的利益，人民的利益的爱护，而不是对个人的神秘化。"反动透頂的邓小平，借口反对个人迷信，含沙射影地攻击我們心中最紅最紅的紅太阳毛主席，真是罪該千刀万剮！

更令人气愤的是，邓小平觉得这样攻击我們毛主席还不够，竟然恶毒地說："个人崇拜是一种有长远历史的社会现象，这种现象也不会不在我們党的生活和社会生活中有它的反映。"影射毛主席"以集体领导的外衣掩盖个人专断的实质"，"主观主义，滥用党的威信，继續一意孤行。"邓小平的滔天罪行，我們必须和他清算！

1953年，貴州蔴城事件，是邓小平又一恶行。原来解放初期，西南一带土匪、流贼很多，邓小平任西南局第一书記，对剿匪一向敗衍。到1956年，发生蔴城事件：苗族上层头目中的反革命分子，勾結土匪发动武装叛乱，杀害我干部和革命群众多人。当地軍民要求武装平乱，但以邓小平的爪牙周兴为首的貴州省委，却采取右傾投降政策，結果叛匪更加猖狂。后来解放軍和人民群众坚决武装平叛，才把叛乱平息。但周兴却宴請匪首，为其松綁，活着的叛匪加官提薪，死了的开追悼会，恤慰家屬，而对解放軍指揮員却撤职查办，軍民万分气愤，而貴州土匪活动更加疯狂。这个事件的上报处理，邓小平却大加贊尝，并当作为"榜样"，批轉全国，造成极坏影响，这是邓小平阶級投降主义的又一大暴露。

1957年，隨着赫魯晓夫大反斯大林，国际上出现一股反共妖风，而邓小平也就进一步暴露了他的修正主义面孔。

一九五七年一月十二日，邓小平跑到清华大学，对着一万多师生員工，大肆放毒。他恶毒地攻击伟大的馬克思列宁主义者斯大林同志，說：“社会主义胜利了,专政机器应該衰退了滅弱了，但（他）沒有这样做。”邓小平还十分猖狂地攻击毛主席的革命路綫，說：“不要吹牛，……不要企图到处去販卖自己的經驗，說我的才是真正的社会主义，你們的不是。”如此等等，和苏联的赫鲁晓夫完全是一个腔調。

一九五八年，我国人民遵循毛主席的教导，高举总路綫、大跃进、人民公社三面紅旗，在社会主义道路上創造了惊天动地的奇迹，我們敬爱的毛主席，以伟大的无产阶級革命家的热情，贊揚說：“从来也没有看见人民群众象现在这样精神振奋，斗志昂扬，意志愤发。”革命的浪潮也吓坏了混在我們党內的一小撮资产阶級革命家。在1959年夏天中央庐山会議上，以彭德怀为首的这一小撮右倾机会主义分子終于跳出来，攻击三面紅旗，攻击战无不胜的毛泽东思想，但是，他們的阴謀破产了。邓小平这次是侥幸漏网了。因为在这次庐山会議前不久，邓小平这个台球迷打球直打接深夜，正打得来劲，猛一后退，两脚相絆，跌了个仰面朝天，把大腿骨震碎了一根，进了医院，逃避了庐山会議的斗爭。但是到一九六一年中央广州会議时，邓小平馬上跳出来污蔑三面紅旗，毛主席在会上批評他和他的同伙不到群众中做調查。邓小平在会上假检查一番，会后开始借調查进行阴謀活动，借此机会，寻找阴暗面，当作‘子弹’向毛主席的无产阶級司令部进攻。

一九六一年五月，邓小平把这种調查的任务，交給了他的心腹干将彭真，如此这般，叫彭贼好生安排。于是，邓小平、彭真、刘仁三个黑鬼、各領一班喽囉打手黑“秀才”，分别到北京郊区的順义、怀柔、丰台等县，去搜集人民公社的所謂“缺点”、“錯誤”。这班像伙是带着“有色眼鏡”去的，所以专找所謂“阴暗面”他們的所謂“蹲点”、“調查”，根本不深入貧下中农群众。邓小平这傢伙到順义的20多天，大部分时間是在从北京开来的一列专车上吃、住、打桥牌，20多天过后，让黑"秀才"王汉斌代写一分"調查报告"，就算掌握了第一手"材料"，到七、八月分，他们又怀着同一阴謀目的，搞什么"工业調查"、"财貿調查"，搜集反党子弹，准备向以毛主席为首的无产阶級司令部进攻。

在上述所謂"調查"的基础上，更大的阴謀开始了。一九六一年底，經刘邓指使，由反党干将彭真亲自組織一批心腹爪牙、黑秀才，到北京西郊公园暢观楼上，以"审查"中央文件为名，阴謀准备赫鲁晓夫式的"秘密报告"，这一伙牛鬼蛇神，把暢观楼閙得烏烟瘴气、妖雾冲天，《三家村扎記的許多大毒草，如《伟大的空話》、《放下即实地》、《两則外国寓言》等，就是这时出籠的，正表达出这群牛鬼蛇神此时的心声。

一切准备停当，在一九六二年二月的一系列中央会議上，刘邓終于赤牌上陣，大肆攻击三面紅旗，邓小平一馬当先，大叫"要恢复一九五三年以前那样的制度。"还提出："是否两三年內停止基本建設，……連国防也可以考虑停下来！并狗胆包天，伙同刘少奇等伪造巨額赤字，以要挾毛主席，真是罪該万死！

但是，以毛主席为首的无产阶級司令部是不可动摇的。毛主席最亲密的战友林彪同志当时指出："全国人民高举三面紅旗，大搞群众运动，建設社会主义，这在世界上是空前未有的，是第一次，由于缺乏經驗，出现一些問題，这也是难免的，这是必须支付的学費。全国人民在我們伟大領袖毛主席的領导下，取得了經驗，就一定会胜利前进。"

周恩来同志也作了重要讲話，总結了全国人民在毛主席領导下，高举三面红旗所取得的伟大成就，以无可辩驳的事实，証明了以毛主席为首的党中央領导的英明正确和毛泽东思想的巨大威力。

刘邓的阴謀又一次可耻地破产。

敌人是不甘心灭亡的。刘邓在中央会議上失败后，就到各地去煽阴风，点鬼火。邓小平呀嚷："相当多的农民要求分地，我們在一九五七年減产很多，""現在最主要的問題是多生产粮食，只要能增产，单干也可以，不管白猫黑猫，能逮住老鼠的就是好猫。"不久他又用中央名义发了一个調查提綱，要調查单干的"好处"。从此，謬种流传，什么"十边地"、"自由市塲"，什么"包产到戶"……大加泛滥。地富反坏右欣喜若狂，纷纷要求翻案，刘邓此时乘机推波助澜，担当了为"民"請命的角色，掀起翻案风，一时黑风大刮。

但是，"蚂蚁缘槐夸大国，蚍蜉撼树谈何易。"一九六二年九月，我們伟大舵手毛主席主持召开了具有伟大历史意义的八届十中全会。毛主席英明地提出了关于社会主义社会的阶级、阶級矛盾、阶级斗爭的英明指示。批判了"单干风"、"翻案风"等等资本主义妖风。給了以刘邓为首的走资本主义道路当权派当头一棒，刘邓向毛主席的革命路綫反扑的阴謀又一次破产。

从八届十中全会以后，在毛主席发动下全国城乡掀起了社会主义教育运动。邓小平贼心不死，又和刘少奇结成一伙来破坏。

刘少奇导演了桃园大队假四清、真复辟的罪恶活动。流毒全国。

邓小平伙同彭真一伙，在北京大学的社教中大搞保护黑帮，打击革命派。

26

北京大学是刘邓和旧北京市委的顽固堡垒。在陆平黑帮多年把持下，推行一整套苏修加刘邓的修正主义路綫。干部队伍严重不純，許多坏人混入党內，成了中上层領导干部，实行資产阶級专政。

一九六四年十月，北大社教运动正式开始，革命群众很快就揪出了陆平黑帮。黑后台彭眞、邓小平吓得胆战心惊，生怕再往深处揪出他們来，馬上設法鎮压。在北大革命群众斗爭节节高潮的时候，彭眞一面打出中央书記处的旗号，下令北大双方停止爭論，一面向刘修求救。經过一番密室策划，邓小平便从幕后跳到幕前来。一九六五年三月六日召开了中央书記处会議。在会上，邓小平顛倒是非，給北大社教运动横加三大罪名：一是"把問題性质搞錯"；二是沒有一进門就和陆平等"三結合"；三是斗爭方法有严重毛病，对陆平搞了所謂"过火斗爭"。后来又对北大社教工作队队长、当时坚持革命路綫的张盘石同志进行斗爭、罢官，换上包括陆平、彭佩云等在內的一批黑帮分子做領导，于是，这些像伙在刘修指使之下，大整坚持革命路綫的干部和群众。在国际飯店召开所謂整风会，历时七个多月，妄图压服北大革命派，直至一九六六年一月，刘邓黑司令部急先鋒吴晗被揪出来，陆平、彭佩云一伙才不得不草草收場。

这次北大的社教运动中，陆平黑帮本来被揪出来了，为什么能够重新掌握刀把子，大整革命派呢？这完全是由于邓小平、彭眞之流一手导演安排的，邓小平在北大社教中犯下了滔天罪行。

霹靂一声震天地。毛主席亲自发动和領导的无产阶級文化大革命开始了，和刘邓黑司令部算总帐的时候到了！亿万群众汇成革命洪流滚滚向前，刘邓自知完蛋之日到了，但由于他們的反动本性使决定仍在垂死挣扎。

一九六六年五月十六日，毛主席亲自主持制定了《五月十六日通知》，宣判了刘邓等一小撮党內走资本主义道路当权派的死刑。

六月一日，毛主席亲自下令在全国广播了北大聂元梓等同志的第一张馬列主义大字报，文化大革命的熊熊烈火，在全国各地点燃起来，大有燎原之势。刘邓吓得三个魂出了一对半，急忙组织鎮压。他们趁当时毛主席不在北京的机会，违背毛主席的指示，不顾陈伯达同志的坚决反对，急急忙忙派出大批工作組，到处去控制局势。他们还不满足，便出动妻子、儿女，暗传黑令，幕后牵綫，大搞黑典型。邓小平派邓××与邓××与邓×到北大，靠邓×控制师大女附中，靠邓×捣乱中央美技学院，企图以此来左右大中学校运动的发展。

这些刘邓工作組，执行刘邓的一整套資产阶级反动路綫，每到一处，保护黑帮，打击革命派，"保护一小撮，打击一大片"。一时內搞得革命派"革命有罪，造反无理"，白色恐怖籠罩，正如我们伟大领袖毛主席所指出的"站在反动的资产阶级立场上，实行资产阶级专政，将无产阶级轰轰烈烈的文化大革命运动打下去，颠倒是非，混淆黑白，围剿革命派，压制不同意见，实行白色恐怖，自以为得意，长资产阶级的威风，灭无产阶级的志气，又何其毒也！"

刘邓正是这样干的，这样干完全是为了保护他们的一套资产阶级反动路綫，保护他們自己和一小撮党內走资派。但是，在七月底，毛主席回到北京批評他们以后，他们还耍花枪顾着 在七月底，邓小平还学着刘少奇的調子，别有用心地表白自己是"老革命遇到了新問題"，真是顽抗到底，又死不要脸！

邓小平是个什么"老革命"，我們通过他几十年来的活动已看清了，他货眞价实地是一个披着革命外衣的老假革命、老反革命！

隨着毛主席《炮打司令部》的大字报发表，宣判了刘邓死刑，亿万革命群众进一步发动起来，向刘邓資产阶级司令部发起总攻，以战无不胜的毛泽东思想为武器，冲垮了刘邓的資产阶级反动路綫，揪出了刘少奇、揪出了邓小平、揪出了刘邓的狐群狗党，这是毛泽东思想的伟大胜利！目前，我們的无产阶级文化大革命已取得决定性胜利。刘少奇、邓小平还在梦想反扑，我們要"宜将剩勇追穷寇，不可沽名学霸王。"狠打落水狗，把刘少奇、邓小平彻底斗倒斗臭，让他們永世不得翻身！

我們要永远紧跟伟大领袖毛主席，将革命进行到底！

牛鬼蛇神的一把大黑伞

水有源，树有根，党內另一个最大的走資本主义道路当权派邓小平伙同中国的赫鲁晓夫刘少奇干尽了坏事，这决不是偶然的，这是他阶级本性的必然表現

邓小平原名邓希賢，出身于四川省广安县一个大官僚地主家庭。邓小平的老祖宗叫邓时敏是清朝乾隆年間的翰林，大理寺正卿。老朽还乡以后，州县的官吏还經常給他請安。直到邓小平的狗爹邓文明，邓家仍然每年收谷两万多斤。邓文明当过协兴乡乡长，广安县财政科长，組织反动会道門，勾結土匪恶覇，独霸一方。

邓小平就出生在这样一个罪恶的家庭里，喝飽了貧下中农的血汗。他混进党內以后，念念不忘地主阶级的"恩德"，甘心情愿为地富反坏效劳卖命，充当牛鬼蛇神遮挡风雨的一把

大黑伞。这里，我們介紹邓小平和他的地主家庭的罪恶勾連。

来历不明的副县长

1950年，西南革命大学进来一位"民主人士"，名字叫徐初，据他說是一位直级干部介绍他来的。学习了半年以后，徐初被派往贵州，参加一个土改工作团，他当工作組組长。在土改工作中，这个工作組組长包庇地富、打击贫下中农，破坏土改。奇怪的是，不但不受任何处分，还飞黄腾达，扶摇直上，先后当了鎮长、科长、局长、付市长，后来当了六枝县付县长。1961年，这个付县长公开鼓吹"三自一包"、"三和一少"。从1957年到1962年，他一直包庇逃亡地主謝全珍。

誰也不知道这位付县长的来历，他自己更很少談他的出身，历史情况。直到1964年，四川广安四清工作团才把这个謎揭开了。原来这位贵州六枝的付县长就是四川广安县的邓蜀平，是个逃亡在外的反动地主。工作团就写信給贵州安顺专区四清工作队，把这件事通知他們。这个邓蜀平枪杀了贫下中农七人，盗卖公粮一万多石，置田产，修宅院。长期以来販大烟，开烟館。他先后当过国民党的乡联保主任、区敎育委員、县民政科长，勾结大土匪誰（讀"晨"）克純（已鎮压）組织反动会道門，杀人放火，无恶不作。1943年，贫农吴洪千躲避抓壮丁的乡丁，不小心躲进了邓蜀平家。邓蜀平叫他娘把吴洪千藏起来，自己把乡丁赶走，事后，連逼带騙，扣下吴洪千給他当长工，任他压迫剥削。象这样的坏事他不知干了多少。早在土改的时候，广安县的贫下中农就要求第一个枪毙他，把他活活打死，可是让他跑掉了。听說邓蜀平有了下落，广安县的贫下中农要把他揪回四川斗争。但是，邓蜀平仍然安安稳稳的当他的付县长，揪不动。

邓蜀平到底是什么人？他是怎么跑掉的？为什么貧下中农搬不倒他？事情要从头說起。

原来这位邓蜀平是邓小平的同胞兄弟，排行第三，专干坏事，无人敢惹，人称"三王爷"。

1949年12月重庆解放，那时邓小平早已混入党內，爬上了我第二野战军政委、重庆市市长的职位，邓蜀平还在四川奉市县当国民党的民政科长。邓小平深知蔣介石要彻底完蛋，他的地主家族是保不住的，便写信把邓蜀平叫往重庆，叫他赶紧跑回老家广安，带领邓家老小到重庆避难。临走时，邓小平把自己的一张全家照片交給他，告訴他凭这张照片可以自由进出西南軍政委員会。这样，在1950年春天，正当伟大的土改、鎮反运动的前夜，邓蜀平带領夏伯根（邓小平后娘，地主分子）、邓先烈（邓小平大姐，地主分子）、唐惠民（邓小平姐夫，地主分子）、謝全碧（邓小平弟媳，地主分子）以及一大群恶霸地主子女，逃到重庆，躲进西南軍政委員会。为了确保邓氏家族的安全　邓小平特意安排他們和自己住在同一座楼上，在一张桌子上吃飯。这些牛鬼蛇神住高楼，吃小灶，小汽車进出，好不逍遙自在。沒有不透风的墙，这个消息終于被广安的貧下中农知道了。他們怀着对地主恶霸的深仇大恨，馬上派出五个民兵去重庆追捕。他們找到了西南軍政委員会，邓小平欺騙他們說，邓蜀平等人从来就沒有来过这里，并不让搜寻。就这样，邓蜀平及邓家其他逃亡地主躲过去了土地改革和鎮压反革命的暴风雨，逃脱了人民的惩罚。

1950年4月，經邓小平介绍，邓蜀平化名徐初，以"民主人士"的身分，和他的臭老婆謝全碧混进了西南革命大学，钻进了革命队伍。血债累累的反革命分子，搖身一变成了"革命干部"。1964年，邓蜀平的底細虽被查清，但在邓小平的包庇

31

下，始終沒被揪回四川。邓蜀平自然对邓小平感恩不尽，百依百順。在无产阶級文化大革命运动中，邓蜀平和他的臭老婆頑固推行刘邓资产阶級反动路綫，残酷地迫害革命群众，死保刘邓资产阶級司令部。但是，无产阶級文化大革命的巨流毕竟不可阻挡，1967年3月15日，邓蜀平自知没有好下場，畏罪自杀了。

在政治上，邓家兄弟狼狽为奸，干尽反革命勾当，在生活上，任意揮霍劳动人民血汗。邓小平对他的狗弟百般关怀照顾。

1958年底，邓小平和他的臭老婆卓琳去西南休假，特意派小包車把邓蜀平这对狗男女从魯安接到貴阳，又从貴阳用飞机送到昆明，在那里吃喝玩乐三天，再由邓小平、卓琳陪同乘飞机飞到重庆，玩够了又飞往成都。往来共10天，花費了一千多块錢。邓小平还对反革命分子邓蜀平亲热地說：“你們到贵州七、八年了，想来看看你們。你們沒有小孩，我把孩子們带来了，让你們瞧瞧。”

在三年經济困难时期，邓小平、卓琳怕邓蜀平身体搞垮，不远几千里，从北京寄去虎骨酒、鹿茸（讀“荣”）粉、狐皮大衣、泥子衣服、料子衣服、洋襯衫、进口手表等等，供邓蜀平享乐腐化，好让他吃饱喝足，多干反革命勾当。

1965年秋天，邓小平、卓琳再次到貴州，从安順派出汽車，由一个姓陈的付专員陪同，再次把邓蜀平和他臭老婆从久枝县接往貴阳，安置在省委招待所。第二天，邓小平接见了他們，并在有名的金桥飯店摆下酒席，請这两个狗东西吃喝玩乐，說东道西。喝足了，玩够了，再派专車送回久枝。

邓小平对邓蜀平这番恩德，邓蜀平死也不会忘的。果然不错，这个反革命分子临死之前还恶毒攻击党中央和毛主席，胡說什么广大工农兵和紅卫兵小将对他們邓家兄弟的揭发批判是

"造謠"、"污蔑"，他說："欲加諸罪，何患无詞？""复巢之下，岂有完卵？"意思是說我們无产阶级革命派对他們乱扣罪名，冤枉了他們。

"复巢之下，岂有完卵？"事情就是这样，这是一个真理。我們就是要端你們的老窝，砸烂所有的坏蛋，不管是什么人，只要他反对毛主席，反对毛主席的革命路綫，我們就决不客气！

"先修"喝鸡湯

鄧肯，又名邓先修，56岁，鄧小平的同胞兄弟，鄧家老二。果然名不虚传，先"修"在前。他被反动派的白色恐怖吓破了胆，为了保全狗命，脱离了共产党和青年团，1936年前后在四川广安主編国民党的报紙《民报》。1937年，这个叛徒怀着反革命的目的再次打入革命队伍。1941年邓小平把邓肯拉往延安，塞进《新华日报》社。1954年以前，邓肯只混到重庆市文教局付局长，邓小平极力包庇提携，很快提为重庆市經委主任，不久又把他捧上重庆市付市长兼市委委員的宝座。

这个坏蛋不但"先修"，而且"修"得彻底，是个典型的反革命修正主义分子。1962年，正当帝、修、反猖狂反华，国内外阶級斗爭分外激烈尖銳的时候，这个坏蛋跳了出来。在重庆市委第十八次扩大会議上，狂呼乱叫"世道不对头"，污蔑毛主席"犯了路綫的錯誤"，咒罵我們党"动輒（动不动就）搞阶級斗爭"，"事情搞坏了就怪反革命分子"。他还和右派分子一个腔調，胡說什么"这几年对人民民主权利太忽視了"，把人民"当猪儿狗儿赶，没有任何民主自由可言！"恶毒攻击党和社会主义。这个坏蛋极端仇視新社会，公然表示"活得不耐煩"了，要造无产阶级的反。他作过这样一首打油詩：

　　"年巳五十滿，

> 活得不耐煩，
>
> 閑来无事做，
>
> 打打太极拳。"

这个反革命修正主义分子早把人民的肺气炸了。1964年4月四清时清出了他的严重問題，在重庆三級干部会議上作了批判。1965年底，更大量的反动言行被揭发出来，广大革命干部和群众要求严肃处理。邓小平却跳出来"保駕"，对重庆市委的負責人說："邓肯不宜留在重庆工作，这样对他本人不利！"文化大革命的暴风雨到来之前，邓小平用中央組織部的名义，打电話把邓肯調到武汉当付市长。在文化大革命中，重庆走资本主义道路当权派一个个哭爹叫娘，成了热锅上的蝎蚁。而这位"先修"坏蛋，却躲在武汉市人委大楼里喝雞湯，消遥自在。

包庇右傾机会主义分子

邓自力，邓小平堂弟，前贵州省汾州地委书記，，后来又入鉄路部門。1959年，反对三面紅旗，大刮单干风，被定为右傾机会主义分子。这个坏蛋恶毒咒骂我們伟大領袖毛主席，說什么"斯大林晚年犯了錯誤，毛主席办公社是头脑发昏。"他还跟着邓小平大喊："不管黑猫白猫，能逮住老鼠的就是好猫。"因此地富反坏和牛鬼蛇神称他"邓地委"，甚至喊"邓地委万岁"。对这样一个坏透了的傢伙，邓小平却仅仅說："邓自力有右傾情緒。"千方百計保护他。

谁养了"油嘴猫"

邓小平的舅舅叫譚以新，大地主，鴉片鬼，吃喝嫖賭，把家当鼓捣光了，投奔邓家。解放后，邓家老小到北京去了，留他一人看守鄧家老窝。他从不参加生产队劳动，却要三、四个强劳力的口粮。三年困难时期，常往公社跑，要錢要粮，要鱼要肉。要是不給，不是賴着不走，就是破口大罵，他游手好閑，胡作非为，自封"国舅"。社員們都叫他"油嘴猫"。

这只油嘴猫，不仅又饞又懶，而且思想反动。他吃飯一边用舌头舔碗，一边阴声怪气地說："现在执行的是舔碗政策。"有一次，有两个过路的解放軍战士問他："是新社会好，还是旧社会好？"他露骨地說："旧社会好。"1963年四清复查，这个反动像伙向工作队要房子，反攻倒算，把貧农李登全赶走，他住进李登全土改分的房子，洋洋得意。

鄧小平經常給这个鸦片鬼、油嘴猫寄錢，每月至少10元，还經常叫臭老婆給他去信，問长問短。64年还特地送去两套衣服、两瓶好酒。中央、省委、地委以至公社的走资本主义道路当权派也一个个看着主子眼色行事，紛紛看望这位"国舅"大人。1959年，听說鄧小平要回来，公社馬上拨了一千块錢，調用几个大队的劳力，在一天一夜时間內，赶修两座小花园，一里多长的小馬路，还修筑了90多丈的院墙由公路直通鄧家大院。油嘴猫躲在这个安乐窝里，大享清福。

还是地主婆

夏伯根是邓小平的后娘，只比邓小平大两岁。1950年初，邓小平就把这个地主婆从家乡接了出来，怕她躲不过土改，逃不了劳动改造。1952年以后又把她带到北京，住到中南海。这个地主婆比解放前更威风、更享福了。經常坐飞机来往于北京和成都。夏天上北京，冬天去成都，躲寒避热。戶口在北京，但在成都什么都供应她，要什么有什么。逢年过节，李井泉（西南地区最大的走资本主义道路的当权派）还亲自請她到家中吃喝。三年困难时期，贫下中农口粮很紧张，这个地主分子却一天三顿富强粉（高级白面），肉、油随便买，吃不完。邓小平怕她"受罪"，經常給她寄粮票。1963年，地主婆窝开成都，还掏出一百多斤粮票，梦想收买人心。

造反有理

党內最大的走資本主义道路当权派邓小平就是这样包庇牛鬼蛇神，保护他們不受人民的审判，千方百計把他們拉入党內，让他們篡夺领导权，他們有的当了付市长，有的当了付县长，有的当了地委书記。他的弟媳、逃亡地主謝全碧不是党員，邓小平說只要"改造"一下，"还可以入党"。

邓小平这样做，就是要搞資本主义复辟，就是要夺无产阶級和贫下中农的权，实行资产阶级专政。

但是，他毕竟是一把破伞。我們伟大领袖毛主席一发动文化大革命，他就在这场革命的暴风雨中彻底倒台了，他庇护的牛鬼蛇神再也逃不脱人民的巨掌了。邓家的老坟，解放以来从沒有动过，红卫兵一起来，就不管什么风水不风水，扒了这座老坟。一大群革命群众闖进邓家大院，造了地主老窝的反。号称"国舅"，神气十足的譚以新威风扫地，在贫下中农的面前吓得魂飞天外，不得不低下了狗头。邓小平的难兄难弟也一个跟着一个的完蛋了。这是无产阶級文化大革命的伟大胜利，这是毛主席的革命路綫的伟大胜利！

可耻的逃兵

毛主席說："在阶級社会中，每一个人都在一定的阶级地位中生活，各种思想无不打上阶级的烙印。"地主資产阶级的孝子賢孫、党內另一个最大的走资本主义道路当权派——邓小平，虽然很早就已經混入党內，但是，一到革命紧要关头，他那种投机革命、贪生怕死的资产阶級本性就完全暴露出来了。在我党的历史上明确地記載着邓小平是个可恥的逃兵。

1927年的轰轰烈烈的中国大革命被中国赫鲁晓夫的祖师爷陈独秀出卖了，万恶的法西斯头子蒋介石提着血淋淋的屠刀开始了他的反革命黑暗統治。中国共产党被迫轉入地下，坚持斗争。

我們的伟大領袖毛主席用他的馬克思列宁主义的天才和智慧，清醒地估量了当时国內外的阶級斗争形势，正确地分析了中国社会的政治經济情况和中国革命的特点，提出了著名的"工农武装割据"的口号。他指出："共产党的任务，基本地不是经过长期合法斗争以进入起义和战争，也不是先占城市后取农村，而是走相反的道路。"无产阶級先鋒队必須深入农村，发动农民建立革命根据地，用来包围城市，經过长期的艰苦的武裝斗争，最后夺取城市，夺取全国政权。这是毛主席将馬克思列宁主义的普遍真理与中国革命的具体实践相结合的光辉典范，是毛主席对馬克思列宁主义的天才的創造性的伟大发展。

但是，一九三〇年間，由老机会主义者李立三主持的党中央政治局制定的"右"倾机会主义路綫，恰恰是疯狂地反对和压制毛主席的这一光辉思想和革命路綫。他們从小资产阶級的狂热性出发，不顾革命力量的弱小，提出"夺取中心城市"的錯誤口号。

一九二九年底，邓小平开始担任中央工农紅軍第七軍政治委員。三〇年七月，他象得了宝贝似了举着"右"倾机会主义路綫，迫不及待地从上海跑到广西，把紅七軍带离根据地，北上攻打城市。在敌强我弱的情况下，毫无把握的到处攻坚，结果城没有攻下，反而給部队造成了极其严重的损失。但邓小平仍然坚持错誤路綫不改，要"紅七軍在大北江一带阻止广东军閥北上增援"，于是又在广东乐昌打了一个梅花（地名）之战，再次給部队造成严重损失，至此，紅七軍在小北江一带，連站脚的地方都没有了。一九三一年一月，紅七軍在乐昌强渡北江，不幸又被敌人截为两段。从此，五十五团和军直一小部与五十八团和军直一大部，經仁化、南雄到达江西崇义休整。这时，邓小平才被迫决定让部队休整后，前往井崗山。

部队在崇义休整期間，邓小平去杰壩与赣南特委接头。这时，敌人突然进攻崇义，部队边打边退，退到营前宿营时，接到邓小平写来的一封信，說什么："我今天由杰壩回崇义，在途中的一个高山上，听到枪声很激烈，估計你們已經撤退，他赶不上部队了。"下面是让部队独自去井崗山，他自己去上海找党中央汇报。这全是骗人的鬼話！所謂途中的一个高山，距离崇义只有二十里地，而且沿途都有根据地和游击队，完全可以赶上部队，邓小平說"赶不上部队了"，那純粹是撒謊。他还說要去中央汇报，当时被敌人截断的紅七軍两部分人的情况都不清楚，他究竟要向中央汇报什么？这不明明也是撒謊吗？作为紅七軍政委的邓小平，这次临阵脱逃，不就是他投机革命貪生怕死的资产阶級本性的一次全面大暴露吗？

邓小平一口气逃到香港，后又轉回上海，躲进了反革命修正主义分子徐冰的安乐窝里，整天与徐冰吃喝玩乐，大享清福，而对紅七軍全体指战员的安危，都早已忘得净光。

一九四五年召开七大时，莫文驊同志召集二、三十个当时在紅七軍工作过的同志总结經驗教訓，在总结中提到"政委邓小平在部队困难艰苦时期，离开部队，影响很不好。"邓小平这个可耻的逃兵作贼心虚，于是怀恨在心。一九六四年，邓小平伙同罗瑞卿，抓住莫文骅同志在思想和工作作风上的某些缺点错误，进行了疯狂的阶级报复，把莫文骅同志打成了"反党分子"（在一九六六年毛主席主持召开的八届十一中全会上已经得到平反）企图用这种手段掩盖住他逃兵的丑恶历史。

可是，他的美梦在无产阶级文化大革命中彻底破灭了，他的丑恶历史已经全部暴露在光天化日之下了，错误路线的忠实执行者，在敌人面前是可耻的逃兵，在同志面前是兇恶的豺狼，这就是邓小平的资产阶级反革命眞面目。这种人物存在于革命队伍之中，必然要出卖革命，出卖人民，出卖无产阶级专政。

毛主席說："你们要关心国家大事，要把无产阶级文化大革命进行到底！"我們必须牢記毛主席的教导，把中国的赫鲁晓夫刘少奇和邓小平彻底批倒斗臭，让他們永世不得翻身！

罪恶的"赌汉"

一九四〇年左右，抗日战爭基本上进入了相持阶段。日本鬼子已經沒有力量扩大侵略了，在华北，只好分兵中南、西南等地。

在这种形势下，我們必须按照毛主席在《論持久战》中所规定的战略思想和軍事路綫办事，将游击战上升到主要地位，发动和配合抗日根据地的武装，积极开展游击战爭，扩大和巩固抗日根据地，壮大革命力量，为战略反攻和爭取持久战的胜利創造有利的条件。

但是，反革命修正主义分子彭德怀、罗瑞卿之流却背着我們伟大领袖毛主席和党中央，抽調华北抗日根据地的大部分游击队，編入正規軍，組成一百零五个团，并命令游击队全部出动，配合"百团"，在四〇年八月发动了一次大規模的軍事行动。这就是"百团大战"。

当时，邓小平身为太行分局书記、一二九师政委，明知这是违背毛主席战略思想和軍事路綫的，却积极鼓吹和推行彭、罗的极端錯誤的路綫，使我华北主力部队遭受了不应有的严重损失。为了补充主力部队，地方游击队被合併到主力部队中，这大大地削弱了华北的游击战爭力量，給了日本鬼子扩大敌占区的机会，同时，这次大战暴露了我华北的主力軍事实力，日本鬼子把中南、西南的兵力調往华北，向我抗日根据地发动了一次又一次地空前残酷的大扫蕩。"百团大战"虽然打击了敌人，但主要的却是給我軍造成了一系列的严重后果。

毛主席在他的光輝著作《論持久战》中，曾經一針見血地批評过这种錯誤路綫指导下的行动，他认为这不是和敌人斗爭，而是和敌人賭博，他說："我们是持久战和最后胜利论者，不是賭汉们那样的孤注一掷论者。"而邓小平恰恰是主席所批評的抗日战爭中的这种罪恶的賭汉。

邓小平之流拿着党和民族的利益作为自己政治暴发的资本和敌人进行賭博。輸了，党和人民事业受到损失，他自己另謀投机出路；贏了，他便篡夺党和人民事业的胜利果实，实现自己的个人野心。这种賭汉实际上就是钻进革命队伍内部的阴謀家和野心家，是地地道道的形"左"实右的反革命。

事实完全証明了这一点，"百团大战"之后，邓小平不但不低头认罪，反而在《一二九师百团大战总结》中胡說"百团大战"是"轰动全球"的，"不仅在中国是罕見的，就在世界历史上也是永垂不朽的。"邓小平所以要拼命鼓吹抗日战爭中的这次罪恶賭汉，目的就是借此美化自己，大捞政治資本，为秋现自己的反革命狼子野心作與論准备。邓小平和中国赫鲁晓夫刘少奇一样，根本不是什么老革命，請看，他在抗日战争时期不就是这样一个公开对抗毛主席革命路綫的罪恶的賭汉嗎？

形"左"实右的机会主义老手

一九四七年，伟大的中国人民解放军，遵照伟大领袖毛主席所制訂的战略計划，轉入了全国规模的进攻，晋冀鲁豫野战軍于六月底在魯西南地区渡过黄河，挺进大别山，开辟了广大的新解放区，这是毛泽东思想的伟大胜利。

邓小平随軍进入新解放区以后，不发动群众，不組织群众，却摆出一副"救世主"的面孔，給农民"恩賜"土地，大肆推行他的"走馬分田"、"走馬点火、大分浮財"等一系列极端錯誤的形"左"实右的政策。在群众还未发动和组织起来的情况下大分浮財，得利的只是少数勇敢分子，而不是广大基本群众，引起了广大基本群众的不滿；同时，由于社会財富的迅速分散，对补充軍需支援前綫极为不利，使軍需負担过重地全部落在貧下中农身上，而不是落在地主、富农身上。这种形"左"实右的政策还大量地侵犯了中农的利益，对团结中农极为不利，使貧下中农处于孤立。給我們新解放区的一系列工作带来了极其严重的損失。

我們最伟大的領袖毛主席指出："在新区，分浮財和分土地則均必须在环境比较安定和绝大多数群众充分发动之后，否則，就是冒险的，靠不住的，有害无益的。"一九四八年五月二十四日在給邓小平的电报中又指出："新解放区必须充分利用抗日时期的经验，在解放后的相当时期内，实行减租减息和酌量調济种子口粮的社会政策和合理負担的财政之策，把主要打击对象限于政治上站在国民党方面坚决反对我党我军的重要反革命分子，如抗日时期只逮扑汉奸和没收他们的财产一样，而不是主动实行分浮财，分土地的社会改革政策。"邓小平不仅不用毛主席的指示来检查工作，改正错误，反而文过饰非，打肿脸充胖子，恬不知耻地説："取得教訓，对全国示范有好处！"企图以此掩盖他大肆推行形"左"实右路綫的反动面目。鉄的事实証明，在解放战爭时期，邓小平就已經是一个机会主义老手了。

死不要臉的大政治騙子

一九五八年底，党內另一个最大的走資本主义道路当权派邓小平带領他手下的一班喽囉，驅車直奔貴州遵义紀念館。在这里，他們演出了一場丑剧，充分地暴露了邓小平是个死不要脸的大政治騙子。

大家知道，为了挽救党和紅軍，为了挽救中国革命，1935年1月，中国共产党在长征途中于貴州遵义召开了中央政治局扩大会議。这就是具有伟大历史意义的遵义会議。

遵义会議結束了"左"傾路綫在党中央的統治，确立了中国革命的伟大舵手毛主席在全党的領导地位；在革命的紧急关头搶救了党和紅軍，使长征走向胜利。从此以后，中国共产党和中国革命就一直在以毛主席为首的党中央的正确領导下，从胜利走向胜利。遵义会議閃耀着毛泽东思想的灿烂光輝。

参加这次会議的除政治局委員、候补委員外，还有第一、三、五軍团的政委，第一三軍团的軍团长，以及第五軍团的总政主任和参謀长，共計十八人。当时，邓小平是个宣传干事，压根就沾不上边。但是，邓小平来到紀念館硬要大要政治騙术，吹牛放炮，生往自己的丑脸上貼金紙。

在紀念館一楼的陈列室里，挂着当年十八人的照片，十分显眼。鄧小平一見，就觉得不是滋味，匆匆看过，便走上楼去。楼上是当年的会議室，陈設朴素大方。会議桌上摆有十八套茶具，四周是十几张椅子。本来都是按照原来的样子摆設的，可鄧小平却一本正經，裝模作样地指指点点，一会說这儿佈置寬了，一会說那儿佈置窄了。搞得大家莫明其妙。接着鄧小平就大吹牛皮，他指着一个不显眼的地方胡說："开会时，我就坐在这里。"

鄧小平走后，有一些混蛋文人像癩蛤蟆似的为他大喊大叫。其中有一个叫肯明的写了一篇《鄧小平同志在遵义》的奇文，在贵州的各种报刊杂志上大登特登，文中說什么："遵义紀念館的工作人員，很久以来就盼望着能够接待一次参加遵义会議的客人。今天这愿望实现了。……"紀念館的工作人員，更是十分操劳，到处搜集有关鄧小平参加会議的旁証材料。但是，所有的線索都落空了，据毛主席当年的警卫員陈昌奉同志回忆，遵义会議期間，他根本就沒見过鄧小平。后来，中共中央办公室也給紀念館去了一个公文，写道："关于鄧小平同志是否参加遵义会議的問題，我們沒有这方面的材料，无法証明。"到此，鄧小平厚着脸皮，自吹是遵义会議参加者的丑剧就草草地收塲了。

这一丑剧充分地暴露了党內另一个最大的走资本主义道路当权派鄧小平是一个地地道道的赫鲁晓夫式的个人野心家和阴謀家，是一个死不要脸的大政治骗子。毛主席說："要特别警惕象赫鲁晓夫那样的个人野心家和阴谋家，防止这样的人篡夺党和国家的各级领导。"我們一定要牢記毛主席的教导，彻底摧毁以刘少奇、鄧小平为首的资产阶級司令部，从政治上、思想上、理論上把他們批倒批臭，把无产阶級文化大革命进行到底。

破坏人民公社的鉄証

一九六一年春，党的八届九中全会刚結束，党內另一个最大的走資本主义道路当权派邓小平就糾集旧北京市委反革命修正主义集團头目彭眞、刘仁及廖沫沙等一伙，群集京郊顺义县的小营公社、牛栏山公社等地，借蹲点調查为名搞了二十多天的阴謀活动。他們拼命搜集有关三面红旗的"材料"，作为反党反社会主义反毛泽东思想的"子弹"，他們疯狂地攻击人民公社，极力鼓吹"三自一包"等修正主义黑貨，为在中国复辟資本主义奔走呼号。

一九六一年四月十二日在社队党支部书記座談会上，邓小平別有用心地問道："手工业在抗战前、解放后、公社化后变化怎么样？收入是否減少了？大家是不是羡慕高級社？"四月十五日在生产队干部座談会上，当有的干部談到一九五七年一个劳动日給一斤机动粮时，邓小平立即插話，迫不急待地表示意見說："这恐怕是个好办法，你們是否想恢复这个办法？"并滿有兴致地追問："大家是否想高級社？"看，邓小平的狼子野心是何等阴险恶毒，他这是明目张胆地煽动广大貧下中农对人民公社不滿，鼓动人們走回头路。在这次阴謀活动快結束时，他更是十分露骨地大放厥調，他說："看看县城經济生活非常单調，要研究一下过去的組织有什么利弊（好坏），有什么要恢复，有的手工业都变成社办工业，到底好不好？""要研究一下，公社的前途有无作为……"邓小平口口声声要研究一下这，要研究一下那，他究竟想干什么？！他在同年的另一次会上作了明确的回答，他說："搞公社時靠近得太快了，与前不同了，沒有把二級社的优点发揮起来。"在一九六二年共青团三届七中全会上，他更是兇相毕露、声嘶力竭地喊叫："人民公社的名子可以取消，实际恢复为五七年的大乡。"邓小平对人民公社就是这样极端仇视，死命地把历史車輪倒拉，真是螳臂挡車可笑不自量。

此外，邓小平还十分热衷于自留地。在中共順义县委座談会上，他胡說什么："有了自留地，也就不会有浮肿病了。"在几次座談会上，他还极力鼓吹自留地的"作用"，說什么"有自留地、十边地……群众积极性調动起来了"等等，彻底暴露了他要搞垮人民公社、复辟资本主义的罪恶目的。

毛主席說："在我国社会主义革命取得基本胜利以后，社会上还有一部分人梦想恢复资本主义制度。"邓小平同中国赫鲁晓夫刘少奇一样，已是这部分人的总后台、总代表，是貧下中农的死对头。

腐朽的生活，丑惡的灵魂

党内第二号走资本主义道路的当权派邓小平是个彻头彻尾的反革命修正主义分子。他不但政治上反动透顶，在思想上、作风上、生活上也处处散发着资产階級的臭具。

一、修正主义大舖販

毛主席說："无产阶级要按照自己的世界观改造世界，资产阶级也要按照自己的世界观改造世界。"邓小平就是梦想用资产階級和修正主义的那一套来改造国家，改造社会，改造党。

邓小平是刘少奇"吃小亏，占大便宜"的资产阶级人生哲学的忠实信徒。一九四九年，他在《論"忠誠与老实"》一文中就說过："凡是証明不老实总是倒霉的"，不老实"可以賺一些小便宜"，"但一經上級、同級、下級发觉了，就完了，就吃了亏"，"若是为党为人民做更多的事情，将来总会提升的。"邓小平唠唠叨叨，完全和刘少奇念的一本經：象投机商人那样下点小本錢吧，早晚要捞到大便宜的。

邓小平还积极提倡"白专道路"，鼓吹成名成家。在旧中宣部和旧教育部泡制《高教六十条》的过轉中，邓小平一在指示要突出业务，規定不准再提反对"白专道路"的口号。在《关于整风动运的报告》中又說："凡是有条件的，都必须认真地钻研理論和业务，頑强地下苦功，把自己改造成又紅又专的紅色专家。"专家就是专家，在"专家"前面加上"紅色"二字不过是騙人而已。大家还記得刘少奇的"紅色买办"和"紅色资本家"吧，他們就是想在这些臭东西身上包上一层紅色的外衣使之合法化。这一套是騙不了人的。

邓小平一贯崇拜苏修，甚至连衣着穿戴也主张向苏修看齐。他听說苏联妇女多穿花衣服，便在五七年对青年团省市委书記們說："穿花衣服应该提倡。"总书記一声令下，社会上妖风四起。工厂学校簡直成了花花世界，连掉了牙的老太婆也穿起了花衣裳，服装画报大上市，时装展覽处处有。不少人一天到晚忙于梳妆打份，忘記了工作与学习。而团中央的一伙混蛋却学着邓小平的調子拼命宣传，說什么穿花衣服可以培养"性格"、鍛炼"意志"。这純粹是胡說八道。如此穿来穿去，只能和平演变，只能出修正主义。

二、资产阶级官老爷

长期以来，邓小平高高在上，当官做老爷，过着腐朽糜烂的贵族和皇宫生活。

邓小平做工作、决定問題，从来不請示毛主席，不联系群众，多么大的事情都是他一个人說了算。一九六一年，毛主席批評了他，于是他便賭气帶了彭眞、刘仁等到京郊顺义县北小营公社去"蹲点"。邓"皇帝"出駕，好不威风，地点不出北京百里，竟开去了七节車箱，还特地在牛栏山站修了一条专門为他停車的岔道。又調来两連战士做警卫队，崗哨放到十里以外。专門供他使用的卫生員、炊事員、勤务員就有几十人。这样"蹲"了二十几天，除了到县委开过几次座談会和到村里游了两三次（每次二、三小时，同样是三步一崗五步一哨）外，其余时間都在車上打牌，如此"蹲点"眞是世上少見！

邓小平极力追求吃喝玩乐，无論到什么地方，他总要把当地的名菜名酒吃遍喝足。六五年，邓小平来到自貢，本来已在十一月間，却点名要吃"南瓜尖"、"鮮絲瓜"、"旱菜秧"、"海椒"、"江豆"、"鴨子蛋"，而且是"十万火急"，不得拖延"。弄得从市委书記到蔬菜采购員几十人跑野外、钻深山、到重庆、去成都，忙了个牛死。吃够了山珍海味，尝遍了名菜名酒，邓小平又提出要喝"清湯"。这碗湯要雞、魚、鴨、猪、牛味俱备，而湯色澄清，説是"楚湯"可每碗价值好几元。一九五二年，邓小平同他的老婆卓琳乘两架飞机到成都，昆明遊覽了一番，六四年他又伙同彭眞带着老婆孩子去游山玩水，走遍了大小兴安岭林区和福建、广东、广西、云南等省的风景和名胜之地。每次出去都是大吃大喝、尽情享乐。

三年困难时期毛主席批評这些人是"一人当官，全家享福"。邓小平却无恥地說："不进飯館，就不懂得文明"。眞是可恶到了极点。

三、邓小平"三迷"

在邓小平的一生中，有三样特殊"爱好"，又称"三迷"。

1.毒草迷。邓小平专門爱看坏戏、坏电影、坏小説。他經常同彭眞、楊尙昆、李井泉等人看香港电影和美国电影。在看了大毒草《抓壮丁》，居然对影片中的地主王麻子感到"很亲切"，对他的子女模仿王麻子的丑态非常欣尝。对一些宣扬才子佳人和低級趣味的川剧他是一看再看，連声叫好。并对他的私人秘书說："你不看川剧，就不懂文明。"当工农兵登上戏剧午台后，他却說："戏剧改革我双手贊成，但我就是不爱听。""新戏好的不多，以后还会有旧戏吧。"一九六四年他率代表团到莫斯科与苏修集团会談时，晚上什么书都不看，专讀《封神演义》。如此爱好，不正反映了他的內心世界嗎？

2.跳午迷。别看邓小平身高不足一来米，跳起午来，，精力可大的惊人，早在一九五二年他任西南局书記时就是高級午厅里的常客，往往跳到深夜三、四点钟。警卫战士气愤地說："他們磨肚皮，还得要我們站崗！"一般干事参謀也不满地說："我們的宣传文艺費都让他們这样糟踢了。"

3.麻将迷。邓小平无論在家或外出都离不开牌桌。外出时，飞机、火車、輪船走到哪里，他的牌就打到那里。有人說，他是从天上打到地下，从海上打到陆上，从家里打到家外，从中央打到地方，这一点都沒有夸大。平时，每星期三、六晚上和星期日下午、晚上是邓小平"确定"的打牌时间，在这个时間里，一切都得为打牌让路。他对警卫員說："如果有人来找，就説首长办公，不准見！"有时秘书送来需要馬上批轉的重要文件，他牌不离手的随便翻一下，二三十頁的文件用不到一分钟就"看"完，然后匆匆忙忙签上狗名就算完事。有时連看都不看，在牌桌上对秘书一揮手就"通过"了。在工作时，他处理几十分材料只用几分钟，而打起麻将来却是夜夜直到三四点钟，甚至一气玩到天亮，直到邓說累了才罷休。邓还规定輸了的要从桌子下面钻过去，他自己也带头钻。如此"老革命"，眞是世上奇聞。

值得指出的是，邓小平的麻将桌还是他招降納叛、勾结私党、密謀策划反党活动的塲所，是牛鬼蛇神的黑窝子。在国民經济困难时期，前北京市委反革命修正主义集团，盗用国家大批資金和建筑器材，在养蜂夹道修建了一个富丽堂皇的"高干俱乐部"，专供邓小平一伙吃喝玩乐。后来他們索性把牌桌也搬了进去，組成了邓氏"裴多菲"俱乐部。經常到这里来的有彭眞、楊尙昆、罗瑞卿、万里、吳晗、胡耀邦、胡克实等，陶鑄、李井泉来京也是桌桌必到。根据现在揭发的材料，邓小平和他的一群"牌友"在这里黑話說尽、坏事干絶，进行了不少反党、反社会主义、反毛泽东思想的罪恶活动。今天，这伙坏蛋終于被揪出来了，眞是件大快人心的好事！

生活的腐朽、墮落是政治上反动的必然反映。从这些材料中，我們完全可以得出这样的結論：邓小平决不是什么"老革命"，而是披着共产党員外衣的反革命修正主义分子。

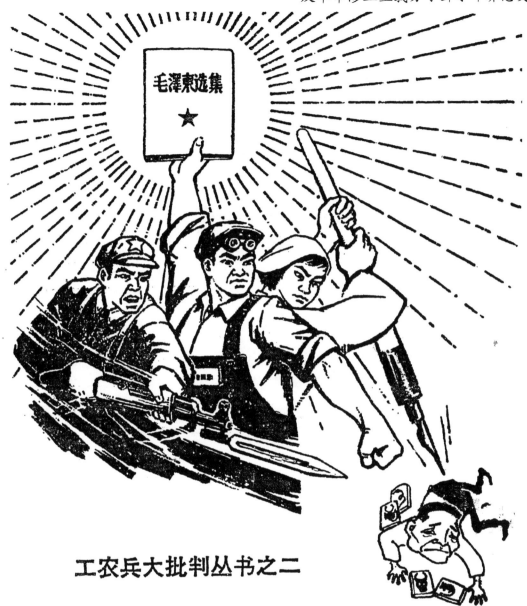

工农兵大批判丛书之二

反革命修正主义分子
邓小平罪恶史

首都《史学革命》编辑部
首都红代会新人大公社
一九六七·十一·北京

目　录

一、地主阶级的孝子賢孙

党內另一个最大的走資本主义道路的当权派邓小平，1904年出生于四川省广安县协兴乡一个大恶霸地主家庭里。邓小平有一个祖宗叫邓时敏，是清朝乾隆年間的翰林，嘉庆皇帝的老师，人称"邓太傅"，曾经当过大理寺正卿，是个三品大官。他在广安横行不法，告老还乡后更加残酷鱼肉乡民，公然破坏贫苦农民修建新場，最后群众造他的反，用锄头釘耙把他打死了。

延至邓小平父亲这一代，邓家依旧是大官僚、大恶霸、大地主。邓小平的父亲邓文明有田 210 担谷，雇有长短工，娶过四个老婆——张氏、譚氏、肖氏、夏氏，是一个酒鬼、烟鬼、色鬼。他自幼参加封建帮会組織——"哥老会"，是广安协兴場"仁"字号的掌旗大爷。后来又崇奉反动会道門"五字教"。并担任玄坛大师。

在軍閥邓錫侯、罗泽洲、楊森統治四川的时代，邓文明曾任伪团总、团练局长兼八县联防參讚等反动职务。

第一次国內革命战争失敗之后，蒋介石、汪精卫对共产党人进行了血腥的大屠杀，大逮捕，邓文明配合罗泽州，在广安一带残酷地镇压了由共产党員廖玉碧領导的"川北民軍"起义。这次起义共约五千余人，其中广安就有一千多人，起义的宗旨是抗捐抗税，反对軍閥罗泽州横征暴欲和残害人民的血腥暴行。由于邓文明、罗泽州的残酷镇压，一場轰轰烈烈的革命斗争的烈火暂时被扑灭了。許多优秀的共产党員，游击队員死在邓文明的屠刀之下。

邓小平生母譚氏的娘家是地主。后媽夏伯根，是一个万恶的地主婆。她一生篤信"五字教"，天天吃斋念佛，往来于和尚尼姑之间。她对待长工特别狠毒。手段极残忍。解放后，由于邓小平的包庇，这个臭地主婆竟躱在北京中南海享清福。

邓小平就是出身在这样一个世代官僚、土豪恶霸兼宗教迷信三位一体的反动家庭中。毛主席教导我們说："**人們的社会存在，决定人們的思想。**""**在阶級社会中，每一个人都在一定的阶級地位中生活，各种思想无不打上阶級的烙印。**"邓小平，长期以来从事反对毛主席、反党、反社会主义的罪恶活动，是有其深厚的阶级根源的。

（二）立三路线的忠实执行者

在大革命时期，邓小平抱着发财致富、光宗耀祖的个人野心混入了团，钻进了党，并于1929年当上了紅七军政委。

1930年李立三的错誤路线統治了中央領导机关，"立三路线"的领导者定出了組织全国中心城市武装起义和集中全国紅军进攻中心城市的冒险计划，排斥毛主席对中国革命的正确指导，污蔑毛主席依靠农民，創建农村根据地，以农村包围城市，以革命根据地来推动全国革命高潮到来的思想是所謂"极端错誤的""农民意识的地方观念与保守观念"。在这两条路线的尖銳斗争中，我們伟大領袖毛主席始終把准了中国革命的航向，抵制了立三路线，并且用极大的耐心糾正了紅一方面军中的"左"傾路线，使江西根据地于1930—1931年初胜利粉碎了国民党反动派的第一次围剿。

与此同时，在毛泽东思想的光輝照耀下，张云逸同志領导的第七軍在右江地区的紅色根据地也一天天发展壮大，革命形势好得很！

1930年7月，身为紅七军政委的邓小平从上海党中央回到右江，他一回来就立即坚决执行冒险主义的"立三路线"。

毛主席指出："**立三路线主张废弃小的游击战争，'一枝枪也集中到紅军中去'，早已证明是不对的了。人民的游击战争，从整个革命战争的观点看来，和主力紅军是互为左右手，只有主力紅军而无人民的游击战争，就象一个独臂将军。根据地的人民条件，具体地説来，特别是对于作战説来，就是有武装起来了的人民。敌人視为畏途，主要地也在这一点。**"

邓小平对抗毛主席的革命路线，将右江地区的地方武装集中編入紅七军，将各县党委及县苏維埃負責同志调到紅七军去工作。为了配合"爭取以武汉为中心的一省或几省首先胜利"的冒险計划，邓小平硬把军队调离右江北上，力攻大城市，结果只留下了韦拔群、陈洪涛两人带領的一个連和一些零星武装，由于力量单薄，又缺乏骨干，在敌人的疯狂进攻下，韦、陈两烈士壮烈牺牲，右江根据地全部丧失。

紅七軍在离开右江之后，由于邓小平抗拒毛主席的革命路线，执行李立三的冒险主义路线，沿路专攻城市和大县大鎮，打了許多不該打的仗，使党和革命力量受到了很大损失。邓小平带着部队在白区轉战半年的結果，使一万多人的紅七軍只剩下一千五百人。

历史证明，毛主席是最善于按照战爭规律指导战爭的伟大的政治家和軍事家，毛主席的革命路线是指导中国革命走向胜利的唯一正确路线。誰要反对毛主席和毛主席的革命路线，他就必然要受到历史的无情惩罰。

（三）可 耻 的 逃 兵

邓小平常常神气活现地自吹自擂，說自己是个有資格的 "老革命"，其实，他是个地地道道的怕死鬼，一个貨真价实的逃兵。

一九三一年一月部队进驻崇义，第二天邓小平去距崇义六十多里路的地方与特委接头，邓还未回，敌我双方就接上了火，战斗进行得十分激烈，邓小平这个怕死鬼被敌人的反动气焰吓破了胆，他借口追不上部队和要向中央汇报工作，丢下部队，逃之夭夭，溜到香港、上海躲避风险。临逃时邓小平与部队其他負責同志連个招呼都不打，只丢下了一封短短的敷衍塞責的信。堂堂的紅七軍邓政委就这样脚底板抹油开小差，在斗爭最艰苦的时候，当了可耻的逃兵。他的这种背叛行为引起部队极大愤恨，紅七軍的战士們知道"政委跑了"，但未因此而惊慌失措，他们没有跟着邓小平去找李立三，而是经历了千辛万苦，終于在这年八月到达中央苏区，回到毛主席身边。

邓小平这个老修正主义者，他滿脑袋活命哲学，叛徒哲学。在他看来，活命第一，什么革命气节、革命利益都无所謂，正是在这种反动思想指导下，他多次临陣逃跑，背叛革命。

有一次，我軍与閻匪軍相遇，当时我軍在山梁上，匪軍在山沟里，我們居高临下，而且匪軍没发现我們。怕死鬼邓小平一見敌軍，就吓得魂飞魄散，脸色青白，惶恐地回头就朝后跑。

一九四〇年在冀南的一次战斗中，刘伯承同志在前方指揮，邓小平見战斗激烈，吓得两腿发抖，竟要轻装逃走。刘伯承同志有一些軍

事书籍，邓令管理科长給埋掉，以便轻装，管理科长說："这是师长的东西，师长不在，不能埋。"邓竟大发脾气，逼着埋了。由于埋得仓促，忘記了地点，书找不到了。气得刘伯承同志說："当了政委，什么事不管，倒管起我的书来了。"

邓小平为了保其狗命，多次放弃职守，置革命利益于不顾，这样的逃命政委，真是可卑、可恨、可耻！

我們伟大領袖毛主席指出："**在危险环境中表示絕望的人，在黑暗中看不見光明的人，只是懦夫与机会主义者。**"邓小平就是毛主席所痛斥的那种最卑鄙最可耻的懦夫与机会主义者。

一九四五年七大召开之前，中央曾召集紅七軍的干部开了一个座談会，会后由莫文驊同志执笔，写成《紅七軍簡史》，送中央参考。文中根据同志們的看法，忠实地写下了这样一段話："邓斌（即邓小平）、邓崗、陈家人等領导人未能与士兵同甘苦，共生死，中途脱队，实不应該。"寥寥三十多字击中了邓小平的要害，他气急败坏，暴跳如雷，一直怀恨在心，直到二十年后仍对莫文驊同志进行报复迫害。

一九六四年七月，邓小平的死党罗瑞卿之流竟以"誹謗总书記"，說总书記"开小差"为罪名，把莫文驊同志打成了"反党分子"。

紙是包不住火的，在毛主席領导下，坏家伙們想一手遮天，最終是办不到的。在这次伟大的无产阶级文化大革命中，党中央、毛主席为莫文驊同志平了反，邓小平的狐狸尾巴再也藏不住了，他的怕死鬼的叛徒嘴脸終于暴露在光天化日之下了。

（四）王明的大弟子，蔣介石的狗奴才

抗日战爭，是中国人民在一百年无数次反抗帝国主义的战爭中第一次取得完全胜利的战爭。他在中国人民革命战爭历史上，在世界被压迫民族反对帝国主义侵略的战爭历史上都占有极重要的地位。

日本帝国主义侵略我国时，国民党长时期采取了不抵抗主义，致使大片国土淪陷。毛主席領导全党和全国人民进行了坚决的斗爭，国民党才被迫抗日，被迫接受国共合作，建立了抗日統一战线。一九三

七年八月，工农紅軍改为八路軍，下轄三个师：一一五师、一二〇师、一二九师。当时一二九师师长是刘伯承同志，政委是张浩同志，后来张浩同志因病逝世，邓小平調任政委。

在同国民党建立抗日統一战线問題上，党內一直存在着两条路线的尖銳斗争，一条是以毛主席为代表的无产阶级革命路线，一条是以王明为代表的右傾投降主义路线。一九三八年三月王明在中央政治局会議上作了一个投降主义的总結，他用彻头彻尾的投降主义和一系列极右政策反对毛主席的正确路线和政策。王明們大談"一切经过統一战线"、"一切服从統一战线"，实际上他們所主张的是一切服从蒋介石国民党，不要党的領导。

邓小平是王明右傾投降主义路线的忠实执行者。他大搞投降主义，公然一再邀請国民党军閥鹿钟麟到河北省当省主席，为了討好敌人，他竟派骑兵連护送鹿贼，开万人大会欢迎鹿贼。真是无耻之极！

毛主席教导我們說："人民的武装，一枝枪、一粒子弹，都要保存，不能交出去。"可是邓小平为了卖身投靠国民党，竟不惜把晋察冀武装区拱手让給鹿钟麟，把邵北武支队（約三、四千人）奉送給这只恶狠。

邓贼的投降叛卖活动給我党造成了极大损失。鹿贼做了省主席后，残酷迫害我抗日军政人員，撤消我抗日县长，屠杀我八路軍人員和抗日群众，只一九三八年十月"束鹿事件"一次就惨杀我八路軍政治指导員二十一人，一九三九年五月"館陶事件"又活埋我抗日干部和群众五百余人。

在"館陶事件"发生后的十几天，邓小平发表了他的投降主义代表作《在敌后方的两条路线斗争》。他公然无耻地叫囂："我們一切都以蒋委員长指示为准绳"，要"真心誠意"而不是"口是心非"地拥护蒋委員长，要"坚持青天白日旗的抗日政权"，同国民党"互助互让"。在一九四〇年一月二十一日，冀南行政参議会上，邓又叫嚷要"一致地站在国民政府和蒋委員长領导之下"，他极力美化人民公敌蒋介石，竟称之为"我国領袖"、"最高統帅"

毛主席告訴我們："中国大地主大資产阶級的政治代表蒋介石……

是一个极端残忍和极端阴险的家伙，"他是一个杀人不眨眼的刽子手，一个职业的帝国主义走狗和卖国贼。可是作为一二九师政委、党的领导人之一的邓小平却大喊要向人民公敌蒋介石致"崇高敬礼"。狗嘴里吐不出象牙来，象邓小平这样的叛徒嘴里只能吐出这样反动的令人作呕的狂吠。

毛主席教导我们："**阶级投降主义实际上是民族投降主义的后备军，是援助右翼营垒而使战争失败的最恶劣的倾向。为了争取中华民族和劳动群众的解放，为了使反对民族投降主义的斗争坚决有力，必须反对共产党内部和无产阶级内部的阶级的投降倾向，要使这一斗争开展于各方面的工作中。**"

邓小平之流对蒋介石卑躬屈膝，肉麻吹捧，拜倒在国民党蒋介石脚下，他们所搞的阶级投降政策正是导致亡党亡国的卖国政策。

邓小平是王明的忠实信徒。一九四三年邓领导北方局整风时，他根本不强调学习毛主席的整风文献，却把王明一九三一年发表的"为中共更加布尔什维克化而斗争"的小册子大量印发，人手一册。当时中央领导机关和高级干部正在进行党史的讨论，彻底清算一九三一年初到一九三四年底"左"倾机会主义路线（王明路线）的错误。邓小平这一作法紧紧地配合了王明反动路线向毛主席革命路线的反扑，起了其极其恶劣的作用。邓小平与王明是一丘之貉，他们狼狈为奸，一唱一合，反对毛主席，他们已经一起被用毛泽东思想武装起来的革命人民扫进历史的垃圾堆。

（五）彭德怀的狐群狗党

建立农村革命根据地，以农村包围城市，在农村积蓄和发展武装力量，开展武装斗争，最后夺取城市的思想，是毛泽东同志光辉的人民战争思想的一个重要组成部分。具体对于抗日战争时期来说，就是创立、巩固和发展敌后抗日根据地，坚持长期游击战争，积蓄革命力量以待战略反攻。毛主席指出："**我们的战略反攻一日未能举行，失地一日未能恢复，敌后游击战争就应坚持一日。**"但是邓小平却勾结彭德怀、杨尚昆、陆定一等人疯狂对抗毛主席的革命路线。一九四〇年四月，邓小平亲自在太行山黎城召开高干会议，会上由北方局負責人杨尚昆作了建党建軍建政的黑报告。邓、楊、薄等合謀提出了"以爭取中間势力为中心环节"的投降主义路线，制定了鎭压革命群众的"杀人反座"政策。这次会議对于根据地工作根本不予注意，絲毫不討論减租减息問題，不重視根据地的武装建設，完全对抗毛主席指出的"**基本的是游击战，但不放松有利条件下的运动战**"的教导，自搞一套，把大批地方武装編入正規軍，积极准备秋季的百团大战。

一九四〇年，日寇为了逼蒋尽快投降，在向我抗日根据地进攻的同时，在正面战场上集結兵力，准备向西安、重庆、昆明发展。

反党分子彭德怀为了保卫蒋介石，于一九四〇年八月二十日，背着毛主席和党中央发动了"百团大战"。"百团大战"历时三个多月，它不仅給我軍带来极大伤亡，而且也造成了极严重的后果。这次战役一方面暴露了我軍实力，将日在华主力吸引到了解放区，引来了冬季大扫蕩，給解放区造成了許多不必要的损失。另一方面它使得蒋介石得以偏安西南、西北，消极抗战，积极反共。百团大战以牺牲我軍实力来保卫蒋介石，它适应了蒋賊"**袖手旁观，等待胜利，保存实力，准备內战，**"假日寇之手消灭共产党的奸計。百团大战从政治路线、軍事路线到組织路线都犯了极其严重的错誤，但作为一二九师政治委員和中央太行分局书記的邓小平却极力支持彭德怀，当时一二九师参加这一战役的有二十三个团，决死队一、三纵队也全体出动参加了百团大战。

由彭德怀、邓小平一起发动并亲自指揮的**百团大战明明受到**毛主席的严厉批評，可是邓小平却仍一意孤行，不断写文章吹捧它的所謂"**丰功伟績**"，說什么"轰动全球的英勇的百团大战……，它的**輝煌战績不仅在中国是罕見的**，即在世界历史上也亦是永垂不朽的"。

一九四三年一月，在溫村召开的太行分局高干会議上，邓小平又与彭德怀、罗瑞卿提出"民主建政是敌后根据地的中心环节"，要实行"自由、平等、博爱"，"己所不欲，勿施于人"的政策，同毛主席的放手发动群众，坚持武装斗争，巩固和扩大抗日根据地的政策直接对抗。

什么"自由、平等、博爱",这不过是资产阶级打着的一面陈腐不堪的破旗,它完全是骗人的。历史经验证明:要巩固根据地,就必须发动群众,拿起枪杆子,坚持武装斗争。

彭、邓是老搭挡了,他們之間可謂关系好矣,了解深矣。因而,在庐山反击彭德怀的猖狂进攻时,邓小平竟連个书面发言都沒有。他为了抵制对彭的批判,竟以打球摔坏了腿为借口,溜之乎也。

欠債是一定要偿还的,溜是溜不掉的。革命人民决不会放过邓小平、彭德怀这些落水老狗!

(六)反党集团的黑后台

凡赫鲁晓夫式的个人野心家,都是篡党篡国的大阴謀家,他们为了向无产阶级夺权,总是不擇手段地招降納叛,結党营私,网罗牛鬼蛇神,包庇地富反坏,組成其反党阴謀集团。

长期以来,彭、陆、罗、楊等反革命修正主义分子肆无忌憚地反对我們心中最紅最紅的紅太阳毛主席,阴謀实现其篡党篡軍篡国的罪恶阴謀。他們狠狠为奸,結成反革命阴謀集团。这个反革命集团,下有走狗嘍罗抱腿,上有后台老板撑腰,囂张已极,猖狂已极,这个反革命集团的后台是誰呢?就是党內最大的走资派刘少奇、邓小平。

邓小平跟彭、陆、罗、楊反革命集团的每个成員都有着頤深的关系。

一九三八年,临汾会議上邓小平就与彭德怀、楊尚昆串通起来,狂叫"对国民党不分左中右",反对毛主席提出的统一战线的正确路线政策。一九四〇年,黎城会議上邓小平又与楊尚昆一起提出"以爭取中間势力为中心"的投降主义路线。楊尚昆、邓小平是一条反党黑线上拴的一对黑螞蚱,所以当文化革命刚刚把大特务楊尚昆的黑关系揭出时,邓小平就慌了手脚,急忙与彭眞合謀死保楊尚昆,他们授意旧北京市委工业部长項子明写信給毛主席,为楊尚昆說情,替楊尚昆保鏢。

邓小平与篡軍反党野心家罗瑞卿是至亲好友,在这次文化大革命中,邓小平包庇罗瑞卿眞是不遺余力,煞費了苦心。

一九六五年十一月，毛主席在上海召开緊急会議，揭发罗瑞卿問題。会上，邓小平装痴卖傻，說什么：“我不知道呀，怎么一下子到这里来，开什么会呀！我們不清楚呀。”上海会議后，邓的老婆跑到罗瑞卿的老婆那里，两人抱头痛哭，出尽丑态。邓的老婆卓琳是宣威火腿总经理的女儿，罗的老婆郝治平是恶霸地主的小姐，物以类聚，人以群分，他们两个真是臭气相投啊！一九六六年三月，在北京召开批判罗瑞卿的中央工作小組会議，会上邓小平竟当着罗瑞卿的面說：“罗总觉得寃枉，有委屈，罗有什么意见都可以提，不同意就不同意，我們党从来不强迫人承认錯誤。”寥寥数語中，苦心所在，罗瑞卿是心領神会的，邓小平实际上是告訴罗不要承认錯誤，以等待时机反扑。邓在会議开始两三天后，就借故溜到西北去了，直到会議結束一两天前，要作結論，邓为了保护罗过关就急忙赶回来。在这次会議結束时，邓作了一个結論性的讲話，他对罗瑞卿跳楼自杀十分怜惜。他說：“为什么要自杀呢？如果你罗瑞卿认为你是正确的，为什么不坚持呢？还有揭发的問題，你不同意可以保留嘛！中央对彭德怀实际上已经作了結論，他写了几万言书，企图翻案，现在还分配工作。”“允許保留，党中央有一条，你罗瑞卿为什么要自杀呢？”

在这次批判罗瑞卿的会議上，邓小平玩弄了許多“机关”，要了許多花招，直到会議結束时，罗的許多证据确凿、性质严重的問題邓仍坚持不让写入結論。

毛主席教导我們說：“天下的頑固分子，他們虽然今天頑固，明天頑固，后天也頑固，但是不能永远地頑固下去，到了后来，他們就要变了……頑固分子，实际上是頑而不固，頑到后来，就要变，变为不齿于人类的狗屎堆。”事实正是这样，不管邓小平、罗瑞卿之流怎样狡猾，怎样頑固，他們既要反对毛主席，反对我們光荣正确伟大的党，他們就决逃不出革命人民布下的天罗地网。

（七）刘少奇的头号帮凶

“假的就是假的，伪装应当剝去。”撕掉假面具，戳穿西洋鏡，党內最大的走資派刘少奇、邓小平露出了其猙獰的真面目，他們原来是那样可憎可恶的吃人不吐骨头的厉鬼。长期以来，他们疯狂反对毛主席的革命路线，顽固地执行反革命修正主义路线。在他们的反革命生涯中，邓小平一直是刘少奇的头号大帮凶。

一九四五年，我们党召开了光辉的第七次代表大会，这次大会决定了党的路线：“放手发动群众，壮大人民力量，在我党的领导下，打败日本侵略者，解放全国人民，建立一个新民主主义的中国。”在大会闭幕时，毛主席指出：“大会闭幕以后，很多同志将要回到自己的工作岗位上去，将要分赴各个战场。同志们到各地去，要宣传大会的路线，并经过全党同志向人民作广泛的解释。”

会后各地代表都坚决按毛主席的指示办事，很快传达了七大精神。可是刘少奇为了继续推行他右倾机会主义投降路线，拒不传达毛主席指示和七大精神，他对华北代表讲：“七大暂不传达，当前以团结为主。”“心有灵犀一点通”，对刘贼的黑指示，邓小平当然十分明白，他伙同薄一波封锁毛主席指示，拒不在华北区、太行区传达七大报告。这些反革命修正主义分子，这些躲在阴暗角落里的魑魅魍魉，他们是多么害怕太阳的光辉，多么害怕真理的声音，多么虚弱啊！

伟大的中国人民在英明领袖毛主席领导下浴血奋战，前仆后继赢得了抗日战争的伟大胜利。抗战胜利了，果实应归谁，桃子应谁摘？毛主席指出“抗战的果实应当归给人民”，桃子应当人民摘。但是独夫民贼蒋介石却要抢夺胜利果实，建立他的大地主大资产阶级专政。这时毛主席一再指出：“现在蒋介石已经在磨刀了，因此，我们也要磨刀。”针对蒋介石对权必夺，寸利必得的反动方针，毛主席提出了“针锋相对，寸土必争”的方针。毛主席特别告诫全党：“这个时期如果有机会主义的话，那就是不力争，自愿地把人民应得的果实送给蒋介石。”

为了到国民党反动政府去当官，去当“中央政府的官”，我国最大的议会迷刘少奇抛出了“和平民主新阶段”的投降主义路线。他疯狂诋毁毛主席“枪杆子里面出政权”的伟大真理，狂妄叫嚣：“和平民主时期不是靠枪杆子逞锋，而是靠选票进城。”他手舞足蹈准备搞伪国大，下令让各地区选代表去南京开会，去当“国民政府”的官当时任晋冀鲁豫中央书記的邓小平紧紧追随刘少奇，大力宣传刘贼"和平民主新阶段"的天方夜譚，散布和平麻痹思想，充当美蒋和平骗局的吹鼓手。邓小平在軍区机关报《人民的軍队》上题詞，写的是："为人民利益服务，搞好生产，恢复八年創伤。"他只字不提对美蒋的斗争，只字不提武装夺取政权，完全背叛了馬列主义。邓贼对国民党蒋介石充满了幻想、他不立足于打，而是整天跟薄一波混在一起，大打麻将牌，眞是空虛腐敗到了极点！

一九四七年下半年，中国人民解放軍轉入全国规模的战略进攻，我晋冀鲁豫野战軍强渡黄河，挺进大别山。在大别山区土改工作中，邓小平对抗毛主席关于新解放区土地政策的一系列指示，亦步亦趨地按着刘少奇在土地会議上的錯誤指示办事。

对于新区土改的策略問題，毛主席曾多次指出："**这种地区，群众尙未发动，国民党和地主富农的势力还很大**"，"**不要性急，应依环境群众觉悟程度和领导干部强弱决定土地改革工作进行的程度。不要企图在几个月内完成土地改革。**"

邓小平完全置毛主席的指示于不顾，一九四七年十月以邓小平为书記的中共中央中原局发出《开辟新区工作的方針和办法》的指示，要新区各地"立即放手发动群众普遍的分地主的财物（即分浮财）的运动"，"立即开始分田工作"，"必須将地主财物迅速轉到农民手中……进行浮财斗争。当天到当天分。"在新区，邓贼大搞形"左"实右的土改路线，实行什么"走馬点火，到处分浮财"政策，大大損害了中农利益。在工商业政策上，他把地富那部分工商业也借打击官僚資本为名一概沒收，打击工商业，直接影响了新区经济活动，給新区工作造成了很大困难。

邓小平跟刘少奇一样是个老机会主义者，他們一貫执行反革命修正主义路线，对此，我們一定要痛加批判。

（八）資本家的乏走狗

"**虎踞龙盘今胜昔，天翻地复慨而慷。**"一九四九年，解放战争发展到百万雄师下江南的胜利局面。我二野三野集结华东地区，成立了中共中央华东局，邓小平任第一书記，在这一时期邓小平又一次违背毛主席的阶級路线，对抗毛主席的城市工作政策。

邓小平完全抛弃了无产阶级立場，站在反动资产阶级立場上，对资本家屈膝跪拜，百般討好，当劳资发生糾紛时，邓小平就跑出来，儼然以一种教师爷的口吻教訓道："大家（即劳方资方）相互商量，先资方，后劳方，不能解决再到政府，用合理的方法，不能站在那一边。……"好一个"不能站在那一边"！在阶级社会中，你不站在无产阶级一边，就必然站在资产阶级一边，不站在革命人民一边，就必然站在革命的敌人一边，这是人所共知的。怎么自称"老革命"的邓小平连这个道理都不懂呢？原来，邓小平是站了"边"的，他是坚决站在资产阶级一边的。要不，他为什么强調要"先资方"呢？

邓小平恬不知耻地說："凡是党員与非党員合作不好，首先是党員負責，不管有理无理，有理三百板，无理板三百。不这样，統一战线不能巩固。"当工人对资本家的敲骨吸髓的压榨与剝削表示不滿，提出申訴，进行反抗时，邓小平就摆出牧师的姿态，叫工人"忍受""忍受"。在这里，邓小平的资本家恶奴才嘴脸暴露得多么充分，他的工贼面目表现得何等清晰啊！

一九四九年十一月初，第二野战軍、华北野战軍第十八兵团和第一野战軍一部向西南进軍，邓小平也来到西南，当上了西南局第一书記，在远离中央的西南地区，他大搞独立王国，儼然成了西南的专制皇帝。在西南，邓贼本性不改，继续对抗毛主席。

毛主席在七届二中全会报告中指出："在城市斗爭中，我們依靠誰呢？有些糊涂的同志认为不是依靠工人阶级，而是依靠貧民群众。有些更糊涂的同志认为是依靠资产阶级。……我們必須批判这些糊涂思想。"邓小平是深知毛主席这一指示的，但复辟资本主义的欲望支配着他，他是必然要当资本家走狗的。一九五〇年六月邓小平在重庆市第二次党代表会議上大肆鼓吹取消党的領导，同国民党遗留下的旧人員"团结""合作"，說什么"现在各級政府正在进行安位子工作，团结他們，位子安好后，有許多人当部长、科长，我們同志当付的，一定要受人家領导……"。他不讲斗爭，完全拜倒在资产阶级脚下，不砸烂旧国家机器，妄图为复辟资本主义准备条件。

在土改中，他不敢触犯地主富农的利益，拒不执行毛主席的指示，不认真发动群众組織阶级队伍，土改搞得很不彻底，不少地主、富农漏划，一些基层政权落到阶级敌人手里，仅川北一九六四年"四清"时搞了一个典型調查，就发现有百分之十八地富漏划。对当时去川北参加土改的几个资产阶级代表人物如：章乃器、梁漱溟、王光英等，鄧贼百般照顾。这些人狗性不改，与地主一起抽烟喝酒，大搞和平談判，而鄧贼却听之任之。鄧为了包庇他们还强令土改工作团烧毁其工作情况的材料。真是可恶之极！

毛主席說："**一九四九年十月一日中华人民共和国的成立，标志了新民主主义革命阶段的基本結束和社会主义革命阶段的开始。**"而党內最大的走资派刘少奇、鄧小平却大唱反調，为在中国发展资本主义奔走呼号，卖命效劳。掌握着水路交通命脉的长江民主航运公司经理是反动官僚、伪粮食部长声作孕，解放后鄧小平不但不沒收其财产，反而策划将其安排为西南軍政委員会委員。該公司为了抬高运价，不惜用石头压舱放空，也不給国家运貨。鄧对此不但熟视无睹，不进行斗争，反而拨巨款以"維持营业"，"**解决困难**"。资本家兴高采烈，高叫"霓紅灯亮了"，"那真是我們的黄金时代"。四川私营大百貨公司"宝元通"，其分支遍布全省各大城市，是臭名远扬的东亚毛紡厂产品在西南的总推銷。在解放前夕随着蒋家王朝的崩潰而沒落，鄧用高价收卖为国营企业，把资本家任命为領导骨干。鄧小平公然赞扬他们"民主"、"进步"、"克勤克俭"，听任担任人事主任的一个国民党上校对工人讲"意志課"，鼓吹"劳资合作"。鄧小平竭力討好他们，对他們說："你們不是要办大'宝元通'嗎？国营了，才是真正的大'宝元通'呢！你們那个还是盆景。"請同志們想一想，这段无耻的道白多么象刘少奇对东亚毛紡公司臭经理、反动资本家宋裴卿的那段献媚辞啊！他们两个真是一对资本家的乏走狗。

（九）反革命分子的"大紅伞"

毛主席指示我們要做好肃反工作，因为"……**这是广大群众的要**

求，这是为了解放长期被反革命分子和各种恶霸分子压迫的广大群众，也就是为了解放生产力。我们如果不这样做，人民群众就会抬不起头来。"

西南地区是蒋匪帮长期盘踞的老巢，为了巩固无产阶级专政，应当彻底清匪反霸，镇压反革命。而邓小平却根本不认真发动群众起来进行肃反工作，只是敷衍了事，甚至对匪霸加以保护。例如川北严××，是封建族长、国民党员、匪团长、血债累累。邓与川北区书记胡耀邦对他百般保护，经群众请愿才不得不交出，但又规定："只准斗争，不准杀掉。"又经群众抗议才不得不镇压。

最突出的例子是邓小平包庇其反革命弟弟邓蜀屏、邓肯及其全家的事实。

邓蜀屏是邓小平的三弟。在解放前的十余年里，邓蜀屏先后担任过国民党联保主任、乡长、区长、救济院长、县参议员、国民党区分部书记、抱哥大爷、县经征处主任、仓库主任、民政科长、国民党反动报纸《民生日报》经理等反动职务，是大卖国贼蒋介石的一条忠实走狗。在廿年的时间里，邓蜀屏依仗国民党反动派的势力勾结地方上的土豪恶霸，横行乡里，称霸一方，杀人放火，奸淫掳掠，吃喝嫖赌，无恶不作，外号人称"三王爷"

这个坏蛋，曾枪杀我贫下中农七人，双手沾满了人民的鲜血！

这个坏蛋，曾盗卖公粮一万余石，广置田产，大建公馆！

这个坏蛋，曾勾结大土匪谌克纯(已镇压)抢劫民财，杀人放火，坐地分肥！

这个坏蛋，曾组织反动社团"益赛"，竞选参议员，积极为蒋介石推行反革命的"新县制"

就是这样一个十恶不赦的反革命强盗，解放后却受到邓小平的保护，改名换姓，青云直上。罪行累累的反革命分子邓蜀屏究竟怎样逃脱了人民审判的呢？在伟大的无产阶级文化大革命中，多年的谜底揭开了。

重庆刚解放，邓小平窃据了我第二野战军政委、西南局第一书记、重庆市长的职务。他深知反革命的弟弟邓蜀屏及其家庭会遭到人民政府鎮壓。出于他反动的阶級立場及其反革命需要，他迫不及待地把正在四川奉节县当国民党民政科长的邓蜀屏叫往重庆，对他面授机宜，要他赶快潜回广安，带領邓家所有的地主分子、反革命家屬逃亡到重庆来。临走之时，邓小平把自己的一张全家照片交給邓蜀屏，告訴他这就是进出西南軍政委員会的执照。一九五〇年初反革命分子邓蜀屏带領全家逃到西南軍政委員会，为了确保邓蜀屏的狗命，邓小平特意安排他們和自己同住一幢楼，同吃一桌飯。

貧下中农聞訊后义憤塡膺，立即派出五位民兵去重庆追捕。可是邓小平却欺騙他們說邓蜀屏从来没有来过这里，就这样血債累累的反革命分子邓蜀屏被轻而易举的包庇下来了。

一九五〇年四月邓小平又将邓蜀屏、謝全碧这对狗夫妻送进西南革大，半年毕业后，他們被作为"革命干部"派往贵州，这时轟轟烈烈的鎮压反革命运动开始了，为了进一步包庇邓蜀屏，邓小平授意他化名徐初。邓、謝这两个坏蛋一到贵州就混入我土改工作团，并窃据了工作組組长职务。他們在土改中包庇地富，打击貧下中农，严重地破坏了贵州地区的土改运动。从土改到现在的十余年間，邓、謝这两个坏蛋在邓小平卵翼之下官运亨通，扶搖直上。邓蜀屏先后窃据我人民政府鎮长、科长、局长、副市长等职务。逃亡地主分子謝全碧先后窃据我副区长、副科长等职务。他們利用窃据的职务猖狂进行反党反社会主义的罪恶活动。

今年三月十五日，邓蜀屏畏罪自杀，临死之前，他还恶毒攻击党中央毛主席，胡說什么广大工农兵革命群众对邓小平、邓肯（邓小平二弟）和他本人的揭发批判是"欲加之罪，何患无詞，""复巢之下，岂有完卵？"眞是反动透頂。

就是这样一个死心踏地的反革命分子，邓小平曾几次去贵州、昆明探望。在三年困难时期，邓小平、卓琳还从北京給他寄去眞虎骨酒、鹿茸粉、狐皮大衣、呢子衣服、料子衣服、衬衫、进口手表等，让他吃飽喝足继续干反革命勾当。

邓小平还竭力包庇反革命修正主义分子邓肯，从历史上讲邓肯是一个脱党脱团分子，一九三七年"七·七"事变之后，他再次混入革命陣營。一九四一年邓小平把邓肯拉往延安，塞进《新华日报》社，解放后邓小平又一手提拔他为重庆经委主任，重庆市副市长。

一九六二年邓肯乘着帝修反向党向毛主席猖狂进攻之机，大放厥詞。他大駡"世道不对头"！說我们犯了"路线的錯誤"，他恶毒地攻击毛主席的"**千万不要忘記阶级斗爭**"的伟大号召是"**天下本无事，庸人自扰之**"，攻击无产阶级专政把人民当作"猪儿狗儿赶"，他咒駡我们，为反革命鳴宽叫屈，說对反革命分子的处理是"令人寒心"的，等等。一九六五年底，邓肯的反动言論被揭露出来了，革命群众紛紛要求严肃处理，邓小平慌了手脚，忙出来保驾，通过重庆市委負责人把他调到武汉任副市长，以图使他逃避人民的审判。

十七年来，邓小平还包庇了右倾机会主义分子邓自力（前泸州地委书記、邓小平的堂弟），破落地主分子譚以新（邓小平的舅舅），逃亡地主分子夏伯根、唐志民、邓先烈，反革命分子王家林以及反动道首钟高峰、陈吉云、黄之元等人。

毛主席教导我们："**世上决没有无緣无故的爱，也没有无緣无故的恨。**"邓小平包庇这批牛鬼蛇神，就是企图把他们作为反革命复辟的社会基础，邓贼如此关怀和百般包庇牛鬼蛇神，正說明了他就是最大的一个牛鬼蛇神。

（十）赫鲁晓夫的应声虫

一九五二年下半年，邓小平調到中央工作，窃踞了国务院副总理的职务。一九五六年邓小平又窃踞了党中央总书記的要职，从此他的反党活动就更加猖狂了。

一九五六年二月，苏共召开了臭名远揚的二十大。会上赫鲁晓夫借口"反对个人迷信"，大反斯大林，提出了"和平共处"、"和平过渡"、"和平竞賽"的修正主义路线。二十大在国际共运中造成了严重的恶果。一时間，妖风大作群魔乱舞，帝修反猖獗叫嚣，掀起一股反共反人民的逆流。在这股妖风恶浪面前，以我们伟大領袖毛主席为代表的中国共产党高举馬列主义大旗，团结一切真正的革命力量，进行了針鋒相对的斗争。毛主席多次明确指出，修正主义比教条主义有更大的危险性，在目前，反对修正主义的倾向尤其是追切的任务。

配合国际反革命势力的进攻，中国的修正主义老爷們也不甘落后，他們也登台上陣，大干起来了。一九五六年九月在我党召开的第八次代表大会上，邓小平一再吹捧苏共二十大"有大量正确的东西"，他大反所謂"个人迷信"，大肆影射、攻击我們最敬爱的領袖毛主席，說什么"反对个人崇拜的重要意义，不仅对于苏联共产党，而且对于全世界其他各国党都产生了巨大影响"，"我們党从来认为任何政党和任何个人在自己的活动中都不是没有缺点和錯誤……我們党也厌弃对个人的神化"，"当然，个人崇拜是一种有长远历史的社会现象，这种现象也不会不在我們党的生活和社会生活都有它的某些反映。我們的任务是继续坚决执行中央反对把个人突出，反对对个人歌功頌德的方針"。

在国际斗爭中，邓小平还与赫鲁晓夫遥相配合，大力宣揚苏共二十大所确定的"和平共处"、"和平竞賽"的修正主义路线。一九五七年一月，邓小平在清华大学作报告，公然說："我們希望目前世界上三种主义——社会主义、帝国主义、民族主义的国家和平竞賽，从易北河到十七度，从十七度到三八线，来个'黄河为界'，人不犯我，我不犯人。"同时他还竭力散布核恐怖的謬論，长帝修反的威风，灭中国人民的志气。无耻地叫嚷"苏联不为首，那个还有資格呢？我們能够为首嗎？不要吹牛吧。我們只有四百多万吨钢，在机械方面最大的和最精密的，我們还不能造，钢材也只有几百种，人家有几千种、几万种。苏联一下子援助几十亿卢布，我們拿得出来嗎？苏联有原子弹，它的意义何在呢？就是使帝国主义怕它，帝国主义怕不怕我們呢？我看不怎么怕。""美国为什么能在台湾胡搞？就是因为我們没有导弹，沒有原子弹"，"总的形势是好的，世界大战打不起来，其道理就是世界上有两个原子弹国家。"同年十二月他又胡說："当然现在拿下台湾最好，我們只有努力建設超过美国了，有了原子弹现代武器，准备起来，下命令，美国也吓走了。"名为总书記的邓小平完全丧失了共产党人的立场，充当了帝国主义核恐怖的应声虫。

中国的修正主义和外国的修正主义是一脉相承的。现代修正主义的代表赫魯晓夫，把共产主义描繪成"所有的人都可以得到盛滿了体力劳动和精神劳动产品的一盘餐"，所謂为共产主义而斗爭就是为了要得到"一盘土豆烧牛肉的好菜"。邓小平学着赫魯晓夫的腔調也提出了一个"共产主义"的图画。我們且看他的共产主义是些什么货色吧。一九五八年十一月他伙同楊尚昆去貴州"視察"，在貴州的一次座談会上他說：

"共产主义"，就是搞起碼"2500人"的"居民点"，"要做到北京、貴阳有的，你們居民点（指遵义）都有。将来高跟皮鞋、口紅、电視机都可以有。要消灭城乡差别嗎？就是这些了；"

"到了共产主义，每人搞一个縫紉机，做自己心願的衣服"，"穿衣可以充分自由，自己爱穿什么就穿什么；穿鞋也是爱穿布鞋就穿布鞋，爱穿胶鞋穿胶鞋也行。爱穿草鞋也行，拚命穿草鞋。节約下的錢，穿双皮鞋，高級和低級相結合，不要統統一样；"

"要搞娱乐場所，运动場几百戶一个是不行的"，"我主張中国成为自行車国，每人一辆自行車，骑車可以鍛炼身体，农具用汽車拖；"

"将来什么工作最重要？爱娃娃最重要。全国要有二千万人干这行。""重要的部分是保育人，要訓练保育員；""他們的待遇应当比大学教授高。""第二个重要部門是做饭"，"将来每人每年六十斤猪肉"，"每人每天半斤苹果"，要"允許"喝"二两白干"。

看，这就是邓小平心目中的"共产主义"，这是地地道道复辟資本主义的假共产主义！在这里，为共产主义奋斗变成为"口紅"、"电視"、"高跟鞋"而奋斗，为"醃肉"、"白干"、"自行車"而奋斗！什么加强无产阶级专政，消灭三大差别，什么革命化，高举毛泽东思想伟大紅旗，都統統被抛到了九霄云外。邓小平之流的共产主义那里有一絲一毫的共产主义味道！他所标榜的共产主义正是不折不扣的資本主义，百分之百的修正主义。

"要扫除一切害人虫，全无敌。"让邓小平和他的假共产主义见鬼去吧！让我們把中外大大小小的赫魯晓夫們一起鏟掉，統統扫进历史的垃圾堆中去吧！

（十一）兜售"阶级斗争熄灭論"的私販子

在社会主义社会，存在着尖銳复杂激烈的阶级斗争。社会主义社会里的阶级斗争，集中到一点，就是无产阶级要巩固无产阶级专政同资产阶級要推翻无产阶级专政的斗争。党內走資派，为了在中国实行资本主义复辟，必然要千方百計地詆毁毛主席关于社会主义社会存在阶級、阶级矛盾和阶级斗爭的伟大理論，大肆地散揚阶级斗争熄灭論。

毛主席在他的伟大著作《关于正确处理人民內部矛盾的問題》中指出："**在我国，虽然社会主义改造，在所有制方面說来，已经基本完成，革命时期的大規模的急风暴雨式的群众阶级斗爭已经基本結束，但是，被推翻的地主买办阶级的残余还是存在，資产阶级还是存在，小資产阶级刚刚在改造。阶级斗爭并没有結束。无产阶级和資产阶级之間的阶级斗爭，各派政治力量之間的阶级斗爭，无产阶级和資产阶級之間在意识形态方面的阶级斗爭，还是长时期的，曲折的，有时甚至是很激烈的。无产阶級要按照自己的世界观改造世界，資产阶级也要按照自己的世界观改造世界。在这一方面，社会主义和資本主义之間誰胜誰負的問題还没有真正解决。**"为了保证我們紅色江山千秋万代永不改色，毛主席特別号召我們："**千万不要忘記阶级斗爭。**"

毛主席的英明論断，是馬列主义关于社会主义革命和无产阶級专政学說的創造性发展，是经过革命实践证明了的伟大真理。可是邓小平却大唱反調，一九五六年他說："前一段干的是革命，现在革命任务已基本完成了，今后任务就是搞建设。现在阶級矛盾基本上解决了。""阶級消灭了，就变成了人民內部矛盾。人民內部矛盾不能用阶级斗爭的办法来解决，否则非犯錯誤不可。"在《关于修改党章的报告》中，他还胡說："我們不但已经彻底地完成了資产阶級民主革命阶段的任务，而且已经基本上实现了社会主义革命阶段的任务。""原有的社会成份的区别已经或正在失去原有的意义了，……在最近时期，情况已经发生了根本的变化。工人和职员已经是一个阶级內部的分工。苦力和雇农已经不存在了；貧农和中农现在都已经成为农业合作社的社员，他們之間的区别很快就只有历史意义了；知识分子的絕大多数在政治上已经站在工人阶级方面，在家庭出身上也在迅速地改变着；城市贫农和自由职业者差不多已经失掉成为社会阶层的条件。"

一九五八年四月，在成都会議上邓小平又一次大放厥詞，他說："革命有两条路线的斗爭，现在建設也有两条路线的斗爭，现在我国还存在着两条路线的斗爭，但主要是两种方法的斗爭。……在党内来說，是速度問題，并非社会主义道路的問題。"

邓小平妄图否认党内存在着走社会主义道路还是走資本主义道路的斗爭，从而掩飾自己疯狂复辟資本主义的活动，但，欲盖弥彰，这恰恰证明了邓小平是地地道道的走資派。

为了挖社会主义的墙脚，为毒草催生，邓小平大肆鼓吹資产阶级自由化，他公然篡改党的"双百"方針的阶级內容，說什么："今天提出这个口号（指"百家爭鳴"）是开放唯心主义，目的在光大唯物主义"，"现在(民主)可以放宽些，……思想战线上可以讲唯心論，大家爭鳴使思想不僵化"等等。在这种思想指导下，一九五七年春天，《中国靑年报》开辟了《辣椒》专栏，这是資产阶级右派向党进攻，是腐蝕靑年的一个陣地。邓小平却大加贊揚說："现在《中国靑年报》批評缺点比以前多了，这是好的。"在反右斗爭中，邓小平又耍尽阴謀，保《中国靑年报》过了关。

反右斗爭是我国政治思想战线上的一次大革命，它击潰了右派分子向党向社会主义的猖狂进攻，保卫了社会主义的江山，巩固了无产阶级专政。可是邓小平在关于反右斗爭的报告中竟把这揚尖銳的政治斗爭轻描淡写地說成仅仅是"思想斗爭"，"主要是解决五百万知识分子思想問題"，完全抹煞了这揚斗爭的实质。

邓小平到处声嘶力竭地叫卖"阶级斗爭熄灭論"的黑货，其目的是想麻痹无产阶级和革命群众的革命警惕性，以便实现他篡党篡军篡政的阴謀。然而，在用毛泽东思想武装起来的革命人民面前，邓贼的阴謀是永远不会得逞的。

（十二）"五风"的吹鼓手

邓小平是个卑鄙的实用主义者，圆滑的投机商。他一向文过飾非，把一切功劳归于自己，把一切錯誤推給别人。一九五九年他仍然以一貫正确者自居，无耻地大談什么要戒浮夸等等。其实，正是他煽火添薪，大刮"五风"。

一九五八年十一月六日下午，邓小平召集贵州省湄潭、余庆、綏阳、遵义、桐梓等县的县委第一书記开座談会，这个座談会实际上是"刮五风"的动員会。会上，他根本不管实际情况，到处发号施令，大肆浮夸。綏阳县盛产麻，平均亩产 180 斤，他一听，連連搖头，大叫"太少了，应該是1800斤。"企图提高十倍；这个县原先平均每人产值147 元，計划一年內提高到超过200 元，这个計划是 合 乎 实际的，然而邓小平却指着該县負責同志说："你的心太小了！""要大一些，第一步要达300；第二步要达到 500 。"

他公然对抗毛主席提出的**"广种薄收与少种多收相結合"**的方針，大量荒燕土地，荒謬的主张："要集中力量搞高产地。决心要丢掉一些（田地），路上看到那些石头縫里种的包谷，統統不要种。"还說："五百万亩砍掉四百万亩，每亩（产量）达四千斤，后年眞可以不种地了。"他大搞"一平二調"，声称在"人民公社"之外还要搞什么"进行貧富調剂"的"联社"。

他狗屁不通，却偏要装出个"百科全书"的样子，竟然荒唐地提出猪圈"不要安放在居民点，""不是要田間积肥嗎？安在田間去，居民点的卫生也好。"甚至揚言要成立什么"胡思乱想办公室"，公开叫嚷："要弄几个人来"，"专門胡思乱想"等等。

由于邓小平带头强迫命令，瞎指揮，使"五风"在貴州特别是在遵义地区大肆泛濫，并且波及全国。

为了实现邓小平"少种多收"的計划，許多田地被荒掉，許多庄稼被毁坏，严重地影响了生产和人民生活。至今遵义人民一提起邓小平无不咬牙切齿，恨之入骨。

令人不能容忍的是，邓小平自己大刮"五风"却顚倒是非，混淆黑白，千方百計地想把刮五风的責任强加于三面紅旗。一九六二年，他狂妄地叫嚣，三面紅旗"虽然不能說是路线的錯誤"，但是"有大量缺点"，"主要表现在计划、指标过高上"，他恶毒地說："从五八年以后刮‘共产风’、‘浮夸风’以来，就不注意调查研究了”等等，似乎“浮夸风”、“共产风”統統是三面紅旗造成的，統統是三面紅旗的罪过。

謊言掩盖不了事实，大搞“高指标”，大刮“共产风”的不是别人，正是邓小平┐他在遵义的談話，就是有力的铁证。

我们伟大的領袖毛主席一直同刘邓搞的“五风”进行針鋒相对的斗爭。早在一九五八年十一月召开的郑州会議上毛主席就指出："**我們只能一步一步地引导农民脱离較小的集体所有制，通过較大的集体所有制达到全民所有制，而不能要求一下子完成这个过程。**"一九五九年四月十九日毛主席又通过《党內通訊》，給全国农村人民公社全体社員写了一封信，一針見血地說："**上面一吹二压三許愿，使下面很难办**"，号召基层干部和社員頂住这股歪风，"**根本不要管上面规定的那一套指标**"，"**只管现实的可能性**"，毛主席三令五申一再批評那些做領导工作的所謂"上面"，就是指刘、邓，就是批評他們大刮"五风"，正是由于毛主席的一再批評才迅速阻止了"五风"的蔓延，使它未造成更大的恶果。刘邓企图倒打一耙，把自己搞的那一套硬加在毛主席的无产阶級革命路线上，这是痴心妄想，我們无产阶級革命派坚决不答应┐

（十三）硬充高个子的矮子

邓小平明明是一个历史上匆匆来往的过客，一个可怜的跳梁小丑，可是他却无耻地自我吹嘘，把自己打扮成一个頂天立地的英雄。妄图名垂青史，流芳百世。

在国际共产主义运动中，邓不过是现代修正主义分子行列中的一員，而他却趾高气扬地以反修"英雄"自居。他大吹大擂，說《二十五条》是他搞的。

事实的眞象如何呢？事实是：《关于国际共产主义运动总路线的建議》这篇文章，邓先在北京搞了个班子，写了若干条，送到毛主席那里，毛主席认为不行。于是，由毛主席亲自領导，伯达同志亲自主持又在杭州重新写。当邓知道毛主席亲自領导重写时，他还打电話問彭眞：用杭州的稿子，还是用北京的稿子。邓是决心要与毛主席唱对台戏而用北京稿子的。毛主席最后决定用杭州的稿子，这就是公开发表的通篇闪爍着毛泽东思想光輝的《二十五条》。邓小平明明沒干好事情，却要硬給自己記一大功，戴上一个桂冠，眞是不知人間有羞耻二字。

邓小平另一张王牌就是以淮海战役有"大功"自居。他狂妄地宣称："你从东北打到海南，我从南京打到成都，""你有辽沈战役，我有淮海战役。"其实，淮海战役，从战略方針到每一个具体布署，都是我們天才的統帥毛主席亲自确定，亲自指揮的。当时，在前线指揮的有刘伯承等同志，在前线奋战的有广大軍民，他們才是眞正的英雄。邓把所有的功劳都归于个人，为了炫耀自己，他还特别在毛选中注上一条說自己是淮海战役总前委书記。为了自己招搖撞騙，打击林彪同志，邓居然厚顏无耻地对毛选編輯部負責人說："毛选上多注解二野，少注解四野。"有些注释根本不需要写邓小平，他也硬要写上。

貪天之功以为己功是邓小平的故技，当面撒謊，伪造历史又是他的拿手好戏。在这方面最突出的例子就是他削尖脑袋，企图钻进遵义会議的一段经历了。

"遵义会議"是我党历史上光輝灿烂的一次会議，这次会議胜利地結束了"左"倾路线在党中央的統治，确立了毛主席在全党的領导地位，在革命的紧急关头，挽救了党和紅軍，从此中国革命在毛主席指引下从胜利走向胜利。为了紀念这个具有伟大历史意义的会議，在遵义建立了紀念館，供全国和全世界人民瞻仰。

一九五八年十一月三日，邓小平、楊尙昆、李井泉"驾临"遵义紀念館。当时紀念館的陈列是根据五七年多方查证后布置的。一楼陈列館里，悬挂着当时参加会議的十八个人的照片。邓小平沒有参加会議，当然不会有他的照片。但是这个野心勃勃的家伙，一看十八人中独独缺少他"邓总书記"，就滿脸不高兴，于是眉头一皺，計上心来。走到楼上当年开会的办公室，装出旧地重游的样子，肯定地說："会議就在这里开的"，接着他厚顏无耻地指着会議室靠里边的一角說："我就坐在那里。"为了使人确认他是会議的参加者，他故意显得頗为熟悉，到处指手划脚，一会儿說这儿布置的"窄了"，一会儿說那儿安排"小"了，胡指乱点，瞎談一通。事后，在邓小平的指使下，有个叫肖明（新华社記者，反革命修正主义分子汪小川的老婆）的御用文人，特意写了一篇《邓小平同志在遵义》的臭文，先后在《貴州日报》、《新遵义报》、《山花》、《貴州十年文艺創作选散文特写集》上大登特登，广为传播。說什么"遵义紀念館的工作人員，很久以来就盼望着能接待一次參加会議的客人。今天这个顧望实现了。……遵义会議的參加者邓小平、楊尙昆同志，对这座闊别二十多年，有伟大历史意义的楼房記忆犹新。"为邓小平參加过遵义会議大造輿論，

邓小平真的参加过遵义会議嗎？沒有！

遵义会議是一九三五年一月六日——一月八日召开的，历时三天。參加会議的除当时中央政治局正式及候补委員外，还有长征时，一、三軍团的軍团长、政委及五军团的政委、总政主任和参謀长，共十八人。一九三一年还只是瑞金县委书記的邓小平根本沒有參加会議。遵义紀念館为了证实邓小平的話，曾多次通函有关部門，請求帮助調查旁证材料，结果一一落空，只得到否定的回答。一九五九年五月十五日中共中央办公厅秘书局在遵义紀念館一再追問下，明确回答："关于邓小平同志是否参加遵义会議的問題，我们沒有这方面的材料，无法证明。"一九六四年当时曾任毛主席警卫員的陈昌奉同志到遵义，据他回忆，遵义会議时根本沒见过邓小平。大量事实证明，所謂邓小平参加遵义会議純系捏造。

可是貴州省及遵义紀念館內一小撮走資派，为了巴结邓小平，不顾广大革命群众的抗議，說什么"他（指邓小平）是政治局常委，他說他自己参加了，还要找誰证明。"一九六五年九月十四日，在邓小平第二次去遵义前夕终于再次修整了陈列方案。于是，会議室里椅子多了一张，茶杯增加了一个，邓小平的狗头也挂在陈列館的墙上了。

然而，历史毕竟不是一块任人雕刻的大理石，历史是不容篡改的！在伟大的无产阶级文化大革命中，英雄的紅卫兵和遵义紀念館的革命派起来造反了，他們憤怒揭露了邓小平伙同貴州省委及遵义紀念

館內一小撮走資派互相勾結，狼狽为奸，篡改历史，吹捧反革命修正主义分子的滔天罪行。他們把邓小平的狗象倒挂起来，把颠倒了的历史重新颠倒了过来。这是革命造反派的一大功勋，是战无不胜的毛泽东思想的又一伟大胜利！

（十四）統战民委系統反革命修正主义分子的黑后台

在統战民委工作中，邓小平极力推行投降主义路线。

叛国分子达賴和班禅是西藏反动农奴主的总头目，但却受到邓小平肉麻的吹捧。他胡說"从对祖国的关系这种政治态度上来看，他們是左派。"他揮舞阶級投降主义的大棒，强迫少数民族劳动人民和民族干部"一切事情都要经过他們上层，""他們（上层）贊成就做。"甚至叫囂說："不是下面貧苦人民贊成，而是上层分子的贊成。一定要上层分子贊成，不采取这一态度，一步不能前进，而且一定要出乱子，要說服那些进步青年，进步分子，說服他們忍耐些……。"

一九五六年贵州麻山苗族上层头人中的反革命分子、土匪挑拨民族关系，发动武装叛乱，杀害我們的干部和群众，发生了所謂"麻山事件"。当地人民解放軍，人民群众要求武装平乱，而以周林为首的贵州省委却认为叛乱是由于我們的政策太"左"了，主张"和平解决"，他們竟組織慰問团去"慰問"土匪，结果暴乱益甚，慰問团員差点被害。后来还是出动解放軍才把叛乱平息。但是，周林却宴諸匪首，让他們組織参观团到贵阳参观。叛匪一律恢复原职或提职，并給被打的叛匪家屬撫恤金，开追悼会。相反，对牺牲群众置之不理，尤其令人不能容忍的是：竟处分了坚决鎮压叛匪的解放軍指揮員，把首先开枪打叛匪的我軍营长撤职查办。由于周林实行"叛乱有功，平叛有罪"的投降政策，使贵州土匪活动猖獗一时。对于这种投降主义的处理办法，邓小平十分贊賞，他竟把"麻山事件"的处理报告作为和平解决民族地区暴乱的"好榜样"发至全国。

毛主席敎导我們說："无論是大汉族主义或者地方民族主义，都不利于各族人民的团结，这是应当克服的一种人民內部的矛盾。"邓小平完全无視主席的这个敎导，不去批判地方民族主义，反以大汉族主义为幌子，保护地方民族主义。一九五八年邓小平公开为地方民族主义分子保镖說："有些影响大的，还要保护。"他甚至对反动的民族分裂主义者和策动叛国的阴謀分子也采取姑息养奸的政策。

一九六○年西藏平息了叛国头子达赖发动的反革命武装叛乱，摧毁了封建农奴制度和反动野蛮的僧侣贵族专政，取得了民主改革的伟大胜利。西藏广大农奴，在毛主席提出的总路线、大跃进和人民公社三面紅旗指引下，社会主义革命积极性空前高涨。但是，农奴主并不甘心自己的失败。班禅等反动农奴主头子，出于其阶级仇恨，恶毒地攻击民主改革，攻击党的領导。反革命修正主义分子彭真、李維汉、徐冰、刘春等人配合班禅的进攻检查西藏工作中所謂"左"傾，并且向邓小平作了汇报，說什么平叛战爭中捕人多了，对班禅等上层分子照顾少了，寺庙留少了，合作社办早了，办糟了。邓小平抓住这个机会大肆放毒，攻击三面紅旗，并且抛出在西藏扼杀社会主义、发展资本主义的黑纲領，他对李維汉等人指示："西藏改革搞得比较凶，寺庙改革也相当厉害。现在是防左，防急，要稳。""要接受教训"，在西藏"不考虑社会主义改造，""和班禅合作要聚精会神去作"等等。根据他这些黑話，李維汉挂帅，刘春等人执笔，徐冰审改起草了一个对西藏工作方針的指示。公然规定"西藏要稳定发展个体经济"，"让个体农民富起来，""农牧区之間，农区之間，要搞点自由贸易。""五年之內不办合作社，連試点也不准搞。"还說什么班禅等反动上层分子是"左"派，"应該創設条件，让他們有职有权，""要多留些寺庙"等等。实际上邓贼是要在西藏发展资本主义，要把西藏的領导权交給叛国头子班禅。在邓小平等人的直接指挥下，西藏貧苦农奴和牧民建立起来的七十九个农牧合作社，都被一刀砍掉了。叛国头子班禅一伙在邓小平等人的卵翼下，得寸进尺，变本加厉。于一九六二年抛出了一个反革命七万言书，疯狂地向党向人民进攻。邓小平对西藏人民犯下了滔天罪行。

一九六二年赫魯晓夫修正主义集团勾結我国新疆地区的反革命修正主义分子和地富反坏右，在塔城策动边民外逃，在伊宁策划反革命叛乱。事件发生后，在刘少奇主持的会議上，邓小平竟支持李維汉提出的重点整顿內部、检查民族政策执行情况的卖国政策。由刘少奇、邓小平签发的复新疆区党委的一封电报中，根本不提对苏修的顛复活动进行坚决斗爭和反击，不提彻底揭露苏修的反革命阴謀和严惩叛国投敌分子，却大談什么"重点应放在整顿內部方面，""关鍵在于认眞地作好这些地区的民族工作，更好地貫彻党的民族政策和其他方面的政策。"公然为苏修和叛国分子开脱罪責。这充分暴露了他們与苏修狼狽为奸的一付叛徒嘴脸。

毛主席教导我們："**千万不要忘記阶級斗爭。**"邓小平及其在統战、民委系統的走卒們竭力抹煞少数民族地区的阶級和阶級斗爭，鼓吹阶級合作，提倡"和平过渡"、"和平改造"、"和平改革。"在一九六〇年到一九六二年，配合国內外敌人的疯狂反扑，邓小平在少数民族地区吹起了一股单干风，翻案风，妄图把少数民族地区引向資本主义道路。

解放后，邓小平等人借口"民族特点"、"地区特点"，在少数民族牧业区推行"不分不斗，不划阶級，"和"牧主牧工两利"的修正主义政策，維护封建牧主经济，鼓励农牧区发展資本主义。一九六〇年，邓小平、烏兰夫等人又配合反动牧主掀起反革命复辟逆流，提出"千条万条，增加牲畜第一条"的反动口号，公然对抗政治挂帅的伟大号召。

一九六二年春邓小平主持召开了全国民族工作会議，会上彭眞、李維汉、刘春、丹彤等人煽动民族宗教上层分子疯狂地攻击平叛、民主改革，攻击党的民族政策、宗教政策，攻击三面紅旗，大刮翻案风。会議期間，由刘春主持，綜合民族宗教上层分子的"要求"，写成报告上报。这个报告大受邓小平的贊扬，并且批轉下达执行，在全国煽动少数民族地区的牛鬼蛇神向党进攻。

在这次会上，邓小平还公开否定合作化，公社化，大刮翻案风。胡說："有些地区，这几年可以不办人民公社和合作社"，"某些边疆地区在这方面应当坚决退下来"，"各少数民族要集中力量恢复和发展经济，改善人民生活，其他方面的事宜，都要服从这个总目的。"公然命令牧区实行包工包产到畜群组，实质上就是单干。

毛主席說："这四种权力——政权、族权、神权、夫权，代裹了全部封建宗法的思想和制度，是束縛中国人民特别是农民的四条极大的绳索。"刘少奇、邓小平一貫打着提倡"宗教自由"的幌子，极力保护宗教的封建制度，反对宗教制度的民主改革，妄图保留神权，使这条绳索永远套在广大劳动人民身上。邓小平曾多次强调在民主改革中，要保护寺庙的封建土地和宗教剥削制度。在他的鼓励下民委系統的党內走资派大肆贩卖"社会主义宗教"的修正主义黑货。

一九六五年六月一次会議上，刘少奇与邓小平一唱一和，鼓吹让宗教自由泛滥。刘少奇主张与有神論搞和平共处，"搞些紅和尚"，他說："要懂得天主教、基督教、佛教、伊斯兰教，就要研究他，派人进去嘛。"邓小平馬上跟着說："注意搞些紅色神甫、牧师、和尚。"一个社会主义国家竟要发展、培养和尚，岂非咄咄怪事！

一九五九年民族文化宫开始展出了"民族工作展览"，这个展览是反毛泽东思想的一株大毒草。这个展览反对毛主席，抬高刘少奇，反对无产阶級，反对无产阶級专政，只讲民族，不讲阶級斗爭和革命，鼓吹"社会主义民族"，宣揚阶級投降主义，吹捧叛国分子、反动农奴主，抹杀宗教的反动本质，提倡宗教自由泛滥。这个反动展覽是由邓小平亲自批准的，他对展覽欣賞备至，說它"比历史博物館还好。"正是在邓小平包庇下，这个展覽七年来流毒甚广，在国內外广大观众中产生了很恶劣的影响。

邓小平在民族工作中之所以能够为所欲为就是因为他把持了統战民委的領导。他首先让老牌修正主义分子李維汉担任中央统战部部长兼中央民族事务委員会主任，总管統战、民委工作。一九五四年又安插反革命修正主义分子烏兰夫主管民族工作，一九六四年李維汉被揪出后，又馬上换大叛徒、反革命修正主义分子徐冰当統战部长。又先后把汪鋒、平杰三、刘述同、刘春、丹彤等叛徒、反革命修正主义分子安插在重要崗位，还让黑帮头子彭眞把口掌管。十几年来，邓小平就是这样利用职权，把他的心腹爪牙先后安插到民族工作的領导崗位，結成反革命小集团的。

一九六四年毛主席亲自指示要对李維汉推行的反革命修正主义路

线展开批判，邓小平却伙同刘少奇支持彭真、徐冰、刘春等人玩弄了一个假批判、真包庇的阴谋，对毛主席的指示阳奉阴违。一九六五年七月乌兰夫的反党叛国罪行被揭出后，刘、邓胆战心惊，慌忙找乌兰夫"谈话"，向他献策交底，要乌兰夫"争取主动"，并面授机宜，叫刘春帮他过关。刘春是个混进革命队伍的国民党特务，而邓小平却說："要允許人家（刘春）从反革命到革命，"吹捧"他参加革命以来表现是好的，工作是有成績的。"刘、邓不仅不許别人对刘春的历史问题进行审查，反而連续提拔重用。直到文化大革命群众把刘春揪出来时，刘邓还急忙指使陶铸出馬包庇，說什么"刘春……是左派嘛！"正是由于刘、邓的包庇，一群牛鬼蛇神把持了統战民委系统的大权，把它变成了一个反革命修正主义的独立王国，他們为所欲 为，对 抗毛主席的无产阶級革命路线，在民族工作中犯下了不可饒恕 的 滔 天 罪行。

（十五）疯狂攻击三面紅旗

总路线、大跃进、人民公社，是毛主席对科学社会主义的新的伟大貢献，是我国勤劳勇敢的革命人民在党和毛主席英明領导下的伟大創举，是建設社会主义的三个伟大法宝。她具有无比旺盛的生命力。她也因此使帝国主义、修正主义、各国反动派极端仇恨。

一九六一年初，邓小平配合喧嚣一时的帝、修、反反华大合唱，伙同反革命修正主义分子彭真、刘仁、廖沫沙等組成了北京郊区順义县北小营公社、牛栏山公社"調查团"，打着"調查"的旗号，干着反对人民公社的罪恶勾当。

这些资产阶级老爷、地主阶级的孝子賢孙們，带着医生、警卫、炊事員等数十人开了一列专车前往。在整个调查过程中，邓小平根本不深入群众，只去县委开过几次所謂"座談会"，到村里走馬观花轉游了那么两三次。他们只让带去的一些喽罗和一般工作人员到村里搜罗一些材料，而自己却整天躲在舒适的专用列車里打桥牌。为了寻欢作乐，提高玩的兴致，刘仁还把反动透頂的黑帮分子吴晗从城里叫去专門陪邓小平打牌。就是这样一些活动組成了邓贼半个多 月 的 所謂

"蹲点調查"。更令人憤怒和不能容忍的是，邓小平竟然把打牌之間指揮搞出的"調查報告"发电報轉給正在外地为全国人民和世界人民辛勤操劳的毛主席，明目张胆地欺骗中央，欺骗我們的伟大領袖。

毛主席教导我們："政治工作是一切经济工作的生命线，""没有正确的政治观点就等于没有灵魂。""政治挂帅"是毛主席对馬列主义的重大发展，而邓小平则是一贯抗拒政治挂帅的。在調查期間，邓小平完全不顾主席的指示，一味鼓吹物质刺激，主张钞票挂帅，說什么"人与人之間也要有差别，不仅是劳动工分的差别，口粮也要有差别……就能激发他們克服各种灾害的积极性。""沒工分县委书記也不会好好干。"他还三令五申要社队干部一定要实行定額包工，用多劳多得的"高奖励"办法刺激生产。說什么"按工分奖励一些粮食嘛！这样，社员的劳动积极性就高了。"并且污蔑农民說："现在农民脑子里想的是多产多吃，""要給吃食堂的人占点便宜，这样就能够办好食堂，巩固食堂。"在工分問题上，他一再强調"要把賬（指三七供給制）算清些，吃多大亏，占便宜多大……这是个社会保险，归根到底，将来也得实行。美国、英国、苏联都有莽老金。"邓贼到处贩卖物质刺激的一套，他宣扬这些东西就是为了使修正主义泛滥，为資本主义复辟制造與論基础。

有一次，邓小平在县社干部座談会上别有用心地問："一九五九年、一九六〇年的灾情如何？减产的原因在那里？"有些干部回答是因为劳动力减少。邓小平则說："……我认为主要原因不是劳动力問题，而是群众生产积极性問题，干劲問题，也就是政策問题，……搞得群众沒劲头了。"邓小平在这里所說的"政策問题"，就是妄指人民公社有問题，含沙射影地攻击人民公社这个具有无限生命力的新生事物。有一次在彭真召开的手工业問题座談会上，邓小平一而再再而三地叫嚷："参观城关、牛栏山集市，沒有东西可卖，""县城经济生活非常单調，研究一下过去的组织有什么利弊，有什么需要恢复。"当有人汇报到北小营大队沒有什么家底时，邓小平說："就是管理区駐在那儿糟糕了，变过来变过去，变光了。"显然，邓小平在这里喋喋不休地宣扬今不如昔，其恶毒用意是污蔑人民公社办糟了。

邓小平对人民公社十分仇视，而对自留地却很热心，有一次他从北弢返回北小营公社时，看到路旁一块自留地庄稼长得不錯，馬上命令司机停車，兴致勃勃地走到那块自留地前面，用拐杖指着对社队干部說：「看，自留地种得多么細致，长得多好，什么时候集体地也能种成这样。」邓小平对自留地贊美不絕，久久不愿离去。在几次座談会上，他极力鼓吹自留地的作用，說什么「自留地、十边地，养猪、养鸡，（社員）都愿意？（这样）群众的积极性（就）調动起来了。」他甚至恶毒地說：「有了自留地，也就不会有浮肿病了。」他还积极鼓吹大力发展家庭副业，对抗集体经济，說什么「搞五千元分配，不如給他搞点家庭副业。」他竭力鼓吹单干，否定社会主义制度的优越性，主张包产到戶，說什么「包产要留百分之十的余地，使他有奔头，有产可超……。」又說：「努力多收，多得多分一点。」

一九五九年二月在上海工业工作会議上邓小平打着反对「浮夸」（实际上他就是浮夸风的总后台和鼓吹者）的招牌攻击大跃进，說什么「不敢想、敢做，是不科学的，但浮夸也不是科学态度。去年下半年，謙虚打掉了三分之二，……」「产量赶上（指赶上英国）眞正赶上是按人口平均赶上，这个口号我們还没有資格提出来。美国一亿七千万人口，比我們钢多得多。既然如此，有什么值得翘尾巴！美国只有两千万农业人口，种二十亿亩地，每个农业人口供給城市七个半人，要达到那样水平才吹得起牛皮。」他还污蔑大跃进是「擦粉」，同年二月，他在《上海市委扩大会議上讲話》中說：「擦粉一尺，本来漂亮，也就不漂亮了」。「'快馬加鞭'影片与苏联比，也不在話下。'烈火紅心'中的局长說：'少說点外国，多看中国，少相信书本，多相信人的力量'。外宾看了，說有排外思想。」在《经济工作中的說明》中，邓小平更誣蔑大跃进是「过分地夸大主观能动性」，恶毒攻击我們宣传大跃进是「擦了很多粉，人家看了不信」。他說：「我們要比較充分认识客观可能性，才能发挥主观能动性。……热情是好的，但过分地夸大主观能动性，也会犯錯誤。」又說：「讲敎訓也有点，宣传得过了点，放卫星是假的，有美国卫星，有些搞得不好的，有些沒有达到国际水平，也宣传，影响不好。绳索牵引机，法国、苏联早就有了。沒有超英赶美，也說超英赶美，就損失很大。我們本来有十分人材，很漂亮，擦了很多粉，人家看起来不佳。十分人材，擦了一些粉，反而不好看了。"

邓贼这样猖狂地反对三面紅旗，公开地向社会主义进攻，这只能更充分地暴露出他反革命的"庐山真面目"，激起人民的憤怒，被党和人民唾弃。不管那些反党反社会主义的鬼蜮們怎样誣蔑、歪曲、咒骂，三面紅旗的灿烂光輝是誰也遮挡不住的！

（十六）大刮单干风、翻案风，妄图复辟資本主义

一九五九——一九六一年我国遭到暂时经济困难的时期，帝修反得意忘形，牛鬼蛇神趁机纷纷出笼，他們刮起一股股妖风，掀起一陣陣黑浪，表演了囂张一时的反华大合唱。邓小平看到这种情况欣喜若狂，也"破門而出"，更进一步地开始了他的反革命复辟活动。

一九六二年，邓小平在中央工作会議上恶毒地誣蔑說："主帅讲的形势大好是指政治形势好，经济形势不能說大好，是大不好。"在另一次会議上他又大肆放毒，大喊大叫："从一九五七年以后，我們全党就不謹愼了，产生自满情绪，我們的好传統丧失了，損坏了，减弱了。""这几年确实作了好多蠢事，不要說别人骂，我們自己也骂自己。一时轉变不过来，农业最困难。""吃、穿、用主要是农业問題。……病情又复杂又严重，但不能乱投医。"

一九六二年二月，在西楼会議上，邓小平伙同刘少奇一起大刮复辟資本主义的阴风。他疯狂叫嚣什么"财政、銀行要卡死，不要怕工人打扁担，厂长打跑了，免得我們撤換。这样严格了，就可以逼他們搞经济核算。现在要恢复象一九五三年以前那样的制度。"他还别有用心地誣蔑說：我們"过去剥削农民多（了）"等等。

邓小平借三年困难时期，大肆宣揚"三自一包"，大刮单干风，妄图否定社会主义制度，取消人民公社。

毛主席指出："群众中蘊藏了一种极大的社会主义的积极性。"我国广大贫下中农是要坚决走社会主义道路，走集体化道路的。可是邓小平却胡謅什么"相当多的农民要求分配土地，……农民对集体所有

制丧失了信心。"邓贼竟然打起了为民請命的旗号为复辟資本主义奔走呼号，其反对社会主义，反对毛主席的丑恶面目真是暴露无遗了。

邓小平想的是資本主义，爱的是資本主义，梦寐以求的还是資本主义。一九六二年七月，他竟猖狂地叫嚣："看来，生产关系什么形式为好，恐怕要采取这样一种态度，就是那种形式在那个地方容易比較好地恢复和发展生产，就采取那种形式，不合法的使他合法起来。""现在最主要的問題，是多生产粮食，只要能增产，单干也可以，不管白猫黑猫，捉住老鼠就是好猫。"邓小平不仅大刮单干风，为农村資本主义复辟鳴鑼开道，而且借口城市特点大肆宣揚个体经济，明目张胆地反对党对資本主义工商业的社会主义改造。說什么"城市也有三种所有制，也有集体和个体的，如刻字，修表，补鞋可以搞个体的。挑担子，修修补补的服务行业等主要搞个体所有制。"

在大刮单干风的同时，刘邓又掀起了一股翻案风，刘、邓勾结在一起，采取了一系列措施为右傾机会主义分子和其他牛鬼蛇神翻案。一九六一年，在他們主持下制定了一个翻案纲領——《中央关于全党干部輪訓的决定》，这个《决定》是根本违抗毛主席指示的。它完全歪曲了党內斗争的基本原則，取消政治思想斗争。提出什么"自由思想""自由討論"，以及不追究个人責任，不搞思想检查和典型示范，不作小組記彔，不作重点批判，不作思想总結等的十一个"不"，鼓励坚持错误的人和牛鬼蛇神"出气"，让資本主义、修正主义的毒草大肆泛滥，流毒全国。

一九六二年二月，邓小平在扩大的中央会議上，一再誣蔑我們党前几年犯了"过火斗争"的錯誤，"沒有贯彻实行民主集中制"。他胡說："目前我們党的生活是有严重缺陷的"，"少数人或个人独断专横的现象却是十分严重的"。"这几年确实不通气（上下不通气）了"。"在几次的运动中，确实发生了一些偏差，伤害了一部分干部，有的地区伤害了大部分干部。"狂叫要給他们"部分平反"、"全面平反"。一九六二年三月，邓小平巡視回来亲自主持中央会議，在会上他公然說："这几年，批判处分的人很多，拔白旗，反右傾，整风，补課等，百分之八十、九十是錯了。""甄別工作进展很慢，不能調动积极性。"

他公然宣揚："县以上的要赶快平反，可能发生错了的，但这是少数的，将来在工作上看，不要怕出偏差。"他认为基层处分人多，要采取简便方法处理，全部翻案。

一九六二年四月，邓小平授意王从吾，由中央监委代中央起草一个《加速甄别工作的通知》规定："凡是拔白旗、反右倾、整风整社、民主补课运动里头批判、斗争错了的，县以下的基层党员和干部要采取简便的方法一风吹了。"此通知发下去后，县以下大批受处分的案件全部一风吹掉了。与此同时，邓小平还指使中央监委，对大案和专案成立专门小组进行甄别，于是許多大反党头子的案也都着手进行了平反。例如：彭、黄反党集团重要成员范明的案件（西藏自治区工委的一个副书记，右派集团头子），地方民族主义分子扎×××的案件（青海省一个省长），反党分子何維德的案件（甘肃省的一个书記），也都拿出来平反，并且成立了专门班子。

一九六二年五月，共青团中央传达邓小平的"指示"，說："县以下基本上采取一揽子解决问题的办法，先把几个标兵一树，錯的一风吹，基本都错了，留个尾巴干什么？"

一九六二年二月邓小平又批轉了中央統战部的一个会議文件，提出："凡是在交心运动中受到处分或被划为右派分子的应当一律平反。"在中央监察会議上有同志向邓小平提出："平反错了的坏人是不是应当再翻回来？"邓小平公然回答："错了就不要再翻了，党內要留几个坏人也没有什么关系。"看！邓小平包庇坏人、网罗牛鬼蛇神简直到了无以复加的程度了。非常明显，党內最大的走資本主义道路当权派刘少奇、邓小平就是大刮翻案风、为牛鬼蛇神翻案的罪魁祸首。

（十七）反对学习毛主席著作，攻击毛泽东思想

党的八届十一中全会公报指出："毛泽东同志是当代最伟大的馬克思列宁主义者。毛泽东同志天才地、創造性地、全面地继承、捍卫和发展了馬克思列宁主义，把馬克思列宁主义提高到一个崭新的阶段。"林彪副統帅指出："毛泽东思想是在帝国主义走向全面崩潰，社会主义走向全世界胜利的时代的馬克思列宁主义。毛泽东思想是反

对帝国主义的强大的思想武器，是反对修正主义和教条主义的强大的思想武器。毛泽东思想是全党、全軍和全国一切工作的指导方針。"毛泽东同志的理論和实践，如日月经天，江河行地。拥护毛泽东思想，照毛泽东思想办事，还是抵制毛泽东思想，反对照毛泽东思想办事，这是馬列主义和现代修正主义的分水岭，是革命和反革命的分水岭。

象一切见不得人的鬼物一样，邓小平极端害怕毛泽东思想的光輝。

一九六一年三月，邓小平批准轉发的旧中宣部《关于在毛泽东思想和領袖革命事迹宣传中的一些问题的检查报告》，大肆誣蔑工农兵活学活用毛主席著作是"庸俗化、簡单化、形式主义。"对于林副主席領导军队学习毛主席著作，他恶毒攻击說："有人搞学习毛主席著作，好象是捞資本。"

一九六二年五月五日，邓小平又批准轉发了反革命修正主义分子周扬写的《关于高等学校文科教材編选情况和今后工作意见的报告》，誣蔑以毛泽东思想挂帅就是"空发議論"，"乱贴标签"，胡說："勉强要求"以毛泽东思想挂帅編教材"只能助长庸俗、簡单化的傾向"。

一九六四年八、九月間，团中央召开社教蹲点会議。邓小平不但不支持青年学习毛主席著作，反而大泼冷水，大舞棍棒，說："学毛选不要搞社会强迫"，要强調"自选题目、自由参加、自願結合、自定时間"的四大自由。林彪同志說："在馬克思列宁主义的经典著作中，我們要99％学习毛主席著作。"而邓小平却别有用心地說："青年不只学习毛选，还要学习馬恩列斯的著作。"

一九六五年八月九日，在中央书記处討論共青团工作的会議上，邓小平伙同黑帮头子彭真、罗瑞卿明目张胆地反对青年学习毛主席著作，妄图把我国青年一代培养成資产阶级接班人。邓小平在会上大肆放毒說："不是說毛主席发展了馬列主义嗎？别的书你都不讀，你知道发展了什么？""现在苛捐杂税太多了，乱抓乱管，問題很多，有的机关每天下班后，规定学毛选，学文件，有娃娃的也不能回去管。其实，效果很差，是在那里搞疲劳战术，实际上是社会强制。""毛选怎样学法才有益处，要研究一下。有些文章学过很多遍，不是带着問題学，听报告，一次不到就叫不积极。一个报告听一次就够了嘛，为什么要让反复听，形式主义害死人。"又說："在青年中，主席著作的一些基本的东西是要提倡学的。但一年四季都这么搞也不行。""大力組織青年学毛选，但同时要根据自願原則，……不能卡得太死，不能千篇一律。不要搞形式，不要形成社会强迫，要使人越学越爱学。"邓小平在会上还大肆攻击学习"老三篇"，胡說："四篇文章（"老三篇"和《反对自由主义》）可以学，但是如果年年都学那几篇，作用也不大。"

一九六二年二月，在刘少奇、邓小平、彭真的主使下，以中央名义轉发的三单位关于加强学习毛主席著作的批示中，除大反什么"敎条主义、形式主义"外，还用旧北京市委的所謂"经验"挤掉了一些解放軍学习毛主席著作的经验，妄图抵制解放軍学习毛主席著作经验的传播。

邓小平不仅揮舞大棒，反对学习毛主席著作，而且更加恶毒地把矛头指向我們伟大領袖毛主席。

他主管书記处工作时，把书記处变成一个独立王国，对毛主席实行封鎖，不請示，不报告。毛主席早就批評过他，他不仅不改，反而心怀不滿，变本加厉。一九六三年，他以为时机已到，便凶相毕露，公然让毛主席下台，企图篡夺党和国家的最高权力。

一九六一年七月二十一日，邓小平在黑龙江省委一次会議上，狂妄地攻击毛主席，說什么"凡是办不到的，不管原来是那个人說的站不住就改，顾面子是顾不住的。今天顾了，明天就顾不住了。"

一九六一年十月二十三日，邓小平在团中央工作会議上接見省委书記时，再次竭力贬低毛主席，恶毒地說："我們的事业总是精雕細刻，沒有一件事情不是一点一滴积累起来的。难道我們的事业就是几个发明創造的人搞起来的吗？"

一九六二年十二月四日，在中央組织工作、監察工作会議上，邓小平声嘶力竭地叫嚣說："有人公开提要打倒毛主席，讲出来，知道有人要打倒毛主席，有什么坏处？将来可以不算数，改了，不算；不改，为什么不可以批評他？"一句話彻底暴露了邓小平一貫仇視我們伟大領袖毛主席的反动本性。

一九六二年扩大中央会議上，邓小平誣蔑毛主席"独断专横"，"滥用了人民对党的信任，滥用了党的威信，群众是不満意的。"并别有用心地说："領导人不可能百分之百正确，不可能一点缺点和錯誤也沒有。"同年七月，共青团三届七中全会上，邓小平再次影射攻击毛主席从一九五九年以后"太轻易下决心"、"太轻易普及"、"不謹慎"，"产生了自滿情緒"，"丧失了、損坏了、減弱了我們的好传统"。

到了一九六三年邓小平利令智昏，公然在六、七月間薄一波汇报工作时与刘少奇一唱一和，把矛头直接指向我們伟大領袖毛主席，他叫嚷：毛主席"要下台，要让位"，說什么"老的不行嘛！不要占着茅房不拉屎，要下台，要让位，不能摆老資格。我們不是青紅邦。青紅邦还很开明嘛！上海的大青紅邦头子黄金荣，他的徒弟是蔣介石。黄金荣老了，主动地把座位让給了蔣介石。青出于蓝而胜于蓝嘛！我們为什么不行呢！"

直到一九六六年文化大革命期間，在审改《人民日报》"七一"社論《毛泽东思想万岁》时，邓小平仍然胆敢串通刘少奇极力贬低毛主席，如从原稿中删去"毛泽东同志在我国人民中享有最高的威望，在世界人民中享有最高的威望"一句，并在"象毛泽东同志经历那样长期、那样激烈、那样多方面斗爭的革命領袖，在历史上是罕見的"一句中加入"同馬克思、恩格斯、列宁、斯大林一样"一句，否认毛主席享有最高的威信，否认毛主席比馬恩列斯水平高得多。这完全暴露了刘、邓始終仇視我們伟大領袖毛主席的丑恶嘴脸。

（十八）对抗《二十三条》，破坏貴州"四清"
保护坏人，鎮压北大社教运动

一九六四年冬，在伟大的四清运动中，用毛泽东思想武装起来的英雄的贵州人民，发扬了大无畏的"五敢精神"，大揭贵州省阶級斗爭的盖子，揪出了省委内以周林为首的党內一小撮走資派，揭发了周林等人长期以来疯狂反对毛泽东思想大搞資本主义复辟，招降納叛，搞独立王国，魚肉人民等大景罪行，周家王朝摇摇欲墜，贵州形势一

89

片大好。

但是，革命的熊熊烈火立即吓坏了头号走资本主义道路的当权派刘少奇、邓小平。他們凭着反革命的敏感性，本能地預感到大事不妙，于是背着毛主席，急电全国，調遣干部，以闪电的速度派出了庞大的"中央支黔工作团"。这个工作团在李大章、錢瑛的率領下，由刘、邓幕后操纵，积极推行"打击一大片，保护一小撮"的资产阶级反动路线，扑灭了蓬勃兴起的群众运动，扮演了反革命消防队的角色。

这个所謂"中央工作团"，一方面矛头下指，打着"贵州省烂掉了"的旗号，揚言"地、富、反、坏、干联成一线"，大搞人人"过关"，即使普通公务員也不能幸免。有的县委被說成"只有半个好人"，有的基层干部被无情斗爭，残酷打击，甚至坐牢、枪毙。造成工作团与本地干部的严重对立。另一方面，则千方百計保护一小撮党內走资本主义道路的当权派。原贵州省委第一书記周林罪恶累累民愤极大，却根本没有批判，没有斗爭就摇身一变成了西南局书記处书記。邓小平竟公然声称："周林問題，由中央处理，地方不用管。"借"处理"为名，行包庇之实。

《二十三条》的公布，使贵州省广大革命干部和革命群众一眼看穿了所謂"中央工作团"究竟是什么貨色。他們起来造反了，他們大造贵州省委的反，大造西南局的反，大造"中央支黔工作团"的反，矛头直指刘、邓。这使他們惊恐万状。一九六五年十一月，邓小平亲自出馬，带領走狗李井泉到贵州去"安撫民心"。

邓小平在贵阳說："《二十三条》以前的問題一风吹了"，意思是过去的罪恶今后誰也不准提。他妄图就此溜掉逃避革命人民的惩罚。但他打錯了算盘，革命人民絕对饒不了他。

邓小平不仅在南方破坏了贵州的四清，而且在北方一手扼杀了北京大学的社教运动，制造了一九六五年我国一起极其严重的反革命事件。

一九六四年十月，北京大学开始了社教运动，北京大学的无产阶級革命派对陆平、彭珮云黑帮的罪行进行了无情的揭发斗爭，这吓坏了后台老板刘少奇、邓小平、彭眞之流。一九六五年一月底至二月初，在彭眞亲自指揮下，旧北京市委召开了一次市委扩大会議，以貫徹《二十三条》为名，大行反攻倒算之实，陆平、彭珮云在会上对北大的社教运动疯狂反扑。陆平的反革命言論传到北大后，遭到了革命派的憤怒反击，彭眞见势不妙，与邓小平串通后，由彭眞出場以中央书記处的名义下令"停止爭論"，而邓小平則說什么："欣賞彭珮云的发言"，他夸奖陆平的发言"态度是好的，意見是正确的。"接着三月三日召开了中央书記处会議，邓小平在会議上大肆攻击《二十三条》，包庇党內走資本主义道路当权派和反动学术权威，他說："总之，一进学校夺权，不搞'三結合'不好。这一点工作队思想要統一起来，城市、学校、机关、工厂要一进去就'三結合'，发现不好的人，让他們退出来嘛！""听說北大批判馮定，要搞十二个星期，每周七、八个小时，……对馮定批判两次就够了，毫无味道。……批判馮定要立即停止。"当彭眞、薄一波等人大捧陆平时，邓馬上贊同說："陆平是晋察冀人，彭眞当然了解罗。"他还要北大工作队"好好研究一下通县经验，这是改的比較自然的。"为了嘉奖陆平、彭珮云的反革命"功績"，会上决定让这两个坏蛋参加工作队的八人領导小组。同时，还委托黑帮分子万里召开反革命的第一次国际飯店会議。在三月九日召开的第一次国际飯店黑会上，万里动不动就是总书記如何說的，以此对革命派施加压力。这次会議虽然重新拼凑起来了陆平黑帮的反革命队伍，但工作队的領导权仍掌握在革命派手里，因此邓小平利用出卖北大社教运动的头号叛徒常溪平的告密信，下令于四月召开了鎭压工作队革命派的民族飯店黑会，会上撤下了工作队队长张磐石，换上了黑帮分子許立群，常溪平也被塞进了工作队的九人領导小组，于是革命的工作队变成了反革命的还乡团。接着，在邓小平的指揮下，导演了一九六五年我国的一个极其严重的反革命事件——七月召开的反革命的第二次国际飯店会議。会上，万里用邓小平的話做为"圣旨"为陆平翻案，大罵革命派，說什么"工作队去北大，把北大党委踢开，工作队先唱的对台戏，有些人吞吞吐吐，自己就那么高明？中央书記处（就是邓小平、彭眞）一再讲，自己就那么高明。中央书記处对北大形势有个估計，这个学校是比較好的，陆平是个好同志，犯了某些錯誤"等等，对几百名运动中的积极分子则进行打击、围攻长达七个月之久，在刘少奇、邓小平的直接策划下，北大社教运动就这样被残酷地镇压下去了。

（十九）頑固推行資产階級反动路线，
破坏无产階級文化大革命

毛主席教导我們說："凡是要推翻一个政权，总要先造成輿論，总要先做意识形态方面的工作。革命的階級是这样，反革命的階級也是这样。"

当我們回顾解放以来十几年意识形态领域內的触目惊心的阶级斗争历史时，就会认识到毛主席这一論断的英明正确。解放十几年的历史就是两条路线生死搏斗的历史。一九六六年，我們伟大領袖毛主席亲自发动并領导了史无前例的无产阶级文化大革命，直捣刘、邓黑司令部。在刘、邓資产阶级反动路线的包庇纵容和直接指揮下，文化界一小撮走資派和牛鬼蛇神不断掀起一陣陣黑风迷雾，他們利用自己窃踞的文化陣地和各种艺术形式，向我們伟大的領袖、伟大的党射出一枝又一枝毒箭。他們攻击战无不胜的毛泽东思想，攻击社会主义制度，为复辟資本主义大造反革命輿論准备。

对于这些坏家伙，我們伟大的領袖毛主席早就有了警惕，并对他們的进攻給予了坚决的回击。一九六三年十二月十二日，毛主席明确指出："各种艺术形式——戏剧、曲艺、音乐、美术、舞蹈、电影、詩和文学等等，問題不少，人数很多，社会主义改造在許多部門中，至今收效甚微。許多部門至今还是'死人'統治着。"一九六四年六月二十七日，毛主席又指出："这些协会和他們所掌握的刊物的大多数（据說有少数几个好的），十五年来，基本上（不是一切人）不执行党的政策，做官当老爷，不去接近工农兵，不去反映社会主义的革命和建設。最近几年，竟然跌到了修正主义的边緣。如不认真改造，势必在将来的某一天，要变成像匈牙利裴多菲俱乐部那样的团体。"毛主席的这些重要指示，一針見血地击中了刘邓黑司令部的要害。但是，刘少奇、邓小平狗胆包天，无視毛主席的警告，頑固坚持資产阶級反动立場，慫恿反革命修正主义分子陆定一、周揚、刘白羽等人，顛倒黑白，編造謊言，鼓吹文艺界假整风后的所謂"新气象"，公然对抗毛主席的指示。

一九六四年一月三日，刘少奇、邓小平盗用中央的名义召开文艺座談会，玩弄反革命两面手段，假貫彻毛主席指示之名，行抗拒之实。在这个会議上，邓小平抛出了一个反革命修正主义的文艺工作計划。这是一个全面地、有計划地复辟資本主义的黑綱領。他将这个計划概括为十二个字："統一认识，拟定規划，組織队伍。"戳穿了，所謂"統一认识"，就是要把文艺界都統一到复辟資本主义的认识上去；所謂"拟定規划"，就是要制定一个为复辟資本主义制造輿論的規划；所謂"組織队伍"，就是招降纳叛，結成死党。一九六五年，在刘少奇、邓小平組織的一次政治局会議上，邓对反革命修正主义分子周揚借汇报文艺界的情况，大肆吹嘘文艺界假整风后的所謂"新气象"极力肯定。邓小平公然与毛主席大唱反調，叫嚷說："文艺上主要是好的。批評应当以鼓励为主。"

毛主席指出："**至于戏剧等部門，問題就更大了。社会经济基础已经改变了，为这个基础服务的上层建筑之一的艺术部門，至今还是大問題。这需要从調查研究着手，认真地抓起来。**"江青同志高举毛泽东思想伟大紅旗，一九六三年，亲自抓了以戏剧改革为主要标志的文艺革命。邓小平对此十分恐惧和仇视，想方設法进行破坏阻挠，慫恿黑帮头子彭真、万里等人百般刁难江青同志改革京剧的工作。邓賊說："戏剧改革我双手贊成，但就是不爱听！"一語道破了邓小平对戏剧革命的仇视心理！

邓小平极力反对戏剧革命，而对于宣揚帝王将相、才子佳人的旧戏却恋恋不忘。邓曾对他的私人医生說："你不看川剧，就不懂文明"，还十分感慨地說："新戏好的不多，以后还会有老戏吧！"

毛主席說："**許多共产党人热心提倡封建主义和資本主义的艺术，却不热心提倡社会主义的艺术**"。邓小平就是这样的人。邓小平这只螳螂，妄图阻挡滚滚向前的社会主义艺术的巨輪，必将被压得粉碎！

　　毛主席指出：全党必须"**高举无产阶級文化革命的大旗，彻底揭露那批反党反社会主义的所謂'学术权威'的資产阶级反动立場，彻底批判学术界、敎育界、新聞界、文艺界、出版界的資产阶级反动思想，夺取在这些文化領域中的領导权。而要做到这一点，必須同时批判混进党里、政府里、軍队里和文化領域的各界里的資产阶级代表人物，清洗这些人，有些则要調动他們的职务。**"毛主席的指示，广大工农兵革命群众坚决执行。一九六四年，在毛主席亲自发动和領导下，我国文化領域內开展了批判坏电影和批判資产阶级反动学术"权威"的斗争。这就大大触怒了邓小平。他用最恶毒的語言攻击、誣蔑革命派，說什么"有些人，就是想靠批判别人出名，踩着别人的肩膀自己上台，对人家一知半解，抓着个小辮子就批判半天，好自己出名。"在邓小平主持的一次中央书記处会議上，他竟明目张胆地攻击說："运动搞得有人不敢写文章了，新华社每天只收到两篇稿子。演戏只演兵，只演打仗的。""电影哪有那么多完善的？这个不让演，那个不让演。"邓小平所以对坏戏坏电影的禁演如此反感，就是因为坏戏坏电影的禁演，打破了他要复辟資本主义的美梦。

　　一九六五年下半年，毛主席亲自抓了对《海瑞罢官》的批判。毛主席指出：《海瑞罢官》的"**要害問題是'罢官'。嘉靖皇帝罢了海瑞的官，一九五九年我們罢了彭德怀的官。彭德怀也是'海瑞'。**"毛主席对《海瑞罢官》的这一批判，不仅打中了《海瑞罢官》的要害，而且打中了整个資产阶级司令部的要害。

　　党內最大的走資派刘少奇、邓小平頑固坚持資产阶级反动立場，竭尽抗拒之能事，公然支持彭眞反革命修正主义集团，严密封鎖毛主席关于《海瑞罢官》的要害問題的指示。彭眞反革命修正主义集团在主子刘少奇、邓小平的支持下，在各种場合宣称，对吳晗的批判，不准談要害問題；不准涉及一九五九年庐山会議对右傾机会主义分子的罢官問題；不准談吳晗等人反党反社会主义反毛泽东思想的問題。一九六五年十一月，姚文元同志发表了《評新編历史剧〈海瑞罢官〉》一文，黑帮头子彭眞及其总后台刘少奇、邓小平，不准在北京各报轉载，而对彭眞的反革命修正主义《二月提纲》，刘少奇、邓小平则极力支持，盗用党中央的名义，急急忙忙批准印发全党，妄图把这塲严重的阶级斗爭引入"純学术"討論的軌道，包庇右派，打击革命派，实现资本主义复辟。刘少奇、邓小平竭力庇护"三家村"反革命集团和旧北京市委反革命修正主义領导人。邓小平在反革命修正主义分子吳晗抛出假检討《关于<海瑞罢官>的自我批評》之后，还胡說什么"看样子吳晗与彭德怀也沒有什么关系，他们的問題大概就那么些，大概沒有什么大問題了吧！"企图包庇吳晗蒙混过关。

一九六六年五月下旬，邓小平伙同刘少奇扣压全国第一张馬列主义的大字报不予发表，同时抛出了許多束縛革命群众手脚的清規戒律，推行了一条资产阶級反动路线，妄想阻挡无产阶級文化大革命的洪流。

一九六六年六月一日，毛主席决定发表北京大学全国第一张馬列主义大字报，点燃了无产阶级文化大革命的熊熊烈火。毛主席最相信群众，最依靠群众，最尊重群众的首創精神。毛主席指出：**"无产阶級文化大革命，只能是群众自己解放自己，不能采用任何包办代替的办法。"**不久，毛主席又指示不要急急忙忙派工作組。但是，刘少奇、邓小平公然对抗毛主席的指示，趁毛主席不在北京的时机，提出资产阶級反动路线，六月間派出大批工作队，妄图扑灭文化大革命的烈火。

六月中旬和七月中旬，在刘邓主持的会上，对派工作組問題有过**两次爭論。这些爭論，不是一般的爭論，而是以毛主席为代表的无产阶級革命路线和以刘、邓为代表的资产阶级反动路线的大搏斗。**在会上，陈伯达同志根据毛主席指示精神和学校文化大革命的实际情况，反复地提出不要派工作組。但是，邓小平坚持资产阶級反动路线，极力反对。說什么"这么大的运动，依靠誰去抓，大多数工作組还是好的，問題是方法不当，党的領导总得通过个形式，主要是队伍不齐，匆促上陣，也沒交待政策，大家都拿不出一套，我沒有，大家也沒有。运动領导沒有抓手不行，靠工作組去摸经验。"陈伯达同志曾給邓小平去信，提出撤銷工作組的正确意见，邓小平暴跳如雷，斥責、刁难陈伯达同志說："你去当工作組試試，你也不一定当得好。"

党內最大的走資派刘少奇、邓小平违抗毛主席的指示，派出大批工作組——"消防队"去鎮压革命群众运动。把大批革命群众打成"反革命"。一九六六年六月十七日，北京师大女附中高三（四）班十三位同学贴出质問工作組站在什么立場上的革命大字报。邓小平得知后，于六月二十日把反革命修正主义分子胡克实、胡启立叫去面授机宜。邓說："师大女附中十三个人并非积极分子，积极分子不同情那十三个人。"更加恶毒的是，他颠倒黑白，混淆是非，妄图把革命派打成"反革命"。說什么"中学生也有反革命，最近枪毙的楊国庆就是中学生，只有十九岁。对这种人就是要反击。""反动的学生会暴露出来，暴露出来先摆一下。"六月二十日，刘邓批轉北大工作組的一期簡报，又把革命事件說成是反革命事件，把革命群众打成"反革命"，把黑帮分子张承先鎮压革命群众运动的"六·一八"反革命事件，說成是北大工作組的处理很"及时"、"正确"。并叫嚣："别处发生了类似情况，也要照此办理"。刘、邓把黑帮分子张承先的黑报告批轉全国推广，使全国革命造反派受到了走資派疯狂的鎮压迫害。

老反革命修正主义分子邓小平，鎮压革命群众运动，采用的手段极其阴险毒辣。他在家里設立指揮所，亲自"蹲点"，直接指揮。他通过其子女控制北京大学和北师大女附中的运动，頑固推行資产阶级反动路线。他的子女每次回家，都得詳細地向邓汇报学校文化大革命的情况。邓小平就利用这一时机，一再向他們作黑指示，要他們"相信工作組，依靠工作組"。有一次，邓特地将其子女邓毛毛叫回家去，对她說："我就跟你們說一句话，一定要听工作組的话，现在你們和工作組意见一致，你們当然听；以后你們和工作組意见不一致的时候，你們也要听。"后来师大女附中的革命学生起来反对工作組，邓毛毛問邓小平可不可以同他們辩論？邓小平回答說："可以嘛，不可人太多，但是也要有些力量。"极力挑动学生斗学生，跟革命群众作对，包庇党内一小撮走資派。六月二十二日，其子女邓朴方、邓楠向邓小平汇报北京大学"六·一八"事件时，邓小平斥責邓朴方說："你們不懂事，不要乱来！"并給他們作了黑指示：①真正左派要和工作組结合起来；②要相信工作組；③运动中要不断地分类排队，选准打击目标；④斗爭牛鬼蛇神，……若没准备好，宁可拖延时间。并让邓朴方把这些鎮压革命群众运动的黑指示向工作組長张承先传达。

邓小平一方面通过其子女把黑指示传达給工作組，另一方面还经常叫反革命修正主义分子胡启立，师大女附中工作組长和他們的子女到家里去开黑会，面受黑指示。这样，邓小平一手指挥工作組，另一手指挥其子女，有时是双管齐下，配合出动，疯狂地鎮压革命群众运动。

烏云暫时遮住了太阳，冷冷清清代替了轰轰烈烈。不許串連，不許上街，不許革命！刘少奇、邓小平的黑手下压着多少毛主席的忠实紅小兵，多少革命的闖将被无情地打成"反党分子"、"右派"、"反革命"，……他們被监禁，被盯梢，被审訊，被迫害，完全失去了人身自由，他們的生命处于极为危险的时刻，革命的群众运动被推向了夭折的边緣。

正在这个关键的时刻，我們心中最紅最紅的紅太阳毛主席回到了北京城！

毛主席从南方回到了北京，指出了工作組的错誤。一九六六年七月二十三日，毛主席亲自派陈伯达、康生、江青等同志到各院校去，在五天之內进行了四次調查，号召北京革命师生踢开工作組，自己闹革命。

七月二十六日，毛主席下令撤銷工作組，解除了群众的羈絆，斬断了刘邓扼杀文化大革命的血淋淋的黑手！

但是，如同一切反动派一样，刘少奇、邓小平决不会自行退出历史舞台。7月29日，邓小平在人民大会堂讲話，仍然頑固坚持资产阶級反动路线，文过飾非，拒不承认派工作組是方向路线错誤，极力开脱自己的罪責。

一声春雷，8月5日，毛主席《炮打司令部》的大字报贴出来了！毛主席尖銳地指出刘、邓黑司令"**站在反动的资产阶級立场上，实行资产阶級专政，将无产阶級轰轰烈烈的文化大革命运动打下去，顛倒是非，混淆黑白，围剿革命派，压制不同意見，实行白色恐怖，自以为得意，长资产阶級的威风，灭无产阶級的志气，又何其毒也！**"八月八日，毛主席亲自主持制定的《十六条》公布了。《炮打司令部》的大字报和《十六条》的发表，宣告了以毛主席为代表的无产阶级革命路线的胜利，宣告了刘、邓司令部的垮台和资产阶级反动路线的破产！无产阶级文化大革命的熊熊烈火又重新燃烧起来了！

当刘、邓派来的"消防队"被广大革命群众赶走以后，刘、邓仍在上窜下跳，频繁活动，邓声嘶力竭地叫喊："領导权不能让！"于是，他們幕后扶植保守势力，組织御用团体，成立伪文革組织，让走资派及其子女独揽党、政、財、文一切大权。

刘×（刘少奇女儿）、賀××（賀龙儿子）钻进清华大学"三临"当头头；邓小平儿子邓××窃踞北大技术物理系文革副主任，后又爬上校文革的宝座，充当了反革命修正主义分子王任重推行资产阶级反动路线的心腹。刘、邓利用反动的血統論，繁养了一批代表特权阶层利益的打手，为刘邓资产阶级反动路线保镖效劳；譚立夫之流按其主子的意旨也"破門而出"，发表了臭名昭著的演說，明目张胆地攻击《十六条》，对抗毛主席的革命路线。

这些王八蛋上台后，还坚持其老子的反动立場，不仅不予革命造反派平反，反而查档案，翻日记，大整特整革命群众的黑材料，报及其老子，实行他們"秋后算賬"的反动政策，继续鎮压革命造反派。刘、邓的手段，真狠！真毒！

紅卫兵是无产阶級文化大革命的产物。紅卫兵組织是无产阶级革命的伟大創举。紅卫兵这一新生事物一出现，我們伟大的領袖毛主席立即給予坚决的支持和高度的贊揚。一九六六年八月一日，毛主席給清华大学附屬中学紅卫兵的信中說："**你們在六月二十四日和七月四日的两张大字报說明对一切剝削压迫工人、农民、革命知识分子和革命党派的地主阶级、资产阶级、帝国主义、修正主义和他们的走狗表示憤怒和声討。說对反动派造反有理。我向你們表示热烈的支持。……在这里，我要說，我和我的革命战友都是采取同样态度的。不論在北京、在全国、在文化革命运动中，凡是同你們采取同样革命态度的人們，我們一律給予热烈地支持。**"紅卫兵革命小将們是在毛主席的雨露阳光滋潤下成长壮大的。他们最最忠于毛主席，忠于毛泽东思想，他們紧跟自己最敬爱的統帅毛主席和林副統帅；他們敢造反，敢革命，在同党內最大的一小撮走資派的斗爭中，在同資产階級反动路线的斗爭中，在破"四旧"立"四新"的斗爭中，猛冲猛打，他們在这場史无前例的无产階級文化大革命运动中，立下了不朽的功勳。可是，刘少奇、鄧小平把紅卫兵看成是洪水猛兽，对紅卫兵怕得要死，恨得要命，他們誣蔑攻击紅卫兵，企图把它扼杀。鄧賊說什么"中学生中各种組织不要太多了，要統一到革委会（伪革委会）和党团組织里来"，并誣蔑紅卫兵搞秘密活动，說什么"长期下去，后果不好，不要加强建立（紅卫兵），还是要发挥党的核心作用和团的助手作用"。鄧小平还猖狂地攻击文化大革命，胡說什么："运动这样下去，破坏性就大了。"鄧小平是个扼杀紅卫兵运动的劊子手！

反革命老手鄧小平在无产階級文化大革命运动中，疯狂鎮压革命群众运动，把許多革命群众打成"反党分子"、"右派"、"反革命"；在干部問題上，"打击一大片，保护一小撮"。对于反革命修正主义分子，牛鬼蛇神，鄧小平则是明目张胆地保护。

反革命修正主义分子、資产階級反动史学"权威"吳晗，被广大革命群众揪出来了，可是，鄧小平却极力保护他，說什么"吳晗不是反革命分子"。在革命群众要求斗爭吳晗的时候，鄧小平却把吳請到中南海去，日夜与吳下棋抹牌，吃吃喝喝，加以保护，是可忍，孰不可忍！在中宣部革命群众起来批斗前副部长閻王张子意时，鄧說什么对张子意要"按人民內部矛盾处理"，企图包庇张蒙混过关。六六年七月間，科学院哲学社会科学部的革命群众揭发批判张际春的罪恶时，鄧又给张打保票說："我保证你是左派"。八月二日，在中国人民大学关于反革命修正主义分子郭影秋問題的辯論会上，鄧又跳出来說："是不是只有一个郭影秋的問題呢？要选定目标，选得中，选得准，才能打得狠，才能打得好。"言外之意，郭影秋不是黑邦，不該批斗。八月十四日，鄧与陶铸接见人民大学文革筹委会时，两人串通一气，拼命保郭。說什么"郭不是坚定的左派，也不是黑帮"。

鄧小平竭力庇护这一小撮黑帮分子，共目的是保自己，保刘、鄧資产階級司令部，从而搞垮无产階級专政，复辟資本主义。但是，鄧小平**"搬起石头打自己的脚"**，在这場史无前例的文化大革命运动中，邓小平以及他們的黑爪牙，終于被用毛泽东思想武装起来的亿万革命群众揪住了！

邓小平已被革命群众揪了出来，打翻在地，但是，他还不死心，还想蒙混过关，以待时机，卷土重来。一九六六年十月召开的中央工作会議上，邓假惺惺地作了一番检查，空空洞洞，极不老实。今年一月十三日，邓召开家庭会議，用"感情"、金錢攏絡其子女包庇自己的罪行。邓說："如果（我）是人民內部矛盾的話，家庭关系还可以保留，如果是敌我矛盾，可以断絕家庭关系，但经济上还可以負担你們。"七月間，邓小平还叫嚷要給刘少奇、王光美平反，眞是猖狂之极！

（二十）把无产阶級文化大革命进行到底！

由毛主席亲自发动和领导的无产阶級文化大革命是人类历史上从未有过的最伟大的革命变革。她的滔滔巨流汹涌澎湃，滚滚向前。旧世界的残渣余孽，剥削阶級遗留下来的精神枷鎖，統統被她冲碎、摧毁。刘少奇、邓小平等一小撮党內最大的走資派已经四面楚歌，日暮途穷，他们的丧钟敲响了，他们的末日来临了！

革命的形势好得很！革命的形势越来越好！越来越好！

但是，敌人是不会自行退出历史舞台的，他们必然娶以百倍的疯狂向革命人民反扑。同志們，敌人正在窥測时机，霍霍磨刀，我們要警惕啊！

"宜将剩勇追穷寇，不可沽名学霸王"。让我們牢記毛主席的敎导，发揚痛打落水狗的精神，把党內最大的一小撮走資派彻底批深批透、斗倒斗臭！

未来的世界必是闪爍着毛泽东思想光辉的紅通通的新世界！让我們紧跟伟大統帅毛主席，勇敢、豪迈地闊步前进，把无产阶級文化大革命进行到底！

后 記

广大工农兵群众是无产阶級文化大革命的主力軍，无产阶級文化大革命开創了工农兵做文化的主人的伟大时代。过去，千千万万个用毛泽东思想武装起来的工农兵群众紧握枪杆子，打下了江山；今天，他們又拿起笔杆子，要打出一个用毛泽东思想占領一切思想文化陣地的紅彤彤的天下。在这史无前例的无产阶級文化大革命中，亿万工农兵拿起笔杆子投入革命大批判战斗之日，也就是刘邓資产阶級司令部复灭于人民战爭的汪洋大海之时。

为了迎接革命的大联合、大批判的新高潮，为了彻底摧毁刘、邓資产阶級司令部，为了向工农兵学习，首都《史学革命》編輯部按首都工代会的要求，組织了一些大专院校和其他有关单位的无产阶級革命派編写了一套刘、邓、陶、彭、陆、罗、楊、彭（德怀）、賀（龙）、薄（一波）、胡（乔木）的反革命罪恶史和三反言行材料，供給工农兵大批判使用。本册由新人大同志負責編写，曾得到民院、新师院和河师的革命造反派战友的帮助。內容請批評指正。

本編輯部地址：北京师范大学小紅楼三幢
电話：66,8451 轉235

刘邓资产阶级司令部在文博界散布的反动史学言论汇编

（供批判用）

首都批判资产阶级反动"权威"联络总站史学分站
中国历史博物馆《紧跟毛主席战斗队》编
一九六七年八月·北京
45530

最 高 指 示

凡是錯误的思想，凡是毒草，凡是牛鬼蛇神，都应該进行批判，决不能让它們自由泛濫。

我們現在思想战线上的一个重要任务，就是要开展对于修正主义的批判。

凡是敌人反对的，我們就要拥护；凡是敌人拥护的，我們就要反对。

說 明

这份材料主要是旧市委、旧中宣部、旧文化部的反革命修正主义分子和资产阶级反动学术"权威"，以"提意見"、"审查陈列"、"修改陈列"、"传达"、"报告"等直接間接方式向历史博物館散布的反革命言論。中国历史博物館的黑陈列就是在他們的"指示"下，一手炮制出来的反党、反社会主义、反毛澤东思想的大毒草。这个黑陈列是作为"样板"向全国博物館推广，流毒极深。

我們把他們所散布的反动史学言論略加整理，輯录成册，供全国革命同志批判，以肃清流毒。由于我們水平有限，錯誤遺漏在所难免，請同志們批評指正。

首都批判資产阶级反动"权威"联絡总站史学分站
1967年7月

刘邓資产阶級司令部在文博界散布的反动史学言論汇编

目　录

代　前　言

中国的赫鲁晓夫是历史博物館
陈列黑线的总根子

（代 前 言）

毛主席教导我們："凡是要推翻一个政权，总要先造成輿論，总要先做意识形态方面的工作。革命的阶級是这样，反革命的阶級也是这样。"

1958年，中共中央北戴河会議决定在天安門前建立中国历史和中国革命博物館。革命工人和革命干部群情激奋，欢欣鼓舞，积极投入新館的建設工作。在伟大的毛澤东思想的指引下，在三面紅旗的光輝照耀下，經过十个月的奋战，庄严宏伟的博物館大楼終于落成了。这是伟大的毛澤东思想的胜利，是大跃进的产物。

但是，从建館一开始，党內最大的一小撮走資本主义道路当权派的黑手就伸向历史博物館。在他們的黑线統治下，打着"紅旗"反紅旗，把宣传毛澤东思想、进行阶級教育的課堂变成为資本主义复辟准备輿論的陣地。1959年5月，正当革命工人和革命干部以高度政治热情进入建館的紧张阶段，在中国的赫鲁晓夫的支持下，彭眞伙同了另一个党內最大走資本主义道路当权派，窃用中央书記处名义，发出《关于建館陈列工作的六点指示》（以下簡称《指示》）为中国历史博物館《通史陈列》定下了基調。

《指示》决定把建館陈列大权交給旧中宣部閻王殿。在旧中宣部副部长文艺界黑帮"祖师爷"、反革命修正主义分子周揚的直接領导下，組成了一个建館領导小組，并正式宣布由"三家村"黑掌柜邓拓"挂帅"，担任建館領导小組組长。《指示》还說：对陈列問题的取舍，"要多开小型座談会，多找人酝酿"。就是說要屈从資产阶級反动学术"权威"的意旨。于是，翦伯贊、侯外庐、馮友兰、吳晗之流，紛紛被网罗为"顾問"。周揚还說："陈列中所表現的人物，要請专家开名单"。"要多請教专家"。

1961年，为实現"专家治館"，又成立了《中国历史博物館学术委員会》。规定：陈列的一切問题必须由"学术委員会"討論通过，成为凌駕館党委之上的历史博物館陈列的最高权力机构。以中国赫鲁晓夫为首的資产阶級司令部，为了把历史博物館的宣传大权牢牢掌握在一小撮反革命修正主义分子和資产阶級反动学术"权威"之手，参加"学术委員会"的成員，都是經过他們精心挑选的。他們原安排由反革命分子邓拓担任"学术委員会"主任委員，由于这时，邓拓在完成炮制《通史陈列》大毒草后，忙于筹备反革命"三家村"的开张，便由旧文化部出面"聘請"吳晗担任"学术委員会"主任委員。因此，中国历史博物館就成为資产阶級司令部直接控制下的一个反革命宣传陣地。

資产阶級司令部为了更好地利用这个宣传陣地麻痹群众，在彭眞反革命修正主义集团的阴谋策划下，于1960年硬将中国历史博物館評为北京市先进单位，出席了"群英会"，别有用心地奖赏了一面"紅旗"。这不仅是对資产阶級司令部的忠实走卒犒赏，也是为了利用"紅旗"掩盖黑货，更加扩大影响。历史博物館就是一个为反革命資本主义复辟作輿論准备的重要据点。这是以中国赫鲁晓夫为首的資产阶級司令部打着"紅旗"反紅旗的代表作。

几年来，中国历史博物馆先后接待了数百万名观众，上十万名外宾。它的陈列以古喻今，疯狂反对毛主席，贩卖封建主义，资本主义，修正主义貨色，毒害工农兵群众，麻痹革命人民斗志，是一支射向党、社会主义和毛澤东思想的毒箭。在旧中宣部和旧文化部的包庇下，反而作为"好样板"推广全国，甚至流毒国外。因此，在国内外都起着极其恶劣的影响。

<h1 align="center">（一）</h1>

毛主席教导我们："在现在世界上，一切文化或文学艺术都是属于一定的阶級，属于一定的政治路线的。"

博物館的陈列，是上层建筑，是意识形态的一部分，它和其他社会科学一样，也具有鲜明的阶級性。我们的博物館首先是为无产阶級政治服务的。它是无产阶級宣传教育的阵地。因此，历史博物館的通史陈列必须以馬克思列宁主义、毛澤东思想为指导。但是，以中国赫鲁晓夫为首的资产阶級司令部却反其道而行之。早在1955年，中国的赫鲁晓夫就对博物館陈列說："老百姓喜欢看什么，就給他们看嘛！"实际上就是說：博物館陈列用不着以毛澤东思想为指导，只要"丰富多采"，使观众"看到有欣赏的东西"就行了。这完全是迎合资产阶級、封建遗老遗少的趣味！在《指示》中，也完全是一个腔調，閉口不提毛澤东思想，却大談"要在三个小时內看完。"在这个黑《指示》下，邓拓亲自修改批准的《陈列中的几项原则》里，只字不提毛澤东思想，甚至連原稿中仅有一句提到的"馬克思列宁主义"都被删掉了。邓拓公然叫囂："思想是抽象的东西，不好摆。"他们对馬克思列宁主义、毛澤东思想恨得要死，怕得要命。甚至連原来陈列中引用了一条伟大的馬克思主义者斯大林的語录，邓拓为了配合赫鲁晓夫反斯大林活动，也别有用心地把这条語录砍掉了。

更加令人气愤是：原来革命的陈列設計人员曾多方設法摆毛主席語录，让毛澤东思想占領博物館陣地，但是遭到了文艺界黑帮头子周揚的鎮压。他恶狠狠地說："到处都是毛主席語录，好象毛主席在給博物館写标签。"甚至連說明詞中引用了一些毛主席的话，周揚也大发雷霆，誣蔑为"把毛澤东思想簡单化"。这个反革命文艺黑帮头子，把陈列毛主席語录誣蔑为"貼标签"、"簡单化"、"減轻力量"。而同时为了蒙蔽群众，又施展其打着"紅旗"反紅旗的反革命两面派伎俩，在八千多平方米、九千多件展品的通史陈列中，装模作样地点綴了四条語录，但也被他们横加歪曲了。如秦末农民起义场面，引用了毛主席关于农民战争的历史作用的一段語录，在語录下面就陈列出《西汉統治阶級的让步措施》，形成了农民起义——統治阶級让步——社会发展的三部曲。这公然和毛澤东思想唱反調。不仅如此，在陈列形式上，他们还把毛主席語录和《庄子》等同对待。毛主席語录比《庄子·盗跖篇》的字还小，更恶劣的是用灰色字。对毛澤东思想极尽其污蔑之能事。他们不准宣传毛澤东思想，却大肆宣传封建主义黑貨。他们不执行毛主席的指示，却极力推銷中国赫鲁晓夫所鼓吹的"学习我国历代圣贤优美的对我们有用的遗教"。据統計，陈列引用这些所謂的封建"圣贤"的話达六十多处。甚至还企图把其黑主子中国赫鲁晓夫的黑话也搬进陈列室。用心何其毒也！是可忍，孰不可忍？

他们为了抵制毛澤东思想，还别有用心地定出："无定論的不摆"和"定于一"两条原则。如资本主义萌芽問題，毛主席早就作了科学的論断，陈列人员也曾千方百計地試图表現资本主义萌芽，但是，他们竟狗胆包天，否认毛主席的科学論断，說成是"无定論"。禁止在陈列中表現，甚至連"资本主义萌芽"都不許提。但是，中国赫鲁晓夫大力提倡孔孟之道，还說什么："孔夫子是圣人，人民政府也应該祭祀他。"他們就迫不及待地单辟場面大肆美化孔子。当革命群众提出反对时，周扬竟气势汹汹地說："有人提意見說，陈列中把孔子抬得太高，我看并沒有什么高，孔子的思想要表現1"他們仰承中国赫鲁晓夫的鼻息，还企图把三米高的孔子象从孔庙里搬到新舘来"供养"。这就证明了他們所謂的"定于一"就是定于以中国赫鲁晓夫为首的资产阶级司令部。

同时，他們还用頌古非今，指桑罵槐的慣用手法，直接攻击我們伟大領袖毛主席。在《指示》中說什么："展覽会的东西不宜摆在博物舘。"周扬就說："博物舘与展覽会不同，一为永久性的，一为临时性的。"这是他們的恶毒手法。借所謂"永久性"、"已成历史"之名，来掩飾他們頌古非今的罪恶目的。

彭真就丧心病狂地說："古来的好皇帝表面上也还装成从諫如流的样子，坏皇帝就拒諫。"他又說："象唐太宗李世民就从諫如流……难道共产党还怕检討。"这实际是污蔑我們最最敬爱的伟大領袖毛主席！

邓拓就把这些黑話塞进历史博物舘，并利用他窃夺的陈列舞台，不仅把李世民美化起来，說他是："杰出的政治家和軍事家"，还别有用心地把"精明强干的宰相"魏征突出出来，說：他"经常批評唐太宗的过失，在对人民让步的政策上起了一定的作用"。同时，还挑拨性地展出："君，舟也，人，水也，水能载舟，亦能复舟。"这不是公开地煽动阶级敌人造社会主义反，又是什么呢？事后，陆定一說："唐朝的魏征还是应該提倡。他这人对唐太宗知无不言，言无不尽。我們为什么不如魏征。"这就不打自招地供认了他們搬出魏征的意图了。

这种指桑罵槐的手法，邓拓作了如下总结："确定哪一些东西和当前是有关的，就非表現不可。摆的时候，要在这些典型中找典型。"魏征就是他的一个典型。他另一个典型就是海瑞。1959年，在吳晗的《海瑞罵皇帝》出籠之前，反革命修正主义分子邓拓等人就把海瑞送进博物馆陈列了。邓拓三易其稿，将其安插在明末农民大起义的場面里，美其名曰："海瑞揭发了明代黑暗統治"。这实是以歪曲历史来影射現实的，也就是煽动右傾机会主义分子公开出籠向党进攻，来"揭发"社会主义的"黑暗統治"，以顛复社会主义江山，实現资本主义复辟。

1961年，他們又借修改陈列之名，别有用心地突出了朱元璋的一段話："天下初定，百姓财力俱困，譬如初飞之鸟，不可拔其翼，新植之木，不可搖其根，要在安养生息之。"来反对三面紅旗。这和反革命修正主义分子所誣蔑的大跃进是"說大話"、"发高烧"、"浪費劳动力"何异？

毛主席是当代最伟大的馬克思列宁主义者，是当代无产阶级最杰出的領袖，是当代最伟大的天才。毛澤东思想是当代馬克思列宁主义的頂峰，是最高最活的馬克思列宁主义，是中国人民一切工作的指針，是世界人民反对帝国主义、修正主义的强大武器。毛主席的話，句句是真理，一句頂一万句。因此，对毛澤东思想持什么态度，是区别革命和反革命的試金石。不管资产阶级司令部怎样疯狂反对毛澤东思想，也只不过是天狗吃太阳，丝毫无损毛澤东思想的伟大光辉。相反，正是这些疯狗的狂吠，才在毛澤东思想的照妖鏡前現了原形。他們根本不是什么老革命，而是披着人皮的狼，他們是反党反社会主义反毛澤东思想的修正主义分子。

毛主席告訴我們："**凡是敌人反对的我們就要拥护，凡是敌人拥护的我們就要反对。**"他們越是頌古非今、攻击社会主义，就越证明社会主义好得很，越证明我們伟大領袖毛主席领导的英明伟大。

（二）

毛主席早在1944年就指出：**"历史是人民創造的，但在旧戏舞台上（在一切离开人民的旧文学旧艺术上）人民却成了渣滓，由老爷太太少爷小姐們統治着舞台，这种历史的顚倒，現在由你們再顚倒过来，恢复了历史的面目。"** 随着社会主义革命的步步深入，革命的史学工作者坚决响应毛主席的号召，深入工农兵，重新写历史，把几千年被顚倒的历史再顚倒过来，积极投入史学革命运动。但是，这一革命也遭到資产阶级司令部的鎮压、围攻。写人民的历史还是续剝削阶级的家譜，就成为史学革命和反对史学革命的斗爭焦点之一。

黑《指示》根本违背了毛主席的教导，却和中国的赫鲁晓夫一唱一和。中国的赫鲁晓夫說："中国历史上曾出現不少能干的封建帝王"，他們是"眞命天子"。还說什么："那时奴隶主讲的道理最好，学問也是它最高，它代表了最大多数人民的最大利益。"公然为封建主、奴隶主唱贊歌！資产阶级司令部的大小喽罗也围绕着指挥棒轉。周揚叫嚷說："統治者当中有好人，皇帝也有好皇帝。"邓拓在一次会上也公开說："我們认为原则上应該突出劳动人民的历史，但对帝王将相要具体分析，对有些人的历史作用与貢献也应該突出表現，不能抹煞，对有的也要作翻案文章，如商紂、秦皇、曹操。"这就是說：对劳动人民是"原则上"抽象的肯定，实际上是具体的否定，因为，据他說，历史的发展"总要通过""大科学家、大政治家（包括帝王）、文学家、艺术家。"一句話，英雄造时势，帝王将相主宰一切，人民还是"渣滓"。这就是資产阶级司令部的反动唯心史观。在他們的阴谋策动下，什么"雄才大略的汉武帝"，"杰出的政治家唐太宗"，"唯一的女皇帝武则天"，"好皇帝康熙"，"好官魏征"，"清官海瑞"等等，全都粉墨登场。通史陈列成了帝王将相的家庙，才子佳人的宗祠。1959年正式展出的历史人物中，有塑象、画象的共183人，其中劳动人民、农民起义領袖仅有25人，而帝王将相才子佳人达158人，占总数86％。而且，对于帝王将相的形象一再强調要画得"有气魄"、"不要应付"，而对劳动人民的形象则百般丑化，当群众提出突出表現农民起义領袖时，他們就指責为"把他們理想化了，現代化了。"

为了突出帝王将相的作用，他們拚命地維护王朝体系，极力美化剝削制度，为中国赫鲁晓夫的"剝削有功"制造历史根据。周揚說："只說社会性质，沒有朝代是错誤的。"因为"朝代是历史的具体內容，社会性质是科学的抽象"。邓拓也与之唱和："整个陈列按社会发展史，打破朝代体系，……这样和中国历史结合不起来，怕还是要保留朝代好。"眞是胡說八道！朝代何曾是具体的？它也是一种抽象，是地主阶级的史学体系，是帝王史的概括，他們把它吹捧得如此不可侵犯，无非是为帝王将相爭历史地位制造輿論罢了。在他們的"設計"下，每个朝代的开头就矗立着"开国皇帝"、"眞命天子"的大画象。同时，什么"文景之治"、"貞观之治"、"开元盛世"、"康乾盛世"、……全都搬上陈列舞台！

毛主席指出：博物館让**"人民认识自己的历史和創造的力量是一件很要紧的事。"** 而他們却抗拒毛主席的指示，絞尽脑汁，把人民的历史博物館設计成帝王将相陈列館。这些帝王将相才子佳人早已为中国人民所唾弃，抛进了历史垃圾堆。为什么受到这一小撮反革命修正主义分子的崇敬，不惜歪曲历史把他們乔装打扮推上舞台呢？为什么要他們如此美化剝削制度，叫喊奴隶社会要設計得"庄严伟大"、"令人向往"，封建社会要布置得"富丽堂皇"、"丰富多采"呢？

　　原来，这里还有一个不可告人的政治目的，1959——1962年，国际上刮起了帝国主义、修正主义和各国反动派联合反华反共妖风，国内的地富反坏右也认为时机已到，纷纷出籠，反攻倒算，续家譜，修宗祠，宣揚地主阶級的老祖宗如何"英明"、"慈善"，以喚起地富反坏右的旧思，緬怀失去的"天堂"，妄图卷土重来，推翻无产阶级专政，作为这些阶级敌人在党内的代言人——反革命修正主义分子也与他們里应外合，利用他們所窃踞的各种宣传陣地，美化帝王将相，大续地主阶級的家譜，长地主阶級威风，灭无产阶级志气，替地富反坏右反攻倒算鳴鑼开道，为反革命資本主义复辟制造興論准备。

<h2 style="text-align:center">（三）</h2>

　　毛主席教导說："**阶級斗爭，一些阶級胜利了，一些阶級消灭了。这就是历史，这就是几千年的文明史。**"

　　中国的赫鲁晓夫为了实现其篡党篡政，复辟資本主义的目的，极力宣揚阶級斗爭熄灭論。他說："阶級已经消灭了，""阶級斗爭結束了。"甚至連地主阶級資产阶級思想都不让提，恐怕刺激了阶級敌人，恐怕提高了无产阶级的警惕。他說："讲到地主阶級思想，是讲过去的，是反映了那个阶級存在的时候。"其实，在反革命修正主义黑线統治下，即使是搞历史陈列，讲阶級斗爭也是非法的。

　　在《指示》中根本不談突出阶級斗爭問題，却别有用心地提出要注意："政治性与真实性相結合"，"反面的东西不要摆得太多。"周揚解释說："要求达到群众感到祖国可爱"，就"要使正面的东西压得住反面的东西"，否则，就"把历史搞成悲剧"。他还說："不要搞得成为黑暗残酷的历史，到处都是阶級压迫。"这就是問題的实质。他們所謂的"反面的东西"，就是暴露統治阶級剝削、压迫的罪恶，歌頌劳动人民英勇頑强的反抗斗爭；他們所謂的"正面的东西"，就是为剝削制度歌功頌德，粉飾太平，伪造"繁华"景象。在剝削制度下，阶級剝削、阶級压迫是到处存在的，有压迫就有反抗，阶級斗爭也是到处存在的。这就是客观存在，这就是历史真实。而周揚之流却胡說什么突出了阶級斗爭，历史就成了"残酷黑暗"的"悲剧"。毛主席告訴我們"**反动时期的資产阶級文艺家把革命群众写成暴徒，把他們自己写成神圣，所謂光明和黑暗是顚倒的。**"周揚之流正是这样，他們所說的"正面""反面"也是顚倒的。

　　因此，他們竭力反对采用阶級对比的方法。周揚說："阶級对比陈列已经过时，不能再搞了"，"皇帝已经打倒了，不要再去号召打倒皇帝了。"邓拓也說："隋代不要讲暴政"，"把地主阶級的真实生活真正摆出来就行了，……不要讲腐朽。"毛主席說："**一切危害人民群众的黑暗势力必须暴露之，一切人民群众的革命斗爭必须歌頌之，这就是革命文艺家的基本任务**"。周揚之流大唱反調，既不准暴露危害人民群众的黑暗势力，又抵制歌頌人民群众的革命斗爭。他們誣蔑說，看了陈列以后，"让人恨旧社会历史，就起不到爱国主义教育作用。"他們竟砍掉了原設計中有关阶級压迫、农民起义等材料三十四項。这就完全暴露了他們是地主阶級代言人的反革命面目。他們就是要人們忘掉了对旧社会的恨，忘掉了阶級斗爭，以实现复辟資本主义的罪恶目的。

　　他們还进一步把阶級调和論引进历史研究領域，为阶級投降主义路线制造興論。邓拓說："我們陈列是教育广大群众，加强国际国內的团结。如会引起誤会的問題都不摆。"又对美术人員說："（陈列是）加强各国之间各民族之间的团结，不利于这个团结的不画。"我們且看看他們是怎样加强"团結"的吧！

毛主席說："**民族斗爭，說到底，是一个阶級斗爭问题。**"他們却抛弃了阶級斗爭的內容，展覽出什么《文成公主与松贊干布結婚》，說什么："吐番的杰出首領松贊干布和英明的文成公主結婚后，……进一步加强了汉藏两大民族'和同一家'的亲密关系。"这是对历史的顛倒！正如一位观众来信指出：这"完全是抹煞了阶級界限，一个奴隶主头子和地主头子的女儿結婚，竟說成是两族人民之間的友好，眞是天下奇聞！"为什么把两族統治者之間的政治交易冒充为两族人民之間的友好团結？当时正是粉碎了西藏反动农奴主的反革命叛乱，西藏获得了眞正解放，百万农奴翻身作主人，这是大快人心的大好事！帝、修、反却如丧考妣，对我大肆攻击。周扬之流就在陈列上加以配合，叫嚷什么"不要搞成西藏展覽。"这实际上就是以美化历史上的西藏奴隶主，来为现实的西藏封建农奴制辯护，为被打倒的反动农奴主撑腰打气。他們究竟要和誰讲"团結"，不是昭然若揭嗎？

1960年以来，苏修勾結美帝公开反华，在苏修的指揮棒下，蒙修充当了反华小丑，对我进行挑衅。1964年，周扬之流又再度修改《昭君出塞》說明，叫嚷什么"昭君无怨"，要体现出"和亲本是汉家策"，"鳴鏑无声五十年"的主題，强调"和亲"换来"和平"，加强"团結"。甚至不惜捏造历史，說什么"和亲"政策，"促进了蒙、汉两族的友誼"。

周扬还肆无忌惮地說："（在陈列中）要避免用'外人侵略'的字句。"为了"免去刺激"，他們反对展出《鸦片战争》，后来被迫展出时，他們又强调英美发动罪恶的鸦片战争，只是为了"追求利润"，并反对提出"反美"的字眼。同时，他們却拼命为帝国主义文化特务树碑立传，什么利瑪竇、南怀仁、湯若望……都变成"和平天使"出现于陈列宝。这完全是一付认贼作父的洋奴相。

这一切都說明了他們所謂的"加强团結"是什么貨色。这完全是为中国赫鲁晓夫的"三和一少"、"三降一灭"的投降主义外交路线服务的。

在这个黑《指示》定的基調下，1959年底，这株大毒草——中国历史博物館通史陈列正式出籠了。这株大毒草一出籠，就受到康生同志的尖銳批評，指出这"不是历史陈列"，"是今不如古。"一针见血地击中了这个黑陈列的要害。邓拓听后，歇斯底里发作，大叫："有人說这不是历史陈列。什么是历史陈列？我看这就是历史陈列。"资产阶級司令部也为之大喊大叫。反共老手吳晗得意忘形地叫喊："完全可以开放，关起門来說是世界第一，放心开館吧。"陆定一看后，心領神会地說："好得很，沒有什么不可以拿出来的。"最后，彭眞就窃用中央名义，决定："历史博物館'十一'国庆节可以公开預展，包括国內外资产阶級也可看，等于公开开放，为謙虚謹愼，用'公开預展'字样。"

1963年12月12日毛主席批示中指出："許多共产党人热心提倡封建主义和資本主义的艺术，却不热心提倡社会主义的艺术，岂非咄咄怪事。"

1964年6月27日毛主席又严厉批評指出：文化部門"最近几年，竟然跌到了修正主义的边緣。"

他們千方百計地抵制毛主席的批示。在历史博物館，他們作了一些修修补补，妄图蒙混过关，保住这块反革命宣传陣地，继续放毒。

但是，阶級敌人的任何阴謀詭計都逃不脱毛澤东思想的阳光照射而丑态百出。**六月天兵征腐恶，万丈长纓要把鯤鵬縛。**在毛主席亲自发动的无产阶級文化大革命中，以中国赫鲁晓夫为首的资产阶級司令部及其在館內的代理人被揪出来了，党內最大一小撮走资本主义道路当权派的丑恶面目完全被暴露在光天化日之下。但是中国赫鲁晓夫的流毒遍及意识形态领域的各个方面，我们坚决高举毛泽东思想伟大红旗，紧跟毛主席的伟大战略部署，将革命大批判进行到底，把中国赫鲁晓夫从政治上、思想上、理论上彻底批倒、批臭，埋进历史坟墓。让战无不胜的毛泽东思想伟大红旗在全世界飘扬，永远飘扬！

中国历史博物馆紧跟毛主席战斗队

1967年8月24日

最 高 指 示

　　毛泽东同志是当代最伟大的馬克思列宁主义者。毛泽东同志天 才 地、創 造 性地、全面地继承、捍卫和发展了馬克思列宁主义，把馬克思列宁主义提高到一个崭新的阶段。毛泽东思想是在帝国主义走向全面崩潰，社会主义走向全世界胜利的时代的馬克思列宁主义。毛泽东思想是全党全国一切工作的指导方針。

《八届十一中全会公报》

一、疯狂反对光焰无际的毛泽东思想、誣蔑突出 毛泽东思想是"公式化""簡单化""貼标签"

以毛澤东思想为纲的提法不一定合适，容易引起糾紛。

彭　眞　　1960年2月

毛主席的东西摆得太多了，到处都是，好像毛主席在給博物館写标签。

周　揚　　1961年

以論带史的提法有毛病，……带不了，也論不好。

周　揚　　1961年2月

在看到图片說明上引用了毛主席的話，說：这是"把毛澤东思想簡单化"。

周　揚　　1961年3月

以論带史这个口号是有毛病的，以論带史其結果必然引导人专門讲原則，不讲史料。研究历史就是向史料作調查，向文字的，地下的史料作調查。以論带史就是叫青年拿历史去套公式，从原則出发而不是从实际出发不能使历史适应原則，……。

周　揚　　1961年4月10日

解释詞太多了！引用主席的話太多了！

观众来参观博物館，来看电影，不是来讀书，要讀书，就不到这里来了。

周　揚　　1961年6月8日

"以論带史"实际是"以論代史"。

周　揚　　1961年4月10日

"論从史出"。

周　揚　　1962年11月

不要只抄用经典著作，应多用我們自己的材料，多选用能說明問題的文献記載。

錢俊瑞　《审查陈列》1959年4月22日

我們是历史主义唯物史观，决不动摇，但不要用公式套，使观众看了有所启发、思考，对科学即起促进作用，这个博物館就永远有生命力。

錢俊瑞　《审查陈列》1959年8月26日

不要使人感到只是用我們的材料来說明辩证唯物主义，而是用馬列主义原理来整理我們的历史，不是簡单的馬列主义說明，而是要丰富馬列主义理論，要使外国的馬列主义学者看了我們的展覽后，回去要修改他們的著作，我們能作到这点也应有这气魄。

> 錢俊瑞　《审查陈列》1959年4月22日

历史博物館陈列要与历史事实很好的結合起来，现在基本上很好，但要进一步考慮，不要摆成公式化，要給人以具体的历史知识。

> 錢俊瑞　《审查陈列》1959年8月26日

說明詞，要科学，要通俗，要实事求是，不要夸大，要注意真实性与艺术性相結合。

> 錢俊瑞　《审查陈列》1959年4月22日

馬列主义的門庭闊大，不排除一切有用的东西。

> 齐燕銘　1960年11月8日

不必强求作者用馬列主义的观点写，只要有一定的学术水平和参考价值就可以，勉强贴标签，不好。

> 林默涵　1965年9月28日

研究工作，学习馬列主义，毛澤东思想这还不够，还要用科学工作者的态度来进行整理，分析和批判。

提供資料就是古为今用。

> 齐燕銘　1962年5月17日

思想性不好表现。

> 赵鼎新　1959年

思想是抽象的东西，不好摆。

> 邓拓　1959年5月26日

无定論的不要摆。如資本主义萌芽就不要摆，这就叫定于一。如叫歇碑，你可以摆一摆說工匠在叫歇（罢工），但不要說这是資本主义萌芽。

> 邓拓　1959年5月26日

在《中国通史陈列引用的革命領袖語录原文及用法》上，邓拓作了如下批語："抽去个别引語，其余可用。"

> 邓拓　1959年4月

（注：被抽去的是斯大林《辯证唯物主义与历史唯物主义》中的一段："奴隶制度就现在的条件来看，是很荒謬的现象，反常的荒謬的事情。而……在互解着的原始公社制度条件下却是……合于規律的现象，因此它和原始公社制度相比是前进一步"。）

社会性质制度发展情况根本不要考慮，总的給人印象丰富多彩即可。……太强調科学性观众不太欢迎，要不限于科学性，給人欣赏的目的，对古代文明向往的心情。引以兴趣为好，但要有科学依据，最根本的还要好看。

> 邓拓　在討論陈列要点（第六稿）会上发言1959年2月

馬列主义毛澤东思想普遍真理与文物、博物館事业的具体实践相結合。

> 王冶秋　1960年3月

在通史陈列結尾不要提毛澤东思想，馬列主义与中国实际相結合和彻底批判一切資产阶級。

> 王冶秋　《整个通史陈列的結束語的意見》1961年6月29日

所謂思想紅线，是指以馬列主义、毛澤东思想来指导整个陈列，即是以历史唯物主义观点分析、研究材料，組织具有思想性的陈列。紅线是线不是面，是灵魂不是肉体，是統帅不是兵。到处都是語录、手稿、著作，就成为著作展覽。

《关于博物馆和文物工作的几点意见（草稿）》（即十一条）

博物館的思想性、科学性、艺术性如何統一。我认为博物館应解决思想教育（理性）。但博物館必须有感性东西，形象化，激动感情，看了后，可以惊心动魄，只有思想教育就可讀书。我們看了以后，要激动人心，使人忘掉个人主义，激动感情，动人，吸引人，感染人。我們有很多动人的东西要好好表现。

王冶秋　　1960年11月30日

凡是历史上的大事，要补充翦老的历史年表，然后用毛主席的"論历史科学"比着看，这是基本功。

王冶秋　　1962年5月29日

引用毛主席的话，是以通过原则說明历史事实，不是通过原则說明原则，也不是通过資料說明历史事实。人民大众不排斥个人，理論不排斥資料。

翦伯贊　　《在中国通史初稿討論会上的发言》1959年3月7日

通份强調中国的特殊性，以致馬克思主义的一般原理原则，在中国史的研究中都不能应用，这是修正主义。

翦伯贊　　《怎样对待全面观点》1961年

用历史发展的观点看历史，这是我們写历史的原则。

翦伯贊　　《怎样对待发展观点》1961年11月

在学校里曾经流行过以論带史的口号，……但是这个口号带有很大的片面性，在我个人看甚至可以說是錯誤的。

翦伯贊　　《史学研究中存在的几个問題》（草稿）1862年3月

理論挂帅，也不是先写一段理論，再写一段史料，或者先写一些史料，再写一段理論。

翦伯贊　　《历史上的阶級关系》1961年11月

資料的繁瑣問題，要通过具体历史实际来提原则理論，不要以理論原则套历史实际。

翦伯贊　　《审查陈列》1959年3月

理論挂帅不是用一般原则去套历史，把史料作为理論的注脚，而是用理論去分析史料，通过史料的分析，对历史事件或問題，作出理論的概括，不是用原则代替历史，而是从历史引出原则。

翦伯贊　　《历史上的阶級关系》1961年11月

博物館的历史人物画，用现代人的想像去搞，没有說服力，如农民战争画，一定要画得准确，现在博物館的历史人物画，没有一幅是历史画。

翦伯贊　　《审查意见》1959年9月22日

不要一再推論，一再推論，就会用主观观念代替客观的历史。

不要过多地引用经典著作的文句。

历史是具体性的科学，必须从具体的史实出发，从具体史实的科学分析中引出結論。不要先提出結論，把結論强加于具体的史实。

每一論点，都要有論据，不要写空話。

翦伯贊　　《对处理若干历史問題的初步意见》1962年

＊　　　　　　　　＊　　　　　　　　＊

个人像片画像出现，也写一条原则，雕塑不出现毛主席。

周　揚　　1959年2月23日

毛主席最反对摆他的像，让他站崗。

周　揚　　1959年9月

陈列室門口不能放毛主席像。

齐燕銘　　《审查陈列》1959年

光突出領袖个人，主席最討厌。

王冶秋　　1958年11月

党不仅是几个領袖活动，主要是群众集体。……要特别注意我們党的領袖他不是个人单独活动的，他是……在党中央集体領导下进行工作的。

王冶秋　　1958年11月

要考虑政治效果。周揚同志讲，报上登主席照片也不能随便。

王冶秋　　1960年10月10日

找到主席的一个东西，就想表现出来，而不想效果如何，沒考虑，这是实物挂帅。……要从政治上着眼，当时起了政治作用，现在还能起作用的可能陈列出来。这要有别于庸俗化，有别于个人崇拜。

王冶秋　　1960年10月10日下午修改文化学院两书座談結束語

有的博物館的題目用主席的話是否合适？以文章題目作个大标題，周揚說这种办法不大妥当，好像一个出版社的档案。

王冶秋　　1960年10月10日

最　高　指　示

利用小說进行反党活动,是一大发明。凡是要推翻一个政权, 总要先造成輿論, 总要先做意识形态方面的工作, 革命的阶级是这样, 反革命的阶级也是这样。

反革命分子怎样耍两面派手法呢? 他们怎样以假相欺骗我们, 而在暗地里却干着我们意料不到的事情呢? 这一切, 成千成万的善良人是不知道的。就是因为这个原故, 許多反革命分子钻进我们的队伍中来了。我们的人眼睛不亮, 不善于辨别好人和坏人。我们善于辨别在正常情况之下从事活动的好人和坏人, 但是我们不善于辨别在特殊情况下从事活动的某些人们。胡风分子是以伪装出现的反革命分子, 他们給人以假相, 而将眞相隐蔽着。但是他们既要反革命, 就不可能将其眞相隐蔽得十分彻底。

二、借古諷今，指桑罵槐，恶毒攻击我們伟大領袖毛主席，攻击社会主义，煽动阶級敌人颠复无产阶級专政

旧社会領导关系也是这样, 不管皇帝荒唐到什么程度, 就得叫圣上, 不能叫"混蛋上", 皇帝讲話都是"金口玉言", 从来不錯的, 不能反駁, 这是旧社会关系。

　　　　　　　彭　眞　　《在白紙坊礼堂的一次讲話》1958年3月2日

古来的好皇帝表面上也还装成从諫如流的样子, 坏皇帝就拒諫, 圣人还"聞过則喜"; 馬克思、列宁还天天讲批評和自我批評哩 l

　　　　　　　彭　眞　　《关于整风运动和知识分子改造問題的报告》1958年
　　　　　　　3月27日

皇帝佬有两种: 一种是君无戏言, 象崇禎皇帝经常下"罪己詔", 但总是說了不算数, 这种人非亡国不可; 另一种是从諫如流, 象唐太宗李世民。……难道共产党还怕检討 l

　　　　　　　彭　眞　　《在北京市委工作会議上的插話》1963年3月

唐太宗有一个魏征, 就是专門同他做对立面的。

　　　　　　　陆定一　　1962年11月19日

唐朝的魏征还是应该提倡。他这人对唐太宗知无不言, 言无不尽。我们为什么不如魏征。

　　　　　　　陆定一　　1962年11月19日

历史上还有一个唐太宗, 是軍事家, 也是政治家。……唐太宗从民間来, 他知道民間的疾苦, 所以他还能听下面的意见。

　　　　　　　周　揚　　1962年7月

今天可供选择的方面还是很宽的……不少历史人物如唐太宗、康熙、郑成功等, 对今天

有教育作用。

徐平羽　　1963年4月24日

唐太宗是一个比較民主比較开明的一个皇帝，比較能够接受不同意見，兼听則明，偏听則暗……

林默涵　　《在广州会議上讲話》1962年

康熙是个好皇帝，有值得我們学习的地方。

周　揚　　1962年7月

唐太宗处理民族矛盾也有办法（文成公主出嫁給松贊干布），《貞观政要》也值得研究。《清实录》中康熙（玄燁）处理西藏等民族問題也有一套办法。

齐燕銘　　1960年12月6日

象李斯、唐太宗、刘晏、康熙等这些有雄图大略、在历史上作过一番大事业的人物，都可以把他們的事迹整理出来。历史上的有关农民起义的东西固然还要搞，但老是讲造反，也未必适当。

齐燕銘　　1960年8月4日

康熙也有他的特点，这个人善于学习，学习精神很好，比較有文化，很用功学习……他这样的人对我們今天的干部很有教育意义。

林默涵　　《在广州会議上讲話》1962年

康熙皇帝是有远大目标的，他在文化建設上就很有气魄，在他的倡导下，偏出了一部《康熙字典》，可是我們今天还沒有一部像样的辞典。

林默涵　　1962年7月14日

唐太宗用像，如故宫就有原大像。

唐太宗給一間房，全面表現，昭陵六駿，四个馬，陵墓照片、陵墓人物全部文物。

王冶秋　　《审查历史博物館意見》1959年6月27日

＊　　　　＊　　　　＊

封建时代也有忠心耿耿富有正义感的高尚的人物。海瑞就是个了不起的人物，他决不会低于包拯。

周　揚　　1959年4月

海瑞应該表現一下。

王冶秋　　《审查陈列》1959年5月12日

1959年5月，在邓拓的指使下，6月初拟定的《陈列方案》（第七次修改稿）第七頁，在"明末农民大起义"的单元里，出現了"海瑞和张居正"一組陈列。邓拓审查后作如下批示："第七頁請特別注意"。在第七頁上，他写道："在农民大起义的单元中插进海瑞和张居正，一般群众不易了解共中的关系。在标题上可否考虑用适当方式表現这些主题之間的联系。"并一再说："标题应是很简单而明确突出"、"要用形容詞，但句子不要太长。"在他的"指示"下，《陈列方案》第八次修改稿中，这一标题被改为："揭发黑暗、向皇帝作斗争的海瑞"，后又改为："从海瑞的諫諍中，看明代的黑暗統治"。邓拓对此却不满意，最后亲自动手修改成："海瑞揭发了明代的黑暗統治。"并在上注明："务請照改，并指定专人負責校对，不要有一点錯誤。"

海瑞是坚持原则，敢于斗争的人，他忠于皇帝，反对皇帝作坏事。

周 揚　　1961年2月23日

我們要培养这种海瑞上本的精神。

周 揚　　1961年6月22日

（按：同年陈列修改时，革命同志提出撤陈"海瑞"，不准。）

陈列的海瑞名片，另一侧册頁上的文字与海瑞无大关系，要查一查，如无关系，应当将它盖一下。

胡乔木　　《审查陈列意見》1959年

海瑞的說明还要改一下，对海瑞說明，看看《清官論》。

王冶秋　　《陈列修改意見》1964年3月

清官貪官方面，现在学求界正在討論，我们能否提供些資料。

王冶秋　　1966年3月26日

海瑞应肯定。

翦伯赞　　《在历史博物館学术委員会上发言》1961年3月15日

海瑞的时代，嘉靖万历年間，是出人物的时代，象他这样的人物还很多，要表现的。

侯外庐　　1961年2月23日

＊　　　　　　＊　　　　　　＊

关于朱元璋像，临时用端正的白鬚的画像，有关这个问题待继续研究。

徐平羽　　《在历史博物館学术委員会上发言》1961年3月15日

我们可以把他（朱元璋）做为封建皇帝来肯定，若不把应肯定的人加以肯定，就不符合历史事实，在他作皇帝的时期，社会出现了安定的时期。

吳晗　　《对陈列意見》1960年7月

朱元璋这个人物，在两个場面（指元末农民起义，明初的封建統治）都陈列。

王冶秋　　《审查陈列意見》1964年3月7日

朱元璋的长下巴像太坏了，换了吧！要从政治上考虑。

王冶秋　　《审查陈列意見》1964年3月7日

說明书不敢向观众介紹朱元璋是明朝的皇帝，仅說明他是"明朝政治、軍事家。"政治家、軍事家可以是皇帝，也可以不是皇帝，而朱元璋的身份，主要是皇帝，是明朝开国的皇帝。

沒有肯定朱元璋推翻元朝的功劳，說明中不敢使用"北伐"，而用"北上"代替"北伐"，显而易見，"北伐"和"北上"是有很大区别的。

翦伯赞　　《对朱元璋說明的意見》1961年

朱元璋这个皇帝做了些好事。

翦伯赞　　《在历史博物館学术委員会上发言》1951年3月15日

朱元璋（公元1328—1398年）濠州钟离（安徽凤阳）人，是明朝皇帝，也是中国历史上一个杰出的皇帝。他于1352年参加元末农民起义，不久就成为农民起义军的領袖，領导农民反对元朝的阶级压迫和民族歧视，经过十七年的武装斗争，于1368年推翻了元朝，統一了中国，建立了明王朝。

为了恢复封建秩序，再建地主阶级的統治，朱元璋接受了农民起义的敎訓，在政治经济方面采取了許多重大的措施，調和了阶級关系和民族关系，使中国的封建社会经济，重新走上了发展的道路。

翦伯贊　　《朱元璋說明》1961年6月26日

（按：这是翦伯贊为历史博物館陈列拟写的說明。）

＊　　　　＊　　　　＊

每当我看这出戏（则天皇帝），总要被这个女皇帝所作所为感动得流下眼泪。

徐平羽　1959年2月

武则天旣用单元标题，但要多摆些东西，如文字改革的拓片，在宝成路的几个地方有武则天庙，多讲几句話。

王冶秋　《审查陈列意見》1960年9月22日

武则天在历史博物館应有她的地位。

吳　晗　《在历史博物館学术委員会上发言》1961年3月15日

武则天是中国历史上伟大的人物，伟大的妇女，是中国历史上唯一的女皇帝。她培养了人才，选举了一批有能力的人参加政府工作，武则天用人标准是根据才能，她无論身份高低都可选用，她提拔了不少人，而且她能接受批評，听取不同意見，肯承认错誤，能选用人才，任用人才。

她在政治斗爭中錯杀了一些人……她早年生活比較朴素，晚年有时鋪张浪費，花了不少錢……。

吳　晗　1962年8月5日

我們就应該具有一种类似爱才如渴的热情。

胡　绳　1952年7月8日

明代东林党可以表现。

吳　晗　《对历史博物館陈列意見》1961年7月

多讲人民的历史，但反对派，非表现不可。

吳　晗　《討論陈列要点发言》1959年3月

＊　　　　＊　　　　＊

隋煬帝也是雄才大略，他的运河就修得好，搞了很多建設，可是他建設搞的太多，宮殿修的太多，他过份看重个人声名，所以后来亡国。

周　揚　1962年7月

秦二世就是不让人說話，很快灭亡的。这几年都听不見人家的"眞心話"了，这很危险，要亡国的。

齐燕銘　1961年

对于諸子百家爭鳴的說明，应看陆定一同志《百家爭鳴，百花齐放》的报告中是怎么說的，现在这一場面还不够大，应表现出为什么这时会出现这个局面？要把諸子中每个人的主要思想加以表现。如孟子"民为貴，君为輕"应加摘引。諸子也应按时間順序排列。

王冶秋　《审查陈列意見》1960年9月22日

宋江問題提請中宣部，宋江起义、招安的东西都可以陈列，不然成了愚民政策。

王冶秋　《审查陈列意見》1964年3月7日

121

于謙的說明，也要考虑到民族关系問題。

王冶秋　　《审查陈列意見》1960年9月22日

1959年夏衍别有用心地把自己收藏的一幅包拯像（伪品）送到历史博物館，指示展出。

＊　　　　　　＊　　　　　　＊

确定那一些东西和当前是有关的，就非表现不可。……摆的时候，要在这典型中找典型。"

邓　拓　　《对陈列指示》1959年5月26日

我觉得有东西就表现，没东西不表现，原则还是对的。但非常重要的問題，就要千方百計地填补，用一定的方法补上，尽我們的力量来表现。在大家公认这样表现方法是对的，即可以认为是历史眞实。

邓　拓　　《对陈列指示》1959年5月26日

标题一定要准确、鲜明、生动。編拟文字說明，要話中有故事。

邓　拓　　《对陈列指示》1959年6月12日

最 高 指 示

阶级斗争，一些阶级胜利了，一些阶级消灭了。这就是历史，这就是几千年的文明史。拿这个观点解释历史的就叫做历史的唯物主义，站在这个观点的反面的是历史的唯心主义。

阶级和阶级斗争的存在是一个事实，有些人否认这种事实，否认阶级斗争的存在，这是错误的。企图否认阶级斗争存在的理论是完全错误的理论。

马克思主义的道理千条万绪，归根结底，就是一句话："造反有理"。几千年来总是说：压迫有理，剥削有理，造反无理。自从马克思主义出来，就把这个旧案翻过来了，这是一个大功劳。

研究历史，不研究阶级斗争是弄不清的，只有用阶级分析的观点，才能清楚。

三、扯起资产阶级"历史主义"破旗，反对阶级观点、阶级斗争学说，美化剥削制度，为资本主义复辟制造舆论准备

反对反历史主义就是反对把古人写成现代人。

周 扬 《指示》1959年8月4日

要突出有定论的正面的历史人物事件。适当的表现反面，不过分强调。

周 扬 《试展指示》1959年5月19日

奴隶制惨酷掠夺，他也有进步的地方，不只是起破坏作用。

周 扬 《指示》1959年4月22日

反面的实物不宜摆得太多，要使正面东西压得住反面东西。（按：他所指的"反面的东西"，即揭发封建统治阶级剥削压迫人民的材料，他所指的"正面的东西"，即要"歌颂"封建王朝的"太平盛世。"）

周 扬 《审查陈列》1959年8月21日

陈列要注意历史真实性和政治性相结合，阶级观点和历史观点相结合。
只注意阶级观点，不注意历史观点，就不能成为历史了。

周 扬 1959年

对古人，要看当时政治标准，而不能看现在的政治标准。

周 扬 1961年5月

现在的反历史主义，主要表现在把今天现代人的思想、语言、行动强加于过去的人物身

上。

夏　衍　　1960年11月29日

阶级观点与历史观点相结合。否则就容易拿现在观点看历史上的问题。看古代的东西，不能拿现代的眼光看过去，也不能把当时是进步的，我们今天也当成是进步的。在当时是进步的，不能用现在想法要求过去。有些话，虽然在当时也冒出一些，但和现在一样，是不可能的。

王冶秋　　《报告》1960年5月18日

我有个基本主张，在封建社会，对妇女应宽大一点，即有天才，也不容易发挥出来。男的从严，女的从宽。

翦伯赞　　《对陈列意见》1959年9月

用历史主义的观点，批判的态度，指出那些不平等的民族的历史根源和历史实质。

翦伯赞　　《关于处理中国史上的民族关系问题》1962年

研究历史必须站稳立场，也不要忘了历史主义，仅仅站稳无产阶级立场而忘记历史主义，不算马克思主义。

翦伯赞　　《如何处理历史上民族关系》1962年

怎么能够把我们现在认为应做的事强迫古人去做，把我们现在认为不能做的事禁止古人去做呢？

翦伯赞　　《史学研究中存在的几个问题（草稿）1962年3月

有这样一种情况，即只要讲到历史上的民族关系，人们总是怕刺激少数民族的感情，因而专讲好的，甚至不惜歪曲历史事实以适应民族平等的原则，好像中国史上的民族关系从古以来就是平等的。这虽然是出发于一种善意的动机，却有离开历史主义的危险。

翦伯赞　　《关于处理中国史上的民族关系问题》1962年

在讲到民族之间的战争时，总是尽可能地把汉族说成是侵略，把少数民族说成是革命，用这样一种简单的翻案方式处理极其复杂的民族战争，是很危险的。

翦伯赞　　《民族问题》1962年

强调各族劳动人民之间的友好往来，把各族劳动人民和各族统治者分开，是完全应该的。但论述这种关系，不能靠空话，不能总是一般化，甲族的劳动人民和乙族的无别，前代的劳动人民和后代无别，以致令人有一片灰色之感。

翦伯赞　　《关于民族关系问题》1962年

有些人主张把历史上的少数民族在边陲地区所建立的王国或汗国，一律称为"地方政权"或"地方性王国"，而把中原地区的王朝提升为"皇朝"，甚至主张把少数民族建立的割据王朝，加上括弧，这种主张虽然是新的，但也是很成问题的。

在处理这样有关少数民族历史地位的问题时，应该采取实事求是的态度，是独立的王国、汗国就称它们为独立的王国、汗国，是地方政权就称它们为地方政权，怎么能随便加形容词，随便打括弧呢？

翦伯赞　　《关于处理中国史上的民族问题》1962年

要严格地运用历史主义的原则，把历史事件和人物放在他们自己的历史条件之下加以说明，但如果过分地用历史条件与倾向为某一历史事件或人物辩护，就不是历史主义而是客观主义。

要置身历史之中，也要站在历史之外。不置身历史之中，就容易陷入客观主义的泥沼，不站在历史之外，就容易陷入非历史主义的泥沼。

翦伯贊　　《对处理若干历史問題的初步意見》1962年

＊　　　　　＊　　　　　＊

现在讲阶級，就是敎条主义，查阶級你們都是地主，你爷爷不是，你老爷爷是；你老爷爷不是，你老老爷爷是。

彭　眞　　《一次讲話》1966年

阶級对比陈列已经过时，不能再搞了。

周　揚　　1959年6月22日

隋煬帝暴政示意图应改画，或用当时的詩、歌、文章反映。

周　揚　　《审查陈列》1959年8月21日

隋煬帝暴政图应取消。隋末起义，不一定是暴政。

周　揚　　《审查陈列》1959年9月16日

阶級斗爭是历史发展的动力，它推动生产的发展，文化的进步，但不要搞得成为黑暗残酷的历史，到处都是阶級压迫。

周　揚　　《审查陈列》1959年8月21日

孔府行乐模型不要。
用孔子后代模型表现地主阶級的生活不合适。

周　揚　　《审查陈列》1959年8月21日

阶級分析不能簡单化，不要陷于沒有历史发展的阶級分析。既要有阶級分析，也要有历史发展，不要钻小地方。

周　揚　　《对陈列指示》1959年5月22日

农民起义可用国画表现，奴隶社会表现阶級斗爭太残酷，是否可用小說、詩歌表现出来。

周　揚　　《审查陈列》1959年8月21日

复原李小孩墓（注：隋文帝楊坚的外孙女）白沙（注：河南白沙出土的宋代大地主的坟墓）益庄王（注：明朝大貴族）三座墓葬，表现貴族地主生活。

周　揚　　《审查陈列》1959年

阶級对比用四川砖拓表现汉代貴族奢侈，力量不够，所以，表现被压迫人民的，最好用实物，沒有时，这些地方可避免，不填补，沒有什么坏处。

周　揚　　《談話紀要》1953年11月29日

阶級观点要搞好，但要与历史发展结合起来。这次試展阶級斗爭較明显，爱国主义表现得不太够。

（按：他所說的"爱国主义表现得不太够，"就是指阶級压迫的材料太多了，"正面"压不住"反面"。结果被砍掉了有关阶級压迫、农民起义等材料34項，增加了帝王将相13人。）

周　揚　　《对陈列指示》1959年5月22日

奴隶社会貴族用具表可以采取别的形式，可用书上記载的文字表现。

周　揚　　《审查預展》1959年4月22日

唐阶級对比要再修改，把地主生活眞正摆出来。现有材料，不要堆在一起表现腐朽生

125

活。

邓 拓 《意見》1959年 8 月 7 日

隋代不要讲暴政，統治阶級生活不要摆腐朽。

邓 拓 《意見》1959年 8 月17日

唐代不要讲暴政，表現統治阶級的生活就可以，不要提腐朽。

邓 拓 《意見》1959年 8 月17日

农民起义也可以从群众被解放后的心情、生活等方面来表現。不見得所有的农民起义场面都用战爭来表現。

赵鼎新 1959年

一个时代的好坏，主要看它的政治经济，这两者是統一的，不能把两者分开，不要成为经济史或单純的农民战爭史。

吳 晗 1959年 7 月 1 日

农民起义，打击了封建王朝，推动社会发展，这规律是对的，但具体的分析却一般化，千篇一律。……农民起义涉及問題很多，不只是战爭問題，……让步措施，要具体的作过那些事情，一項一項地算賬，不能籠統。

吳 晗 1961年 3 月27日

讲农民战爭只許說好，不許說坏，这就有片面性。把农民战爭現代化，不符 合 历 史 史实。农民战爭有好的一面，也有坏的一面。

吳 晗 1961年 3 月27日

說地主阶級不爱国，……这說法不对。

吳 晗 1959年 7 月 1 日

目前我們仅仅把社会发展的必然规律的輪廓画出，把阶級斗爭是推动历史发展的动力，劳动人民是历史的創造者，这条紅线有一些初步的表現。对于我們中华民族光荣的革命传統和优秀的历史文化遺产，可以看出光輝灿烂的面貌。这样对于广大人民进行爱国主义敎育，无疑的是有帮助的。

王冶秋 1960年 3 月15日报告

历史博物館陈列除思想紅线外，这条紅线要貫穿在历史上大事件和人物上，方案对历史大事件，只提了农民起义，我以为做为明年重点是可以的，但全面的长远的来看，其他大事件也得表現，过去看起来历史博物館有文物陈列的味道，我觉得"天事件"不鮮明突出是一大缺陷，因之，就不能給人"历史"的感觉。

王冶秋 《对"7.1"修改意见》1960年12月 2 日

不要見封建就反，見地主就罵。当封建制代替奴隶制的时候，它是历史的发展，我們不能反对这种发展，当地主阶級反对奴隶制的时候，它是革命的阶級，也不要罵。

翦伯贊 《怎么对待发展观点》1961年

农民反对封建压迫、剝削，但沒有，也不可能把封建当作一个制度来反对。

农民反对地主，但沒有，也不可能把地主当作一个阶級来反对。

农民反对皇帝，但沒有，也不可能把皇权当作一个主义来反对。

翦伯贊 《如何处理历史上的阶級关系》1961年 3 月

应历史主义地对待农民战爭，不要过份地强調农民战爭的落后性，盲目性，也不要过份夸大农民战爭的组织性和觉悟性。

翦伯贊　　《如何处理历史上的阶级关系》1962年

矛盾不仅存在于敌对阶级之间，也存在于同一阶级内部各阶层之间，乃至同一阶层内部各集团之间，不要把阶级矛盾简单化。

翦伯贊　　《如何处理历史上的阶级关系》1962年

农民能够建立自己的政权，这是不成问题的。问题在于这种政权的性质。在我看来，在同样的封建经济基础之上，不可能建立两种性质不同的政权，农民建立的政权，只能是封建性的政权。

翦伯贊　　《关于处理历史上的阶级关系》1961年

农民战争的領袖人物，应該肯定，但不要把他們理想化、现代化，以至把他們說得和现代无产阶级的革命領袖一样。

不能說各族人民就只有阶级感情，沒有狹隘的民族感情和偏见，一直到解放后，我們还在为了反对大汉族主义和地方民族主义的残余，而进行宣传教育，何况古人。

翦伯贊　　《如何处理历史上的民族关系》1961年3月

农民起义中的楊四娘子，在山东，带有地方性，可以取消。

翦伯贊　　《审查陈列》意见1959年

劳动人民，不論是奴隶、农奴或农民，他們都反对压迫剥削，但他們并不了解被剥削、被压迫的基本原因是私有制度，他們不反对私有制度，只反对那些不堪忍受的财产的差别。

翦伯贊　　《人民群众与个别历史人物》1961年3月

李自成的均田不等于反对私有制、反对土地兼并。

翦伯贊　　《学委会发言》1961年3月15日

方腊塑象不好，象个小生，不象历史人物，对塑象和繪画应有根据。

翦伯贊　　《审查陈列》意见1959年

不强調战爭是对的，但认为战争可以不讲，那就是因噎废食。

翦伯贊　　《民族关系問題》1962年

一九五九年，在邓拓、翦伯贊的精心炮制下，于西汉場面展出了"統治阶级让步措施"表，后来又大增特增。

历史动力是生产力。每一时代找出一个动力。

翦伯贊　　《审查陈列》意見1959年9月22日

应以人民群众为基础，经济基础为骨干，阶级斗争为动力。

翦伯贊　　《审查陈列大纲》意见1959年

应该历史主义地对待这些历史上的劳动人民，不要依照无产阶级的样子去塑造他們的形象。

翦伯贊　　《人民群众与个别历史人物》1961年11月

要歌頌劳动人民，但历史家不是詩人，除了歌頌以外，还要指出他們历史局限性，指出他們生产的保守性和落后性。

翦伯贊　　《人民群众与个别历史人物》1961年3月

阶级矛盾是历史的动力，在写历史的时候，忽略了这一点就会犯原则的錯誤。阶级矛盾有两方面，不能只写一面，要着重地写革命，也要写反革命。

翦伯贊　　《人民群众与个别历史人物》1962年

眞实性——摆东西要科学的可靠的材料。政治性——要从展出的效果和达到的目的看，（目的就是向群众进行爱国主义教育）要求达到群众感到祖国的可爱，不要使观众只知打倒皇帝，过去的皇帝已经被人打倒了，主要看他們留下什么进步作用。

周揚　《对陈列指示》1959年5月22日

考虑政治性要激发爱国主义思想，表现祖国的伟大，就不可能不考虑一些问题，不能不适当的表现历史人物，如只說秦始皇的暴政，而不提他的进步作用。这就不能达到群众热爱祖国目的。它已经倒了，就不要再来大事渲染。

周揚　1959年5月18日

这次试展，没有在午門搞的两次出土文物展覽感到中国可爱。（指基建出土文物展覽）这次一看，阶级斗争搞的比较突出，农民起义后，又是阶级矛盾压迫，腐化随后又是农民起义，爱国主义表现的少，感觉不到可爱，都是悲惨凄凉阴暗的社会。强調了阶级矛盾，没有强調社会发展，没有把进步的一面表现出来。即是剥削关系也有进步的一面，历史博物館要着重解决这一問题。

周揚　1959年5月22日

邓县墓門（注：封建贵族地主的坟墓），能使观众印象极深，可以調来陈列。

邓拓　《試展意見》1959年6月12日

夏代是奴隶社会的开端，要给人以伟大的感觉。

邓拓　《审查陈列的指示》1959年6月5日

我们的陈列要想尽一切办法，体现中国奴隶制下丰富多彩的灿烂文化给他们以震动。不单是希腊、罗馬高明，中国奴隶制也很发达。现在要充实内容，多用实物說明問题。

邓拓　《审查陈列的指示》1959年6月5日

历史应抓主导面，积极面，不要把历史都搞得黑暗阴森。

王冶秋　1959年10日

阶級斗争是推动生产发展，是社会发展动力，是社会发展的历史，不要搞成黑暗凄惨的历史，不要搞打倒皇帝。

阶級斗争不能只表现残酷压迫的一面。

王冶秋　《地志博物館会議报告》1960年5月5日

阶级斗争的表现，肯定要表现出每次起义的作用和影响，但又不要给人一个阴暗可怕的印象。

王冶秋　《经验簡介》1959年10月20日

历史博物館陈列，不是让人看了以后爱国而是让人恨旧社会历史，就起不到爱国主义教育作用，现在看了以后就有爱国教育意义。觉得中国文化灿烂，人民革命坚强不屈，几千年来，从来没亡过国。

王冶秋　1960年5月18日

人民不同时代有不同变化。在封建社会的政治家、軍事家、科学家、文学家、哲学家都是人民，人民拥护他，为人民作了好事，对发展有功。而不能以今天的阶级观点要求过去。

王冶秋　《文化学院报告》1960年10月10日

陈列的实物不是那样富丽堂皇，使人感到祖国不那么可爱。强調了阶级斗争，忽略了社会进步，那种对比太简单了。

王冶秋　《試展座談发言》1959年5月12日

各种类型館特征作用，按博物館性质分类，半坡的怎么叫阶級斗爭？艺术館也不叫阶級斗爭。

王冶秋　《博物館审查討論》1960年7月23日

阶級斗爭是推动了生产发展，是社会发展动力。社会是不断发展的历史，不要搞成黑暗凄惨的历史，不要搞成打倒皇帝，他們已被打倒了。过去表現阶級斗爭，就只是表現人民如何受压迫，蹲监牢。而不去表現发展进步。如奴隶社会比原始社会进步，封建社会比奴隶社会进步，以前只搞黑暗的一面，不能只搞黑暗凄惨的一面，到处都是受压迫受剝削。所以周揚同志說：主要是表現进步一面，表現推动社会发展一面。

王冶秋　1960年5月18日

博物館不同于通史，但要交代清楚这些问题，如社会性质、社会发展动力、人民生活、经济基础和上层建筑，围绕这些问题加以系統陈列。

王冶秋　《試展座談》1959年

在阶級社会中，任何光明时代，总有黑暗，反之，任何黑暗时代也有一线光明。

翦伯贊　《关于几个历史問題》1962年

正与反问题：过去有黑暗也有光明面，在黑暗中才出現光明，新生力量,要有爱国思想。两面都要讲，但主流应讲的更清楚。

翦伯贊　《审查意見》1959年3月

那些是劳动人民，那些不是，要把这个名字研究一下，不要怕，要列好名字，只写正面的，难以說明反面，这是斗不起来的。

翦伯贊　《审查意見》1959年3月

每一个时代的文化，都有进步与保守两派，前者总是带有唯物主义的傾向，后者总是唯心論，要写带有唯物論傾向的文化，也要写唯心論的文化，不要只写一面，如果有可能，最好能写出文化战线的斗爭。

翦伯贊　《关于几个历史問題》1962年10月

在阶級社会的历史时期，文化基本上掌握在統治阶級之手，例如封建文化，几乎完全掌握在地主阶級手里，但是地主阶級的文化，也有人民性的，不能因为是地主阶級創造的文化就加以全盘否定。

翦伯贊　《关于几个历史問題》1962年10月

揭露黑暗是为了进行阶級教育，肯定光明是为了进行爱国教育，不能因为进行爱国教育就美化阶級社会，对自己的历史盲目歌頌。也不能因为进行阶級教育就对自己的历史采取虚无主义的态度，把自己的历史写成罪恶的堆积。

翦伯贊　《怎样对待全面观点》1961年

＊　　　＊　　　＊

孔夫子是圣人，人民政府也应該祭祀他。

刘少奇　1951年

唯心論可以讲，形而上学可以讲，孔夫子也可以讲，奴隶贵族代表也可以讲。

彭眞　《在北大社教工作队九人小組扩大会議上报告》1965年6月29日

文化方面也要注意，老子如何表現？有人提意見說，陈列中把孔子抬得太高，我看并沒有什么高，孔子的思想要表現。

周揚　《审查預展》意見1959年4月22日

春秋时文化，孔子（老子）不能抹煞，写教科书的人，承认他历史上的地位。

周揚　《审查預展》意見1959年4月22日

战国諸子百家場面要增加韓非子、庄子、墨子敝宋。

周揚　《审查陈列》1959年8月21日

对遺产不只是形式上，就在思想上也有可继承的。

林默涵　1961年8月24日

孔夫子的思想今天还有可以继承的东西，但他的思想作用，很明显地是越来越小。

林默涵　1960年8月

曹雪芹也鄙視作官的，孔子有教无类，孙中山知难行易，这些都有人民性。

林默涵　1961年8月24日

周公是大政治家，制礼作乐，人物結合起来陈列。

邓拓　《对陈列意見》1959年2月27日

孔子在陈列中的比重并不算大。

邓拓　《对試展意見》1959年4月22日

应表现孔子是革命家，表现他周游列国，宣传革命道理——封建道理，而到处碰奴隶主的壁，可以画几幅孔子周游列国图。

王冶秋　《审查陈列》意見1960年9月22日

上层建筑部分太单独，表現了孔子，但有关孔子的说明也太单薄，只出現了孔子一人，是否子游子夏等也可以适当表現一下。讲孔子似乎就讲个教育問題，是否还可以从多方面来表現这个时代的思想意识。这以前的思想意识也可以多表現一些。

王冶秋　《在試展座談会上的发言》1959年

孔子提出的爱人，不能說完全是虚伪的，当然也不能說完全是不虚伪的。

冯友兰　1962年

封建地主則在一定程度上把农民看成人，虽是小人，但也是人。孔子讲仁人是爱人，把人不当成畜牲。

冯友兰　1962年

忠君爱国思想，不像人道主义、人性論，为害不大，如岳母刺字，就可以演，封建思想在五四时已批判过，今天基本上已无害。

周揚　1960年4月9日

最 高 指 示

人民，只有人民，才是創造世界历史的动力。

历史是人民創造的，但在旧戏舞台上（在一切离开人民的旧文学旧艺术上）人民却成了渣滓，由老爷太太少爷小姐们統治着舞台，这种历史的顛倒，现在由你们再顛倒过来，恢复了历史的面目。

一个省的主要城市都应設有这样的博物馆。人民认识自己的历史和創造的力量是一件很要紧的事。

四、否定劳动人民創造历史，宣揚帝王將相主宰一切，維护封建王朝体系，歪曲古为今用，把历史博物館变成帝王將相的"圣庙"

我们的博物館在內容上，的的确确以爱国主义教育人民，阶級观点是要的，同时帝王也要給他适当的地位，要承认祖先，批判祖先。

周 揚 《在文化部讲話》1951年2月3日

政治家包括皇帝在內，繪制这些画象，要画得好些，不要应付。

周 揚 《談話紀要》1953年11月29日

統治者中間也有好人，皇帝中間有好皇帝，資产阶級革命时也出现好人。

周 揚 《指示》1956年3月

他们（指帝王將相）留下的，就是在当时代表人民利益，推动了社会发展，开发了边疆，交流了文化。

周 揚 《对陈列指示》1959年5月22日

給人民看看皇帝是怎么生活的，皇帝已被打倒，不要再去号召打倒皇帝了。

周 揚 1959年6月22日

不要号召打倒秦始皇，他已经没有了。

周 揚 《审查陈列》1959年8月21日

古代皇帝有做过許多好事的。不然，尽做坏事，那能維持那么久。

周 揚 1959年10月19日

博物館曾经問过我要不要挂皇帝象。我主张挂。他们也是代表人物嘛！否则，历史就成为虚无的了。

周 揚 1962年7月

对古人，……不要剑拔弩张，不要把古人当右派去反。

周 揚　　1961年7月

历史人物反面者，可以考虑翻案，如秦始皇、曹操。

每一个朝代都有代表性人物，可以结合群众的爱好，可对紂王等翻案。传统的反面人物属于历史人物。科学技术的尖端人物可以突出表现。历史要革新，人物事件都得要，过去的統治都是由这些人巩固的，沒有人物不能表现过去的革命传統。

排队开单子給他們立牌位。

周 揚　　《指示》1959年1月6日

革命博物館，历史博物館陈列人像，等于定牌位。……历史館部分如黄帝尧舜可以搞些創世传说，禹，可以当作眞人眞事。紂好不好讲，可以考虑。曹操統一北方还可讲。

周 揚　　《指示》1959年1月14日

历史方面主要表现劳动人民革命斗爭、生产、創造。每时期代表人物在历史上起过重大作用的，不只是摆象問題，还有版图問題，如是摆乾隆，不好談开拓疆土。人物主要根据起过作用的。

周 揚　　《指示》1959年2月23日

表现人民历史，革命斗爭，創造发明史，主要表现对历史推动，如清統一新疆，杀了很多人。但統一了，要有适当說明。

周 揚　　《指示》1959年2月23日

对历史博物館，主要反映人民阶級斗爭和創造，这些人沒有姓名，还有代表人物，还有文化科学創造，如蔡伦等。

周 揚　　1959年2月23日

大禹治水图可画大些，最好用古人的。

周 揚　　1959年4月22日

韓愈、魯班、司馬相如、武则天、柳宗元要添画象。曹雪芹象要放大。

周 揚　　《审查陈列》1959年8月21日

李白、杜甫应增加塑象。秦始皇象可摆上。曹操、朱元璋象太丑，应重新創作。李自成、方腊、黄巢象太大，可暂用，将来再换。

周 揚　　《审查陈列》1959年8月21日

武则天、柳宗元都应表现，要有象。曹雪芹象要画大的，来个雕象，不能小于蒲松龄。曹操、朱元璋两象太丑化了，应换。杜甫、李白还得搞像。

周 揚　　《审查陈列》1959年9月16日

杜甫画像可用旧画摹繪……秦始皇塑像可以摆上。

錢俊瑞　　《审查陈列》1959年8月26日

我們历史陈列应从大处着眼，表现人物太多就成了"名单学"，平衡就成問題了。

齐燕銘　　《学委会发言》1961年3月15日

秦始皇的統一中国，应很好的表现一下。

齐燕銘　　《审查陈列》1959年

我认为原则上应突出表现劳动人民的历史，对帝王将相要具体分析，对有些人的历史作用与貢献也应突出表现，不能抹煞。对有的也要作翻案文章，如商紂王、秦皇、曹操。

邓 拓　　1959年7月1日

历史发展总要通过人物事件、大科学家、大政治家、文学家、艺术家起作用。統治阶級人物，如在一个时期起过作用的，也可适当表现。

邓 拓 《在专家座谈会发言》1959年2月28日

乾隆同意加进去。

邓 拓 《对陈列意見》1959年2月23日

蔡文姬还要摆……蔡文姬十八拍更要摆上。

邓 拓 1962年6月

在1959年7月拟訂的《中国通史陈列第八次修正稿关于历史人物和需用美术作品表現其历史事件增减目录上》，邓拓"批語"："同意这样增减。"

在这个《目录》上增加了魏征、于謙、海瑞、朱元璋起义等十三項。取消的有刘福通、苗民起义、唐末农民生活貧困图，鸦片战爭等三十四項。

柴荣是个了不起的人物，应表現，宋太祖继承他的遺志，統一全国。

吳 晗 《对陈列意見》1961年7月1日

明永乐保持了統一的安定局面，对国外他决定派三宝太监下西洋，可以說是雄才大略，超过他父亲以上，可以表現。

吳 晗 《对陈列意見》1961年7月1日

史可法、岳飞应肯定是民族英雄，他和多数人民利益是有联系的，所以应肯定，不应否定抗金抗清的民族英雄。

吳 晗 《在第一次学委会上发言》1961年3月15日

人民是最公平的，他們所要紀念的东西，总是好人好事，而不是恶人坏事。

王冶秋 1957年4月22日

政治家、軍事家……不要都画呆板的像，要結合他的事件来表現。

王冶秋 1959年3月3日

对历代帝王将相，文化名人科学家的評价，不应以现代要求古人，对历代帝王主要是看他对人民貢献一面，对历代帝王不要再号召群众打倒帝王了，他們已经被打倒了。

王冶秋 《经验簡介》1959年10月20日

表現人，尤其是一般人，的确有困难。甲骨文中的象形文字，可解决一部分問题。可用輪廓线办法，再結合实物，来反映生活情况。

王冶秋 《試展座談会发言》1959年

什么叫历史陈列，恐怕要通过大的历史事件，人物，通过文物表現出来。秦皇、汉武总是有几件大事的要整理出来。

王冶秋 1962年5月29日

陈列要搞几个中心問题，即以人为中心，以事件为主体的单元，既看出时代阶段，問题中心明鮮，而且故事性强，这才叫人民的历史陈列。

王冶秋 1960年10月10日

表現人民的历史，革命史，創造发明史，主要是表現发明史，如清康乾在新疆杀了很多人，你是表現他杀了很多人，还是表現清康乾統一中国疆域呢？事实上我們现在中华人民共和国的疆域，还是康乾創下来的。如表現康乾到新疆杀了很多人，但他解决了整个国家疆域問题，西藏要不是他解决了这个問题，也沒有现在。

王冶秋 1960年6月18日

表現历史人物不要流于孤立，单調，应突出他的特点，如何把他表現活了方好，伟大的

133

地方应簡要說明，不要只是一张圆像、几本书。

王冶秋　　《审查陈列》1960年9月22日

对历史上现代人物，要表现他們的，凡起过历史重大作用的，都要表现。不要只看历史博物館两个像（康、乾）定要看他们对中国疆域的作用。陈列的秦皇汉武直到康乾等，只要在历史上起过进步作用的，都要表现。

王冶秋　　1960年5月18日

秦汉突出汉武帝，特殊处理，不惜砍掉其他。

王冶秋　　《审查意见》1959年6月27日

对老子应表现他的朴素辩证唯物主义者的思想，引他一些典型的話，可以搞些道德经拓片陈列。

王冶秋　　1960年9月22日

李清照的詞，有爱国的东西，金石录后叙是李淸照写的，他不仅是一个文学家，也可作为金石学家，考古学家陈列，邓拓拿来那个美人像可换下来，陈列一个站像。

王冶秋　　《审查陈列》1964年3月7日

帝王将相大像换成小像，撤掉要請示中宣部，不能随便撤，汉武帝的像换不换都可以，康熙可换半身像，武则天說明可以不改，因为是学术争論。

王冶秋　　《审查陈列》1964年3月7日

人与物的問題，过去见人不见物，现在又好象见物不见人，物重要人不重要了。有的不敢讲人了，不对。有些人是不能用劳动人民概括进去的，漏了不对，写不好也不对，光写唯物不写唯心也不对，对反动人物不敢提不对。为什么曹操能搞出建安文学来呢？

翦伯贊　　对《陈列大纲意见》1959年

陈列中对秦皇汉武沒挂上单元木牌子，而武则天挂上了，不正确。标题不提她是皇帝，而提为政治家也不合适，可提为杰出的女皇帝。

翦伯贊　　《在学委会上的发言》1961年3月11日

秦始皇很漂亮。是在民間长大的。他母亲是个歌女，不要画得很严肃。

翦伯贊　　《审查人物問題》1959年9月22日

秦始皇再画漂亮一些，他父亲在赵国当代表，他母亲是歌女，画的更随便一些。他是非常英明的。

翦伯贊　　《审查意见》1959年8月29日

在写历史的时候，要着重地写人民群众，也要写个别的历史人物，包括帝王将相在內。

翦伯贊　　《人民群众与个别历史人物》1962年

在我国历史上，每一个时代或每一个王朝，都有一些杰出的历史人物，这些人或者是革命領袖、民族英雄，或者是政治家、軍事家，或者是科学家、思想家、文学家、詩人、艺术家，其中有些是帝王将相，我們应该以有这样杰出的历史人物而感到自豪，应该挑选一些最杰出的人物，包括帝王将相在內，写进通史。

翦伯贊　　《人民群众与个别历史人物》1962年

对于这些杰出的个人（帝王将相），要按着他們对历史所起的作用和对历史所作的貢献大小，给他們应有的历史地位和恰如其分的評論，不要依据简单的阶级成分一律加以否定，或者在肯定以后，馬上又加以否定。

翦伯贊　　《几个历史問題》1962年

皇帝是否进去，我以为皇帝也要要的。历史人物中还缺少女的，缺少年青的，缺少少数民族。乾隆皇帝也应加入，没有他就否定了疆土。即或左宗棠也可考虑一下，没有他则新疆早已脱离祖国。历史上唯一的女皇帝武则天，我看不坏，应入博物馆。她打通了中国的边疆，繁荣了商业。张骞应在法显前面。不强调商鞅也不行。好象西汉时代只强调了汉武帝和司马迁两人，是否可增添？

翦伯贊　《对陈列大纲意見》1959年

博物馆是人民的圣庙，对历史人物应好好审查，那些应该放进去就应该让他进去，如应进去而不让进去都是要犯错誤。所提朱熹，我以为应当进去，当时他的时代是允許他唯心的。

翦伯贊　《对陈列大纲的意見》1959年

应給曹操搞两幅創作画。

翦伯贊　《审查意見》1959年

有的人只記得杜甫的詩，忘了曹操的詩。不記得毛主席的詩，是态度問題；忘了曹操的詩，也是错誤的。

翦伯贊　《审查陈列》1959年

明末大地主如吳三桂，洪承畴是投降了清朝，但不能說清初地主阶级投降。实际有些地主并未投降，还有好多地主继续抗清，坚持了很长的时间。由阶级斗爭轉入民族斗爭，是民族斗爭为主要方面，地主阶级参加这个斗爭也是好的，应表现。

翦伯贊　《在学委会的发言》1961年

社学是地主的組织，其中也有些知识分子。地主和知识分子抗英也是好的。

翦伯贊　《在学委会的发言》1961年

岳飞是一个民族英雄，就是因为他虽在主观上是为了保他宋朝皇帝的江山，但在客观上却保卫了长江以南的汉族人民免于女眞侵略者的蹂躏，换言之，就在于他在一定程度上突破了阶级性的限制。使他的活动不仅有利于地主阶级，而且在客观上被提高到种族的或民族意义上。

翦伯贊　《民族关系》1962年

考虑一下历史人物中是否有科学家被漏掉，不必因为是唯心主义而不收入。在思想上可代表一种思想的人都可考虑。在历史科学上起推进作用的，甚至从司马迁经刘知几、司马光及章学誠都可以进圣庙。

翦伯贊　《对陈列大纲的意見》1959年

玄奘这么一个最大的翻譯家，不仅是空前，而且到现在为止，还沒有一个人像他翻譯过这么多。他是最大的冒险家、最大思想家，唯实論，在印度压倒一切。这个人胸襟开闊的很，智慧很高，胆子很大，毫无名利思想，到死前二十七天还在翻譯。找个美术家，好好画一画。玄奘像，头应该大，现在的像旣不够大知识家，也不够冒险家，这样又很庸俗无用。

玄奘的說明看不出他是唐代的一个高僧，我以为这是人所共知的事，用不着避諱。說他是一个高僧也不貶低他。宗教不一定都是最坏的事。

翦伯贊　《对玄奘說明的意見》1961年6月13日

孟姜女哭长城不能要，长城修建不能当成坏事，不能否定，因有国际意义。

翦伯贊　《对陈列大纲意見》1959年

大禹像很庸俗，不象智慧很高的样子，我們可以参考武梁祠的服装制度，大禹的形象气

135

魄，我們可以創造。

翦伯贊　《預展審查意見》1961年

博物館黃帝进去了，曹操进去了，武则天也进去了，朱熹也可考虑。个人在历史上的作用应有，沒有人那里来的人的历史、社会。

翦伯贊　《审查陈列大纲意見》1959年

＊　　　　　　　＊　　　　　　　＊

社会性质应說明，但要按朝代，我国封建社会有两三千年的历史，不象西洋十九世紀进步得那么快，因此，朝代交待清楚，也是教育，不然，只知封建社会，不知经过多少朝代，不合理。

周揚　《談話紀要》1953年11月29日

只說社会性质，沒有朝代是錯誤的。只看見农民与奴隶，而看不見地主与奴隶主是片面。朝代是历史的具体內容，社会性质是科学的抽象。

周揚　《談話紀要》1953年11月29日

最主要的問題是历史博物館分期，是否适当的强調一下按朝代划分，冲淡一下按社会性质分期的問題。

周揚　《指示》1959年4月20日

前期后期等分期不要多用，群众对此并不太关心。而专家又有不同意見。这些地方可灵活一点，只要时代不搞錯，只要把发生发展衰亡的过程表現出来就可以了。

周揚　《审查預展》1959年4月22日

分期問題搞的灵活一些，不必太清楚，把朝代弄清倒有必要。

周揚　《指示》1959年4月22日

剝削制度也有它进步的一面，要表現出来，不要把历史搞成悲剧。

周揚　1959年5月

原始社会不能过于美化，阶級社会也不能过于表現黑暗。

周揚　《审查陈列》1959年5月18日

我們几千年的历史逐年甚至逐月不間斷，在世界上說是不得了的事，各朝代皇帝系統要給人知道。

錢俊瑞　《审查陈列》1959年8月26日

中国封建社会很长，每个朝代都有它的特点，要表現出来，但在封建社会总目录里要用一两个字概括一个朝代的特点不是容易的，因此可以朴素些。

錢俊瑞　《审查陈列》1959年8月26日

各个館及每一个朝代开始的地方，都应该有一个顏色鲜明的目录，标出号码来，要搞的很突出鮮明，让观众注意它，使观众首先有个大纲才容易接受教育。

齐燕銘　《审查陈列》1959年

整个陈列按社会发展史，打破朝代体系，这样一来就和中国历史结合不起来，怕还是要保留朝代。

邓拓　《在专家座談会发言》1959年2月28日

打破王朝体系……会遇到許多困难，……有人不主张讲統治阶級，这样是簡单化，沒有对立面。

136

吳 晗　　1959年

各朝代的特点，不够明显。

张子意　　《审查陈列》1959年8月21日

使广大观众概括了解历史各时代特点及其发展过程，普及历史科学知识，表现中国悠久历史的发展过程，文化灿烂的成就以及各族人民的勤劳、勇敢和光荣的革命传统，启发爱国思想，鼓舞建設祖国的信心。

王冶秋　　在北京历博讲話1951年

反对王朝体系是反对以帝王为中心的思想体系，不是从历史上塗掉王朝和皇帝，王朝和皇帝是历史的存在，是不应該塗掉的，用不着塗掉的，也是塗不掉的。

翦伯贊　　《人民群众与个别历史人物》1962年10月

說明书不敢使用和避免使用"王朝"这一名詞，而用"政权"代替王朝。从表面上看来，"政权"和"王朝"的含义似乎差不多，但严格說来是有区别的。一般說来，"王朝"是指封建王朝，"王朝"二字本身就說明了它的性质是封建的地主阶級的政权，而政权二字的含义则甚为广泛，它可以是封建的，也可以是资产阶級的，还可以是无产阶級的。

翦伯贊　　《对朱元璋說明的意見》1961年

*　　　　*　　　　*

古今都是钢板，厚薄都有用。

陆定一　　1959年1月

告訴我們的后代，皇帝如何生活，就是古为今用。

陆定一　　1959年6月22日

批判地继承，批判是副詞，继承是动詞，不能以副詞为主，要以动詞为主。

周 揚　　1961年7月

传统和革新，历史题材和现实题材的关系摆得不恰当，仿佛传統就不能为社会主义服务……。

周 揚　　1961年6月2日

有人讲封建时代的东西不行了，十八世紀、十九世紀的东西也不行了，……有一点值得引起我們注意，现在确实有一种空气，好象是遺产統統沒有用了。

周 揚　　1959年3月

今不一定要比古多，……今还沒有成史呢！不能說今的少，就是轻視今。

周 揚　　1991年4月10日

去年齐燕銘同志告訴我，厚今薄古一来，搞古搞外的丧失信心了。我們要搞下去，不搞下去是不行的。

周 揚　　1959年4月9日

厚古薄今在博物馆不能机械的理解，古代的科学家、艺术家，他本身虽不是劳动人民，但他集中了劳动人民的意志，反映了劳动人民的思想，都可以表现。

周 揚　　《审查陈列》1959年8月21日

历史博物館古就是要厚一些，只要是有进步意义的人物就要表现。

周 揚　　《审查陈列》1959年8月1日

摆出来给人家看就是古为今用。

137

周　揚　　1964年

我們薄今不好，薄古也不好……重点不能只是今天，今古都重要，可能古的更重要。

林默涵　　1960年

搜集要全面，古今并重，遗产千万不能在我們这一代丢掉，要搶救遗产。

林默涵　　1960年

建設社会主义的文化……不继承遗产，凭空是創造不出来的。
建設新文艺不能离开旧基础。

林默涵　　1965年9月28日

对古的东西，我們头脑不要停留在要不要，好不好，迷信不迷信，要积极去解决它。

石西民　　1965年6月4日

世界的关系是复杂的，人类是很复杂的，五千年的古国，所有的遗产都在起作用。

林默涵　　1962年11月7日

历史博物館的近代史陈列，也可以暫緩，因为有革命博物館的近代史部分頂着。

齐燕銘　　《审查陈列》1959年

通史怎么搞，近百年史与近百年革命史一定重复很多，一年以內不考虑，十年以后再
說。就是搞到1840年鸦片战爭。

王冶秋　　1962年5月29日

古史与今史要走斜坡不要走陡坡，渐增多，司馬迁写史記是斜坡，逐步加多。

翦伯贊　　1959年3月

要举行考古的或綜合历史风土的实地考察，通过考察，去把古代的，现代的情况作比較
的研究，去发现存在于现在的文化艺术的传統和发展过程。

翦伯贊　　《訪苏报告》1953年

现在提厚今薄古，說不定将来要厚古薄今。

侯外庐　　1958年

否定太多了，可继承遗产就太少了。

馮友兰　　1957年1月

最 高 指 示

階級斗爭是客觀存在，不依人的意志为轉移的。就是說，不可避免的。人的意志想要避免，也不可能。只能因势利导，夺取胜利。

民族斗爭，說到底，是一个阶級斗爭問題。

我們必須首先从这样一个最基本的事实出发，就是帝国主义侵略集团同全世界人民力量之間的对立。……这就是世界范围內的阶級斗爭。

五、宣揚阶級調和論，抹煞民族問題的阶級实质，投降帝、修、反，为"三和一少""三降一灭"投降主义路綫辩护

各民族、党派、阶級都是团結一致的，大都是克服困难的。

刘少奇　　1962年

在我国已经废除阶级剥削和反动阶级的压迫。因而也就消灭了民族压迫的阶级根源，各民族之間和民族內部就有了坚固的团結基础。

彭　眞　　《在民族工作会議上讲》1962年春

对內方面注意民族互相团結，凡刺激民族情感的必須避免，也不算失眞。

周　揚　　《談話紀要》1953年11月29日

民族問題要强調民族团結是对的，但不能为了民族团結而篡改历史。如为侵略战爭可不表現，有影响的可暫不現表。

周　揚　　《对陈列指示》1959年5月

要适当增加一些民族方面的材料，五胡乱华的名詞也可以用。

周　揚　　《对陈列指示》1959年5月

唐与吐蕃的密切关系，可考虑改为："唐与吐蕃的亲密往还"。

周　揚　　《对陈列指示》1959年5月

对民族历史的写法，不要先訂框框。少数民族的历史，最好由少数民族自己来写。

邓　拓　　1959年5月30日

民族关系搞一时期必然有大民族主义。一方面从民族矛盾来表現，一方面从阶級矛盾来表現。各民族生活不一定都摆出来。民族生活一般比較落后，搞一些发展較高的还好。

邓　拓　　1959年2月23日

民族之間的战爭与融合，应实事求是。該怎样就怎样。不能光写融合。战爭是不愉快的，但也应写出。

139

邓　拓　　1959年5月30日

有些原始民族是落后的，但由于和外族有联系，又往往有些很先进的东西，应該分析处理。云南省有些很原始的民族，主要是由于和外界隔絕。

现在民族工作方面，調查了許多材料，編写了不少报告，很宝貴。但报告中分析，以及提升到理論高度不够。如有些民族无抽象的数字概念，但感觉认识力很强等等。有些人想为每个民族都造一种文字，沒多大必要。

邓　拓　《审查鄂伦春族文物預展意見》1962年6月29日

过去画少数民族的画，有些是歪曲了。但有的还是很好的，如閻立本的《职貢图》还是应該用眞的。

邓　拓　　1959年5月20日

对民族問題，如岳飞抗金，有文物还可以尽量摆。但是表现不能过分。少数民族看了精神很紧张，不要伤害少数民族感情，应在这限度內表现。

邓　拓　　1959年6月10日

我們还是尊重有关专家的意見，以鄂伦春全族展出。

王冶秋　《审查鄂展》1962年3月10日

把元朝說成是中国历史上最黑暗的时期，这是大汉族主义，不符合历史事实。

元朝很重視农业，如农书等著作的出现就是很好的例子，同时对明朝经济的发展，元朝也起了积极作用，不能强調元朝的破坏性。

齐燕銘　《学委会发言》1961年3月15日

你們不应先搞古代地下考古，应到现在西康、西藏一带，作一些现代古人（指彝族、卡佤族等）的考古工作，他們都是现代的古人，社会比較落后。

张际春　《审查意見》1959年9月

合同一家是事实；中国是多民族的国家，有些称为国家的实际是部落，如五胡十六国，春秋时就有200多个国家，这都不能是国家，而都是在中国領土之內。

侯外庐　　1961年2月23日

所謂强制，并不是說用暴力去消灭他們的民族特点，只是說用各种强制的手段，包括战爭在內，来創造有利于同化的条件。

同化，基本上是带有强制性的。

同化，虽然带有强制性，但仍然是一种进步的历史作用。

翦伯贊　《关于处理中国史上的民族关系問題》1962年

三国以后沒有匈奴。春秋可叫融合，那时有周人殷人，结果在平等基础上融合了。

六朝部分我不同意表现大融合，我有爭論文章，也可能不发表。

为避免同化而說融合，这样民族特点就消失了，变成了另外一个民族，汉族化成了大磨坊，把一切民族特点都包括了。

春秋时有西戎，到战国沒有了，西戎也进到了平原，山东、河南、山西百年变成了戎人，实际是百年后戎人被华夏人同化了。

所謂融合，就是几个民族融合后，出现了一个新的民族，有他的文字、語言、生活习慣，这只能是在高度的思想基础上——共产主义时代，才能出现。

融合拉丁文是结婚，就是出现了新的人。

翦伯贊　《审查陈列》1959年8月29日

过去的史学家强调战争是因为他們生活在阶级社会，具有狹隘的种族主义或民族主义的思想，但在解放后还有人强調民族間的战争，并过高地估計这种战争的作用。

　　　　　　　　翦伯贊　　《关于处理中国史上的民族关系問題》1962年

岳飞应塑一个像，因为他是有名的民族英雄。

　　　　　　　　翦伯贊　　《对陈列的意見》1960年4月

由于我国疆域辽闊，各民族的历史发展是不均衡的。

　　　　　　　　翦伯贊　　《关于处理中国史上的民族問題》1962年

辽的文化，还是唐的文化，他住在边区，跑到中心区，政治上支配了汉族，经济上、汉族支配了他。

　　　　　　　　翦伯贊　　《历史內容处理》1959年9月22日

顔氏家訓上說到一位北齐的士大夫要他十七岁的儿子学鲜卑語及弹琵琶，看起来是自願的，实际上是生活条件的强制，因为生活在在鲜卑人統治区域的汉人，学会了鲜卑語及弹琵琶就可以以此伏事公卿，无不宠爱。北魏孝文帝命令鲜卑人学汉人語言，看起来也是鲜卑統治者自願的，实际上也是由于生活方式的改变迫使他們不得不学习汉人的語言。

　　　　　　　　翦伯贊　　《关于处理中国史上的民族关系問題》1962年

努尔哈赤以"七大恨"誓师伐明，这七大恨都是民族仇恨，不是阶级仇恨。

主张清兵入关不是滿族侵略汉族，只是換朝換代而已。准此而論，則不但民族之間沒有是非可言，中国史上也根本沒有民族間的战争了。

　　　　　　　　翦伯贊　　《关于处理中国史上的民族关系問題》1962年

大体說来，在汉族强盛时期发动的战争，一般都带有侵略性，或者說多半是侵略战争，但在汉族衰落时期，他們进行的战争則主要地是为了保卫自己的民族生存。

在少数民族方面，一般都是为了抵抗汉族統治者的侵略，或者是为了摆脱汉族統治者的奴役，但有些少数民族，如鲜卑、契丹人、女眞人、蒙古人和滿洲人等，他們发动的征服汉族的战争，不能說不是侵略战争。

　　　　　　　　翦伯贊　　《民族关系問題》1960年

那些交通阻塞的边疆地区就成了落后的氏族制、奴隶制、农奴制的避乱所，居住在那里的落后部族和民族，他們依靠崇山峻岭，依靠沙漠作为屏障，坚持与文明世界的隔絶，而以保存祖传下来的原始生活方式感到自豪。

　　　　　　　　翦伯贊　　《关于处理中国史上的民族关系問題》1962年

我以为民族矛盾虽然是阶級社会的产物，但民族矛盾不等于阶級矛盾，……如果这样，就无异否定阶級社会中有民族矛盾的存在了，这样的說法是不能成立的。

用阶級观点去分析民族矛盾，但是不要把历史上的民族矛盾都說成是阶級矛盾，民族矛盾不等于阶級矛盾。

　　　　　　　　翦伯贊　　《如何处理历史上的民族关系》1962年

照我的理解，在阶級社会的历史时期，一般只有民族同化，同化是带有强制性的，即大的生活力强的民族迫使小的生活力弱的民族同化于自己，象滚雪球一样，大民族越滚越强，小民族就滚的沒有了。这就是为什么在中国史上許多小民族陆续消失了，剩下来只有汉族的解释。

　　　　　　　　翦伯贊　　《关于处理中国史上的民族关系問題》1962年

在阶級社会就有融合，就显示不出社会主义的优越性，不能把愿望当作历史，这在过去不可能有的。

翦伯赞　《审查意见》1959年

我們說民族平等指各民族享有的权利不是指的各民族在历史上所起的作用，权利應該是平等的，作用是不可能平等的。

我以为即使在鮮卑人、契丹人、女真人統治半个中国的时期，在蒙古人、满洲人統治中国的时期，汉族人仍然在中国历史上起着主导作用，这样說，并不违背民族平等的原則。

翦伯赞　《关于处理中国史上的民族关系問題》1962年

应考虑全部陈列中各民族关系的平衡，……不应該因今天有問題就强調。

翦伯赞　《学委会发言》1961年

我們不能把顧望当作历史，不能因为欢迎这种进步的历史现象（民族融合）就把历史上沒有的和不可能有的现象說成是古已有之。

翦伯赞　《关于处理中国史上的民族关系問題》1962年

和平共处是我国对待国际問題的原則。……我国古代和邻国的关系是各种各样的，有和平共处，也有相互侵略，应該强調和平共处。

翦伯赞　《对处理若干历史問題的初步意見》1961年

只有讲到战争的时候才提到民族关系，这是不对的，因民族之間的正常关系应該是和平相处，只有在和平相处的关系不能继续維持下去的时候才爆发战争。

翦伯赞　《关于处理中国史上的民族关系問題》1962年

各民族一律平等，这是馬克思列宁主义对待民族問題，也适用于处理历史上的民族問題。

翦伯赞　《关于处理中国史上的民族关系問題》1962年

不能在动乱的时期就不写生产，好象人可以靠劫掠为生，要知道，不生产就沒有可以劫掠的东西。

翦伯赞　《关于几个历史問題》1962年

全靠劫掠生活的說法，从理論上說是不能成立的，在现实的历史上，也是不存在的。根据历史的記載，那些侵略过汉人的种族并不完全靠打劫汉人生活，而是靠游牧生活。

在劫掠的事业上那些赤裸裸以野人恣态出现的奴隶主是先进，那些用文明白紗罩着自己猙獰面貌的而以伪装的君子出现的资产阶級是后进，但如果要我在两种劫掠中选择一种，则吾从先进。

翦伯赞　《关于民族关系》1962年

先进的种族或民族起的作用大，落后的起的小，因为决定汉族起主导作用的，不是它的特权，而是它的先进的生产方式，是它的愈来愈发展的封建主义经济。

翦伯赞　《关于处理中国史上的民族关系問題》1962年

只有蒙古人曾经企图把他們的游牧生活方式强加于被征服的汉族人民。但当蒙古的軍事貴族认识了农业在封建经济中的重要性以后，他們还是放弃了那种开倒车的想法，当然在辽金元統治中国的时期，在原来的封建经济机构中渗入了一些奴役制。

翦伯赞　《关于处理中国史上的民族关系問題》1962年

好战和劫掠也不是一个从氏族制进入奴隶制阶段种族的特性，而是处于阶級社会历史阶段的种族式民族的共性。

翦伯赞　《民族問題》1962年

＊　　　　　　　＊　　　　　　　＊

烏兰夫同志說《王昭君》在內蒙影响很大，对蒙汉民族团結起了很好的作用。

刘少奇　　1963年3月8日

王昭君是汉蒙两族人民共同敬爱的伟大女性，她是不会有怨恨的。

邓　拓　　《昭君无怨》1962年

"昭君自請去和亲"，使我国历史上蒙汉两族人民的关系，打开了一个新的局面。

邓　拓　　《昭君无怨》1962年

王昭君应該表現。

翦伯贊　　《对陈列意見》1959年9月22日

在我看来，和亲政策比战爭政策总要好得多。

翦伯贊　　1961年

"和亲本是汉家策，出塞如何怨画师。"

"何如一曲琵琶好，鳴鏑无声五十年。"

翦伯贊　　《題昭君墓》1961年7月28日

蔡文姬东汉末年被匈奴搶去的，曹操查出把她贖回，說明政权稳定，民族关系好，表現她是音乐家可能比表現她是詩人还好一些。

王昭君应表現，怎样又能表現民族关系，又不埋沒詩，两全其美的办法。会作詩不一定是詩人，文成公主也会作詩。东汉末三国初建安詩人，比較差不多，我有个基本主张，在封建社会对妇女应寬大一点。

翦伯贊　　《审查陈列》1959年9月22日

＊　　　　　　　＊　　　　　　　＊

有《步輦图》据說是閻立本的画，表現唐与吐蕃关系，可用。

西藏佛教由文成公主带去应强調。

王冶秋　　《試展审查》1959年5月9日

松贊干布的确是一个英雄。

翦伯贊　　1960年5月4日

文成公主是值得歌頌的，首先是她替吐蕃人民带去了文明的福音。

翦伯贊　　1960年5月4日

松贊干布不仅统一了西藏的各部落，并願意同文化較高的汉族加强联系。他统一了各部落，与汉族加强接触，促使西藏社会的发展，对松贊干布的評价要高些，西藏同志很注意。从古为今用着想也应好些，要历史通得过，不违背历史，也不违背政治。

翦伯贊　　《在学委会上发言》1961年3月

＊　　　　　　　＊　　　　　　　＊

六朝宗教場面說明标题是"麻醉人民的鸦片烟"（指宗教），不一定要这样提。

王冶秋　　《审查陈列》1960年9月22日

在写宗教时，要写它的作用，也要揭示它的本质，并且要指出它在不同发展阶段的不同形式和作用，不要用"迷信"、"麻醉"等字眼简单处理。

143

翦伯赞 《几个历史問題》1962年11月

宗教是人民的鸦片，但在农民战争中曾经起过动员和组织的作用，强調宗教的作用是不对的，不承认宗教的作用，也不符合历史事实……道教、佛教、基督教都曾经被中国的农民利用为动员和组织的工具。

翦伯赞 《如何处理历史上的阶级关系》1961年

說明黄巾起义时的背景和宗教，以太平经来表现，似乎更能說明問題。

侯外庐 《审查陈列》1961年2月23日

*　　　　　*　　　　　*

和平共处政策不排斥任何国家。

刘少奇 1956年9月15日

地图問題牵涉好多国家，是政治性与眞实性相结合的問題。既要照顾到中国观众，也要照顾到外国观众。

周揚 《对陈列指示》1959年5月

关于政治路线的场面，要避免"外人侵略"字句。

对朝鲜、越南等問題要避免。因在民族情感上使别人看了不舒服，最好是免去这种刺激。

周揚 《談話紀要》1953年11月29日

现在有許多图沒有国界线不合适，如中国与印度之间沒边界，也易使发生誤会，有的加上边界也不合适，……可用楊守敬地图照像放大陈列，叫古人負責，可以試試看。

周揚 《审查陈列》1959年8月21日

我們陈列目的，是向人民进行教育，加强各国之間各民族之間的团結不利于这个团結的不画。

邓拓 《对陈列指示》1959年5月26日

当前革命最高利益是爭取世界和平，依据这意見处理，反映祖国历史的伟大可爱，使国外群众看了，对祖国历史响往。

王秋冶 《经验簡介》1959年9月20日

1953年英帝首相艾德礼訪华时，曾参观故宫，看到工作人员和接待人员穿着軍装，誣蔑我們"好战"。周揚、王冶秋之流就吓破了胆，立即通知博物館在国庆和五一节，凡是接待外宾时，一律不許穿軍服，并要求严格执行，充分暴露了奴颜婢膝洋奴丑恶嘴脸。

《揭发材料》

为什么这两館（革博与历博）要眞的（指文物），意义在給外国人看，应下定决心保证这两館。

王冶秋 1959年6月13日

中外关系这个問題往往只讲外国的侵略，不讲文化交流不行，西洋科学入中国問題应陈列。

王冶秋 《試展座談会上发言》1959年5月12日

应强調科学文化交流和影响，如张騫通西域，要表现带去了什么东西，带回来了什么东西，唐玄奘带回来許多经书，不少外国和倘到中国来，都可以表现。在明清时，一些外国人如湯若望、南怀仁的科学仪器等都要表现。說明中外关系和对中国科技的影响。郑和下西洋要强調友好的一面。有刺激，应注意。

王冶秋　　《审查陈列》1960年9月22日

对疆域問題，也就是对外关系問題，从当前最革命利益出发，是否有利于和平团結，强調这面，不仅我們看了舒服，也使外国朋友看了舒服。

王冶秋　　1959年10月20日

泉州海外交通貿易表現不够，可放些阿刺伯文、摩尼文字表現。泉州有唐三賢墓，是阿刺伯人的。

王冶秋　　《試展座談》1959年

国外来的东西要搞出目录，尽量陈列。

王冶秋　　《在建館办公室会議講話》1959年8月17日

日本代表团对故宫与历史博物館的性质提出問題，历博的文化艺术应占通史陈列的百分之几十（三十或二十）。中国农业发展問題，在历博表現不好，关于中国历代人口的問題，从古到今与疆域生产都有关系，应当表現。

王冶秋　　《对十年规划意見》1963年4月12日

山頂洞人复原像应当加苏联的。

日本东西要加强，（我們）和美国爭，鑑眞到日本去带一墨斗，也可以拿来陈列。

王冶秋　　《审查意見》1964年8月17日

历史博物館陈列中，对一些友好国家应强調和平共处，避免使他們誤会为扩张主义，不使帝国主义有所借口，如对秦始皇、汉武帝等历史人物的說明，应全面，有分析，不要叫他們抓小辮子，认为我們一向是主张扩张的。

侯外庐《审查陈列》1961年2月23日

＊　　　　　　　＊　　　　　　　＊

鴉片战爭是由銷烟引起的，故应以林則徐为主，三元里次之，但不能說林則徐依靠人民，而是林則徐的禁烟受到人民的支持。这是有分寸的。

徐平羽　　《第一次学委会发言》1961年3月15日

鴉片战爭，提反帝問題也不大，但不如提反殖民主义。

徐平羽　　第一次学委会发言》1961年3月15日

鴉片战爭是反帝斗爭还是反对資本主义斗爭，从中国人民在这一整个历史阶段来讲，1840年是反帝斗爭开始，具体到这个时期說是資本主义时期，所以用反帝两字要慎重。

齐燕銘　　《第一次学委会发言》1961年3月15日

可以不要用对外关系作結尾。怎样結束？用中外关系結束？他們（指帝国主义分子传教士）拿来的不是什么进貢，只是一些玩意。最后以文化艺术作結束。

邓拓　　1959年6月

（鴉片战爭）应以英为主，美次之，不然会引起帝国主义反駁，要依据反帝事实，不应以今天反美帝而改变历史事实。

翦伯赞　　《第一次学委会发言》1961年3月15日

要慎重地处理边界問題，特别是鴉片战爭后由于帝国主义的侵略而改变的边界問題。

翦伯赞　　《如何处理历史上的国际关系》1962年

鴉片战爭是由銷烟引起的，故应以林則徐为主，三元里次之。

翦伯赞　　《第一次学委会的发言》1961年 3 月15日

英美帝国主义进行鸦片走私并发动战争，实际上是追求利润。

在林则徐烧鸦片之前，没有全国人民的反帝爱国运动，……至少历史上没有記載。

翦伯赞　　《对說明的修改意見》1961年 6 月13日

中外关系場面要增加表现利瑪竇，馬可波罗。

周　揚　　《审查陈列》1959年 8 月21日

传教士場面（利瑪竇等）可以，因为时代較早，不必納入主线。

王冶秋　　《指示》1964年 3 月 7 日

最 高 指 示

我們的文学艺术都是为人民大众的，首先是为工农兵的，为工农兵而創作，为工农兵所利用的。

在现在世界上，一切文化或文学艺术都是属于一定的阶级、属于一定的政治路线的。为艺术而艺术，超阶級的艺术，和政治并行或互相独立的艺术，实际上是不存在的。

六、反对博物館为无产阶级政治服务，为工农兵服务，推銷"全民博物館"黑貨

老百姓喜欢看什么，就給他們看嘛！

刘少奇　1955年参观故宫讲

要考虑到我們的对象主要是群众，是中外知识分子和有知识的工人、农民、他們之中大多数人在历史知识方面沒有特殊准备。

周 揚　《审查預展》1959年4月22日

陈列一方面一定要有科学性，另一方面要保证政治上不出問題。

周 揚　《指示》1959年5月22日

一个阶级产生的作品不能只供本阶級欣尝，要引起所有人的共鳴。

周 揚　1959年6月

少数个別的科学性强而不易被一般观众理解的图表也可用。

周 揚　《指示》1959年6月22日

眞正的博物館，小学生是看不懂的。

胡乔木　1964年1月3日

为工农兵服务，《讲話》已经明确的提出来了，但当时的任务是民主革命，今天的任务是社会主义革命。

林默涵　1965年9月

留有余地問題，应以现有的材料为基础。沒有材料，就不增加任何一点。这可能和一般观众兴趣不一样。因此，要使他到有欣尝的东西，的确认为中国文化灿烂，有响往中国文化的感觉。

邓 拓　《审查陈列的指示》1959年5月6日

服务生产丰富人民生活，文化生活的方针。

文化生活：一有益的大大提倡，二无害的也要放大尺度，三是有害的是毒 草 应 坚 持反对。博物館是这三种。

王冶秋　　《文博会議总结报告》1960年3月24日

博物館的基本陈列，主要是面向工农兵，和一般知识分子等广大群众的，陈列必須深入浅出，少而精，具有生动性，鲜明性，准确性，使观众看了以后，能記得大关大节，思想脉絡，而不是要他們像背教科书一样，記得年月日时，大小事件的。

王冶秋　　《文博会議报告》1960年3月15日

群众路线：面向群众，群众是否接受得了，是否看得懂，不費劲。博物館主要是让人看的，不是让人听的，要能吸引观众。讲解只是陈列的輔助說明，如什么都让讲，群众才懂，是陈列的失败。

王冶秋　　《建館指示》1959年5月11日

群众工作，提为人民群众服务。常来看的不是工农兵。直接提为人民群众。主要面向群众，也向专家，搞資料室。

王冶秋　　1959年5月12日

先搞历史专题研究，再回头来看陈列，专题产生，先搞个大事年表出来，就是基本功，然后再进行专题研究。

王冶秋　　1962年5月29日

发展博物館事业，为科学研究服务，为广大人民群众服务。

王冶秋　　1956年全国博物館工作会議报告

两大館和展覽会不同，历史館主要表现党的政策方針，展覽会主要表现細致的生产工作过程。

再一点，历史館是永久性强，許多是做了結論的。展覽会临时性强。根本区别在于此。

王冶秋　　1959年3月27日

*　　　　　*　　　　　*

要注意到历史博物館既是专門研究机关，更是群众教育的場所，它的主要任务是向群众宣传，在进行布置时，要充分注意到这一点。

周　揚　　《审查預展》1959年4月22日

博物館要有思想性，就是要用馬列主义的历史观点教育群众，使观众通过实物形象化得到爱国主义的教育，引起爱国的思想感情，了解文化的发展和祖先的貢献，知道我們是怎样来的，我們的祖先有什么創造，通过历史陈列获得丰富的历史知识。

周　揚　　《談話紀要》1953年11月29日

应减少陈列面积，不一定要全鋪滿，可各准备几个专题陈列室。

錢俊瑞　　《审查陈列》1959年4月22日

将来通史要精练，陈列最精的东西，另辟各种专室，专室要詳细。

錢俊瑞　　《审查陈列》1959年8月26日

将来可办很多专館。如紡织、冶金、錢币、书法、銅器、殷墟、李自成 等 各 种 专题陈列。其中除系统的集中的摆出文物以外，还可把有关的图书及图表摆出来，供专家来研究提高，当然今后一般观众也要提高。

齐燕銘　　《审查陈列》1959年

各代的官职、統計表、行省图，及疆域图都可以画出来，但不要搞得太大了，因为大了容易出問題。可以搞小的挂图，主要是尽量给人一些历史知识。

胡乔木　《审查陈列》1959年

博物館有三种性质：

一、文化教育机构，通过陈列教育群众。

二、科学研究机构，一些陈列必須通過研究，沒有研究则不能搞陈列和提高陈列。

三、国家的精神与物质文化的保存所。

过去这些，现仍认为很对。

王冶秋　1962年4月24日

我主张专館专門化高一些，对象是专业人員，而不是一般观众，一般观众可看历代艺术館，……其他专館也可以結合考古发掘調查，搞的高一点，国外研究者也就是到此要研究，带研究性质，陶瓷館搞参考室、图书室，弄好这些就有意思了。

王冶秋　1962年8月6日

陈列工作是否可以多搞些展覽，結合历史上的重大人物事件，曹雪芹、錢币、人物像、服飾。历代服飾应积极进行，地方可在午門。

王冶秋　《对十年規划意見》1963年4月12日

博物館本身既是"文化教育机关"和"物质文化与精神文化遗存以及自然标本的主要收藏室"，同时也是"科学研究机关"，科学研究是博物館一切活动的基础。

王冶秋　《全国博物館工作会議上报告》1956年

博物館的基本任务有二务，为广大人民服务，为科学研究服务。

王冶秋　《地志博物館会議讲話》1960年5月5日

面向群众还很有问题。这个问题周扬同志一再强调，主要是面向群众，但也要为专家服务。

王冶秋　《試展座談》1959年

博物館是科学研究机关，应当五定（性质、組织机构、干部、业务方向、制度）。齐部长认为五定的内容还要。

要认眞学习一本书——《中国通史》

王冶秋　1961年12月19日

中国历史博物館应该抓民族历史文物，这是博物館的一个发展方向，解决只陈列汉族文物的矛盾，也会丰富馬列主义理論。

王冶秋　《审查預展》1962年3月10日

历史博物館是从历史唯物論出发，以不久前存在过的民族材料說明社会发展史，这样就不和民族宫重复了。

王冶秋　《审查預展》1962年3月10日

翦老曾談这个意見，說十年以后，另建一个中国历史博物館，中央为走廊，两边为对称耳室，一边以考古资料陈列中国通史，一边以活的民族材料、也陈列出不同的社会发展史，把通史和民族結合起来，反映以汉族为主的統一多民族国家的发展史。

王冶秋　《审查預展》1962年3月13日

博物館应该为专业研究人員和教学人員服务，同时，开展科学教育。

胡乔木　1964年1月3日

博物館是一个研究机构，这不仅在于博物館的工作者自己进行研究，而且因为他們同时是专家学者进行研究的地方。……每一个博物館是一个学术研究的一个中心。

博物館工作者，不单是古物保管或者陈列者，同时又是一个研究者。

翦伯贊　《訪苏报告》1953年

綜合性的的博物館，主要給人們以全面的多样的知识，但是他并不排除专門化的陈列。

博物館的任务……是一个研究所、一个学校，一个宣传机构，因此它的任务就不仅仅是限于收藏品的陈列和保管，同时也是研究工作、教学工作、宣传工作。

翦伯贊　《訪苏报告》1953年

＊　　　　　＊　　　　　＊

历史博物館，"十·一"可以公开預展，包括国內外资产阶级也可看，等于公开开放，为了謙虚謹慎，用預展字样。

彭　真　《审查陈列"指示"》1959年9月

中国历史博物館这个展覽好得很，沒有什么不可以拿出去的。

陆定一　《审查陈列》1959年9月

通史陈列成績还是很大的，是应該肯定下来的。

齐燕銘　《审查陈列》1959年

我看过很多外国的博物館，他們与这个館比，差的多了，完全可以开放，不只是可以开放，关起門来說，是世界第一，放心开。

吳　晗　《审查陈列意見》1959年9月5日

历史博物館，邓拓认为已是历史陈列。但我們不能满足于现状。

王冶秋　1962年5月29日

几个月的功夫搞起来两个館，……是很大的一个成績，完成了一个很光荣的政治任务，原因是党中央（中宣部）市委的高度重视，直接領导。

王冶秋　1959年9月

通史陈列的东西这样好，可以摆出来展覽了。

胡　绳　《审查意見》1959年9月5日

历史博物館是延安，不是西安。

肖望东　1966年5月

最　高　指　示

没有正确的政治观点，就等于没有灵魂。

思想和政治又是统帅，是灵魂。

无产阶级要按照自己的世界观改造世界，資产阶级也要按照自己的世界观改造世界。

学制要缩短，教育要革命，資产阶级知识分子統治我們学校的现象，再也不能继续下去了。

中国的艺术，旣不能越搞越复古，也不能越搞越洋化，应該越搞越带有自己的时代特点和民族特点，在这方面要不惜"标新立异"，特别是像中国这样的国家，历史悠久、人口众多，更必須有适应中国各民族需要的"标新立异"。

这类反动文化是替帝国主义和封建阶级服务的，是应該被打倒的东西。不把这种东西打倒，什么新文化都是建立不起来的。不破不立，不塞不流，不止不行，它們之間的斗爭是生死斗爭。

七、招降納叛、藏污納垢，販卖資产阶级博物館学，
实现"专家治館"，实行"物质刺激"，
鼓吹"白专道路"

博物館的基本特点是通过实物展覽，表現技术和教科书不同，实物是有力的：一、因它是可感觉的，可信的；二、有实物作证，就是历史事实的有力依据。

周　揚　《談話紀要》1953年11月29日

不要勉强求全，不要概念化形式化，不要硬凑，不要使人看到有应付的感觉，尽管主观上概念完整，但离开陈列沒有博物館。

周　揚　《談話紀要》1953年11月29日

展覽究竟不是叙述，沒有实物说明要考虑，用概念画不能传达效果，因为我們画的画与古人画的不同，例如沒有根据的，关于阶级矛盾方面的画可以不画，否则不眞实，且破坏了博物館的完整性。

周　揚　《談話紀要》1953年11月29日

博物館不等于教科书，也不是历史挂图，是以实物为基础，向人民进 行 教 育 的教育机关。……它代表我国历史水平和考古水平的不断发展。

周 扬　《审查预展》1959年4月22日

博物館不同于教科书，沒有的材料，不要勉强表现，博物館除了形象表现。必須以文物为基础。我們要以文物說明历史問題。沒有文物就不表现。如无文物为基础，只有些画，也不能說明历史問題。

周 扬　《指示》1959年5月18日

博物館不等于教科书，也不是历史挂图。是以实物为基础向人民进行教育的教育机构。靠实物說明历史問題，看真凭实据，有实物可以說明問題的就摆，沒有实物的不摆。真有科学性的历史图也可以用，否則不行。文物愈到后边愈少，这也是规律，因为有許多东西还沒有定型。

周 扬　《指示》1959年5月22日

这个館得慢慢的搞起来，越来东西越多，你們的实物要多，且要好好整理。

张际春　《审查意见》1959年9月3日

有东西就表现，沒东西不表现。真实的就表现，不真实就不表现。

邓 拓　1959年9月26日

国內好东西都可以考虑要。要"大而精"。

邓 拓　1959年2月

大禹治水玉山可以搬来。这是过去一个传說，根据这个传說的一个雕刻。我們是传說多国家，也比其他国家早。

邓 拓　1959年6月5日

所有墓葬要成套陈列出去，如益庄王（注：明朝王族）墓的两个妃子墓可合成一个陈列出来。

邓 拓　1959年8月9日

大昭寺的照片不好，显不出它的伟大。

吴 晗　1959年9月5日

博物館的方向，以文物为基础，不是教科书，不是历史挂图，是以文物为基础，通过文物形象使历史再现。

王冶秋　《经验簡介》1959年10月20日

博物館的特点是实物教育，他說去了实物便沒有博物館，沒有实物宁肯空着不陈列，实在重要的才找輔助材料，他說现在陈列的实物不是那样富丽堂皇，使人感到祖国不是那么可爱……强調了阶级斗爭忽略了社会进步，那种对比是太簡单了，……如果百件文物說明百个問題那便是多而废，他认为集中表现也是一个原則。

王冶秋　传达周扬《指示》1959年

調配带关鍵性文物，尖端性文物，成套文物。

王冶秋　1959年5月6日

少而精，仍有片面理解，认为数量少就是精，主要是质量的問題，数量固然要少，主要是质量，如用三十件集中說明一件事是少而精，如用十件說明十个問題也不是少而精。应是有組织有系統集中說明一个問題，再說是少，但选的文物很典型，說明很多問題也很好。

王冶秋　《建館时讲話》1959年5月22日

用文物标本，容易（給人）印象，应当补充一些接近人的东西，表现一些人的直接活动，添一些拓片，把文字拓出来。

王冶秋　《审查意見》1959年6月12日

一般常見的甘肃彩陶器，应該陈列，无輪如何要陈列。

西安出土的女俑，原有一銅鏡和蚌制粉盆，应一同陈列。

骨柄石割刀陈列的不明显。

王冶秋　《审查意見》1960年9月22日

博物館是給人以在家看不到的东西，增加一些感染的东西，有些是从学术研究上很沒意义，但我們博物館很需要。

王冶秋　《对革博意見》1960年11月30日

博物館实物还是小，应多摆一些各个时代的大件实物及模型，街道建筑以及日常生活上的东西都可以复原。

胡乔木　《审查陈列》1559年

标题与陈列的实物有的不相符合，如有关岳飞的场面。

胡　绳　《审查陈列》1999年9月5日

替群众服务，并通过陈列的古物对群众进行共产主义的教育，是博物館最基本的任务。

陈列中文字过多，喧宾夺主，使实物不突出，給人看了感到紊乱，博物館应以实物为主。

翦伯贊　《审查意見》1961年

＊　　　　＊　　　　＊

对材料的选择要非常精心，不要舍不得。

周　揚　《审查預展》1959年4月22日

要补充大件东西以增加气氛，麦积山雕塑和六朝石辟邪可以翻模型。

周　揚　《审查預展意見》1959年8月21日

麦积山雕塑，六朝石辟邪，唐陵石狮等大件石刻可翻模型陈列，以增加气氛。

周　揚　《审查預展》1959年4月22日

至于地方有的实物，我們沒有的，可以集中在中央，宝貴的东西拿来后，作一个复制品給他們。

周　揚　《談話紀要》1953年11月29日

入博物館的东西应该是历史上经过考验的东西，使人一看就能激起一种情感，思想引起回忆。博物館要有"物"嘛？沒有物不要勉强，人物出現为什么現在尚活着的人要考虑少一些？就是因为还在发展，还沒有完全成为历史人物，現在是历史人物又不是历史人物。已死的烈士就不同了，已成为历史人物了。为什么社会主义部分要少？也就是这个道理。去年的东西今年就要摆在博物館总有些困难。这不是厚古薄今，博物館总要有些"古"。

周　揚　《指示》1959年5月28日

要摆最典型的东西，不要平均使用，要选择能反映全部生活面貌的东西，要选成套完整的东西。

錢俊瑞　《审查陈列》1959年4月22日

应当用一些大墓葬来集中的说明一个事件，或者反映一种社会生活，如信阳大墓的手法，比一件一件分开摆会好，更能給观众深刻的印象。

齐燕銘　《审查陈列》1959年

說明历史問題的全套拿来，（蔡侯墓）尽可能集中。

王冶秋　1959年4月

有些东西要集中才能說明問題，如果集合很多甲骨片而說明一个問題也不能认为是违少而精的精神。

王冶秋　1959年試展談話会发言

永乐宫壁画，是当时人对自然界的理解，总有东西南北四方，代表二十八宿，这是代表那个方向的，这些都不能挂怎么办？我看可以挂。

王冶秋　《审查陈列》1964年3月7日

明清文化艺术很繁荣，可是摆这么几个人，撑不起场面，是否把文淵閣內部都摆出来。

王冶秋　《审查陈列》1964年3月7日

必须从这些文物选出主要文物，把他摆在主要突出的地位，加以强调，而将其它与之有关的文物环绕在它的周围，既要让人們能够看出主要的文物对他的特征的历史时代或历史事件所起的主导作用，又让人們看出主要的文物与次要的相互关系。

如果要做好陈列工作，一个博物館工作者，首先必须注意个別器物在总的历史发展过程中所应占的地位。

翦伯贊　《訪苏报告》1953年　月　日

*　　　　*　　　　*

历史眞实性要和艺术性结合起来，多用些文学上的資料。文学作品在表现上可能自由一些，但还可以用，在用时可以說明是文学作品，现在已经用了一些这方面的材料，但也可以多用些，如詩经、汉画等都可以用。

周　揚　《审查意見》1959年4月22日

博物館虽以科学为主，但也要有艺术性，布置陈列的人不要有专家的心理，要换一个心理去想想。要想想如何才能使看的人接受。

周　揚　《审查預展》1959年4月22日

历史眞实性要和艺术性结合起来，表现历史要有艺术性，要形象化，可以多画些画，多用些文学的資料。

周　揚　《审查預展》1959年4月22日

不但可多画一些画，而且可多引一些詩经，汉画像石，博物館是科学性，但也有艺术性，可以使人入胜，科学性要特別注意。

周　揚　《指示》1959年4月22日

对观众讲，看博物館負担最重，和看戏不一样，因此一定要陈列到形象化，陈列得清楚，东西不要放得太多，以至使人看不了，如果地方太多，可留一些作机动的临时陈列室。

周　揚　《审查預展》1959年4月22日

美术創作与历史挂图不同，美术創作要有含蓄，使人看了有回味。

周　揚　《指示》1959年5月22日

美工作品要朴素，不要奢华，但要求艺术，博物館与展览会不同，一为永久性的，一为临时性的。

周 扬 《指示》1959年5月22日

博物館主要是以科学性为基础，但也要有艺术性，如陈列的罎罎罐罐除少数 的 考 古 家外，一般人都没有兴趣，不注意这些，因此，要靠形象，靠說明。

周 扬 《审查陈列》1959年8月21日

标题要艺术性些，用更活泼的語言内容，用成語、詩歌等均可，如在阿房宫遺址和遺物上面，可用阿房宫賦里的成句就比較更生动更深刻。

周 扬 《审查陈列》1959年8月21日

一个陈列要有高潮，与演戏一样，表現高潮不能用总結文字，博物館要靠实物，应有計划地突出一些实物、事件，給观众以深刻印象。

周 扬 《审查陈列》1959年8月21日

通过艺术手法，使历史再現。

邓 拓 1959年5月26日

要用艺术放大，多用一些特色艺术。……对可能发生疑問的，要加以形象化，避免观众发生疑問。

邓 拓 1959年6月11日

文学艺术，上层建筑，如有材料要尽量表現。……有很多东西，旣可表現生产力，同时本身就是艺术品。

邓 拓 《試展意見》1959年4月2日

表現方法，要有特色。一个东西，可能很小，但花紋很重要，就要能放多大就放多大。如秦詔版，要大大放大。

邓 拓 1959年6月12日

清明上河图是一部宋代社会生活史，它反映出当时的許許多多的社会面貌，必須表現出来。清明上河图非要不可，可以放大表現。

邓 拓 1959年6月13日

隋唐时期的长安可表現，标题可以不說是亚洲大都市，但要充分表現出繁华。

邓 拓 《对陈列的意見》1959年2月27日

什么是博物館的語言，究竟博物館靠什么說話，不是电影，不是話剧，不是书店，形像实物如何通过陈列說話。

王冶秋 《对革博意見》1960年11月30日

鎮墓兽可以不撤，有艺术价值，圓明园的东西可多摆些，莫高窟159窟不动，有国际影响，宋代佛像木雕好，可作艺术陈列，不能去掉。

王冶秋 《指示》1964年3月7日

陈列不等于随便罗列，他需要具体专門的科学知识，也需具备高度的艺术技巧。

翦伯贊 《訪苏报告》1963年 月 日

这里的艺术，不是表現艺术的本身，而是表現陈列的。即通过艺术的装飾而使陈列品的特征更加明显突出，更明显說，就是让人們看来，这些陈列品仿佛是摆在自己的历史时代的环境当中，而使群众的感情和意境回到陈列品的当时。

为了使人們从陈列中获得一种全面不是片面的，有机的而不是孤立的不相联系的印象，

155

就必須注意文物陈列的适当配合问题……組成文物群，利用每个文物所具备的特殊性和各个文物彼此間的联系，让这些更好更有力的去发揮他們的教育作用。

翦伯贊　《訪苏报告》1963年　月　日

＊　　　　＊　　　　＊

地方博物館向苏联地志博物館发展，是相当长期的，但具体步驟以蒐集为主，专題陈列积累经验，逐步改造。

周揚　1954年4月　日

文物数目，苏联大体每平方米三件。现在只有几千件，缺得还多。把各部分重要的材料都拿来，如半坡、楚文物都拿来。

邓拓　《专家座談会发言》1959年2月28日

政治是統帅，文物是基础。政治傾向性与历史眞实性相结合。向苏联学习。向資本主义国家学习。这是提高与发展博物館事业的一个关鍵问题。

王冶秋　《十三年小結》1963年3月　日

旣使苏联的一个小小的紀念館，对我国任何博物館都会有启发，有好处，凡是参观的地方，每人都要有聞必录。

王冶秋　1955年7月25日赴苏时讲

总保管員，总賬的问题，可以考虑建立，对工作有好处，总保管員，总設計师 都 要 考慮。

王冶秋　1962年9月13日

商代奴隶主軍队所使用的武器图表草稿的底子应当擦掉。应該向苏联博物館学习。

王冶秋　《审查陈列意見》1960年9月22日

群众工作可学苏联陈列室設顾问的办法，不懂不勉强答，应让他們对文物及历史知识打好基础。

王冶秋　1962年4月24日

陈列过程中，陈列品保管由誰負責。苏联的办法，由陈列部負責，向保管部办借提手续，布置完交保管部，签字，建立新制度。

王冶秋　《建館办公室会議讲話》1959年8月17日

苏联是每平方米三件。我們准备搞每平方米二件。（平方米指陈列面积）。

王冶秋　1959年3月18日

苏联博物館一件假东西不摆。

王冶秋　《征調文物会讲話》1959年6月13日

文物为基础，应該像农业为基础的办法，展品是基础。苏联够得上陈列价值的文物是博物館藏品，否则不是藏品。博物館的藏品是博物館的物质基础。

王冶秋　1960年12月5日

把历史文物正确的应用于人民群众文化水准的提高，应用于培养群众的爱国主义和国际主义，应用于共产主义的世界观。这就是苏联的博物館的最基本任务，苏联博物館所走的道路，正是我們今天要走的道路。

翦伯贊　《訪苏报告》1953年　月　日

在卫国战争的严重时期，苏联的博物館工作者，也沒有停止科学研究工作，他 們 仍 然积极进行考古的工作，研究艺术上的問題，并且不断的提出爭取学位的論文，举行学术性的专题报告。

翦伯贊　　《訪苏报告》1953年　月　日

*　　　　　*　　　　　*

达到两利的目的，既有利于基本建設，又有利于宝貴的不可复得的历史資料的搜集，这种历史資料，会使我国人民提高爱国主义的思想。

陆定一　　1954年5月　日

征集工作方針，是"广泛征集，宁精勿滥"，外边反映我們征集范围宽，是否可改为"全面照顾，宁精勿滥"。

王冶秋　　《对十年规划意見》1963年4月12日

今后整个历史学界的研究方向，历史必須与考古，文献，民族調查結合起来，搞文献是传统的，搞金石也是自己搞，不与这些問题結合起来是不行的。

学术問题，可以从长計議，自己能拿出貨色，不但承认你，而且有求于你。

王冶秋　　1962年5月29日

文物私人保存，所有权不变，但完全放在国家保护之下。

王冶秋　　《文博大会报告》1960年3月20日

右派不捐献，給价（錢）。个人也写名字，章伯鈞給价。

王冶秋　　《对十年规划意見》1963年4月12日

关键性的問题，抓紧陈列体系，你們陈列工作，依靠群众，依靠专家，依靠社会力量的作法好。

应多想些办法，联系一些个人收藏家、私人資本家、博物館之友，把关系搞好，要经常来往，进行交换，"欲取之先与之"。

王冶秋　　1963年4月12日

个人捐献的东西，选陈列，有統战关系。张××捐的古代錢币，奖金放宽，可名利双收，也可以50%、80%都可以，甚至100%，不要給50%。

王冶秋　　1959年8月17日

保管工作，整頓內部，彻底整理藏品，是一个根本性的工作，清理藏品，科学鉴定，科学保养，发揚中国保护文物的传统。

王冶秋　　1962年9月8日

保管部如何熟悉文物，如数家珍，同时要科学管理，我主张科学管理与紹兴师爷相結合，当鋪管理方法也有科学性。

王冶秋　　《对革博意見》1960年11月30日

应組織起考古队伍，今年即可組成，将来重点的考古发掘，由考古所及中央博物館来搞。

王冶秋　　《对十年规划的意見》1963年4月12日

我想可以成立一个考古部，把社会調查，民族調查也放在里面，博物館二十多口子考古人員，不去考古，尹达那里也不会同意的吧，历史博物館要想改变面貌，将来非有考古部不可。

王冶秋　　1962年5月12日

小型多样紀念館可以多办，是否可以民办公助。

王冶秋　　1958年1月21日

＊　　　　　　＊　　　　　　＊

博物館也需进行研究，集中专家，以后就好了。

周　揚　《談話紀要》1953年11月29日

多請历史专家解决专业问题。

周　揚　《审查意見》1959年8月21日

多找些专家，征求其意見，可能麻煩一些，现在麻煩多，将来麻煩少一点。

周　揚　《指示》1959年4月20日

实物的判断多請历史考古家鉴定，注意时代与价值的准确性，要多用从地下发掘出来的文物。

周　揚　《談話紀要》1953年11月29日

陈列中所要表现的人物，請专家开个名单，那些人需要陈列出来的，請中央批准，人物的內容可分政治家（帝王可归入）、科学家、文学家、思想家等。

周　揚　《談話紀要》1953年11月29日

历史博物館用召开专家座談会解决问题的办法好。

周　揚　《談話紀要》1959年5月19日

整个說明很好，就按这样做，必须自力更生，既不要自以为是，也不要妄自菲薄。整个文化部都是这样，大家互助，慢慢搞。

周　揚　《审查預展》1959年4月22日

博物館是群众教育机关，一定要把它搞好，从不完全到完全，从不理想到理想，不要以为沒有经验，中国历史未定案的问题太多，就觉得难，遇到困难时，多請敎专家，但要有自信心。搞是有好处的，要求十全十美是不可能的。现在这样做，大体說来很好，我們必须做下去。

周　揚　《談話紀要》1953年11月29日

陈列要点的討論，要求取得一致的意見很困难，博物館、考古、历史三結合。

周　揚　《指示》1959年4月20日

历史博物館摆出来的东西，迫使我們非研究不可，也可組織国际討論，这样对世界就有了貢献。

錢俊瑞　《审查陈列》1959年8月26日

学委会开过后，今后要经常派人訪問有关专家，取得联系，是一很好办法。

徐平羽　《第一次学委会发言》1961年3月15日

沈从文先生虽然身体不好，还能每日上班，但遇重要课题应派人去他家中請敎，或分一题让他研究。

齐燕銘　1963年7月給王冶秋的信

多請历史专家解决专业问题。

张子意　《审查陈列》1959年8月2日

1961年新館成立后，仍走专家路线，经王冶秋推荐，由历史博物館提出十四名学术委員

158

名单，其中有：翦伯赞、邓拓、××、吴晗、齐燕铭、徐平羽、侯外庐、夏鼐、王冶秋等。这个名单市文化局、文物局都同意了。以后又报文化部文物局批准吴晗为主任委员。

《揭发材料》

历史博物館是否可以請一些顾問，如张彦生、黄静涵、张絅伯，开一个条子，送点車馬费，书画鉴定要作記录。……我认为我们的工作可多依靠社会力量。

王冶秋　1962年5月12日

历史博物館决不能只搞中国史，事实很早就和外国发生关系，应該加强。可請一些顾問，如向达、张××等人。

王冶秋　1962年5月29日

古文物商也让他們写写文物鉴定文章，写出后一定比赵万里这些人生动。

王冶秋　1962年5月29日

把吕振羽請来，讲几次，訂个计划，还可請来京开会的历史专家来讲学，要想些办法把这些人請来。

王冶秋　1962年5月29日

历史博物館請邓拓、××挂帅。（1959年建館后，王冶秋还推荐由邓拓兼任館长）。

王冶秋　1959年4月向中宣部汇报

中宣部派一个人来，叫林澗青帮助历史博物館討論陈列计划，請他参加提意见，陈列计划送給他一份。王宗一同志談好在历史博物館帮助，我們表示欢迎。

王冶秋　1959年11月14日

写中国历史的同志和搞陈列的同志是否可以沟通一下，相互交流经验。

王冶秋　《試展座談会发言》1959年　月　日

可以聘請兼职研究员，最好不要人员太多，而要能解决问题。

王冶秋　1962年5月12日

依靠专家、依靠群众，我们认为办法好。社会力量三依靠：（1）館内。（2）专家。（3）社会力量。

王冶秋　1959年5月6日

历史博物館一面試展，一面抓紧专家开会較好。

王冶秋　1959年4月13日

对资产阶级知识分子行脱帽礼，经过十二年了，知识分子有了很大进步。一进城，（对）学术是重视的，但（对）学人重视不够，好象学术可以不通过学人就出来似的。

王冶秋　1962年4月24日

历史博物館的美术創作要求要高，急着搞不出来好的，过去有的人像如画像石上的可以用一般学生搞，可照历代帝王像临摹，可以找徐邦达、张珩、赵万里、张秀民、王以坤、刘九菴、楊殿珣等人开会提出，請他們提出名单。

王冶秋　《建館小組会上讲》1959年1月21日

銅、瓷、杂項培养比字画容易。陈鉴塘最近給文物局信，要求工作，可以考虑作为顾問。

王冶秋　1962年5月29日

表现长安城的問題，是唐代世界文化的中心，在封建时代，作为世界文化的中心是一大問題，可請教向达。

王冶秋　1962年5月29日

人員老調，对事业影响很大，如內蒙三个文物工作队都沒有了，专家去后，**感到很吃力**，……各地都是三个机构拼成一个，有的搞了多年工作的一調完了，搞考古一調写不出报告来了。有些青年写的字像天书一样，就是将記录交出也无法整理，这就失掉科学价值。

王冶秋　　1962年4月24日

我們对待学人实在不对头，应很好为他們創造条件，尊重他們，发挥他們特长，带一些徒弟，社会上的专家，如琉璃厂的专家现在无人管，不能让其断种，碑帖现无人員，张彦生說："反正将来沒有这一行了。"一方面发挥老专家的作用，带徒弟，好好学習，要懂这一专业，别弄得后继无人，加强与社会有关的部門联系起来，让他們承认我們这一行。

王冶秋　　1962年4月24日

我們这一行要搞出成績，关鍵在于学習，使之正常化，对資产阶級专家要行脱帽礼，发挥专家作用，帮助創造条件，发挥特长，繁荣学术，带徒弟，加强与学术界联系，活跃学术空气。

王冶秋　　1962年4月24日

＊　　　　　＊　　　　　＊

准备二十年长期规划，培养专家100人（包括艺术、科技、考古等方面），要有雄心和远大的目标。

錢俊瑞　　《审查陈列》1959年8月26日

用編教科书的方法，不能解决历史博物馆的问题，应加强科学研究工作。

徐平羽　　《第一次学委会发言》1961年3月15日

政治挂帅要挂在业务上。

王冶秋　　《十年规划》1963年4月5日

学習业务，精通业务，这是提高工作质量的关鍵，是进一步貫彻百花齐放，百家爭鳴的前提。

王冶秋　　《关于博物馆和文物工作的儿点意見》（草稿）

学習要采取不同程度的不同进修方式：例如开专門讲座、請人讲解，举行学术討論会、座谈会，到有关学校听課，参加有关学术活动，与有关学术团体保持经常的联系；聘請有眞才实学的老专家、技师为顾問，向老专家、老技师学習业务、学習技术。提倡讀书活跃学术研究空气。

王冶秋　　《关于博物馆和文物工作的儿点意見》（草稿）

历史博物馆十年八年要培养出一批专家来。

王冶秋　　1962年5月12日

科学研究问题，局里的十年规划提出三方面，陈列内容、藏品、博物馆学的研究，各个方面的专家都需要。陈列、文物、內容、美术、讲解、修复、技术、庫房保管員都应有一定的級别，級别应与科研級别一致起来，不要有悬殊，讲解員应从研究的級别培养。

科研成果，一方面体现在陈列方面，一方面体现在著作方面。

王冶秋　　1962年4月24日

提倡向专家，技师虛心求教，尊重师长；专家技师也要认眞作好带徒弟，传知识，传技能的工作。

王冶秋　　《关于博物馆和文物工作的儿点意見》（草稿）

做党的馴服工具，就是人民的馴服工具。是最伟大、最光荣。有的人想当还当不上。

王冶秋　　1960年2月4日

培养干部問題，采取两套办法，一是正式培养办法，长期的和短期訓练班培养結合。同时爭取在大学历史系試办这个系。如北大、南开、西北大学都办了，要有一批干部参加这一工作。

王冶秋　　1960年5月18日

希望历史博物館能示范，从北京作起，北京的专家，过路的专家、电视大学、紅专大学有的同志也可参加，学基础、学文化，研究的研究。請专家讲座，系統的搞，作計划专题的还可拜师，开展拜老师的运动，大力的用社会力量，社会一批人，可以考虑聘为顾問。

王冶秋　　1962年5月29日

科学研究，当然文献与文物結合，主要是方法問題，能搞专题，放长线釣大魚，另一种是摸陈列，一件一件文物摸，摸两年再定题目，陈列与研究如何結合，我們认为可以放长线釣大魚。

王冶秋　　1962年5月29日

讲解員要认眞学习，……除了学习本部分的知识，熟悉每一件陈列品以外，还要学习基础知识。

王冶秋　　《关于博物館和文物工作的几点意見》（草稿）

字画鉴定不一定培养一个人，而要依靠館外专家，我們培养一个鉴定专家，尤其书画需几十年，必須多看。

王冶秋　　1962年5月29日

本身需努力，眞作出成績来，自然即可挤入科研学术界。

一本书主义，眞正把一本书搞通，即可搞通許多书，业务学习应讀一些基础課，讀一本通史然后再来搞出专业知识，讀这一行，学这一行，这样搞十年八年又紅又专的专家则可出来。

王冶秋　　1962年4月24日

每一件大的展品一定要注明时代、地点、目的、朝代，作者姓名。

王冶秋　　1959年9月19日

創作的先給一笔錢。

王冶秋　　1959年7月20日

下决心放一、两个党团員跟专家学习，熏出来，把考古专家的东西掏出来，再加以科学分析，他們也可以名利双收。

王冶秋　　1963年2月5日

你們（指历博陈乔等）举行拜师收徒仪式我也参加。

王冶秋　　1962年×月×日

这几年干部专业方向变动太大，今后定下終年研究什么，十年二十年光口头說提高工作质量，人老調，走馬灯似的不成，每个都定下来，定一个长期的計划，我們这一行应培养出一大批专家来。

王冶秋　　1962年4月24日

刘、邓、陶

反革命黑話简編

（农村版）

泽东亲自发动文化大革命"，並於1966年8月5日又发表了《炮打司令部》的大字报。到了10月24日作为共产党的主席又来自地点了国家主席刘少奇夫人王光美的名。

請看本书《简綿》一覩為快。

学術东紅衛兵批判刘邓陶
資料編輯室
一九六七年十一月天津

45662

炮 打 司 令 部

——我的第一張大字报

全國第一张 馬列主义的大字報和《人民日報》評論員的評論，寫得何等好呵！請同志們重讀一遍这张大字报和这个評論。可是在五十多天里，从中央到地方的某些領導同志，却反其道而行之，站在反动的資產階級立場上，实行資產階級專政，将无產階級轟轟烈烈的文化大革命运动打下去，顛倒是非，混淆黑白，围剿革命派，压制不同意見，实行白色恐怖，自以为得意，长資產階級的威风，灭無產階級的志气，又何其毒也！联系到一九六二年右傾和一九六四年形"左"而实右的錯誤傾向，岂不是可以发人深醒的嗎？

毛 泽 东

一九六六年八月五日

毛主席、林副主席和中央其他領导同志談刘、邓、陶

混进党里、政府里、軍队里和各种文化界的資产阶級代表人物，是一批反革命的修正主义分子，一旦时机成熟，他們就会要夺取政权，由无产阶级专政变为資产阶級专政。这些人物，有些已被我們識破了，有些則还沒有被識破，有些正在受到我們信用，被培养为我們的接班人，例如赫魯晓夫那样的人物，他們現正睡在我們的身旁，各級党委必須充分注意这一点。

（摘自中共中央一九六六年五月十六日通知）

……現在倒鬧独立王国，許多事情不与我商量，如上地会議，天津講話，山西合作社，否定調查研究，大捧王光美，本来应給中央討論作个决定就好了。

（毛主席在六六年十月二十四日汇报会議上的講話）

刘少奇的《論共产党員的修养》一书，是一本典型的修正主义代表作，这本書在国內、国际都有很坏的影响。現在批判它，給紅卫兵出个难题。

（张春桥同志六七年二月二十五日传达毛主席在一次
会議上的講話精神）

他們不通，不敢見紅卫兵，不和学生說眞話，做官当老爷。先不敢見面，后不敢講話。革了几十年的命，越来越鑾

了。少奇給江渭清的信，批評了江渭清，說他蠢，他自己就聰明了嗎？

（毛主席在六六年十月二十四日汇报会議上的講話）

刘、邓不仅是五十天（指鎮压文化革命——轉抄者注）的問題，而是十年二十年的問題。在他們主持工作期間，从来不高举毛泽东思想伟大紅旗，自搞一套，对毛泽东思想有很大干扰。

（林彪同志在中央工交文革会上的講話）

現在許多国家出現修正主义，資产阶級思想泛滥，抵抗不了。我們如按刘、邓一套搞下去，同样要出修正主义。中国出了修正主义，世界革命不知要推迟多少年。

（林彪同志在中央工交文革会上的講話）

……我們文化大革命是資产阶級挑起来的，是資产阶級进行反扑，刘、邓、陶鑄、刘志坚他們向无产阶級挑战。

（林彪同志在軍委一次会議上的講話）

应該批判以刘邓为代表的資产阶級反动路綫，因为在中央、全国各地影响很坏，流毒很深，必須批深、批透、批臭。不这样做，不批走资本主义道路的当权派和坚持执行資产阶級反动路綫的人，不把他們批倒批臭，那么，我們就不能挖掉修正主义的根子，不能防止资本主义复辟。

（周总理在工人体育舘接見革命师生和石油工矿企业代表大会上的講話）

右傾机会主义路綫，变成了反动的資产阶級的錯誤路綫，他就要执行残酷的白色恐怖，对有不同意見的人，用各种办法，把他們打成"右派"或打成"反革命"。清华大学蒯大富，他失掉了自由，要到中央办公厅来談問題，还有两人押着来的。那时主持清华大学的工作的是王光美，后台是刘少奇。把蒯大富打成"坏分子"、"反革命分子"。如果那样搞下去，还有什么文化大革命呢？这是严重地违反了毛主席的文化大革命正确路綫的，对全国都有影响的。

（陈伯达同志六六年十月二十五日在中央
工作会議上的講話）

刘少奇在天津講过，中国的資产阶級不是多了，而是少了，劳动人民不是反对剝削，而是欢迎剝削。这是綱領性的两句話，因此提出巩固新民主主义秩序，这实际上是一个綱領。

（康生同志一九六七年一月十日与中央高
級党校同志的講話）

中央党校是刘、邓搞的，斗争不容易呀！这么大的盖子压着，他們整我的黑材料反对我。党校十几年来是頑固的反毛泽东思想的。

（康生同志一九六七年一月二十一日在与体院
毛泽东主义兵团座談会上的講話）

他（指刘少奇——轉抄者話）的检討不成話。在干部中沒法通过。全国人民有个認識过程。我对邓小平"認識"了十几年了，对刘少奇是六四年認識的，当时我覚得我們党处在危险之中。那时我听了他一个报告講了七个小时，完全是赫魯曉夫的报告。他反对主席的調查研究方法，主张王光美的蹲点，王光美蹲点也是假的。

（江青同志六六年十二月二十七日在中央文革小
組召集部分大专院校革命师生座談会上的講話）

※　　　　※　　　　※

……現在倒鬧独立王国，許多事情不与我商量，……邓小平从来不找我，从一九五九年到现在，什么事情也不找我。六二年，忽然四个副总理，李富春、谭震林、李先念、薄一波到南京来找我，后又到天津，我馬上答应，四个人又去了，可邓小平就不来。武昌会議我不满意，高标准弄的我毫无办法。到北京开会，你們开六天，我要开一天还不行。完不成任务不要紧，不要如丧考妣。

（毛主席在六六年十月二十四日汇报会議上的講話）

邓小平耳聋，一开会就在我很远的地方坐着。一九五九年以来，六年不向我汇报工作，書記处的工作他就抓彭真。

（毛主席在六六年十月二十四日汇报会議上的講話）

邓是錯誤路綫急先鋒，沒有人批評他錯誤的东西。邓这个人凭他聪明，好象他是天生的百科全書，无所不知，无所不晓，他不做調查研究，竟乱决定問題。

每次开中央会議，他是以批評为主，对于其它大事，他是无所用心，对群众是不接触的，对群众路綫不感兴趣的，可是什么事他都爱"拍板"，总理也只好陪榜。要同邓談問題比登山还难。

一九六一年多，起草人民公社六十条时，邓搞南三区、北三区分开搞，也沒和主席商量，主席批評說："哪个皇帝决定的！"……

去年起草二十三条时，主席对刘、邓也批評过，主席批評两个独立王国，但沒有触动他。这次批評錯誤路綫还沒触动他。

刘邓的思想作风是和毛主席相对抗的，邓的面貌如果不在我們全党搞清，那是危险的，他同刘打着一样的旗帜。

（陈伯达同志六六年十月二十五日在中央工作会議上的講話）

※　　　　※　　　　※

陶鑄問題很严重。陶鑄是邓小平介紹来中央的。我早就說过陶鑄这个人不老实，邓小平說还可以。陶鑄在十一中全会以前，坚决执行了刘、邓路綫，十一中全会以后，也执行了刘、邓路綫。在紅卫兵接見上，在报紙和电視里照片有刘、邓的鏡头，是陶鑄要排的，陶鑄領导下的几个部都垮了，那些部可以不要，革命不一定非要部門。教育部管不了，文化部也管不了。在中南局宣传毛泽东思想假的，沒这个事，树立自己的威信，打倒中央。希望你們开个会能把陶鑄揪出来才好呢！

陶鑄的問題，我沒有解决了，你們也沒有解决了。紅卫兵起来了，就解决了。

（毛主席在一月八日晚中央文革会議上談陶鑄問題）

不要不分青紅皂白，反对一切，排斥一切，打倒一切。陶鑄的錯誤之一就是在中南海学生接見会上講，除主席、林副主席不能怀疑外，其它都可以怀疑，他企图把主席、林副主席孤立起来。

（周总理六七年二月一日接見工交系統革命造反派代表时的講話）

陶鑄到中央来，并沒有执行以毛主席为代表的无产阶級革命路綫，实际上是刘、邓路綫的忠实执行者。……他是文革小組的顾問，但对文化革命的問題，从来沒有同我們商量过。他独……（江青同志：独断专行）不但背着中央文革小組，而且背着中央。你們揭得好，給我們很大支持！感謝你們！

（陈伯达同志六七年一月四日接見赴广州专

揪王任重革命造反团时的講話）

陶鑄执行了刘、邓路綫，反对毛主席的革命路綫，这不是偶然的。在中央也好，在文革小組內也好，在主席面前也好，几次帮助他，但他采取两面派手法，有时表現很左，实际是形"左"实右。

（康生同志六七年一月十二在人民大会堂西小礼堂接見有关代表的講話）

……我們对陶鑄善意批評，他耍两面派·他伪造照片。那次会議是康生同志主持的，他对熊复下命令，一定要有一张邓小平的照片，就把陈毅的头弄掉，换上邓小平的头，这是非常恶劣的！是特务活动！这些說明陈毅不是他們的人。他們还搞了一张把毛主席、刘少奇和宋庆龄拚凑在一起的照片，已經发到了全国。（康生同志：已經传到外国去了！）

（說明：以上講話均摘自油印传单或紅卫兵小报，由于多次轉抄翻印，可能有与原文不符之处，望同志們只作参考，不要引用。——編者。）

目　录

前　言

　　一声春雷震天响，党內最大的一小撮走資本主义道路的当权派被揪出来了。这是毛泽东思想的伟大胜利，是毛主席革命路綫的伟大胜利！

　　一年来，亿万工农兵和紅卫兵小将高举毛泽东思想伟大紅旗，識破了刘、邓、陶一伙的真面目，撕下了他們的画皮。

　　这是一群吃人的魔鬼。几十年来，他們一貫站在地主資产阶級一边，仇恨工农大众，破坏革命运动，反对我們的伟大領袖毛主席。特別是解放以来，他們更是积极配合內外反动派反对毛主席的革命路綫，一心要在中国复辟資本主义。

　　历史不能走回头路，我們不能再回到旧社会的苦海里。刘、邓、陶犯下的滔天罪行，我們一定要清算！

　　七亿人民都做批判家。在毛主席伟大战略部署的指引下，工农兵、紅卫兵小将、革命干部和革命知識分子高举革命批判大旗，向刘、邓、陶一伙发起了全面的猛烈总攻。全国各地，到处是埋葬資产阶级反动路綫的战場，到处是保卫毛泽东思想的陣地，刘、邓、陶已經陷入人民战争的汪洋大海之中，資产阶級黑司令部就要彻底垮台了。

　　毛主席說："凡是要推翻一个政权，总要先造成輿論"，刘少奇、邓小平、陶鑄为了在中国复辟資本主义，他們以写文章、做报告、視察工作为名講了很多反革命黑話，放了很多的毒。彻底批判这些反革命黑話，肃清它在各个領域的流毒，是当前革命大批判的一个重要方面，是反对修正主义、防止資本主义复辟的一项根本措施。为此，我們在編写农村版"刘邓陶罪行"的同时，又編选了这本农村版的《刘、邓、陶反革命黑話簡編》，供广大貧下中农和社員同志們在冬季革命大批判时参考使用。我們在編选过程中，考虑到农村的特点和貧下中农的需要，所以特别注意了这么几点：（一）选择簡短，通俗易懂的；（二）侧重貧下中农最关心，最熟悉的方面的；（三）在我們認为必要的地方，加了簡短的按語。但是由于我們的水平有限，难免有这样那样的缺点和錯誤。希望广大貧下中农及时給我們批評和指导。

最后，予祝广大貧下中农成为大批判的模范，在冬季革命大批判的高潮中取得更加优异的成績。

南开大学卫东紅卫兵

批判刘、邓、陶資料編輯室

一九六七年九月

毛泽东同志是当代最伟大的馬克思列宁主义者。毛泽东同志天才地、創造性地、全面地繼承、捍卫和发展了馬克思主义，把馬克思列宁主义提高到一个新的阶段。

> 林彪：《毛主席語录》再版前言
>
> 一九六六年十二月

毛主席……是我們党的最高領袖，誰反对他，全党共誅之全国共討之。

> 林彪：《在中央政治局扩大会議上的講話》
>
> 一九六六年五月

一、惡毒攻击我們偉大領袖毛主席

中国也要反对个人崇拜，不要喊万岁，不要唱东方紅。

> 刘少奇《在盧山会議上的講話》
>
> （５９年８月１７日）

我过去搞毛主席的个人崇拜，現在不搞了，搞邓小平的个人崇拜。

> 刘少奇《在軍委扩大会議上的講話》
>
> （５９年八月１７日）

我过去从来沒喊过毛主席万岁。

> 陶鑄《陶鑄的一次报告》
>
> （６３年８月１７日）

（按：最响亮的歌是《东方紅》，最伟大的領袖是毛泽东。对毛主席我們就是要无限热爱、无限敬仰、无限崇拜。）

我們服从党，服从中央，服从眞理，而非（不是）服从个人。任何哪一个人都不值得我們服从的。

　　　　刘少奇《組織上的和紀律上的修养》（41年秋）

不要把中央和主席倒提，应是中央才是主席，个人作用和集体作用要正确。

　　　　陶鑄《天津会議上的講話》

要跟共产党走，不要跟着那个人走。

　　　　陶鑄《在广州会議上的講話》

　　　　　　（63年3月5日）

（按：毛主席是中国革命和世界革命的伟大舵手，我們不跟毛主席走跟誰走？！）

馬克思、恩格斯、列宁、斯大林、毛主席都犯过許多錯誤。

　　　　刘少奇《在哲学社会科学学部的講話》

　　　　　　（63年）

一九六一年四月下旬，刘少奇到湖南宁乡炭子冲时，与当地农民干部談这几年灾害时說："毛主席也犯了錯誤。"

　　　　（見刘少奇医生揭发刘少奇的大字报）

毛主席从来沒有說过他不会犯錯誤。

　　　　邓小平《在团省市委書記会上的講話》

　　　　　　（57年）

他們以太阳来歌頌我們的事业，歌頌我們的党和領袖……但是又有誰說太阳毫无缺点呢？……而且大家都知道并且也都指出过，太阳本身上还有黑点。

　　　　陶鑄《太阳的光輝》

　　　　　　（59年）

（按：刘、邓、陶梦想动摇毛主席的崇高威望办不到！）
反对毛主席只是反对个人。

> 刘少奇《在扩大的中央工作会议上的講話》
> （６２年）

清华有一个学生，写了"拥护党中央，反对毛主席"的标语，如果保护他一下，保护他的自由，讓他活动，讓他多写几条反动标語，多发表反动言論，这并不妨碍大局。

> 刘少奇《在北京市大中学校文化革命积极分子代表大会上的講話》
> （６６年７月２６日）

（按：刘少奇的心比蝎子还毒，他想煽动人們反对毛主席。）

領袖不能自封，那得人家承認，自己承認是不算数的。

> 刘少奇《对北京日报的談話》
> （５８年６月３０日）

刘少奇說：許多事情都是我作的，出名都是毛主席。

> （見新西大大字报：《打倒中国的赫魯晓夫——刘少奇》）

老的不行嘛！不要占着茅房不拉屎，要下台，要讓位，不能摆老資格。

> 刘少奇《同薄一波的談話》
> （６１年７月６日）

（按：这里暴露了刘少奇篡党篡政的狼子野心，我們要坚决打倒刘、邓、陶！誓死保卫毛主席！）

毛泽东思想是馬克思列宁主义发展的一个嶄新阶段，是当代最高水平的馬克思列宁主义。

> 林彪：《在庆祝无产阶級文化大革命群众大会上的講話》　（一九六六年）

我們要把毛泽东思想的伟大紅旗举得高高的，要用毛泽东思想統一全党、全国的思想，进一步促进人的思想革命化，挖掉資本主义的根子，防止修正主义。

> 林彪：《对軍事院校講話》　（一九六六年）

二、疯狂反对毛泽东思想

馬克思主义的內容，是有世界历史以来无比丰富的，世界上任何大的原則性問題均解决了。

> 刘少奇《对馬列学院学員的講話》

只講毛泽东思想，不講馬列主义，毛泽东思想就会变成无源之水。在反对現代修正主义斗爭中，我們要高举馬列主义大旗。

> 陶鑄《在天津会議上的講話》

（按：毛泽东思想是当代馬克思列宁主义的頂峰，全世界誰也不能代替毛泽东思想。）

刘少奇給胡乔木下达黑指示說："主席的話不要用'教导'，'指示'等詞"。

> （見胡乔木的检查）

列宁写的文章改动很大，可見第一次写时是有錯誤的，毛主席的稿也一改再改，就是最初不够准确。

> 《陶鑄在座談会上的講話》
> （61年8月5日）

马克思列宁主义，毛泽东思想，彻底是"是"还是"非"要研究一番才知道。

　　　　刘少奇　　（51年11月4日）

毛主席湖南农运調查，分阶級办法，基本上也合乎馬克思主义。

　　　　刘少奇《　在全国土地会議上第一次总結报告》　　（47年9月）

毛主席不是說要"大兴調查研究之风"嗎？現在已經不行了。

　　　　刘少奇《关于蹲点問題的报告》

　　　　　　　　（64年8月1日）

老三篇很簡单，干部沒什么好学，主要是农民学习。干部要学习基本理論。

　　　　陶鑄《在广东花山公社对四清干部的講話》

　　　　　　　　（64年）

十三級以上干部学习馬、恩、列、斯著作（三十二本）为主，十三級以下学习毛选四卷。

　　　　陶鑄《在中南局对干部学习的规定》

　　　　　　　　（64年）

（按：林彪同志說："毛主席的話，水平最高，威信最高，威力最大，句句是眞理，一句頂一万句。"誰反对毛泽东思想，我們就打倒誰！）

一九六五年八月，在刘、邓黑司令部召集的一次中央書記处会議上，刘、邓下达黑指示說：学习毛主席著作"不能卡得太死，不能千篇一律，不要搞成形式主义，不要形成社会强制。"

刘少奇、邓小平《在中央書記处会議上的講話》

（65年8月）

毛主席語录可以学，但不要占过多的时間。

刘少奇《一九六六年八月二十二日談話》

毛选……有些文章学过很多遍，听报告一次不到就叫不积极。一个报告听一次就够了嘛！为什么要反复听！形式主义害死人！

邓小平《在中央書記处会議上的講話》

（65年8月）

党員課本要通俗一点，不要摘引毛主席的話就当課本上的話說。

刘少奇《同参加全国組織工作座談会的各大区組織部长和中組部部长座談时的指示》

（62年11月12日）

宣传毛泽东思想，不要庸俗化了，如打球也宣传。

陶鑄《天津会議上的講話》

有的机关每天下班后，規定学毛选，效果很差……形式主义，真害人。

邓小平《在中央書記处会議上的講話》

（65年8月）

和尚天天念經，你們共产党員也天天讀毛主席著作。

陶鑄《一九六五年的一次談話》

（按：魚儿离不开水，瓜儿离不开秧，干革命离不开毛泽东思想。刘、邓、陶想封鎖毛泽东思想，这是白日作梦！）

最 高 指 示

被推翻的地主买办阶级的残余还是存在，资产阶级还是存在，小资产阶级刚刚在改造。阶级斗争并沒有結束。无产阶级和资产阶级之間的阶級斗争，各派政治力量之間的阶級斗争，无产阶級和资产阶級之間在意識形态方面的阶級斗爭，还是长时期的、曲折的、有时甚至是很激烈的。

《关于正确处理人民內部矛盾的問題》

（一九五七年二月二十七日）

千万不要忘記阶級斗争。

《在八届十中全会上的講話》

（一九六四年九月）

"你們不是要消灭国家权利嗎？"我們要，但是我們現在还不要，我們現在还不能要。为什么？帝国主义还存在，国內反动派还存在，国內阶級还存在。我們現在的任务是要强化人民的国家机器，……

《論人民民主专政》 （一九四九年六月三十日）

三、抹杀階級斗爭，取消無產階級专政

現在国內敌人已經基本被消灭了；地主阶级早已被消灭了，资产阶級也基本上被消灭了，反革命也基本被消灭。我們說国內的主要阶級斗爭已經基本上結束了。那就是說，敌我矛盾已經基本上解决了。

刘少奇《在上海党員干部会上的講話》

（５７年４月２７日）

现在农村基本已合作化，私人工商业有了决定的改变，地主没有了，資本家也剩下一点尾巴了。

刘少奇《同罗馬尼亚大使談話記录》

（56年7月13日）

我国社会主义和資本主义誰战胜誰的問題，现在已經解决了。

刘少奇《八大政治报告》

（56年9月15日）

我們现在正处在一个新的时代，新的时代是什么內容呢？首先是阶級斗爭的时代已經过去了。

陶鑄《在华南师范学院的报告》

（58年6月）

社会制度要注意調查，阶級已經消灭了，就不应該强調阶級斗爭。

邓小平《在清华大学的講話》

（57年1月）

（按：刘、邓、陶拼命鼓吹"阶級斗爭熄灭論"，就是要我們放松警惕，他們好大搞資本主义复辟。我們要牢記毛主席"千万不要忘記阶級斗爭"的伟大教导，把社会主义革命进行到底！）

一切好事情都有它的坏的方面，无产阶級专政也有阴暗的一面，产生官僚主义。

刘少奇《和楊献珍、侯維煜的談話》

（56年7月）

阶級斗爭基本結束，反革命分子少了，刑事犯也少了，所以国家专政的机构可以縮小了。

刘少奇《在各省、市委組織部长会議上的講話》

（５６年１２月）

我們过去专政多了，以后可以放寬些。

邓小平《在清华大学的講話》

（５７年１月）

既然今天人民內部矛盾是主要矛盾，作为政权的专政职能是否要减弱呢？

一般地講，应当如此，随着阶級矛盾的解决和消灭，政权的专政职能要减弱……。

陶鑄《在广东省宣传工作会議上的总結报告》

（５７年４月１７日）

就是看到有"打倒共产党"的口号，也要首先检查我們有沒有不对的地方。

陶鑄《在广东省宣传工作会議上的总結报告》

（５７年４月１７日）

在一次会議上，陶鑄公开叫嚷："只是講些反动的話，写几条反动的标语，少数人在一起开些小会，講些怪話等等，就不要一下子跳起来，他写几条标语，就讓他去写，講几句怪話，就讓他去講。"

（見中共广东省委党校大字报）

（按：无产阶級专政是工人阶級、貧下中农的命根子，离了它，国家就要灭亡，人民就要遭秧。对地、富、反、坏、右、牛鬼蛇神就是要坚决鎮压，毫不留情！）

大的运动今后不可能再有了 ， 主要是集中精力搞經济建設。

> 刘少奇《在青年团中央第三次全体会議上的政治报告》
>
> （５２年８月２６日）

运动太多，統統是运动，而且是全国性的，看来是搞不通的。

> 邓小平《接見共青团三届七中全会代表时的談話》
>
> （６２年７月）

这两年有些地方我們搞"左"了，有些运动搞的过了火。……很少考虑到人家被斗后是多么痛苦。

> 陶鑄《在广州会議上的講話》
>
> （６２年３月５日）

这几年連接着搞运动，弄得大家很緊张。我想今后主要是自我思想改造！尽可能不搞运动或少搞运动。

> 陶鑄《在广州会議上的講話》
>
> （６２年３月５日）

（按：毛主席說："現在的文化大革命，仅仅是第一次，以后还必然要进行多次。革命的誰胜誰負，要在一个很长的历史时期內才能解决。如果弄得不好，資本主义复辟将是随时可能的。全体党员，全国人民，不要以为有一二次、三四次文化大革命，就可以太平无事了。千万注意，决不可丧失警惕。"）

最 高 指 示

"攻其一点或几点，尽量夸大，不及其余。"这是一种脱离实际情况的形而上学的方法。一九五七年資产阶級右派分子向社会主义猖狂进攻，他們用的就是这种方法。

《工作方法六十条》（１９５８年１月３０日）

※　　　※　　　※

总路綫、大跃进、人民公社，这是我国勤劳勇敢的六亿五千万人民的伟大决心和智慧的表現，是我們党和我国各族人民的伟大領袖毛泽东同志創造性地把馬克思列宁主义的普遍眞理同中国实际結合起来的产物。

《中共八届八中全会关于开展增产节約运动
的决議》　　（１９５９年８月１６日）

四、反对三面紅旗，大搞資本主义复辟

这几年我們的工作中是有不少缺点和錯誤的……好象一个人害了一場大病。

刘少奇《在扩大的中央工作会議上的講話》
（６２年１月２７日）

三力（人力、地力、財力）高揭，过七、八年也难复原。

刘少奇《１９６２年的一次講話》

有的同志說，人民公社办早了。不办公社是不是要好一点？当时不办，也許可能好一点。

刘少奇《在扩大的中央工作会議上的講話》
（６２年１月２７日）

这几年确实做了許多錯事，影响了党和国家的威信，帝国主义、修正主义看不起我們，人民埋怨我們，是应該埋怨的，罵我們是該罵，罵的好。

　　　　邓小平《在共青团三届七中全会上的講話》
　　　　　　　（62年7月7日）

相当多的同志怀疑总路綫錯了，三面紅旂不正确。这样看，这样議論都是可以的。

　　　　陶鑄《62年5月1日的講話》

三年来，所有制破坏了，积极性破坏了。天灾不是主要的，人事是主要的。

　　　　邓小平《在中央工作会議上的講話》
　　　　　　　（61年6日）

我到湖南一个地方，农民說是三分天灾，七分人禍。你不承認，人家就不服。

　　　　刘少奇《在扩大的中央工作会議上的講話》
　　　　　　　（62年1月27日）

　　（按：大家想一下，是誰才說得出这样的話呢？是誰才这样攻击我們的三面紅旂呢？是美帝、苏修、各国反动派和国內的地、富、反、坏、牛鬼蛇神。刘少奇、邓小平、陶鑄一伙是地主、資产阶级的代言人，是国內外反动派的忠实走狗。）

　　現在搞自由市場……还有地下工厂，另外农业上还要有家庭副业、自留地。

　　　　刘少奇《关于高級党校学員整风問題的談
　　　　話》　（57年5月7日）

社会上有点資产阶级也好，这批人积极得很，很会鑽空子，他們可以补我們的缺陷。

185

刘少奇《在禁止商品"走后門"会議期間的講話》

（６１年１０月２２日）

自由市場还是要搞下去的……社会上产生一些資产阶級分子并不可怕，不要怕资本主义泛濫。

刘少奇《在国务院財貿办公室付主任姚依林汇报时的講話》

（６０年１０月）

应当肯定自由市場的开放有很大好处，是完全正确的。

陶鑄《在广东省农业生产积极分子会議上的报告》　（５７年２月１６日）

开地下工厂也好，他們生产的东西，除了騙人的以外，都是有用的，他們鑽空子发財，恰恰是发現我們計划上的缺点，把我們的空子补起来。

刘少奇《在禁止商品"走后門"会議期間的講話》　（６１年１０月２２日）

有人要开私人工厂，可不可以呢？……我看也不怕，它是一个补充嘛。有这么一点资本主义，一条是它可以作补充，另一条是它可以和社会主义經济比較。

刘少奇《在第一届人大常委会第五十二次会議上的講話》　（５６年２月２９日）

工业要退够，农业上也要退够，包括包产到戶、单干。

刘少奇《１９６２年６月的一次講話》

勉强搞下去，农民是担心的，群众沒信心，你今年搞不好，明年还搞不好，你不讓单干，不行嘛，今年不单干，明年要单干，你不讓他单干，他暗单干。

刘少奇《关于加强生产責任制、提高农活质量問

題汇报时的插話 》 （62年8月27日）

现在最主要的問題，是多生产粮食，只要能增产，单干也可以，不管白猫黑猫，能捉住老鼠就是好猫。

邓小平《 在中央書記处会議上的講話 》

（62年夏）

刘少奇同意重灾区可以包产到戶。

（田家英1962年在湖南調查时的传达）

零碎的土地也可以包产到戶，讓社員討个便宜。

刘少奇《 在炭子冲大队工作队汇报会上的談話 》

（61年5月4日）

只有"三包"工作搞好，才能調动社員的积极性，才能最終地促进生产的发展。

陶鑄《 要严肃对待"三包" 》

现在必须坚决把自留地按规定交給社員，使他們有些經济上的小自由。

陶鑄《 中南通訊 》

（60年12月17日）

（按：又是"自由市場"、又是"地下工厂"、又是"包产到戶"、"分田单干"，刘、邓、陶复辟資本主义的野心比赫魯晓夫大的多。）

最 高 指 示

思想和政治是统帅，是灵魂。只要我們的思想工作和政治工作稍为一放松，經济工作和技术工作就一定会走到邪路上去。

《工作方法六十条》 （１９５８年１月３１日）

　　　※　　　※　　　※

不重視思想的作用，是庸俗的唯物論，机械的唯物論。在社会主义时代，在財产公有制的条件上，忽視先进思想的作用，搞物質刺激是不行的，是非常危险的。

林彪：《在中央政治局扩大会議上的講話》

（１９６６年）

五、鼓吹物质刺激，反对政治挂帅

刘少奇在中央工作会議的一次座談会上說："几年来有些地方只强調政治挂帅，否定物質利益，結果政治挂帅把物質利益挂光了。" （見人民日报馬××的揭发材料）

为了培养专家，可以不讓他們入党，不讓他們参加政治活动，……苏联培养李森科就是这样做的。

　　刘少奇《同安子文的一次談話》 （６０年）

我們天天講革命化，突出政治，但也要有物質。……只空談政治，也不能解决問題。

　　陶鑄《在湘潭地委召开的公社党委書記会議上的講話》 （６５年）

过去我們搞东西靠政治的办法……那样不仅搞不到，而且破坏生产，越搞越少，现在要采取經济的办法。

　　陶鑄《在对港澳出口会議上的講話》

（61年3月14日）

在一次黑会上，陶鑄講到一个支部書記拿着两斤猪肉、一付猪肝慰劳生病教师："說什么时是政治思想工作？一付猪肝就是最好的政治思想工作。"

陶鑄《一九六二年的一次黑报告》

（按：毛主席說：政治是統帥，是灵魂。大庆、大寨、原子弹．万吨水压机不是錢买出来的，不是物質刺激出来的，而是广大工农兵突出政治，突出毛泽东思想的結果。）

矛盾主要表現在分配問題上，工人农民分配不多就要鬧事。……你分多了，我分少了，大家都不願意干，生产力就受到阻碍。

刘少奇《在上海市党員干部大会上的講話》

（57年4月27日）

沒有質量就沒有产量，沒有产量工分就不值錢，工分不值錢，大家越不干。

刘少奇《关于加强生产責任制，提高农活質量問題汇报时的插話》

（62年8月27）

现在有些人不会还不学，你沒有奖励制度，他为什么要学？有技术的工分要高。

刘少奇《关于对加强生产責任制，提高农活質量問題汇报时的插話》

（62年8月27日）

目前，公社实行劳动工资奖励，除了吃粮等以外，每月发几块錢，社員們就高興得不得了。

刘少奇《在視察河南人民公社时的談話》

（５８年９月２４日）

战士饭吃好了，精神就特别痛快，就感到当兵还有味道，其它的苦也就受得住，这样思想问题就少，工作劲头就大了。

陶鑄《一九五一年对一个連队干部的談話》

（按：看！这班"大人物"的灵魂是多么肮脏，满脑袋里都是金錢、工資和奖励。他們还妄想把这一套硬加在工人、农民、战士的头上，这是对我們的极大侮辱，我們坚决不答应！）

有了較多的公共财产，才会使合作社象鋼骨水泥般地巩固起来，否則会象沙滩一样容易散掉。

邓小平《整风运动报告》

（５７年９月）

光是依靠斗資本主义思想是解决不了問题的。要巩固合作社，使社員坚决走社会主义道路，最基本的还在于搞好生产，增加收入。

陶鑄《一九五七年十二月的一次講話》

（按：巩固集体經济，巩固合作社，不能靠财产，不能靠金錢，只能靠用毛泽东思想武装的亿万貧下中农，靠他們走社会主义道路的决心。王国藩"三条驴腿"的"穷棒子社"就是靠毛泽东思想起家的，就是靠突出政治取得胜利的。）

搞那一行的人，对那一行的东西，可以允許他多买一点，比如說，卖热水瓶的人可以允許他多买一个热水瓶；卖粮食的，每月可以多买斤把粮食；卖水果和卖糖的，也可以多买一点，但只限于这个行业的人自己用，你們应該有这样一个制度。

刘少奇《在国务院财貿办公室副主任姚依林汇报时的講話》

（６１年１０月）

唐山汽車司机給商业部門送煤，經常要点东西，可否給他們开点前門。

> 刘少奇《在国务院財貿办公室副主任姚依林汇报时的講話》
> （61年10月）

（按：在經济困难时期，刘少奇公开鼓吹"走后門"。）

物質刺激还是要一点曜！

> 刘少奇《在参观成都量具刃具厂时的談話》
> （60年5月5日）

我們革命都靠物質刺激。过去我們也是靠物質刺激，社会主义建成后，就靠物質刺激走向共产主义。

> 邓小平《接見印尼〈人民日报〉代表团和越南〈学习〉杂志代表团的談話》
> （64年9月28日）

物質刺激要同精神刺激并重，光說空話，不給工人物質利益是不行的。

> 邓小平《在討論〈工业七十条〉时的发言》
> （61年秋）

要发揮地方、部門、企业的积极性，要有点小自由，要有奖励制度，不一定奖产品，奖錢也可以。

> 刘少奇《对物資工作的指示》
> （62年6月5日）

企业里面当前一个很重要的問題是奖励制度，奖励制度搞好了，問題就解决了。

> 邓小平《在討論〈工业七十条〉时的发言》
> 61年秋）

过去条例上写适合計时就計时；适合計件就計件；主要实行綜合奖，也可实行单項奖。要說有"修正主义"就是这一些吧？！看来还得这么写。

邓小平《在薄一波汇报修改《工业七十条》会議上的談話》

（65年5月28日）

（按："物質刺激"是修正主义的"迷魂湯"，它想誘人們忘記革命，去为金錢，奖励而奋斗。长此下去，非出修正主义不可，苏联就是一个很好的教訓。）

最 高 指 示

这一場斗爭是重新教育人的斗爭，是重新組織革命的阶級队伍，向着正在对我們猖狂进攻的資本主义势力和封建势力作尖銳的針鋒相对的斗爭，……这一次教育运动完成以后，全国将会出现一种欣欣向荣的气象。差不多占地球四分之一的人类出現了这样的气象，我們的国际主义的貢献就会更大了。

《前十条》一九六三年五月二十日

依靠工人阶级、貧下中农、革命干部、革命知識分子和其它革命分子，注意团結百分之九十五以上的群众、团結百分之九十五以上的干部……

《二十三条》一九六五年

六、破坏社会主义教育运动

"四淸"运动沒有搞好，这是全国性的。

刘少奇《对中組部、中监会、公安部等单位领导干部的談話》

（64年10月15日）

全国"四淸"运动在一年多的时間里，基本上打了敗仗，連一个公社也沒有搞好。

刘少奇《对广西自治区四淸运动的講話》

（64年）

敌人变聪明了，……搞得比我們共产党人更好，……而我的党、干部、至今沒有学会与地主资本家，蜕化变質分子的两面政权作斗爭，……所以在斗爭中打敗仗，斗他不贏。

刘少奇《在中央及北京干部会上的报告》
（64年）

（按：城乡社会主义教育运动是伟大领袖毛主席亲自领导的，它"不但制止了'单干风'、而且把农村阶级斗争的盖子揭开了，把各种矛盾揭开了，把各种破坏社会主义的牛鬼蛇神揭露出来了。"（見前十条）。而刘少奇却站在地主资产阶级立場上，一笔勾销四清运动的伟大成果，长资产阶级威风，灭无产阶级志气，我們工人阶级和貧下中农决不答应。）

这次搞"四清"、"五反"，基层干部沒有不来反一下、顶一下的。基层干部对待工作队的办法是：喂、頂、拖、哄、赶，最后躺倒不干。

刘少奇《一九六四年七月三十日下午的一次
講話》

有一些大队，就是我不出一个比較可靠的真正的领导核心，相当有一批，至少有三分之一，需要从外地派好的支部書記去，不派支部書記派个指导員也行。

刘少奇《在中央工作会議上，譚震林作报告
时的插話》
（64年5月）

生产队长不拉大队长下水，就不致大搞乱搞；大队长不拉公社下水，他也不致大搞乱搞；公社、区委不拉县委下水，他也不致大搞乱搞；县委下了水，他就要向地委、省委、中央找保护人。恐怕这是一个規律，这是敌人向我們斗争的一种手段。

刘少奇《在湖南省直属机关及地市委負責干
部会議上的講話》

（64年8月9日）

关于鋒芒对准干部的提法。我在党代表大会的总結中講：
"这次运动的中心是四清与五反，因而斗爭的鋒芒势必首先指向干部。"

　　　　　陶鑄《中南通訊》

　　　　　　　　（65年3月7日）

（按：毛主席說："我們的干部大多数是好的和比較好的"在二十三条又指出：这次运动的重点是整党內那些走資本主義道路的当权派。而刘少奇之流却把斗爭矛头对准所有干部，"打击一大片，保护一小撮"，为实现資本主義复辟做組織准备。臭不可聞的"桃园經驗"就是一个突出的典型。）

　　生产关系上有四不清，有貪污盗窃，投机倒把，多吃多占，搞清楚了，群众积极性就高了，不然积极性不会高的，生产就不能发展。

　　　　　刘少奇《在华东局、上海市負責干部会上的講話》

　　　　　　　　（64年7月21日）

这次四清强調清經济，要求搞彻底，强調退賠。

　　　　　陶鑄《給"灵川区前区委書記李明德同志自我检查"的批語》

　　　　　　　　（65年12月3日）

有意的整一下干部，要彻底算帐，要退賠清楚。退清了，还要写一个单子……刻一块石碑在这里。

　　　　　刘少奇《接見工作队負責人、县委書記、工委書記、公社党委書記、炭子冲大队和四个生产队干部、部分社員时談話》　　（61年5月7日）

（按："四清"运动是一次普遍的馬克思主义的教育运动，是防止資本主义复辟的重大措施。刘邓陶一伙想用干部退赔的几个錢，几斤粮蒙住我們貧下中农的眼睛，把"四清"运动引上邪路，办不到！）

毛主席不是說要大兴調查研究之风嗎？现在，在許多情況下，召集基层干部或貧下中农开两天座談会，他們就把情況告訴你，那样行不行呢？能不能調查得真实情況呢？調查不了的。

刘少奇《在湖南省直属机关及地委負責干部会議上的講話》

（64年8月9日）

要下去跑点，彻底鬧革命。沒有料到王光美的报告那样受到欢迎。当然，她有实际經驗，一报告就是六个半鐘头。我現在本来沒有資格发言，我就是听了她这一点。

刘少奇《一九六四年七月三十日下午的一次談話》

（按：刘少奇一口否定了毛主席"大兴調查研究之风"的伟大指示，却大吹特吹臭妖婆王光美的复辟資本主的臭"經驗"。一个在台上表演，一个在台下捧場，他們配合得多么巧妙啊！）

最 高 指 示

站在反动的資产阶級立場上，执行資产阶級专政，将无产阶級轟轟烈烈的文化大革命运动打下去 。顛倒是非，混淆黑白，围剿革命派，压制不同意見 ，执行白色恐怖 ，自以为得意，长資产阶級威风，灭无产阶級志气，又何其毒也！

《砲打司令部》——我的第一张大字报

一九六六年八月五日

七、鎮压無産階級文化大革命

哪里出事，哪里派人去！

刘少奇《胡克实传达的刘、邓的指示 》

（66年7月3日）

校党委不起作用了，沒有党的領导不行，工作組就是代表党的領导。

刘少奇《关于工作組問題的談話 》

（66年7月）

邓小平說："工作組是党中央派的，誰反对工作組就是反对我們，就是反对党中央。"

（見团中央揭发的材料）

現在是工作队专政。

陶鑄《在工作队支部書記联席会議上的講話 》

（66年6月14日）

（按：毛主席早在一九六六年六月十日的杭州会議上就明

197

确指示：不要急急忙忙派工作組，要讓群众自己解放自己，自己教育自己。而刘邓陶却反其道而行，趁毛主席不在北京的机会，大派工作組，疯狂镇压文化大革命，打击革命造反派。真是狗胆包天！）

对于假左派要坚决揭露，他們实际上是想夺权……还是把假左派真右派打退，才能向黑帮进攻。

刘少奇《胡克实传达的刘、邓的指示》

（６６年６月２９日）

大学生中，也要把右派分子揪出来，……高中应届毕业生，最打击个别最坏的，經过市委批准，可以批判斗争和戴帽子。

刘少奇《批轉中南局关于文化大革命的情况和意見的报告》

（６６年７月）

一、要把蒯大富当活靶子打；二、要把蒯大富一派搞成少数，批倒了他們才能巩固工作組的地位；三、資产阶級不給我們民主，我們也不給他們民主。

刘少奇《对妖婆王光美和女儿刘涛的黑指示》

（６６年７月３日）

写大字报的人就是打着"紅旂"反紅旂，大字报誰都能利用，写大字报的人很可疑，是不是黑帮不肯定。

刘少奇《給其女儿刘平平的指示》

（６６年６月２１日）

不要党（是指一个单位的党委）的領导，反对党的領导，不管他口号喊得多高，面目多好，都是假左派，真右派。

陶鑄《在天桥劇場对医药卫生系統的講話》

（６６年６月２５日）

（按：是誰这样的害怕革命群众？是誰这样疯狂地鎮压学生运动？是北洋軍閥，是蔣介石，凡是鎮压学生运动的人都沒有好下場，刘少奇一伙这样做只能是＂搬起石头打自己的脚＂，只能使自己更快地垮台！）

紅卫兵是秘密組織，也是非法的。

刘少奇《給其女儿刘平平的指示》

（６６年７月１４日）

邓小平反对＂紅卫兵＂，說：＂中学生中各种組織不要太多了，要統一到革委会和党、团組織里来。＂＂长期下去，后果不好，不要加强建立（紅卫兵），还是要发揮党的核心作用和团的助手作用。＂

邓小平《一九六六年七月六日的一次講話》

紅卫兵有什么了不起！到街上拿八分錢就可以买一个紅箍箍戴戴。

陶鑄《在中宣部的一次談話》

（６６年９月）

（按：紅卫兵是毛主席最忠实的紅小兵，是文化大革命的急先鋒。在一年多的时间里，他們在最高司令毛主席的指揮下，为无产阶級文化大革命建立了不朽的功勛。而党內最大的一小撮走資本主义道路的当权派竟敢如此誣蔑紅卫兵小将，真是千刀万剐不解我們的心头之恨！）

你們要把主要目标对付少奇同志、小平同志，把安子文問題作为次要方面是不对的。

陶鑄《在中央工作会議期間对中組部三百名干部的講話》

（６６年１１月２日）

我們过去干过許多年革命，老革命遇到新問題。小平同志就是老革命，我是中革命。

陶鑄《在人大辯論郭影秋問題大会上的发言》
（６６年８月２日）

刘邓的問題是資产阶級个人主义，作为刘邓的思想誰都有。

陶鑄《对中央組織部的談話》
（６６年１２月２５日）

制定資产阶級反动路綫的人，只是刘邓两人。他們对文化大革命很不理解，沒有經驗，只是認識問題。

陶鑄《在中宣部传达中央工作会議精神时的講話》
（６６年１１月２１日）

刘邓資产阶級反动路綫沒有起多大影响，很快就糾正了。

陶鑄《对中宣部革委会的講話》
（６６年１０月２０日）

刘邓还是中央常委，只能講是人民內部矛盾，我們不能講他們是走資本主义道路的当权派。

陶鑄《在中宣部接見部分同志时的講話》
（６６年１２月２８日）

（按：讀了这几段"保皇經"，就知道陶鑄和刘少奇、邓小平多么亲近。你看，他保刘邓多卖力气！）

在文化大革命中怀疑一切是对的。

陶鑄《在北京医大的講話》
（６６年８月２３）

主席还引火烧身——砲打司令部。

陶鑄《在北京飯店对中南各省(区)委書記的
講話》

（66年8月12日）

今天只能誓死保卫党中央，只能誓死保卫毛主席，除此以
外，任何人都不能起来保卫，你保卫了，还搞什么文化大革
命？

陶鑄《在人大辯論会議上的发言》

（66年8月21日）

每个司令部都不知是什么司令部……我是主张普遍的轟。
任何人都可以反对！

陶鑄《接見毛泽东思想紅卫兵武汉地区革命
造反司令部赴京代表团的講話》

（66年12月2日）

（按："怀疑一切"是无政府主义的口号。陶鑄見刘邓就
要垮台，想用这个口号掀起一场混战，把斗争矛头引向毛主席
司令部，好讓刘邓在混乱中溜掉。我們要識破这个阴謀，时刻
注意繼續維护毛主席的司令部絕对权威，按照毛主席的伟大
战略部署前进！）

最 高 指 示

誰是我們的敌人？誰是我們的朋友？这个問題是革命的首要問題。

《中国社会各阶級的分析》

一九二六年三月

我們說"帝国主义是很凶恶的"，就是說它的本性是不能改变的，帝国主义分子决不肯放下屠刀，他們也决不能成佛，直致他們的灭亡。

《丢掉幻想，准备斗爭》

一九四九年八月十四日

八、無耻地吹捧美帝,苏联
和人民公敌蔣介石

美国是有强大力量的，是世界上最强大的国家。

刘少奇《与某国友好代表团的談話記录》

（６５年４月２０日）

达到美国标准，就可以基本上按需分配。标准太高，就把共产主义推迟到遙远无期。

刘少奇《政治經济学敎科書讀書笔記》

（６０年）

美国确实很富，他們平均每人每年有二千斤粮食。

美国农业机械化等于三十亿个劳动力。

陶鑄《对广东高級知識分子所作的报告》

（６１年９月２８日）

就是在美国統治集团內部，也有一些头脑比較清醒的人，逐漸認識到战争政策未必对美国有利。

刘少奇《八大政治报告》

（56年9月15日）

美国怕我們，我們也怕美国，都怕。

陶鑄《在文艺界的講話》

（64年8月24日）

对于美国，我們也同样具有同它和平共处的願望。

刘少奇《八大政治报告》

（56年）

（按：美帝国主义是全世界人民最凶恶的敌人，刘少奇一伙却說它是"世界上最强大的国家"，是实现共产主义的"标准"，还胡說什么"我們也怕美国"，也要同美国"和平共处"，这真是一套混蛋的邏輯。）

现在苏联的情况当然已与那时不同，那里已經什么都显得很漂亮了。人民在一起常講生活，女人搽胭脂、抹口紅、戴宝石戒指……等等。

刘少奇《对留苏学生的講話》

（52年暑期）

我国也有些傾向，認为苏联不行了。我們对苏联是基本上满意的。

邓小平《在清华大学的講話》

（57年1月12日）

苏联共产党为反对斯大林的个人崇拜和批判斯大林晚年所犯的錯誤而进行斗爭……表现了列宁党勇敢的自我批評和党內生活的高度原则性以及馬克思列宁主义的伟大生命力。各国共

203

产党都从苏联共产党的經驗中吸取到莫大的教益。

陶鑄《光輝的成就，宝貴的經驗》

（５７年１１月７日）

赫魯晓夫說我們的人民公社搞錯了，其实他也搞，不过不叫公社，叫集体农庄的"庄际联合"。

陶鑄《在广东省文教部門的报告》

（６２年５月２３日）

我們应当坚持向苏联学习，学习苏联各項先进經驗。

刘少奇《在北京各界庆祝十月社会主义革命

四十周年大会的講話》

（５７年１１月７日）

向苏修要做扎扎实实的团結工作。

邓小平《参加八十一国共产党会議回国后的

一次講話》 （６０年）

苏联最正确，我們革命是有經驗的，要很好学习苏联。

陶鑄《传达中央全会时所講》

（５８年）

（按：刘邓陶簡直把赫魯晓夫修正主义集团捧上了天。什么"苏联最正确"啦、什么"要向苏联学习"啦。他們說的"最正确"，就是苏修搞的假共产主义，他們要向苏联学习的正是赫魯晓夫复辟資本主义的"經驗"。）

估計苏联新領导，比以前有了３０度的轉变。

刘少奇《在中央政治局会議上的講話》

（６４年１０月）

以赫魯晓夫同志为首的苏联共产党中央委員会万岁！

刘少奇《在列宁格勒基洛夫工厂为欢迎中国

党政代表团举行的群众大会上的講話》

（６０年１２月３日）

《在明斯克車站上的致詞》

（６０年１２月５日）

在莫斯科各界为欢迎中国党政代表团举行的苏中友好群众大会上的講話》

（６０年１２月７日）

（按：直到一九六〇年，刘少奇还在莫斯科对着赫鲁晓夫三次高呼"万岁"，真是无耻到了极点。）

三民主义国民党是一面具有大作用的旗子，孙中山和蒋介石两位国民党領袖，也同样是旗帜。……如果被革命者拿到手里，就是革命的旗帜。

刘少奇《中国革命的战略与策略》

（４１年）

我代表八路軍說几句話，首先向坚定領导抗战的最高統帅蒋委員長致崇高的敬礼，……

邓小平《八路軍是坚决抗战的，誣蔑造謠不能損伤他》

（３９年７月１１日）

一个是共产党、八路軍及一切至誠救国分子和广大民众所拥护的路綫，也就是忠实的执行着我国領袖蒋委員長的路綫。

蒋委員長說："防共就是灭华"，真是一針見血的至理名言。

邓小平《在敌后方的两个战綫》

（３９年５月１５日）

蒋介石过去也提出耕者有其田的主张，实行耕者有其田。

刘少奇《群众运动的方向》
（４６年）

蒋委员长是我的校长，我是他的学生。

陶鑄《和馬連良的談話》

在接见中国京剧团的宴会上，陶鑄问反动艺人馬連良：

"你见过蒋介石没有？"馬說："見过。"陶鑄又問："蒋介石好看不好看？"馬連良还没回答，陶鑄自己答道："我說好看。"

陶鑄《馬連良的談話》

（按：蒋介石是头号卖国贼，是中国人民的公敌。而刘少奇一伙至今仍对他念念不忘，眞是臭味相投！）

一九六六年毛泽东，发动"文化大革命"，经过五十多天，人们並不理解他的眞正目的，於是他亲自上了陣，写了《炮打司令部》的大字報。刘少奇少死无疑矣！ 古月斋

最 高 指 示

馬克思主义的道理千条万緒，归根結底，就是一句話：造反有理。几千年来总是說：压迫有理，剝削有理，造反无理。自从馬克思主义出来，就把这个旧案翻过来了，这是一个大功劳。

《在延安各界庆祝斯大林六十寿辰大会上的講話》（一九三九年十二月二十一日）

他們老是站在資产阶級、富农……的立場上替較少的人打主意，而沒有站在工人阶級的立場上替整个国家和全体人民打主意。

《关于农业合作化問題》

九、宣揚"剝削有功"，
为地主資本家涂脂抹粉

现在剝削是救人，不准剝削是教条主义。现在必須剝削，要欢迎剝削。

刘少奇《对安子文、王甫的口述指示》
（50年1月13日）

資本家现在的剝削，不但沒有罪恶，而且有功劳，工厂开得多，剝削人越多，对人民有利越多。

刘少奇《在天津工商业家座談会上的講話》
（49年4月25日）

資本家先生，我請求你剝削一下，我要到你工厂里面做工，剝削一下，我就有飯吃，老婆孩子就能活下去。如果不剝削，不讓我工作那就不得了！

刘少奇《在政协全国委員会民主人士学习座

談会上的报告 》

（51年5月13日）

（按：刘少奇說：＂剝削有功＂、＂剝削是救人＂，地主資本家是救人的活佛。而从我們工人和貧下中农的血泪史中却得出了相反的結論：＂剝削有罪＂、＂剝削是吃人＂，地主資本家就是吃人的魔鬼！）

有些資本家他开工厂不是＂唯利是图＂，而是为了要使中国富强，多搞一些工厂跟帝国主义爭一口气，……他这种思想是代表人民、为人民服务的，为国家服务，与人类利益一致的，所以还有他的进步作用。

刘少奇《一九五一年五月十三日的报告 》

中国的資产阶级，絕大多数是艰苦奋斗出来的，有本領，他們有的是在美国留学办企业，我們不如資产阶級，要到上海去参观他們办的中小型企业。

邓小平《解放初期的一次講話 》

王槐青千古。

刘少奇为他的狗岳父天津大資本家王槐青送的挽联上的题詞

（按：資本家都是工人血汗养肥的，沒有一个是＂艰苦奋斗出来的＂，資本家的＂本領＂就是吃人！而刘少奇一伙却硬說这是＂为人民服务＂是＂为了使中国富强＂还要我們向資本家学习，并无耻地祝愿資本家＂千古＂永存！真把我們的肺都气炸了。）

讓雇工、讓单干，应該放任自流。……现在流出点富农来好。

刘少奇《对安子文、王甫的口头指示 》

（50年1月12日）

不能**彻底消灭富农經济**，群众不反对的富农，要保留一部份富农。

> 刘少奇《在六地委报告中关于工作和土地部分的摘要》 （47年4月23日）

什么是富农？有三匹馬、一副犂、一挂車的农民算不算富农？这不是富农，是中农！……这种中农，应該大大的发展。

> 刘少奇《对安子文、王甫口头指示》 （50年1月12日）

在农会中要包括一切从事体力劳动的农民——雇农、貧农、中农、富农都在內。

> 刘少奇《抗日游击战爭中各种政策問題》 （37年10月16日）

（按："讓雇工，讓单干"，"要保护富农"，就是要广大貧下中农永远挨餓受冻、当牛做馬；就是讓地主富农永远騎在我們脖子上作威作福。刘少奇眞是貧下中农的死对头！

对工人不是不贊成剝削，而是怕无人剝削。

> 刘少奇《在北京干部会上的报告》 （49年5月19日）

工人要求資本家剝削，不剝削就不能生活。

> 刘少奇《对安子文、王甫的口头指示》 （50年1月13日）

工人不要搗乱，工人还是听公司的。

> 刘少奇《在天津东亚毛紡織厂的講話》 （49年4月）

（按：說工人"贊成剝削"、"要求剝削"，又罵工人"不要搞乱"，老老实实地为資本家卖命，刘少奇和資本家是一个鼻孔里出气！）

雇农希望剝削，不是反对剝削。

> 刘少奇《在中国共产党第一次全国組織工作会議上的报告》
>
> （５１年３月２８）

今天关内的难民到东北去，要东北的富农剝削他，他就謝天謝地了。

> 刘少奇《对安子文、王甫的口头指示》
>
> （５１年１月１３日）

什么是劳动致富呢？就是劳动发财，农民是喜欢发财的。

> 刘少奇《在政协全国委員会民主人士学习座談会上的报告》
>
> （５１年５月１３日）

现在群众的思想觉悟水平，基本上还是打地主貪浮财的水平。

> 陶鑄《一九六五年关于社教运动的指示》

农民到底是农民，小生产者，土改时沒培养好，以后又不加强思想教育，怎么能够指望他們在社会主义革命斗爭中能起到核心作用呢？

> 陶鑄《一九六五年关于社教运动的指示》

（按：毛主席說："沒有貧农，便沒有革命。若否認他們，便是否認革命。若打击他們，便是打击革命。"刘少奇一伙这样罵貧下中农，这样恨貧下中农，正好說明他們是一伙反革命。）

最　高　指　示

我們这个队伍完全是为着解放人民的，是彻底的为人民的利益工作的。

《为人民服务》一九四四年九月八日

我們为人民利益而死，就是死得其所。

《为人民服务》一九四四年九月八日

要特别警惕象赫鲁晓夫那样的个人野心家和阴谋家，防止这样的坏人篡夺党和国家的各级领导。

《关于赫鲁晓夫的假共产主义及其在世界历史上的教训》

一九六四年七月

十、妄图用反动的資産階級世界观来改造社会、改造國家、改造党

討小便宜的人吃大亏，吃小亏的人撑大面子。

刘少奇《对一九五二年暑期留苏学生的講話》

（52年7月）

我劝你們，不要怕吃小亏，以后才会占大便宜。

刘少奇《在北京地质学院五七年暑期毕业生代表座談会上的講話》

（57年5月）

占小便宜，吃大亏，吃小亏，占大便宜.这是合乎馬克思主义无产阶級世界观的。

刘少奇《和王光美一家的談話》

（60年1月31日）

我也是中学毕业，沒进大学，和我一起的有許多人进了大学，我不是吃了亏嗎？不見得。……参加革命我是第一代，現在当了中央委員。

刘少奇《在河南許昌学生代表座談会上的講話。》

（57年3月5日）

我劝你回乡以后不当干部，連会計也不当，……認眞地种三、五年地，到那时一切农活都学会了，农民能做的事，你們都能做，比任何农民都不差，你們有文化，农民沒有，比农民多一条，再加上一条跟群众关系搞得好，具备三条就能当乡、县、省干部，也可以到中央，那就看各个人的本事了。……你們是中国第一代有文化的农民。第一代要得便宜的，参加革命我是第一代，现在成为中央委員，第二、三代象这样就不成了。

刘少奇《在河南許昌学生座談会上的講話》

（57年）

（按："吃小亏、占大便宜"就是"下小本，賺大利錢"，这全是奸商投机犯的那一套鬼把戏！）

为了党和革命的利益而鍾爱自己，保护自己的生命与健康，增进自己的理論与能力。

刘少奇《論共产党員的修养》（39年）

一九四一年，刘少奇在盐阜根据地的大顧庄曾向当地党員和农救会会員說："敌人来了，要忍讓，不能我死，敌人人多，不要硬拚，万一被敌人捉去，你們就說：保証以后不再給新四軍做事，你們要我，我就跟你們去。"

（見南开大学卫东赴盐阜調查組調查材料）

有一次，刘少奇派一人去白色恐布下的上海执行任务临行前，刘少奇对他說："一旦被敌人捉去，在不出卖党的原则的前提下，可以填写敌伪的一般表格，也可以写自首声明。"

（見南开大学卫东赴盐阜調查組調查材料）

在反动派統治的环境下，在必要时还要放弃党的一些工作来保存的同志。

刘少奇《論共产党員的修养》

（39年）

对死为什么不挑一下呢？人总有一死，为什么不能挑一点好的死法呢？

陶鑄《对观摩京剧〈紅灯記〉的中南戏剧界的代表的講話》

（64年）

（按：这就是刘少奇的"叛徒哲学"和"活命哲学"，为了保全自己的狗命，可以出卖革命、出卖同志、出卖党。就是靠着这个反动理論，刘少奇在一九三六年指使关在"北平軍人反省院"的数十人自首叛党，成了可耻的叛徒。）

我們加入党，是看到个人問題橫竪解决不了，先解决国家利益，国家社会問題解决了，个人問題也解决了。

刘少奇《和王光英一家的談話》

（60年1月31日）

在一次会議上·陶鑄曾不知羞耻地說：大革命时，我在一个部队里当連长，一天，我已准备好了便服，决心开小差了。那晚到了一个墟鎮，吃了一頓舘子，感到还是革命好，如果不革命，連这頓舘子都吃不到，才又改变决心干下去。

（見"批陶战报"揭发材料）

（按：看！这就是那些"一貫革命"的"老革命"的自我表白。他們参加革命归根結底还是为了自己，甚至为了吃上舘子，才决心干下去，真是可耻到极点。）

外国出了个馬克思，中国为什么不能出个"刘克思"？

刘少奇《在华东党校的講演》

一九四九年，刘少奇来到天津，他曾对工人說："現在你們的地位提高了，要在过去你們能見到象我这样的人嗎？我現在在中国不是数一就数二。

（見东亚毛紡織厂老工人的揭发材料）

在全国我不算最神气，但也够神气了。

陶鑄《接見华东工学院赴京代表团时的講話》

白色恐怖时期，干革命，随时都要流血，我們真是老革命了。

陶鑄《在接見中南地区部分革命师生时的講話》

（66年8月25日）

你說我对貧下中农感情不丰厚，我講貧下中农对无产阶級感情沒有！我代表共产党！

陶鑄《在医科大学的講話》

（66年8月25日）

（按：想当初，这群坏蛋是多么横行霸道、无法无天啊！他們拍着胸膛叫喊：老子就是党，反我就是反党！但是，工农兵不吃你那一套！紅卫兵小将不吃你那一套！你反对毛主席，我們就坚决打倒你！想想他們过去的威风，看看他們今天的下場，这群小丑是多么令人发笑啊！）

刘子厚反党反社会主义反
毛澤东思想的黑話集

河北大学毛泽东思想八一八红卫兵
一九六七年四月

最 高 指 示

你們要关心国家大事，要把无产阶级文化大革命进行到底！

人民靠我們去組織。中国的反动分子，靠我們組織起人民去把他打倒。凡是反动的东西，你不打，他就不倒。这也和扫地一样，扫帚不到，灰尘照例不会自己跑掉。

目　　录

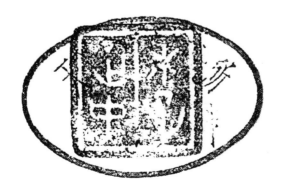

前　　言

　　規模巨大的无产阶级文化大革命，在以毛主席为代表的无产阶级革命路綫的指引下，进入了一个嶄新的阶段。全省广大工农兵、革命师生、革命干部奋起千鈞棒，猛烈地抨击着河北省委的一小撮頑固坚持资产阶級反动路綫的党內走资本主义道路的当权派。

　　大量事实証明：以刘子厚为首的河北省委絕不是什么"无产阶级司令部"，而是一个地地道道的、不折不扣的修正主义司令部。第一书記刘子厚，就是这个修正主义司令部的黑司令。联系刘子厚的过去和他在无产阶级文化大革命运动中頑固地坚持资产阶級反动路綫，以及对党对羣众玩弄的两面手法，就充分地暴露了他本来就是一个彻头彻尾的党內走资本主义道路的当权派。

　　多年以来，刘子厚在反革命修正主义分子总头目刘少奇、邓小平、彭眞、周揚等人的培植和縱容下，披着紅袍子，打着黑旗子，抓着印把子，干了許多反党反社会主义反毛澤东思想的罪恶勾当，散布了一系列反党反社会主义反毛澤东思想的荒謬謬論。

　　刘子厚是一个典型的反革命两面派。他之所以能长期蒙蔽一些人，同他这种两面派的手段有很大关系。在强大的无产阶級专政的条件下，刘子厚挂着羊头买狗肉，打着"紅旗"反紅旗，是潛藏在我們党內最危险的人物，是埋在毛主席身边的一颗定时炸彈！

　　对于刘子厚的反党反社会主义反毛澤东思想的罪行，必須进行彻底揭发批判，使其反动本質及其丑恶的灵魂暴露在光天化日之下，全党共誅之，全省共討之。

根据全省工农兵、革命师生、革命干部的揭发及我們的了解，现将刘子厚几年来反党反社会主义反毛澤东思想的部分黑話初步整理如下，供革命同志們分析、批判。

一、吹捧刘少奇、彭眞、周揚、林鉄等人，与毛主席大唱对台戏

极力吹捧中国头号党內走资本主义道路的当权派刘少奇、资产阶级的臭妖婆王光美

一九六四年七月二十九日，刘子厚在省委工作会議的总結报告里說："会議中少奇同志到我們这里来給了很重要指示，尤其是发动羣众搞好四清五反得到了很多精神，雪峯同志到承德去又給了我們許多指示。"

又說："少奇說：'别的星球我們管不了，地球的人类我們是要管的，我們立足于中国，着眼于世界，不要因小失大，这就是我們世界观問題。'"〔按：刘子厚在四清中，积极推行形"左"实右的机会主义路綫，这不是偶然的，一九六四年七月五日王光美在河北省委工作会議上大講了"桃園經驗"，二十九日刘少奇就又亲自作了"很重要指示。"以后，刘子厚竭力吹捧刘少奇，贬低毛主席。〕

一九六五年五月十日，刘子厚在省文化工作会議上的总結报告中說："少奇同志曾經講到，社会主义的文化需要大創造。他說：'社会主义文化搞了十多年，还需有更大的創造，

社会主义时代是轰轰烈烈的，比民主革命时代內容更加深刻，规模更加广闊，时间更加长远，比过去更偉大。社会主义文化广泛深刻地反映社会主义时代的偉大斗爭，应当比历史上任何时代的文化都要深刻、偉大。这需要文化艺术工作者付出更大的劳动，作出更大的努力，首先是作家，戏剧家要力求反映时代的偉大斗爭'。"

又說："少奇同志說：'百花齐放，百家爭鳴'是无产阶級极端坚定的阶級政策。"〔**按**：毛主席的《新民主主义論》、《在延安文艺座談会上的講話》、《关于正确处理人民內部矛盾的問題》和《在中国共产党全国宣傳工作会議上的講話》等著作，都是当代馬克思主义文艺理論发展的光輝頂峯，是无产阶級文艺事业的最高指示，它为我們照亮了文化革命的方向和道路。对这些，刘子厚只字不提，反而把刘少奇的黑話奉若神明，大肆引用，实乃令人气憤之极！〕

一九六五年八月十一日，刘子厚在省委十六次全会上关于农村四清問題的講話中說："少奇同志講过，运动要搞好，缺点和錯誤最好別超过一个指头。"

又說："阶級斗爭形势的特点，正象主席講的，少奇同志講的，'二十三条'上講的，是'和平演变'。"

一九六五年十一月十五日，在省委工作会議上的报告提綱中刘子厚說："許多同志經过蹲点，对主席所講的《人的正确思想是从那里来的？》《关于領导方法的若干問題》和少奇同志所講的，'誰領导誰更多一些'的問題，有了进一步的体会，尝到了蹲点的甜头，愿意长期蹲下去。"

又說："所以我們要重新学习主席《关于領导方法的若干問題》《人的正确思想是从那里来的？》等文章，学习少奇同志給江謂清同志的一封信，解决訊識問題，提高蹲点的自覚性。"

〔按：刘少奇的"誰領导誰更多一些"是反对毛澤东思想的黑話，怎么能和毛主席的著作相比呢。特別是一九六四年刘少奇給江謂清的信是一封黑信，刘少奇以反对教条主义为名，反对学习毛主席著作，以提倡蹲点为名，反对学习毛主席关于調查研究的一系列指示。刘子厚把这封黑信，奉为至宝，用以和毛主席著作並列，这是对我們最偉大的領袖毛主席的侮辱。〕

一九六五年十二月十五日，刘子厚在給邢台地委、总团党委的講話中說："主席总結了懶、馋、占、貪、变五个字，少奇同志提出'和平演变'。"

一九六五年十二月二十八日，在地委书記会議上关于农村四清問題的講話中說："少奇同志告訴我們說，有了第一期經驗，再有了第二期的經驗，大概明年你們就需要防止驕傲情緒了。"〔按：刘少奇所說的"經驗"，就是推行形"左"实右的机会主义路綫的黑經驗，"防止驕傲情緒"就是要在这条机会主义路綫的道路上干下去。刘子厚得此指令，速傳不待，真可謂是刘少奇的忠实信奉者。更令人气憤的是当毛主席对刘少奇在四清中推行的形"左"实右的机会主义路綫的批評之后，一九六六年四月三日出版的《河北四清通訊》还用大号鉛字刊載了《刘主席关于四清工作的重要指示》。〕

一九六六年一月十五日，刘子厚在河北省农村四清領导小組会上的講話中說："少奇同志講的防止产生修正主义的三条办法：四清，半工半讀，干部参加劳动，首先是把四清搞好。"

一九六六年二月五日于徐水县礼堂，在接見四清工作队員时刘子厚說："少奇同志講，这場四清运动比較起土改来，只有过之而无不及"。又說："少奇同志講，我們要認識这場运动。"〔按：关于农村社会主义教育运动的規模，性質，偉大意义，毛主席早在一九六三年就作了最全面最精辟的論述，並寫进了《中共中央关于目前农村工作中若干問題的決定（草案）》，一九六五年毛主席又亲自主持制定了二十三条。对这些，刘子厚都故意不提，反而張口閉口"少奇同志講"，用心何其毒也。〕

一九六六年八月二日，对河北大学等学校当前无产阶級文化大革命講的几点意見中說："在羣众大发动的情況下，革命委員会要不断进行改組，要按少奇同志講話的精神，經过羣众充分地进行酝酿討論，充分发揚民主，选举代表和革命委員会。"〔按：刘子厚这里指的"要按少奇同志講話的精神"，卽貫彻刘少奇、邓小平七月二十九日的講話。刘、邓这次的講話和他們批发的彭真的"二月提綱"、"中央八条"，都是他們破坏毛主席亲自发动和領导的无产阶級文化大革命的黑綱領。刘子厚提出要按刘少奇的講話精神就是要貫彻执行刘、邓的黑綱領，执行資产阶級反动路綫，反对毛主席的革命路綫。〕

一九六五年在全省四清战綫学习毛主席著作会議上的講話中刘子厚說："通过学习'双十条'和桃园、卢王庄的經驗，突出地解决了敢不敢彻底革命，敢不敢放手发动羣众的問題。"〔按："双十条"中的后十条是刘少奇搞的，桃园、卢王庄的經驗是王光美、林鉄搞的，这些都是刘少奇形"左"实右机会主义路綫的黑綱領和活样板。刘子厚大講通过学习这些东西的突出作用，本身就是有意抵制毛主席著作。〕

一九六四年七月五日，王光美在天津在省委召开的工作会議上报告"桃圓經驗"，报告后，刘子厚在会上吹捧王光美，說講的"很好"，是"活的馬克思列宁主义。"〔按：刘子厚吹捧王光美，王光美在报告中也曾吹捧了刘子厚。王光美受刘少奇之命抓四清，到桃圓"蹲点"，改名叫董朴是林鉄給"商定"的办法，在大队工作組里担任副組长，是刘子厚提出的建議。对这一点，王光美說："我下去这一段，所以能学到一些东西，跟刘子厚同志給我出的这个主意有关系。"請看，他們互相吹的多圓！〕

吹捧反革命修正主义分子彭眞

一九六五年十一月十五日，在省委工作会議上的报告綱中說："林鉄同志傳达了中央工作会議精神和主席的指示，后来，彭眞同志給我們做了报告。彭眞同志講得很生动，很深刻，使我們对中央工作会議的精神和主席指示了解得更好些了，大家都受到了很大的敎育和鼓舞。"〔按：刘子厚經常吹反革命修正主义分子彭眞，在四清中，刘子厚講話和作报告就引用彭眞的話，說："彭眞同志反复講""彭眞同志指示"等等。不仅如次，一九六五年十一月，刘子厚还調"跃进剧团"和省戏校的十几名演员給彭眞清唱。直到一九六六年四月份，彭眞的問題被揭发出来之后，《河北四清通訊》还刊登彭眞歪曲、篡改二十三条的黑話。〕

一九六五年八月十一日，刘子厚在省委十六次全会上关于农村四清問題的講話中說："彭眞同志反复講，要抓大是大非，不要抓小是小非，要抓西瓜，不要只抓芝蔴。"〔按：二十三条明确指出：要抓住阶級斗爭和两条道路斗爭的綱，重点整党內走資本主义道路的当权派。但刘子厚却把功劳記在彭眞的名下。以抓大是大非为名，达到吹捧彭眞的目的。〕

一九六六年六月二日刘子厚在北京对天津八所高等院校党委書記講話中說："如对彭眞有怀疑也說服。"〔按：刘子厚爲反革命修正主义分子彭眞的一員干将，在文化大革命中他不

仅全盘兜售了彭真的"二月提綱"，而且还极力的为其主子彭真开脱罪責，千方百計鎮压革命羣众对彭真的揭发批判。〕

同反革命两面派周扬交往密切

一九六四年春节，在和演員座談会上說："今天我来迟了点，和周揚同志談了話。他說演得很好。"

"我把你这个宏偉計划（即朱子强提出的要召开八百人的剧本創作会議——編者）和周揚同志談了，他說很好，但要注意質量。"〔**按**：向周揚汇报的很及时，深受尝識。〕

"剛才我和周揚同志商量了一下，他說这个問題（即武戏演現代戏怎么办？——編者）好办，一是剧本問題，二是导演問題。"

周揚同志眐："內容发展，表現形势也发展。"〔**按**：刘子厚把周揚的黑話，視为經典。〕

"演現代戏的問題，我和周揚同志說了，跃进两条腿走路，傳統戏是历史遺产嗎，不能丟掉。"〔**按**：这是刘子厚与周揚合謀扼杀革命現代戏，反对戏剧改革的自我大暴露。〕

"今年的剧目我看不要太多，要求搞好，要有質量，周揚同志也眐这个問題。"

一九六五年八月，在北戴河对东风剧团演員們說："六六年九月，演傳統戏，周揚部长給河北省提了个意見，在河北省开放一部分傳統戏。"〔**按**：刘子厚积极貫彻周揚的黑指示，可惜文化大革命来了，他們的美梦未作成。〕

抬高河北省的黑帮头子林铁

一九六五年十二月二十八日，在地委书記会議上关于农村四清問題的講話中說：“工作队要发扬民主作风。去年雪峯同志向我們介紹了广东开队員代表大会的經驗，我們有的地方采用了这个办法。今年林鉄同志点上就开过了队員代表会。队員代表反映了很多情况，提出了不少建議。这是个好办法。”〔按：众所周知，林鉄在四清中的点是挂名的。然而，这个自称和林鉄黑帮斗爭了四年的刘子厚，怎么偏偏突出林鉄的点呢？这是个令人深思的問題。〕

一九六六年二月九日，在河北省貧农下中农代表大会上的报告中說：“我省貧下中农代表大会，头一天，林鉄同志作了重要报告，講了突出政治，大学毛主席著作，給我們指出了方向，提出了任务。”〔按：注意，这是林鉄被揪出的前几个月刘子厚在公开場合講的。刘子厚称贊这个黑帮头子的报告“重要”，指出了“方向”、提出了“任务”，这难道不足以說明“刘子厚和林鉄斗爭了四年”，刘子厚是“坚定的革命左派”的謊言嗎？〕

二、攻击三面紅旗，大刮单干风

污蔑大跃进是“搞过了头”是“吹牛”

一九六一年十月三十一日，他在省委十二次全会（扩大）上的总結报告中說：“三年大跃进的成績是偉大的，三面紅旗是正确的，問題是搞过了头。”

一九六五年三月二十二日，在永福庄思想方法座談会上說：“大家可以回想一下：一九五八年大跃进，許多同志的脑子很热，甚至吹起牛来了，可是正在那个时間，主席却向我們提出了冷热結合的問題。”〔按：大家知道，帝国主义和赫鲁晓夫修正主义者，曾經攻击我們的大跃进是"說大話"，是"冒險的計划"；右傾机会主义分子也污蔑我們的大跃进是"开虚火"，"发高燒"，"三家村"的大老板、反革命修正主义分子邓拓，在一九六一年写的《燕山夜話》中，惡毒地咒罵我們的大跃进是"吹牛皮"，"說大話"，在事实面前"碰得头破血流"，而刘子厚也污蔑大跃进是"搞过了头"，是"吹牛"。請看，这些調子不是完全同出一轍嗎，刘子厚所說的"三年大跃进的成績是偉大的"，"三面紅旗是正确的"，这是言不由衷，是打着"紅旗"反紅旗。刘子厚别有用心的說毛主席在"許多同志的脑子很热，甚至吹起牛来了"的时候提出冷热結合的問题，这是对毛主席的最大污蔑。〕

一九六一年七月，在省委召开的三級干部会議上的講話中說："在这个期間，我們在生产建設上又搞了一連串的'大办'沒有想到这些'大办'带來了极为严重的'五风'，使农业生产力遭到破坏。"

在暂时困难时期，夸大困难，散布悲观论调，把当时的城乡景象说成漆黑一团

一九五八年二月十九日，刘子厚給常子敬的回信中写到："买汽車确有困难，由于車少，不夠分配，再者汽油也不夠，买到車也可能买不到汽油。"

一九六〇年二月十一日，給常子敬的复信中写道："你反映的情况，如产量定的高些，交粮交的多些，羣众往外跑，干部作风的缺点，是存在的。"〔按：常子敬站在反动的立場上，对党对毛主席对社会主义制度进行了惡毒的攻击和咒罵，特别

229

是在三年困难时期，在他写的許多反动的黑詩中，把社会主义农村写得一无是处。他不但罵，他还找为他出气的代理人，于是他向省长刘子厚"反映"了。刘子厚起而共鳴首先肯定。这真是兄弟感情，一脉相通。〕

一九六一年十月三十一日，在省委十二次全会（扩大）上的总結报告中刘子厚說："羣众的家底很薄，国家的后备力量很小，我们的日子还是很緊的。在农村有八百万人口的地区遭受程度不同的自然災害，其中，重災民有二百万，这些災民吃的、穿的、住的都有很多困难，急待解决。城市人民的生活問題也很大，粮食指标低，物資供应緊，有些人生活困难增多。……当前工业生产有很多困难，不少工厂处于停工、半停工状态。在农村有些政策还需要进一步落实兌现，有些农民参加集体生产的积极性还很不夠高……。"〔按：这年的四月，赫魯曉夫在苏共二十二次代表大会上恶毒地攻击我們的三面紅旗，汚蔑我們喝"大鍋清水湯"，"五个人穿一条褲子"，与此同时，国內的阶級敌人，也向我們党和社会主义发动了猖狂的进攻，就在这羣蛙鬧反华的时候，刘子厚也出来积极配合。看，刘子厚的調子和赫魯曉夫、邓拓之流叫的多么一样！〕

汚 蔑 反 右 傾

一九六一年四月五日，在关于中央广州的工作会議精神的傳达提綱中說："庐山会議前期，这是討論公社中'左'的毛病，但在以后彭、黄向党进攻，性質就变了，一切战綫都反右傾，沒有注意少奇同志提出的农村中糾'左'的指示……接着又来了几个大办，这是一个敎訓，现在經过一段实踐吃了点苦头。思想上更加明确了，認識也就一致了"。

一九六一年七月十三日，在省委召开的三級干部会議上的
誹話中刘子厚說：“整风反右也产生了副作用，助长了‘五风’
使党的民主生产受到損害，許多干部产生了‘恐右病’和不敢
誹話之风”。

大刮单干风，搞资本主义复辟

一九六一年七月，在省委召开的三級干部会議上誹話中
說：“社員个人所有的家庭副业，自留地是社会主义经济的必要
补充和助手，也必須保护和帮助它发展，发揮它应有的作用，
对于这个道理，我們在过去並不深刻理解，做了不少侵犯、破
坏它們的事情。”

“坚持和維护人民公社的三級所有制，保障社員的个人所
有制，坚持等价交换，按劳分配的原則是調动广大农民积极
性，建設社会主义的根本保証。”

“在一个时期內，还把社員经营家庭副业，经营自留地看
成是消极的，怕产生資本主义，因而沒收社員的自留地，平調
社員的家庭副业，……所有这些‘共产风’，破坏了以生产大
队为基础的三級所有制，破坏了农村的社会主义生产关系，实
質上剝夺了农民，引起了羣众思想的混乱，归根到底妨害了农
业生产的发展。”

“经驗証明：坚持人民公社的三級所有制，尊重农民个人
的所有制，正确地貫彻执行等价交换，按劳分配的原則是巩固
地联合农民，調动农民的积极性建設社会主义的根本問題。”

一九六〇年十二月在中共河北省第一届代表大会第三次会
議上的报告中說：“公社化以来的经驗一定要总結，要仔細研
究，不能把好东西丢了，比如‘三、七’开，这是保命綫，有

了三成供給制，加上自留地，一般就可以保証不餓死人，这是好东西。"

"在坚持以队为基础的前提下，还允許社員經营少量的自留地和經营大規模的家庭副业，在这一个长时期內是必要的，它对集体經济起着补充作用，这並不是什么发展資本主义，实际上是保护社員在集体劳动时間以外的劳动果实，对調动社員积极性有重要作用。"

一九六二年五月二十九日，在省委常委扩大会議上的結論中，刘子厚說：

"（二）关于夏粮征购和生活安排問題：

一、……

二、……

三、按照上述安排，今年夏收后日子困难很大。因此，除在秋前，預购早熟秋粮二亿斤，挖庫存一亿斤外，提出几个渡荒措施：

1、在重災区中，可由生产队借給社員每人三至五分地，由群众自己种植粮食或菜豆，以利克服困难。借的时間，暫定二、三年。那些片借地由地委批准，那些队借地由县委批准。

……

4、社办工业轉为生产队手工业小組的，其口粮原则上由生产队借給，从第三季度开始到秋收陆續解决。

（三）加强生产队的工作和有关农村的几个政策問題。

……

四、关于处理单干問題。現在已經处理的就处理了，还沒有处理的，可暫緩处理，待秋收后，經过調查研究再分别处理。

五、适当增加自留地問題。大家一致的意見增加到占生产队耕地面积的百分之十。这样作对克服当前生活困难恢复农业生产是有好处的。鉴于这項政策是全国性的問题，会后，省委請示中央、华北局批准以后再执行。

六、社員的小片开荒，已經超过自留地数量的，現在不要收回。

七、为了发展大牲畜，除公养以外，允許戶养，采取两条腿走路的办法。生产队的老弱牲畜，也可以卖給社員。社員飼养和繁殖的大牲畜，要付給合理报酬。对飼草料有困难的，生产队在分配时，給予适当的照顧。

凡适龄母畜，要以繁殖为主，减輕使役，增加草料，采取重奖办法。队有戶养的母畜，生了駒，队戶可以采取对半分的办法。

八、养猪継續貫彻‘公养私养並举，私养为主’的方針，奖励社員积极养猪，有些生产队把原来的百分之二的食堂菜地，分到戶作了猪飼料地，戶养猪就有了較快的发展，对促进戶养猪起了积极作用。原来百分之二的食堂地如果还没有分下去，现在可作为猪飼料地分給各戶。如果华北局、中央同意我們再增百分之三自留地，这部分地也以养猪飼料地名义分給各戶为好。多养母猪的每戶可另給几分到一亩飼料地，养种猪戶多給几分到半亩飼料地，不养收回。国家收购肥猪，根据各地經驗，一是采取购留各半的办法，一是采取包干的办法，包干年度可改为从旧历年到旧历年。收购肥猪，必須按照规定进行奖励，切实兑現。

九、生产队和社員經营家庭副业的范围，可以适当放宽，凡适合社員家庭經营的編織、縫紉、漁猎、刺綉、养蚕、养蜂、采集等副业生产，应允許和鼓励社員在不影响集体生产的前提下积极經营，其产品允許自产自销。供銷社在供、产、銷方面可能給以扶持。水区允許社員私有小船、冰床、小漁具等，以利社員利用空閑时間捕魚，增加收入。

十、农村手艺人，如小炉匠、理发、修鞋、閹割业等，允許社員独立經營，自負盈亏或交款記工，参加分紅。"〔按：这是在河北省大刮单干风，复辟資本主义的黑綱領。在这个黑綱領指导下，河北省的单干风刮的甚嚣尘上。〕

一九六二年七月二日，刘子厚在在省委常委扩大会議上的报告中說："有些生产队集体經济不巩固的根本原因是农民从集体分得的收入过少，农民从集体分得的东西少了，觉得集体靠不住，他就想单干。为什么过去几年农民从集体分到的东西少了，主要是五风与自然灾害的影响，生产力遭到破坏，生产下降了，在生产經營上农副业結合的不好，忽视多种經济的生产，减少了收入，高征购的結果，农民的口粮指标很抵，基建多，积累多，降低了农民的分配收入，分配上的平均主义，搞供給制，食堂化，这样就使前几年的分配不能落实。农民劳动一年吃不飽肚子，分不到几个錢，甚至还得破产度荒，这样有些农民就自然产生单干情緒。"

"其次在改善劳动管理方面，近年来有的地方采用了除耕种收获集体搞以外，其他可以分散搞的田間农話，实行包工到組或包工到戶的办法，及时檢查驗收，实行奖罚，这种办法，是生产責任制具体化，和分田到戶和包产到戶有本质上的区別，因此，只要不是分田到戶或包产到戶，凡是宜于个人分散搞的农活，包工到戶或到人的办法是可以实行的。"〔按：这实际上是分田到戶或包产到戶的变种。〕

"社員小自由政策問題，这两年既定的小自由政策，已經起了积极作用，必須堅决貫彻执行，不能动摇。"

"为了調动羣众搞好苗期管理的积极性和責任心，要普遍提倡小包工，把田間管理作业包工到戶、队。"

一九六二年十月三十日，在省委工作会議上的报告中，刘子厚說："对于分田到戶和包产到戶的問題，亦应在社会主义教育的基础上征得社員同意加以糾正。經过說服教育，仍有少数或个别社員坚持单干的，也不要勉强他們入社，可以継續让他們单干。"

三、否訊社会主义社会存在阶級，阶級矛盾和阶級斗爭，宣揚"阶級調和論"和"阶級斗爭熄灭論"

一九六五年五月十日，刘子厚在河北省文化工作会議上的总結报告中說："今天阻障着文艺界工作者为工农兵服务的，主要是資产阶級个人主义。"〔按：建国十几年来，文艺界存在着一条与毛澤东思想对立的反党反社会主义的黑綫。这条黑綫就是資产阶級的文艺思想、現代修正主义的文艺思想和所謂三十年代文艺的結合。一些反革命修正主义分子、右派分子利用文艺这个武器为复辟資本主义制造舆論，使之脱离开为工农兵服务，而刘子厚偏偏把这个問題說成是主要是"資产阶級个人主义"，这就抹杀了文艺界尖銳、复杂、激烈的阶級斗爭，給鑽入文艺界的右派分子、反革命修正主义分子張开了一把避风傘。〕

一九六五年十一月二十五日，在祝村分团会議上，談到工作队內部問題时，刘子厚說："这种团結，不是爭权夺利，都是搞革命的，主要是思想方法，工作作风問題。工作作风是思想方法的表現。首先要解决訊識問題。"

又說："在四清当中沒有个爭权夺利的問題，这都是临时的，你三同我也三同，頂多是負责任的問題，实际上是个思想方法問題，是个狭隘經驗主义。这是搞革命，是在前綫上，不是'当官做老爷'，在战場上和敌人交鋒，誰跟誰鬧意見沒有其他問題，我們都是革命的。"〔按：毛主席教导我們："党內不同思想的对立和斗爭是經常发生的，这是社会的阶級矛盾和新旧事物的矛盾在党內是反映。党內如果沒有矛盾和解决矛盾的斗爭，党的生命也就停止了。"在党內是如此，在工作队內就更是如此。但是刘子厚却胡說什么："你三同我也三同，"都是搞革命的"，"誰跟誰鬧意見沒有其他問題"，"首先要解决訊識問題"。这完全是版卖了阶級調和論。〕

一九六五年十二月十五日，在邢台地委常委、总团党委会議上，刘子厚說："本来当权派是革命的，但是阶級敌人通过'和平演变'的方式，分化出去一部分坚决走资本主义道路的。不揭盖子，都是革命的，盖子一揭就看出来了，分出一、二、三、四类，分化出一部分走资本主义道路的人。"〔按："本来"当权派都是"革命"的，这眞是奇談怪論。〕

一九六六年二月五日，在徐水县礼堂接見总团、商庄分团全体工作队員及其他分团部分队員时，刘子厚說："这場运动的规模是大的，象这样大的运动过去沒有，以后恐怕再也不会有了，我們也不希望总搞这么大的运动。"〔按：这是刘子厚极端害怕羣众运动的內心表露，这也是刘子厚宣揚阶級斗爭熄灭論的又一鉄証。〕

一九六六年二月二十五日，刘子厚在一个报告中說："天下农民是一家，貧下中农是一家，团結起来。"〔按：这完全是用"天下农民是一家"这个超阶級的概念，否定阶級关系，

宣揚阶級合作。〕

四、大搞物質刺激，反对突出政治

歪曲突出政治的涵义，反对毛泽东思想挂帅

一九六五年十一月二十六日，在任县祝村分团会議上，刘子厚說："搞出了經济問題，然后再上綱。所謂突出政治也就是这个意思。"〔按：突出政治就是突出毛澤東思想，抓阶級斗爭，搞人的思想革命化。而刘子厚却胡說什么："搞出了經济問題，然后再上綱。所謂突出政治就是这个意思。"这不是从根本上公开反对突出政治，反对突出毛澤東思想又是什么呢，〕

一九六二年十二月二十七日，在河北省第二屆人民代表大会第三次会議上的政府工作报告中說："为市場提供比較便宜的商品，为国家提供合理的积累，这是商业工作做得好坏的一个重要标志。〔按：閉口不談商业战綫上的阶級斗爭，不談商业做得好坏的政治标志〕

一九六五年刘子厚在巨鹿，对县委指出："你就作一件事生产粮食，其他什么工作也可不做。会多你可不参加，文件多你可不看。一年三百六十五天就有三百六十天省委要考虑吃飯問題。"〔按：林彪同志指出：搞不搞突出政治，搞不搞人的思想革命化，就是搞不搞阶級斗爭的問題，就是坚持不坚持革命的問題。但刘子厚却指示县委一年抓一件事——"生产粮食"。这是刘子厚反对突出政治，反对用毛澤東思想武装农民的本质的大暴露。〕

宣扬单纯生产观点，鼓吹"生产第一"

一九六五年四月二十七日，刘子厚在关于重点县的四清运动向省委扩大会議的汇报中說："建設阶段，要以生产建設为中心，圍繞着生产建設搞好組織建設和思想建設。"

又說："如果生产革命搞不好，就达不到六条标准，不能巩固四清运动的战果。"

又說："实踐証明，只抓革命，不抓生产，人們革命干劲就不能得到发揮，发揮了也难以巩固持久。运动中就有这样的情况，工作队一进村，大会一开，'双十条'一講，羣众的劲头就来了，出勤多了，效率高了，活計質量也好了，可是因为沒有抓生产管理，日子不长干劲又回落了。难道說，这样的队在四清結束后生产能上得去嗎。所以我們說，革命是会促生产的，但是这种促进作用只有通过抓好生产（管理工作）才能有效地、充分地、持久地发揮。"

又說："抓革命要抓好生产，做到从生产出发又落脚到生产。"〔按：这些完全是毛主席早在三十多年前就批判过的"軍事好，政治自然会好；軍事不好，政治也不会好。"的謬論的翻版。〕

一九六五年三月十八日，刘子厚关于在四清运动中如何抓好生产的几点意見說："当前要首先抓半劳力如何参加集体生产劳动問題。抓出勤率，抓劳动时間（起早貪黑），抓劳动效率，抓三投（投工、投肥等），抓集体漚肥（逐步搞成集体养猪，地头漚肥坑），抓記工分，抓劳动組織。总之要从多方面把羣众的积极性引向集体生产。"

宣扬经济主义，鼓吹用救济"发动羣众"，激发羣众的集体生产"积极性"

一九六五年三月十八日，刘子厚在关于四清运动中如何抓好生产的儿点意見中說："……在揭生产盖子的基础上，发动羣众大搞增产潜力，大搞增产措施，討論制定出当年的增产計划和三、五年的远景规划。并且要使每个社員都知道，以鼓午羣众的生产积极性。"

一九六五年十一月二十六日，刘子厚听取邢台祝村分团汇报当前四清运动情况的插話中說："祝村公社要四清搞好，生产搞好。去年永福庄四清搞好，生产搞好，实际上在任县起了带头作用。各分团都受永福庄的影响，四清、生产都受到了这里的影响。……这叫典型突破带动一般。这次祝村要比永福庄好……永福庄进村时抓生产抓得好。这次祝村要四清搞好，生产搞好，树个旗帜，你搞不好是走一摊拉一摊屎，搞好了就树个旗帜，祝村是个脸面村，应該考虑这个問題。"

又說："不是光算四清的賬，也要把生产搞上来，这就越来越劲大。要研究这个問題。抓副业要早抓，在永福庄副业抓的好，农业抓的晚些，这里与永福庄不同，永福庄不抓副业沒有錢，沒吃的，副业只是花錢的問題。"

一九六四年十二月六日，刘子厚听取了一个工作組汇报以后說："××队也是通过抓救济工作来发动貧下中农，一下子就把权拿过来了。"

又說："我想把救济分配搞完之后，可以考虑接着再搞一两个小战斗，再接着就可以考虑搞当年分配，或者是根据各队具体情况，解决一些羣众迫切要求解决的問題。事情有內容才好办，双十条的精神有了实际內容就好講了。"

又說："把救济工作搞好了，把当年分配搞清了，羣众的觉悟就会提高一步，就会要求去清去年的賬，算过去的賬。……看来，这个路子可能比較順一些。"

一九六〇年十二月在中共河北省第一届代表大会第三次会議上的报告中說：我們强調政治挂帅……但这絕不是說可以忽視物質和物質保证，因为劳动者总是需要吃、需要穿、需要住的，而且社会主义生产目的，也正是为了不断地改善人民的物質生活条件和文化生活的条件。"

一九六一年七月在省委召开的三級干部会議上的講話中說："我們在实际工作中常常把政治挂帅同物質利益对立起来，片面强調政治挂帅、忽視羣众的物質利益，不是把长远利益和当前利益兼顧，而是片面地强調长远利益，忽視羣众当前的利益，并且把平均主义錯誤地当作共产主义因素。"

又說："为提高农民生产积极性，可适当降抵农业税率，减抵粮食征购任务。"

五、瘋狂地推行修正主义文艺路綫

为颠复无产阶级专政，复辟资本主义大造輿论

一九六五年十月，刘子厚陪同彭眞、林鉄在天津高干大楼点看旧戏，看完《夜奔》后，彭眞阴險地說："有一逼就有一反嗎，名字需改，《夜奔》光跑意义不大，应該是'逼上梁山'，……应該强調反字，官逼民反嗎！反到梁山就强調武裝斗

争。"

刘子厚满面笑容，很会心地說："《夜奔》我看过三次，还想每，演得不错，不能丢。"〔按：黑帮头子大政治野心家彭真，日日梦想篡党、篡軍、篡政，妄图复辟資本主义。看完《夜奔》后的黑話正是彭的政治阴谋，反动嘴脸的大暴露。刘子厚却与彭一唱一合。我們不禁要問刘子厚，你和彭真是什么关系，你們要反誰。！〕

一九六五年十月，刘子厚以檢查教学为名，在河北戏校点看旧戏《强項令》、《望江亭》、《杀庙》、《夜宿花亭》后說："《强項令》这出戏不错，好戏，大家应该学习董宣那个硬勁，他就敢和皇帝抗。"〔按：《强項令》是一九六二年抛出的新編历史剧（作者范鈞宏、吳少岳全是黑帮，已被揪出）。它歌頌、美化了一个海瑞式人物董宣，說他"为民除害"、"不畏权暴"、"剛直不阿"、"敢于抗上"等等，它和《海瑞罢官》一样，是一株鼓动右傾机会主义分子向党猖狂进攻的大毒草。刘子厚陪同彭真屡看《强項令》，並大肆吹捧，还要人們学习董宣的"硬勁""抗上精神"，刘子厚是何許人，这也不說自明了。〕

一九六三年一月二十六日，刘子厚在邢台看完《千里送京娘》后大加吹捧說："省戏校京昆班的《千里送京娘》是学来的，也不错。这出戏原来有庸俗的东西，现在搞得赵匡胤的风格高了，英雄創业时要有气派嗎。"又說："上演剧目的內容要为政治服务。"〔按：《千里送京娘》也是在我国三年經济困难时期配合右傾机会主义分子向党进攻的大毒草。它宣扬大地主头子赵匡胤，为了夺取皇权，"創基业"，"何惧那龙譚虎口，历尽艰險眉不皺"的"气派"。这就是鼓动向党进攻的右傾机会主义分子，要向赵匡胤学习，要"夺权"、"創基业"、要有个"大丈夫"的"气派"。这样一出毒草戏，却正中刘子厚的心怀，我们不禁要向刘子厚，你为什么对大地主头子如此钦佩？你要创什么"基业"？夺誰的权？你要干什么？！〕

一九五九年十二月十四日，張特（河北跃进剧团办公室主任）在刘子厚家談工作，刘子厚說："关公是个紅人，……魯肃倒是个政治家，海瑞是个好人，主席說他比包公还好，但宣傳太少。"

伙同周綠疯狂地抗拒和攻击戏据改革

一九六四年春节（旧历初二），刘子厚在河北宾館座談会上說："演現代戏的問題，我和周揚同志說了跃进（剧团）采取两条腿走路（指現代戏和傳統戏）傳統戏是历史遺产嘛！不能丢掉！"

一九六五年八月刘子厚在北戴河对东风剧团負責人說："六六年九月要演傳統戏，周揚部长給河北省委提了一个意見，在河北省开放一部分傳統戏。省委研究一下說現代戏赶不上傳統戏，因此六六年演傳統戏。象'东风'可以上演《穆桂英挂帅》、《紅娘》。在秦皇岛拿傳統戏和現代戏对比，就赶不上傳統戏。"

一九六五年二月十四日，刘子厚、林鉄、李頡伯、李雪峯在石家庄交际处看了跃进剧团的《擋馬》、《投献》后，刘子厚說："傳統戏生了"。買万金（跃进剧团团长）說："有好几个月不演了，不練了"。刘子厚說："别呀！以后还得保留一部分，咱們有招待任务，你們要記住，别丢了"。〔按：刘子厚所說的"招待任务"就是为他们这帮官老爷亨乐演出。〕

一九六五年十月二十七日，刘子厚以檢查教学为名，到河北戲校点看旧戏，他說："傳統戲已經練了六年了而現代戲才排一年，还是看傳統戲吧！別难为孩子們了"。又說："演新戲沒功夫，不好办，路子从哪着手一下子不摸門徑，第一步是不是在戲校期間不妨向傳統这方面学……傳統中有个路子，比較好办"。〔**按**：是刘子厚发"善心"不难为孩子們的問題嗎？不！演新戏是"不摸門徑"嗎？不！醉翁之意不在酒。从此戏校死人又复活了，敎学計划中增加了大量死人戏，如梆子科六三年班六六年上半年敎学計划中死人戏占了一半还多。这就是"不难为孩子們"，"演新戏不摸門徑"的实质。〕

一九六五年八月二十九日，刘子厚在部分剧团干部座談会上說："現在剧团大演革命現代戏，都把傳統戏放下了。这并不是要把所有的傳統戏都丢掉不要，过一段时間以后，等到革命現代戏牢固地占領了舞台陣地了，傳統戏还是要选擇地演一些的，因此剧团不要把傳統戏都丢掉，这个問題希望你們注意"。

一九六五年五月刘子厚在河北省文化工作会議上的报告里又一再講："等我們的革命現代戏有了更好的战果，舞台上的工农兵形象更加深入人心的时候，就可以考虑腾出些人手来，选擇些比較好的傳統戏，运用历史唯物主义的观点重新加以审查、整理，使之古为今用"。

一九六五年十月，刘子厚在河北戏校講："老戏艺术高、成熟。現代戏艺术也都是从老戏中来。平时你們应練老戏一些基本功，不要丢，以后一些老戏內容較好的，通过整理还要演，古为今用嘛。"

一九六五年十月二十七日，刘子厚在河北戏校說："新戏演得很热鬧，但唱腔不行"。"唱腔方面变得多了，我是不大贊成的。有可能我有点保守，变得多不太好。"

一九六一年八月十十一日，刘子厚在高干招待所召开的演員座談会上說："有些戏改得多了，这是个很大的問题，从文化部对咱有批評，有些中央領导同志，特别是河北人，說咱改得太多了。下边书記們不看我們的戏，就是因为改得多了"。

一九六一年四月十六日对跃进劇团說："搞不出一批行家，只有一批通家是不行的。现在一些戏走了梆子的样子，走了样是要挨罵的。"

一九六五年二月二十五日晚，刘子厚在邢台对跃进劇团演員說："咱們开始鬧得不好，人也不欢，馬也不叫"。（指现代戏《人欢馬叫》）

一九六五年二月二十日，刘子厚在石家庄看了跃进劇团演的《紅灯記》后說："鳩山唱得太难听，还不如驢叫，这是雪峯书記說的，今后在改革方面不要南腔北調的，这个得改过来"。〔按：对革命的现代戏抱什么态度，这是对一个人的政治鉴别。刘子厚攻击革命的现代戏"不如驢叫"，人不欢、馬不叫"，正暴露了他的反动嘴臉。〕

一九六五年二月二十六日，跃进劇团在邢台慰問演出时，刘子厚說："旧戏为什么人家老愿意看哪，就是艺术好。你看那《投献》唱得多好，××唱得多好呀！那三个角多好，（指×××、×××、×××演員）我真愿意看。今后你們要精心雕刻，一段一段扣索，咱們这个戏就是好。"

一九五九年九月十日至十五日，刘子厚在文化工作会議上說："梆子劇院有些演員的戏是很不錯的，有的戏在全国講也是第一流的。《擋馬》、《杜十娘》、《陈三兩》、《武家坡》……有好多节目。"

一九六三年一月二十六日，刘子厚在春节座談会上說："今年要下决心，下功夫，排些新节目，还要排一些大戏，刚一上演，不要怕質量差些。现在大家公訊的大戏是《蝴蝶杯》、《楊門女将》、《宝蓮灯》”。

一九六五年二月二十四日，刘子厚、林鉄、李雪峯在石家庄看了跃进剧团的《擋馬》、《投献》后对演員說：“象《閙天宮》、《秋江》可多演，《敎子》只能在干部中演”。

一九六五年十月二十七日，刘子厚在河北戏校大講：“旧戏还要演一些嘛，少奇同志說：“‘古为今用’。方才看的《强項令》很不錯嘛，人就得有个硬勁嘛，《花亭会》也不錯，內容也是好的。所以傳統戏还是要演一些嘛。”

一九六五年十月招待印尼中爪哇省长，演出《宝蓮灯》后，刘子厚說：“《宝蓮灯》功夫不錯，《擋馬》功夫不錯，你們千万不能丟掉，要好好練”。〔按：毛主席就批評过：“許多共产党人，热心提倡封建主义、資本主义的艺术，却不热心提倡社会主义的艺术，豈非咄咄怪事。”刘子厚这个封建地主阶级的保皇党，頑固地对抗毛主席的指示，大肆吹捧鬼戏、死人戏，为大毒草耕云播雨。几年来我省死人戏复活，毒草丛生刘子厚是罪魁祸首。〕

宣扬“先立后破”，“首先继承”的谬论

一九六一年八月十一日，刘子厚在高干招待所召开的演員座談会上說：“經驗証明要先立后破。不要草率地改，不要急，着重継承。”〔按：毛主席敎导我們，不破不立，不塞不流，不止不行，破就是批判，就是革命，破字当头立也就在其中了。这是馬列主义的精髓，无产阶级革命就是破字当头。但是，刘子厚却和反革命修正主义分子周扬一起大唱反調，提出“先立后破”的謬論。这就是出于他們的反动阶级本能，不

准无产阶级鏟除毒草，不准立社会主义的新文化，不准无产阶级革命。〕

一九六一年四月十六日，刘子厚給跃进剧团作指示："在方針上，我們方針首先是继承，然后在继承的基础上在发展提高。不继承，发展就是乱发展"。"小孩子必須先临帖，临帖好了再进步，才能自成一家，所以首先强調继承，不要先說改。"

一九六一年八月十一日，刘子厚在演員座談会上对跃进剧团說："下决心继承傳統再創造"。"我們想尽一切办法解决继承的問題。"

一九六三年一月二十六日，刘子厚在春节座談会上說："跃进剧团强調继承傳統，梆子剧院是省級剧团，要全省树立旗幟"。〔按：毛主席敎导我們：现在世界上，一切文化或文学艺术都是属于一定的阶级。我們对中国古代的文化，坚决排斥其封建主义、資本主义的糟粕，批判地继承其民主性的精华。要推陈出新。但刘子厚和周扬們却提出"挖掘历史遺产"，"以继承为主"的謬論，对抗毛主席这一光輝思想，把封建主义、資本主义的东西全盘搬来充斥社会主义文化陣地，为資本主义复辟大开綠灯。〕

鼓吹艺术第一，宣扬业务至上

一九五九年九月，刘子厚在一次会議上說："继承傳統，是在继承的基础上发展。向最高峯看齐。三年达到省級水平，五年达到出国水平"。"演員行当不全，下决心調。而且要吃，將全省精华集中起来，演員要一专多能，每个演員都要达到全国最高水平。每个演員都要有戏的要求"。〔按：刘子厚的"調"就是把艺术高的調在一起，"吃"就是把艺术高，設备好的劇团全盘端來，跃进剧团就是如此"調"、"吃"成立起来的。刘子厚說的"向最高峯看齐"，什么最高峯？出国水平是什么水平？每个演員都要有戏的要求是什么要求？是艺术！艺术！艺术！〕

一九六四年春节，刘子厚在河北宾館召开的会上說："我們要爭取达到最高水平，我們不說爭全国第一，因为全国就一个第一，我們要爭取达到全国第一流的水平。其中有些节目应該爭取达到第一。要有个志向，这就靠剧团里每个同志发奋图强，下决心。咱們荀院长（牛鬼蛇神荀慧生），体会深刻，四大名旦演的和普通演的就不一样，我們不是为出洋风头而是为了个效果，从这个角度出发，就得把各方面都搞好"。

一九六四年八月十一日，刘子厚在演員坐談会上講："我們是艺术工作者，一定在艺术工作上要达到一定水平，在政治上也要达到一定水平。"

一九六四年春节，在河北宾館召开的座談会上，刘子厚說："今年的剧目我省不要太多，要求搞好，要有质量，周揚同志也講这个問題，你們（指荀慧生）所以成为四大名旦，也是个质量問題嘛！周揚同志講，一年搞一个好戏，十年搞十个。你算算帳，解放十几年了，搞了几个戏呢？质很重要。"

一九六五年七月二十九日，刘子厚在邢台对歌舞剧院的演員們說："眞正紅就得努力专，光紅不专沒有这样的人，那个紅是假的。"

一九六五年七月二十四日，又对歌舞剧院部分同志講："你們在下面可以炼'它半天功嘛'！〔按：在火热的四清战地，刘子厚不引导演員大搞阶級斗爭，改造思想，而是积极鼓吹叫演員炼半天功，这不是把演員引向业务至上的白专道路又是什

么呢，）

一九六五年二月十四日晚，刘子厚与林铁、李雪峯等在石家庄交际处看了跃进剧团演的《挡馬》、《投献》后，刘子厚說："你們要記住：《挡馬》全国就两个好的，上海一个，咱們一个，你們可別丢了，还得培养第二代……你們保定那几个打跟头的劲不错，很足，咳！就是不美，咱們这个美呀！要按人写戏，短小精悍，《挡馬》故事情节很简单，就是艺术好，所以引人注意。"

一九六一年四月十六日，刘子厚对跃进剧团作指示說："对老艺人我同意路一（前省文化局长、三反分子）同志的意見，要尊重人家。政治挂帅是好的，要挂，可是鑼鼓一响，部长、局长也上不了台，还得听人家的"。〔按：政治是灵魂，是統帅，是一切工作胜利的根本。只有在无产阶級政治舞台上，才能导演出生动活潑的新戏来。而刘子厚却誣蔑地說什么"鑼鼓一响，部长、局长上不了台"，这不是明目張胆的反对政治挂帅，"鼓吹艺术第一"嗎，〕

一九六一年四月十六日，刘子厚給河北跃进剧团的指示中說："看来継承是困难的，一是咱們的干部外行，……他是外行，可是他总是想拿自己的观点来改造河北梆子，改造跃进剧团，他出于好心帮助我們，反倒挡了路"。〔按：刘子厚与右派分子唱的是一个調門。即"外行不能領导內行"，"是挡了路"。这是对党对文化艺术領导的恶毒攻击和誹謗。其阴謀是把党的領导从文艺界排挤出去，好实行資产阶級統治，复辟資本主义。〕

篡改"双百"方针，鼓吹文艺上的"和平竞赛"

一九六五年五月十日，刘子厚在省文化工作会议的总结报告里說："执行百花齐放，百家争鳴的过程，就是社会主义的新文艺同各种各色的文艺作品竞赛的过程，就是文艺領域里无产阶级思想同資产阶级思想斗爭的过程。通过竞赛和斗爭，保証革命的、社会主义的文艺胜利。"

"有了思想內容深刻表演技巧精堪的好戏，才能征服观众，眞正对观众的思想感情起到潜移默化的作用，才能排挤掉資本主义，封建主义的戏剧。

可見一个剧目只要有一定的思想，艺术质量，就能站住脚，就能同旧戏較量，爭夺观众。"

"百花齐放，百家爭鳴必须体现革命性、战斗性和多样性的統一，保証表现工农兵的东西，表现社会主义的东西占主导地位，在这个前提下，提倡艺术题材、体裁、形式、风格的多样化"。〔按："保証表现工农兵的东西，表现社会主义东西占主导地位"，言外之意，还有不表现工农兵的东西，即資本主义、封建主义的文艺，让它继續毒害人民，为資本主义复辟作興論准备。〕

一九六五年八月二十九日，刘子厚在部分剧团負責干部座谈会上說："現在不叫演旧戏，是行政手段，要通过演出赛过旧戏"。

"搞成什么样子呢，在政治思想內容方面已經超过压倒了傳統戏，这就不用講了。在艺术表现形式、方法上也要超过傳統戏。比的方法，假如現在唱一唱对台戏，一边是革命現代戏，一边是傳統戏，那边看戏的人多，这恐怕还很难說"。

一九六五年五月四日，在省文化工作会議的报告中，刘子厚說："戏剧战綫上社会主义与資本主义、封建主义誰胜誰負的斗爭，决定于双方力量的对比，决定于革命现代戏数量的多少和質量的高低"。

鼓吹向艺术"权威"学习，宣扬名利思想，对青年演员实行"和平演变"

一九六〇年八月十日和六一年四月十六日，刘子厚两次召开跃进剧团的座談会上說："对老艺人我同意路一同志的意見要尊重人家"。"对老艺人的关系要弄清楚，类似西医学中医，以中医为主，不学老艺人，怎么繼承呢，老艺人的待遇高些"。

"我們要多下些功夫，多請些老师，多花几个錢，多排練学习"，"把过去所有的唱片都买来，向唱片学习，有点毒也不要紧。"

一九六一年四月九日，刘子厚打电話給路一說："貫彻艺人政策，你亲自召集荀慧生和其他老艺人开个座談会，叫他們发表意見，叫他們提意見。"

一九六六年四月十六日，又指示跃进剧团"要看其他老艺人的戏，要着重地看河北梆子，熟讀唐詩三百首，不会作詩也会偷。也可以找人家去学，或請人家来教，不要搞省市界限，聘請老师可給些錢，一年教一个戏也行"。〔**按："尊重人家"、"待遇可以高些"、"向老艺人学习"，难道这就是党对老艺人的政策吗，况且老艺人中有不少象荀慧生这样反党反社会主义反毛澤东思想的右派分子，刘子厚鼓吹象这些老艺人学**

习，只能是高薪买来牛鬼蛇神，大力毒害演員，培养資产阶級接班人。〕

一九六一年八月十一日，刘子厚在召开的演員座談会上說："还有一个利益，我們准备出去不要錢，向他們要鸡，要鴨，要魚，要肉，要副食品，还有一条准許在宾館食堂吃飯"。

一九六一年四月十六日，刘子厚給跃进剧团作指示說："有的学員已有相当水平，有的学員接近成熟，只要講清道理是可以接受的，搞个工資制度，一年評一次，可补加奖励，这样能調动他們的积极性。"

一九六五年十月二十七日，刘子厚在河北戏校講話时一再夸奖演員："張××呀！你要好好地練，你的嗓子很有前途，又有刘老师的教导嗎！"

"剛才演《夜宿花亭》的張××，嗓子很有前途，唱戏作戏都有前途。"

还指名要河北戏校学生×××"你要赶上跃进的演員"。

还說："要勤学苦練，这是我們向小同志的要求，发懶不行，小同志們懶，早晨練操不愿起床不行，雛风凌空演得是楊排风，楊排风是个燒火丫头，偷偷带了翠丫头練功，其中有一个懶丫头，早晨出操还要别人从被窝里把她拖出来，咱們同学不要懶，这是我对同学講的"。〔按："反革命修正主义分子周揚，就是鼓吹要青年人"靠个人奋斗"，要"成名成家"，以"名演員""名导演""名作家"的三名引誘青年走修正主义道路，而刘子厚与周揚却是一个調子。〕

六、在四清中积极推行形"左"实右的机会主义路綫对抗毛主席的正确路綫

篡改二十三条，转移斗爭重点，搞人人过关

一九六四年十二月六日，刘子厚在一个生产队全体社員討論救济大会上的講話中說："不管是誰，只要你有四不清我就要跟你斗。"

一九六五年，刘子厚在全省四清战綫学习毛主席著作会議上的講話中說："我們搞革命为了什么，还不是为了全人类的解放，为了調整生产关系，发展生产，实现共同富裕嗎，民主革命时打土豪分田地在是为了这个，搞社会主义是为了这个，如今搞四清还是为了搞这个。就是因为干部有四不清，生产关系阻碍生产力发展了，非搞革命不可。"

一九六五年十二月十五日，在地委常委、总团党委会議上，刘子厚說："所以这次四清，就是整党內那些坚决走資本主义道路的当权派，再說具体些，就是整党、整党的領导核心。"

一九六五年十二月二十八日，在石家庄召开的地委书記会議上，刘子厚又說："这場运动，重点是整党內走資本主义道路的当权派，换句話說，就是整党"。〔按：整党和整党內走資本主义道路的当权派，这是不可混淆的两个槪念，这里有不同質的矛盾。这也是刘子厚对二十三条的公开篡改。是轉移斗爭重点的伎俩。〕

一九六五年十二月十五日，刘子厚在邢台地委、总团党委会議上的說："去年在永福庄，揭发一个干部好吃狗肉，打狗

吃，羣众意見很大，今年在祝村参加会議，又揭发一个好吃的，下乡一派到誰家的飯，誰就发了愁。羣众一揭发，受教育可深了。"

又說："在祝村公社因为干部吃了生产队的几条魚，羣众翻来复去揭这个問題，这个人从这个角度講一通，那个人从那个角度講一通，把干部吃魚揭的很透，把好吃嘴饞揭的很深，这样对干部教育很大。今后公社干部再到祝村，誰也不敢吃队里的魚了。所以要翻来复去的折騰，反来复去的搞，大会搞小会搞"。又說："今年就是在这方面大作文章。我在祝村听了两天，很有味道"。〔按：二十三条明确指出，这次运动的重点是整党內走資本主义道路的当权派，但刘子厚却在吃魚、吃狗肉上大作文章，还讓"反复折騰"，目的在于轉移运动的重点，包庇走資本主义道路的当权派。〕

一九六五年二月八日，刘子厚在关于訊真学习和領会二十三条的几点意見中說："对干部要逐步摸清情况，分类排队。錯誤有大小，有多有少，四种人中，一般的队前三种是多数的"。

〔按：二十三条中明确指出，"情况要逐步摸清，可能有以下四种，好的，比較好的，問題多的，性質严重的，前两种人是多数"。但刘子厚却提出："前三种是多数"。显然这是对二十三条的明目張胆地篡改和歪曲〕

污蔑貧下中农，不相信羣众，工作队包办代替

一九六四年十二月六日，刘子厚在听了一个工作組汇报以后的講話要点中說："据現在我們的了解，貧农是有分化的，有的当了干部以后就变了，有的进行貪污盗窃，有的搞投机倒把。貧农是这个情况，我們也要看中农，特别是下中农有没有分

化。有的原来是中农，土改以后各方都下降了，**要注意了解这方面的情况**。当然我们不是打算在中农里找依靠对象，而是看阶级分化情况。此外也要看一个地主，富农有什么变化，富裕中农有什么变化。要了解阶级分化的情况，对各个阶层都要看一下"。〔按：刘子厚对农村中的中坚——贫下中农进行恶毒污蔑，而对地主、富农的猖狂活动却只字不提，实在是令人难忍！〕

一九六五年三月十八日，刘子厚在关于四清运动中如何抓好生产的几点意见中說："生产队如何领导生产，有这么一个想法……就是在队委会的集体領导下，多設一些人員，分管农业、副业、保管、記工、会計等各方面的工作。这样做，可以調动更多的人为集体关心……防止发生四不清"。〔按：防止发生"四不清"的問題，調动社員关心集体，应該突出政治，用毛澤东思想武裝农民，而刘子厚却采取不相信羣众，訨很多人当干部的办法，眞是奇談怪論。〕

一九六五年七月二十五日，刘子厚在邢台地委全会（扩大上的講話中說："工作队剛进村时，考虑到可能有的犯錯誤干部抵抗，躺倒不干，那时說过不要怕，他不干我們干，不用說搞运动，連生产生活都要亲自抓起来。"〔按：在运动中，刘子厚一直是大搞人海战术，包办代替。在刘子厚蹲点的永福庄公社，不算分团的人就有三百零一名工作队員。其他地方平均每个生产队也有六、七个工作队員，有的多至十几个人。他們包攬一切。〕

用形"左"实右的扎根串连，对抗放手发动羣众

一九六四年十二月六日，刘子厚在听了一个工作組汇报以后的講話要点重說："在根子进行串连时，还要做一些秘密工作。现在我們一般作的是公开的工作，将来有了根子要再有一层，做点秘密工作。有公开的会議，有秘密的会議，这样我們对問題的了解就会更深。光有公开的工作，沒有秘密工作，对問題了解就会不深。所以除了公开的会議外，得有商量机密大事的小会。"

又談："现在貧农积极的有几戶了，有人說是否可以說有根子对象了，我說还不行。根子的条件，除了成分好，立場好，劳动好，办事公道以外，还要有一条，看他能否和我們說心里話"。〔按：这是刘子厚不相信羣众，不相信羣众的自白。在这条形"左"实右的机会主义路綫的指导下，有不少工作队，进村半月甚至一个月也沒有找到积极分子，严重地破坏了四清运动。〕

一九六五年八月一日，刘子厚在十六次全会上关于农村四清問題的講話中說："一进村訒眞坚持'三同'，訪貧問苦，扎根串連。这些基本功搞得是扎实的，对鍛炼干部，发动羣众起了很好的作用。"〔按：在制定二十三条的中央工作会議上毛主席批評了"扎根串連"是不相信羣众，不敢放手发动羣众的表现。刘子厚大肆鼓吹"扎根串連"搞得"扎实"对发动羣众起了"很好的作用"，这是公开对抗毛主席。〕

篡改毛主席的认识论

一九六五年十一月二十五日，在任县祝村分团汇报当前四清运动情况时，刘子厚說："从羣众中来，到羣众中去，一事一討論，一总结，認識——实践——認識，就是这样一个反反复复的过程。"

一九六六年二月五日在徐水县礼堂，刘子厚接見总团、商庄分团全体工作队員及其他分团工作队員时談："实践論上講認識，实践、再認識、再实践，这是認識的规律"。〔按：毛主席說："一个正确的認識，往往需要經过由物質到精神，由精神到物質，即由实践到認識，由認識到实践这样多次反复，才能夠完成"。但刘子厚却和毛主席大唱反調，不止一次地提出："認識——实践——認識和"由精神到物質，再由物質到精神"的謬論。

七、頑固坚持資产阶級反动路綫瘋狂对抗以毛主席为代表的无产阶級革命路綫

划框框定调子，捆绑羣众手脚

一九六六年六月二日，刘子厚在北京对天津八所高等院校党委书記的講話中說："大字报点名，如果要点到中央要坚决收回，說服，有意见可写信，我們轉，点本校不要怕，至于市委、省委考虑一下，他們（指学生）不了解情况"。

"如北京市委沒具体人可贴，贴到什么地方，还是贴到屋

里好，教室不上課了，可以貼到屋里。不使外人看，因为是国内的事，說服群众，不要乱貼。大字报要有左派成立編委会，大字报交編委会要看一下，着重講道理，我們要搞革命，不搞自由化，自由化是修正主义。"〔按：这是刘子厚对毛主席提出的无产阶級大民主的攻击和誣蔑。〕

"但是几个学校联合不必要，非上街不可，有兩手准备，非上街也不要怕，不怕可能不出去，怕呢？可能出去，这样思想就亮了"。

"右派学生去四清，昨天还打左派学生，法律系說：毛腰不流血，不犯法，你們看这个报紙标語，劲头就看出来了，广播好几次，这样一来形势变化，也說明主席掌握了形势，也控制不住了，这是大变化，今天进入了高潮文化大革命高潮来了，这样今天看过去的打算不行了，根据形势是个轉变，領导在群众面前，如呆机械脑袋，非挨打不行……"

一九六六年六月四日，刘子厚講："引导学生向学校开刀，有不同意見暫不辯論，学生方面有不同意見时不要組織批殿，开始只放手大鳴、大放、大字报"。

一九六六年六月五日，黎傳声傳达刘子厚指示："揭批，前段主要是邓拓为首的'三家村'，北大大字报后轉入学校內部。要因势利导，如联系到省、市委問題，'三家村'，問題也可以，但要引导到校內"。

"不要大会上做报告，发现了点名不合适的和他商量，有意見你送去也行，不防碍民主，省、市各部門可以点（单位），中央、华北局、省、市委不点。有些卽使党內知道也不揭，防止坏人钻空子，轉移到别的方面去了"。〔按："卽使党內知道也不揭"，那党內走資本主义道路的当权派怎么揪出来呢。〕

一九六六年六月五日，刘子厚說："往下怎么搞，变成你們的意見、你們的話去講。北京的事情一律不講"。〔按：党內走資本主義道路的当权派，耍弄的許多阴謀手段之一，就是封鎖消息，使革命師生听不到毛主席的声音，而他們自己則好胡作非为。〕

一九六六年六月五日，刘子厚在北京对地、市委和各高等院校党委书記的講話中說："要积极領导。注意：发动学生貼大字报，可以引到我們头上，要充分估計到这一点，因为每个人要一分为二，难免有缺点和錯誤，特別文敎部門搞学校工作的，……平时好的同志也要一分为二，难免有缺点錯誤，問題多的就多一些，严重的就会更多"。〔按：那些党內走資資主义道路的当权派，那些鎮压学生运动的刽子手，难道这是缺点和誤錯問題嗎，〕

他还說："开会問題。大、中、小会都开。①但不开区域性的会；②不要上街游行示威，沒有这个必要，外国人看了也不好，不要搞通电"。

一九六六年六月十日，刘子厚說："机关目前組織学习，不发动写大字报，动員大家学习，好好学习，有意見可以准备，什么时候发动什么时候貼，现在有好多人不在家，这不是不革命，不要去动員。我們不是北京市委，我們坚决要搞文化大革命，现在准备，四大不搞"。

一九六六年六月十一日刘子厚說："象北大这样的学校我們这里沒有，那是修正主义領导集团，愚弄一些学生跟着他們跑，我們这里沒有。就是有的学生受他們的影响，运动一起来，他們也会起来的。在家批嘛！不要上街"。〔按：这是堵革命師生之口。〕

一九六六年六月十日，刘子厚講："几个大的医院都有工作队，我們要积极发动羣众，領导羣众参加文化大革命，有組織、有領导的把医院的步子放慢、放稳。目前是高潮时間，是相当稳的，把步子搞稳一点。”

一九六六年十月五日刘子厚在北京同河北歌舞剧院、戏校同学座談时說：“你們的情况听了一点，……可是顾不上，‘十二字’方針，我不曉得这个問題，可以查一查，当时你們在农村，‘十六条’出来以前以后，这关系不大，无非是影响运动慢些”。

他又說：“通过辯論要消除不团結的現象，要不班子就散了，就演不出来了。在天津几个剧团还能演出，省里的几个剧团就演不了。当然多鬧几天革命有好处，但是总有个头，要搞到一定程度还要搞演出”。〔按：刘子厚极端害怕河北省文艺界揭穿他对抗毛主席文艺路綫，迷恋才子佳人，反对戏剧改革的老底，就在文艺界打起了“学习文件、提高訊識、做好准备”的十二字方針这面黑旗，使文化系統的文化大革命一直遭到压制，阶级斗爭的盖子长期沒有揭开。十六条公布以后，子厚还頑固坚持十二方針，胡說什么“无非是影响运动慢些”。到了十月还极力强調剧团演戏，看其居心多么險恶！〕

“我到你們戏校看了几次旧戏，还是要檢查嘛！我大方向是对的，但确实看了几次旧戏，当时我只考虑到看看同学們的練功，沒考虑什么影响，我到戏校要檢查。我在歌舞剧院，你們要不給我提，我沒有这一条。我到你們那給你們講舞蹈歌剧，出了不少主意在大方向上沒有什么誤錯……”。

“我不相信你們反对我，我想来想去，戏校反对我还有点理由，我看了几次旧戏，我在歌舞剧院沒有什么誤錯，我是不相信你們反对我的”。

大派工作组，建立官办文革，压制羣众运动

一九六六年六月二日，刘子厚在北京对天津八所高等院校党委书记的講話时說："你們天津几个学校要研究、敢領导，不怕死，我們就是工作队，是革命的"。〔按：好一个"包青天"的架式！殊不知刘子厚所标榜的"工作"队实际上就是鎮压革命羣众运动的"消防队"。〕

在文化大革命初期刘子厚講："我們不敢領导，右派会起来干，右派領导的起来給你胡干，现在急于解决領导問題，一方面派工作队，……工作队去了以后，成立文化革命委員会，成立办公室，文化革命代表会。不好的不讓他参加"。〔按：刘子厚与宋碩、陆平的"坚守崗位、加强領导"喊的是一个調子。〕

"只要我們坚决是革命的，彻底的文化革命，你不敢，右派就攻。决心稍差一点就不行。决心一差，左派有意見，右派鑽空子，决心一下，帅旗就树起来了。这次斗爭，干部子弟表现的較好。要使用干部子弟作工作"。

一九六六年六月十日，刘子厚向天津市委指示："……問題多的单位就派几个人去，烂了的，乱了的派工作队去，公开反对我們先把他抓起来。先布置几个学校，派强的进去"。

一九六六年六月十一日，刘子厚說："十三个大专院校还没有那个党委垮了的。特别是八人小組做了很多工作，这是一条好的經驗"。

"革命师生代表大会，革委会——办公室，党委成員好就

逸，不好的不逸，逸进的党員成立領导核心，如党委內部問題，还强調党委領导就不行了，好党員选进去，学生、青年教师占百分之五十。"

一九六六年八月二十五日，刘子厚在干部俱乐部对天津高等院校各派代表的講話中說："在北京省委、市委商量了一个临时办法，把高等学校，大专学校的負責人組織起来，成立一个临时的領导小組，来領导文化大革命。……有藏伯平做正組长，有李澤民做副組长。……现在省里有一批人在这里工作（指接待站）接待啊，联系啊，这样原来成立的临时領导小組不需要了。这个小組从今天起就撤消了。"

歪曲运动的重点，鼓吹"乱箭齐发"，扭转运动大方向

一九六六年六月二日，刘子厚在北京对天津八所高等院校党委书記的講話中說："既要放手，又有領导，不是自由化。〔按：把放手发动羣众污蔑为自由化，就是对战无不胜的毛澤东思想最恶毒的攻击！〕揭的問題是批判，学校內部发动羣众鳴放，……但以放在本单位为主，鳴本校或省市也可以，开始乱箭齐发……"。

一九六六年六月十一日，刘子厚在天津十三所大专院校党委主要負責人会議上說："思想問題，世界观問題，要一步一步来，关于这个問題从这一点就可以看出来，一动員，一发动，乱箭齐发，就看出来了，不敢乱箭齐发就是不敢革命"。

一九六六年六月五日，刘子厚在北京对地、市委和各高等院校书記的講話中說："这次运动起来以后，要向学校領导，专家教授开火。我們就是按这样干。"

一九六六年六月十一日，刘子厚在天津十三所大专院校党委书記会議上說：〝領导权在誰手里，大多在資产阶級权威学者掌握，有的老党員、干部作了俘虏，要充分估計到，我們党委跟人家跑的不說，起决定作用的恐怕不多……〞。

〝重点是資产阶級权威及一切牛鬼蛇神，都是資产阶級知識分子〞。〔按：林彪同志指示：〝运动的重点，是斗爭那些党內走資本主义道路的当权派，炮打司令部，就是炮打一小撮走資本主义道路的当权派〞。而刘子厚却說：〝重点是資产阶級权威及一切牛鬼蛇神，都是資产阶級知識分子〞。居心何在？〕

一九六六年八月十日刘子厚談党的領导时說：〝这是大革命、大民主，来发动羣众造反，管你什么党团官老爷凡是不順眼的統統反掉。〞

敌视羣众运动，把革命羣众打成〝右派〞〝反革命〞

一九六六年六月二日，刘子厚在北京对天津八所高等院校党委书記的講話中說：〝学校有左、中、右，你怕羣众起来，誰是左、中、右你分不清，你不发动，自己就成了革命的对象，要敢发动羣众，羣众起来就好办了。羣众一起来，就分化了，要依靠羣众左派，爭取中間派，控制右派。在放手发动羣众中要揭要批，通过左派組織起来，組織左派，不要另搞一套組織，是党、团、学生会里搞左派組織，依靠左派，控制右派，如学生会是右派就夺过来，大字报要搞，大鳴大放大字报大辯論四大是右派对付我們的办法，今天拿来对付他們，……〞

一九六六年六月四日，刘子厚在召开座談会上的講話中說："不要你攻击我，我攻击你，这样一来就会把学校的陣容搞乱，如果有坏人，就会乘机搗乱"。〔按：刘子厚張口一个有"坏人"、閉口一个抓"右派"，究竟其目的何在呢？事实說明，刘子厚所指的"坏人"、"右派"，并不是那些党內走資本主义道路的当权派，而是堅决听毛主席的話，敢于革命，敢于造反的革命师生。〕

一九六六年六月五日，刘子厚的指示，黎傳声傳達："这两天运动总的說好（六月二日以来），但絲毫不能麻痺，羣众运动說出乱子就出"。

一九六六年六月十一日，刘子厚講："北大問題也广播了，有些人鬧不清，有的学生就冲到党委头上来了。开始学生有了一些錯誤的大字报，有的学生和学生辯論，这些問題要注意，給学生講訊識問題有一个过程，一开始訊識錯了，也不要紧，随着运动提高訊識就行了"。"学生中有很坏的家伙，那就讓他們放吧！要注意背后有人指揮。这些問題要留在后边处理，不要打混战"。

一九六六年七月九日，刘子厚对藏伯平，李澤民講："有工作队的要上压下挤，沒有工作队的象河大、南大就得敢于引火燒身，什么大字报都張貼，这就主动。如不肯引火燒身，无非是叫右派罵得狗血淋头"。〔按：刘子厚竟然极其恶毒地把革命师生污蔑为"右派"，把革命师生給党內走資本主义道路当权派貼大字报的革命行动罵成是"狗血淋头"，这簡直是地地道道的反革命邏輯，混蛋邏輯。〕

一九六六年七月十日，刘子厚講："一方面放手发动羣众，广貼大字报，到一定程度沒貼的了是否把大字报排排队，打击什么人。在文化革命委員会中进行排队"，"左中右现在还看不清楚，要不断的排队"。〔按：在刘子厚这个黑指示下，省、市委及高等院校的官办文革委員会，对革命羣众进行了分类排队，把大批革命羣众打成"右派""反革命"，弄整了大批黑材料。〕

挑动羣众斗羣众，学生斗学生

一九六六年六月二日，刘子厚在北京对天津八所高等院校党委书記講："干部子弟要好好地抓抓，掌握情况很重要，你鬧起来，革命的找来談，干部子弟找来談，找来要很好接待，要抓起来，出尖子很好，談話就是了解情况，抓住尖子发揮作用，大专学校就是这个样子吧"。〔按：这是刘子厚推行女儿路綫的思想基础，在这种思想指导下，刘子厚縱容其女儿刘力里在河北大学充当了頑固的保爹"尖子"。〕

一九六六年八月十三日夜，刘子厚对天津工学院赴京部分革命师生說："我有一个孩子（刘力里）在河大，她回家跟我說，同学們都說她是反革命，我說这很好，召开你一个斗爭会才好呢，越能夠暴露"。〔按：眞是恬不知恥，众所周知，刘力里是地地道道的譚力夫式的人物。刘子厚还喋喋不休地夸耀她，何故也？〕

一九六六年八月十七日，刘子厚在談到天津大学"八一三"紅卫兵时說："不用管他，剩下一千人也不怕，剩下一百人也不怕，剩下十个人也不怕。他們回来（去北京）还造謠，还要活动，我們不要怕。"

又說："最近又提出搞好本校，本单位問題，主要陣地在你們学校，他們（天大"八一三"）要来，不要阻拦，我們看你們懂事情，我們和你們說心里話。清华住了七千人，光接待

不能革命,河北农大到北京三千人,本校也不革命了"。〔**按**:
刘子厚最重要的阴謀詭計,就是拉一派打一派,挑动学生斗
学生。他暗中組織操纵一些受他蒙蔽的学生和学生組織,来压
制革命,保护自己,挑起武斗和制造混乱。〕

<h1 style="text-align:center">假 检 查、眞 反 扑,
顽固坚持资产阶级反动路线</h1>

一九六六年十一月十二日,刘子厚在他的公开檢查中說:
"省委在无产阶級文化大革命中实际上盲目地执行了资产阶級
反动路綫,犯了方向性的錯誤,路綫性的錯誤"。"我們对这場
文化大革命中曾出現的一些挑动学生斗学生,羣众斗羣众的問
题,甚至对革命羣众进行政治迫害,把他們打成反革命的严重
事件,沒有及时发現,及时处理,严重地阻碍了文化大革命的
健康发展"。〔**按**:刘子厚說的多么輕松自在!好象河北省鎭
压学生运动的罪魁禍首不是他刘子厚而是别人。〕

"对于这場偉大斗爭的領导很不理解,很不訊眞,很不得
力,盲目地执行了资产阶級反动路綫,极大地影响了羣众革命积
极性的发展。十六条公布以后,毛主席的正确路綫同广大羣众
見面,为广大羣众所掌握,在庆祝中华人民共和国成立十七周年
的大会上,林彪同志講了在无产阶級文化大革命运动当中两条
路綫斗爭的問題,广大革命羣众对錯誤路綫的批判,广泛深入
地开展起来,才促使我們逐步覚悟起来,訊識到所犯錯誤的严
重性"。〔**按**:刘子厚"逐步覚悟起来"的話音剛落,就亲手
挑起保定十一月十六日**流血事件**。可見,刘子厚賊心不死,
"逐步覚悟","訊識到所犯錯誤的严重性"。是麻痺、迷惑

265

羣众的烟幕彈，实則变本加厉，大肆反扑。〕

八月間，天津市有些革命师生貼出了批評刘子厚、閻达开杜新波等同志的大字报，这是革命的行动。就在这时候省委部分驻津工作人員貼出大字报，說省委这三个同志是坚定的'革命左派'，这張大字报貼出后，客观上起了压制羣众批評省委的作用。我們当时沒有訊識到这一問題的严重后果，同意了这張大字报。这是很錯誤的"。〔**按：刘子厚又在扯謊，眞实的情况是：八月十五日下午文化革命办公室赵純把各組的負責人找到一起，傳达李頡伯从北京打来的电話，（当时刘子厚也在北京）說："对貼出刘子厚、閻达开、杜新波是黑帮，我們要反击"。**后又把已准备好的大字报念給参加会的人征求意見，大字报稍加修改后，由文革办公室、留守处、河北宾館省委工作人員分片負責貼到天津大街小巷。由于刘子厚、李頡伯阴謀策划，使河大革命师生遭到全市性的圍攻。然而刘子厚对于他的这个严重的反革命行为，仅輕輕地說了几句，足以証明他与革命师生为敌到底。〕

一九六六年十一月二十七日，刘子厚在他又一次作的公开检查中說"我代表河北省委作关于在无产阶級文化大革命中执行資产阶級反动路綫的第二次檢查，这次检查因为准备的比較仓促，檢查以后这个稿子我还准备継續地来把它修改，修改以后再印发"。〔**按：批判資产阶級反动路綫已經两个多月了。可是刘子厚才准备了一份"比較仓促"的檢查，实在令人感到遺憾！由此可以看出刘子厚的檢查是毫无誠意，根本不触及灵魂，眞是可謂頑固之极。**〕

"……但是在这次文化大革命中，派工作組，包办代替，实际上是把这种組織形式强加在革命羣众头上，这种作法根本就是不相信羣众的表現，再加上我們对工作組的任务，工作方法交待的不清，以及根据新的情况总結經驗也不夠，而是沿用着过去一套老办法，在客观上起了压制羣众，阻碍羣众运动的作用"。〔**按：刘子厚派往各学校的工作組，观察組，那一个不是省委的暗探，特务組織呢，刘子厚对工作組、观察組、的任务，工作方法，交待的不是不清，而是很清楚，那就是搜集情报，組織保守兵，挑动学生斗学生，鎮压革命师生。**〕

"十六中革命小将們散发了告全市青年的一封信，带头批評了市委在領导文化大革命运动中的錯誤，而天津市委原組織部长馬瑞华擅自决定派出公安部队，維持秩序，这是鎮压革命学生运动，破坏无产阶級文化大革命的极端严重事件，对这个事件，省委听到后，派人反复作了調查处理，但是这个錯誤处理不及时，不严肃，不彻底，使一部分革命师生受到压仰……"〔**按：馬瑞华武装鎮压十六中革命小将完全是按刘子厚六月十号向天津市委布置的，"公开反对我們的，先把他抓起来"的黑指示干的。现在刘子厚为了逃脱罪責，竟然如此謊話連篇，眞是无恥之极。**〕

八、包庇党內走資本主义
道路的当权派

极力包庇反革命修正主义分子张□□

一九六六年六月二日，刘子厚在北京对天津八所高等院校党委书記的講話中說："承先同志到北大当工作队长去了，小工作队，大左派羣。"

一九六六年八月二日，对河北大学等学校当前无产阶級文化大革命講的八点意見中說："張承先犯的錯誤,首先有两条:一条是官老爷作风;二条是不依靠革命左派,以至犯了路綫錯誤。"

〔按:昔日炫耀,曾几何时！这个率領"大左派群"的工作队长、反革命修正主义分子張承先被揪出来了,好得很！然而刘子厚却赶忙跳出来大叫什么"官老爷作风",什么"不依靠革命左派",妄图混水摸鱼,为其开脱罪責,真是不遺余力。〕

极力包庇党內走资本主义
道路的当权派李㴇民、藏㕮夫

一九六六年七月二十四日,刘子厚在听取南大、河大汇报文化大革命的情况以后說:"河大,总的路子是对的。还是繼續炮轟司令部,还是轉向批斗,采取南大的,可批,要不就会冷台。你們老是炮轟司令部,坏人就会以为把老藏老李打倒就行了,会有人挑撥。你們沒有問題,但群众会演繹法,何苦呢,你們不是沒有大字报,有問題的可揭,到一定时間檢查一下。"

又說:"河大采取南大的办法。炮打司令部和批判当权派是一致的,(李澤民說:那个問題多,感到个人責任重)講責任不能籠統包起来,我們的責任就是革他們的命,講錯誤要講啥錯誤,不能囫圇吞枣,现在不能忙于承担責任,现在是大是大非問題,不能替他們承担反党反社会主义的責任,檢查无非是我們对他們認識不足,沒和他們斗爭,现在还不提,现在提就把水攪混了。一千条意見也好,一百条意見也好,我就是領导革命,革他們的命，对老同志不要講什么感情，也不能受这些人的攻击，我有什么錯誤，将来再說”。〔按：刘子厚与李澤民等人臭味相投，狼狽为奸，他們互相包庇，互相吹捧，对革命派犯下了滔天罪行！！〕

一九六六年八月二十五日，刘子厚在干部俱乐部对天津高等院校各派代表的講話中說：“在这个地方也要宣布一个問題，什么問題呢，就是要整理一下我們学校的負責人員，党委书記、副书記、校长你們要主动地自己提出，自己不要参加革委会，这个办法对于自己有好处，对文化大革命有好处。”〔按：讓这些党內走資本主义道路的当权派由幕前轉入幕后。〕

包庇反革命修正主义分子李悦农

王景新、朱明远、馬平夫三人組成了周潜川专案小組，刘子厚由天津来到保定找专案小組听取口头汇报，听后刘子厚提出自己的意見：1、有病脱职，有病人治病心切，得病乱投医。周李（周潜川李悦农）关系是大夫与病人的关系，是治病問題。2、悦农在会上檢查态度是好的，交待、檢查是好的，沒有隐瞞。3、李在病前工作很好。4、現在看李悦农是属于上当問題，我理解不处分，看你們三人有什么意見。〔按：保定地委第一书記李悦农，在困难时期請潜伏下来的国民党大特务周潜川看病，敎气功，吃仙丹干尽了反动勾当。刘子厚一手給李遮盖了反动本質，并給李悦农涂脂抹粉，說他“养病前工作很好的”，“交待，檢查的好”，“沒有隐瞞”。这是胡說。一九六二年保定地区的单干风不是李悦农刮起来的嗎，李悦农念周的一部經等問題交待了嗎，正是刘子厚的包庇使这个反革命

修正主义分子逍遥法外。〕

一九六四年十月十六日刘子厚在省委书記处会議上說："李悦农同志的問題，把病看得严重，乱投医，政治上缺乏警惕，麻痺，以前的可原諒。"并說："对問題的認識，对旁人批評，檢查是好的，总起来麻痺无知，上当性質。"

对叛党的反革命分子常和尚
称兄道弟，关怀备至，忠心效劳

刘子厚任湖北省委組織部长时，曾邀請常子敬到武汉一游，对常說："这里有图书館，书籍很多，你若能来，卽在此工作"。"若是果圓工作更为适宜，陵圓亦可，东湖管理处亦可，中南图书館亦可……"

一九五五年三月二十六日，刘子厚給常子敬的来信上說："关于你的問題，我已和馬国瑞同志談了一下，国瑞对你是很关心的，他的意思愿意你仍在邢台由专署照顾你的生活，我想这个意見也是好的，邢台距家近些，往返方便，同时想作些什么工作，仍作些什么工作也可以，愿意在哪些方面作研究也可以研究，請你考虑，如果你愿意往湖北当然也是可以的。"

一九五五年夏天，刘子厚任湖北省省长时，常子敬为找工作又到湖北找刘子厚。刘对常說："本愿你在此工作，但我不久就要調离湖北，到北京馬列主义学院学习，我一走，你在这也站不住，不如回咱河北省工作"。〔按：常子敬是刘子厚的表亲，是內丘中学的副校长，是个叛党的反革命分子。一九二九年与刘子厚同时入党，后来叛党，出家当过和尚。刘子厚同这样的反革命分子称兄道弟，书信不断，关系极为密切。据不完全統計，仅从五〇年——六六年四月，来往信件达百余封。常子敬从其反动立场出发，大写社会主义阴暗面，把社会主义的新农村写得一无是处，大力发泄他对党、对社会主义的不满。堂堂的省长，对此不但不憤恨，不批判，不斗争，反而大加贊尝，关怀备至，体贴入微，岂非咄咄怪事。〕

刘子厚在湖北任省长时，給常子敬的信件写道："汉口新开一市場，大都是旧货古董摊子，其中碑贴不少，价值很低，很想为你买点，只怕买的重复，故未买。咱叔来时，你可跟咱叔談一談，我可領咱叔参观一番，看有可买的东西沒有，咱叔不来，你可写信，指出名目为好，'見購寄去'。"

一九五×年二月二十七日，于北京給常和尚的信上說："中央已經决定叫我去搞黄河三門峽的工程，春节前我去工地看一下，从今春起附属工程正在設計中，一面学习，一面已着手进行工作了，由于工作已逐步緊張起来，还可能学不完就去工作，想去参观当然可以的，不过今夏不行，还沒什么可看的明年后年就大有可观了"。〔按：泄露党和国家机密，妄想引狼入室，该当何罪，！〕

一九五×年十月十日，于黄河工程局給常子敬的信上說："李想介紹李某出来工作一事，这事有困难。因国务院有规定，不准随便吸收新人参加工作，这不是在推辞，实在其中有困难，請你原諒。"

一九六零年二月十一日，給常子敬的信中說："至于家乡的情况，前几次調查过，我已有較詳細的了解了。春节前解决了四（几）万斤粮食"。〔按：常子敬丑化社会主义制度，說家乡生活困难，刘子厚则唯命是从，依仗权势，假公济私，把大批粮食撥給家乡，这是何等的省长。〕

一九六×年九月二十八日刘子厚給常子敬的信上說："你

們反映的一些問題，对我們很有参考价值，帮助我們了解了不少情況。請今后有什么問題常通信联系"。〔**按：常子敬大放攻击党、社会主义之毒，刘子厚如获至宝，将其捧为"很有参考价值"，并請求"常通信联系"。刘子厚是什么人，不是昭然若揭了嗎！**〕

　　　　　河北大学毛澤东思想"八一八"紅卫兵
　　　　　河北大学紅旗战团
　　　　　河北省戏校紅色造反团
　　　　　河北省歌舞剧院紅卫兵总部
　　　　　河北省梆子剧院毛澤东思想紅卫兵
　　　　　河北省梆子剧院紅卫兵
　　　　　河北省梆子剧院东方紅紅卫兵

　　　　　　　一九六七年一月二十日
　　　　"八一八赴邯"革命造反支队67.2摘印

八月十八日，毛澤东，在北京天安門楼上，接待了赴北京各地造联反派学生，故起名曰："八一八造反派"。

反革命修正主义分子

任白戈三反言行五百例

李井泉同伙

（供大批判用）

四川省打倒李井泉
及其一小撮同伙　联络总站重庆分站
反到底重庆机关
革命造反司令部　市级党群机关井岗山兵团

一九六七年十二月

最 高 指 示

混进党里、政府里、军队里和各种文化界的资产阶级代表人物，是一批反革命的修正主义分子，一旦时机成熟，他们就会要夺取政权，由无产阶级专政变为资产阶级专政。这些人物，有些已被我们识破了，有些则还没有被识破，有些正在受到我们信用，被培养为我们的接班人，例如赫鲁晓夫那样的人物，他们现正睡在我们的身旁，各级党委必须充分注意这一点。

（引自中国共产党中央委员会一九六六年五月十六日《通知》）

人民靠我们去组织。中国的反动分子，靠我们组织起人民去把他打倒。凡是反动的东西，你不打，他就不倒。这也和扫地一样，扫帚不到，灰尘照例不会自己跑掉。

（《抗日战争胜利后的时局和我们的方针》，1945.8.13.）

※　　　　　※　　　　　※

重庆市各革命群众组织应当把斗争的矛头，指向党内最大的走资本主义道路的当权派，指向四川最大的走资本主义道路的当权派李井泉及其一小撮同伙，指向重庆市党内走资本主义道路的当权派任白戈及其一小撮同伙。

（摘自《中共中央关于重庆问题的意见》，1967.5.16.）

46532

前　言

"钟山风雨起苍黄，百万雄师过大江。"

我们伟大的导师、伟大的领袖、伟大的统帅、伟大的舵手毛主席亲自发动和领导的无产阶级文化大革命，震荡着全中国，震撼着全世界。

毛主席教导我们："**你们要关心国家大事，要把无产阶级文化大革命进行到底！**"山城的无产阶级革命派，一年多来，紧跟毛主席的伟大战略部署，始终把矛头指向党内最大的一小撮走资本主义道路当权派，指向四川最大的走资本主义道路当权派李井泉及其一小撮同伙，指向重庆市党内走资本主义道路的当权派任白戈及其一小撮同伙，并向他们发动了猛烈的进攻。今年五月毛主席亲自批准的《红十条》、《红五条》宣判了李井泉、任白戈在政治上的死刑。这是无产阶级文化大革命的伟大胜利，这是毛主席革命路线的伟大胜利。

任白戈这个三十年代就追随中国赫鲁晓夫反对毛主席革命路线的黑线人物，从一九四九年起，先后窃据了重庆市的党政财文大权，十几年来招降纳叛、结党营私，充当李井泉在四川搞独立王国的急先锋，伙同辛易之等一小撮反革命修正主义分子，疯狂反对我们伟大领袖毛主席，反对光焰无际的毛泽东思想，反对突出无产阶级政治；他大肆鼓吹阶级斗争熄灭论，宣扬阶级调和，反对无产阶级专政；他配合国内外阶级敌人的进攻，恶毒攻击三面红旗，大搞资本主义复辟活动，反对社会主义制度；他猖狂反对文艺为工农兵服务、为无产阶级政治服务，大搞资产阶级反动文艺，为资本主义复辟制造舆论……。罪恶累累，恶贯满盈。大量的事实说明，任白戈是中国赫鲁晓夫在重庆的代理人，是彻头彻尾的反革命修正主义分子。

"一切反动派都是纸老虎"。任白戈这个曾经显赫一时的人物，已经被无产阶级革命派揪出来打翻在地，成为不齿于人类的狗屎堆。但是反动派是决不甘心退出历史舞台的，任白戈虽然被打倒了，他的一小撮同伙还在负隅顽抗，正以十倍、百倍的疯狂，向无产阶级革命派进行反扑，妄图夺回他们失去的天堂，我们切不可掉以轻心。**"宜将剩勇追穷寇，不可沽名学霸王"**；无产阶级革命派，决心奋起毛泽东思想的千钧棒，发扬痛打落水狗的精神，乘胜挺进，把任白戈这个反革命修正主义分子从政治上、思想上、理论上批深、批透，斗倒、斗臭；把任白戈一小撮同伙全部揪出来批深、批透，斗倒、斗臭，彻底粉碎李、廖、任死党的反革命修正主义统治。

为了适应深入开展革命大批判的需要，我们汇编了《反革命修正主义分子任白戈三反言行五百例》这本材料，这仅是任白戈罪行的一部份，但已足以看出他的反革命狰狞面目。山城无产阶级革命派的战友们，让我们紧跟毛主席的伟大战略部署，牢牢掌握革命斗争的大方向，誓把无产阶级文化大革命进行到底！

目　　录

党中央和林彪同志指示

毛泽东同志是当代最伟大的马克思列宁主义者。毛泽东同志天才地、创造性地、全面地继承、捍卫和发展了马克思列宁主义，把马克思列宁主义提高到一个崭新的阶段。

（《中国共产党第八届中央委员会第十一次全体会议公报》，1966.8.）

毛主席是我们党的最高领袖，毛泽东思想是永远的普遍真理。谁反对毛主席，反对毛泽东思想，全党共诛之，全国共讨之。

（林彪：《在中央政治局扩大会议上的讲话》，1966.5.19.）

我国是一个伟大的无产阶级专政的社会主义国家，有七亿人口，需要有一个统一的思想，革命的思想，正确的思想，这就是毛泽东思想。……必须通过活学活用毛主席著作，把毛主席的思想灌输到工人、农民中去，才能改变劳动人民的精神面貌，才能使精神力量转化为伟大的物质力量。

（林彪：《给工业交通战线职工的一封信》，1966.2.）

※　　　　　※　　　　　※

对毛泽东思想采取什么态度，是承认还是抵制，是拥护还是反对，是热爱还是仇视，这是真革命和假革命，革命和反革命，马克思列宁主义和修正主义的分水岭和试金石。

（《解放军报》社论：《毛泽东思想是我们革命事业的望远镜和显微镜》，1966.6.7.）

一、任白戈猖狂地反对伟大领袖毛主席，恶毒攻击光焰无际的毛泽东思想，反对和破坏活学活用毛主席著作的群众运动

（一）猖狂地反对伟大领袖毛主席

明目张胆攻击毛主席

1.毛主席是正确的，但也不是诸葛亮，屈指一算，就知分晓。

（《在市党校第二期干部训练班的报告》，1962.5.3.）

2.人民公社问题，全党没有经验，毛主席也没有经验。

（《在党员干部会上的报告》，1962.）

3.李政委是中央政治局委员，参与了党中央的核心领导，如果李政委都有什么问题，那毛主席岂不成了汉献帝了吗？

（《在原市委二十次扩大会上的讲话》，1963.）

4.毛主席在一九六六年十月中央一次会议上批评说："邓小平从来不找我，五九年以来一直不找我。"任白戈在一九六六年底的一次谈话中，公然说："邓小平是党中央总书记，天天都在毛主席身边，怎么这么长的时间都没有向毛主席汇报工作呢？我看不会吧！"任白戈明目张胆地反对毛主席，为其黑主子辩护。

（市级党群机关井岗山兵团揭）

反对歌颂毛主席

5.专业剧团要有专业的水平，要有艺术性，要有感染力，不能干巴巴的喊政治口号，一场演出喊一万声毛主席万岁也不能感人。

（《在审查歌舞剧团农村社教宣传队的演出节目时的讲话》，1965.4.）

6.创作要典型，只叫毛主席万岁是不行的，这个群众都会叫，要艺术家干什么。

（同上）

7.有的人靠喊几个毛主席万岁口号吃饭，什么喊高举毛泽东思想伟大红旗，喊一千遍一万遍也不会出粮食。

（《五一节报告》，1963.）

8.一九六四年市京剧团排演《嘉陵怒涛》一剧时，任白戈下令砍掉其中"毛主席万寿无疆"台词。

（文艺界延安兵团、市委宣传部等单位揭）

9.一九五五年，苏修掀起反斯大林的妖风，任白戈遥相呼应，针对"毛主席万岁"这个口号，恶毒攻击说："人生七十古来稀嘛！最多一百岁也是要死的嘛，那里能够活一万岁呢？"

（市级党群机关井岗山兵团揭）

10．山城人民强烈要求在市区中心，树立毛主席的大型塑象。任白戈一直以"市委没有这笔预算"、"经济上有困难"等种种借口加以反对。可是在一九六三年，任白戈却提出在南区公园给邹容（旧民主主义者、重庆人）树立大型塑象。

（同上）

含 沙 射 影 恶 毒 攻 击 毛 主 席

11．海瑞剧是一个好剧，他都敢骂皇帝，难道我们还赶不上他。

（《亲自组织公安人员看〈海瑞罢官〉时的讲话》，1961.4.15.）

12．要让人说话，不要怕听言之有物的不同意见，齐桓公有管仲，唐太宗有魏征，有缺点就讲。

（《在市委召开市属各单位负责同志会上讲话》，1961.4.）

13．过去皇帝就是认为自己是圣人，天子没有错误，生来就是正确的，不许别人批评。但皇帝的臣民也并不认为他们不犯错误，也分明君、昏君。一部二十四史的历代王朝，凡是听批评的，天下就长一些，不听批评的，天下就短一些。

（《在重钢科以上干部会上的报告》，1965.2.26）

14．"三反"运动是惩治功臣。现在不兴杀了，让群众来批判。个别的也要杀，刘青山、张子善不是就杀了吗？

（《对市委宣传部干部的一次谈话》，1952.）

15．朱元璋是个放牛娃，叫化子，但他坐了天下就当地主，代表地主阶级利益，就学得了皇帝这一套。

（《在巴县一次干部会议上的讲话》）

16．任白戈在市的一次组织工作会议总结报告中说："现在有的人老了，不中用了，还不自觉的让位，老是坐在毛房不拉屎，光认为他是革命的，如果再不自觉，有人会把他推翻"

（南岸区委×××揭）

17．反对主观主义，特别是教条主义……这是根据当前形势发展的需要，同时也是吸取苏联二十次代表大会所总结的经验——反对个人崇拜。

（《一次学习报告》，1956.9.）

18．少奇同志讲，还是三七开，我们说斯大林也是三七开，所以还挂他的象。

（《在市党校二期轮训班报告》，1962.5.）

19．毛主席提的"双百"方针，百分之九十的干部不通。那些人通呢？他通（注：指极右分子张文澄）。

（《在一次会上讲话》，1958.3.）

公 开 反 对 毛 主 席 的 指 示

20．反革命修正主义分子任白戈经常封锁、歪曲和抗拒毛主席的伟大指示，他曾在市委召开的一次会议上对区委和厂矿党委书记公开宣布说："毛主席和党中央的指示，不要原原本本传达，要结合情况以自己的口气讲。"

(市委办公厅×××揭)

21．一九五九年，毛主席发出《党内通信》六条，任白戈公然抗拒，不予执行，胡说："这是一封信，不同于正式文件。"之后，一九六二年五月三日，任白戈在党校二期轮训班作报告时，还得意洋洋地说："《党内通信》毛主席早就讲了，就是天下乌鸦一般黑，各省都不执行。"

(市级党群机关井岗山兵团揭)

22．毛主席一九六三年十二月十二日在一重要批示中指示："各种艺术形式——戏剧、曲艺……问题不少，人数很多，社会主义改造在许多部门中，至今收效甚微。许多部门至今还是'死人'统治着。"任白戈却公开抗拒说："人又不能活一万年，怎么能说是被死人统治着舞台呢？"

(文艺界延安兵团揭)

23．毛主席过去许多指示是正确的，为什么不执行呢？是不是大家不听毛主席的话呢？不是的，当时毛主席提出的问题，是作为思想问题、理论问题提出的，而不是作为组织决定。

(《在一次党员干部会上的报告》，1962.)

24．一九五九年，全国许多省市纷纷根据毛主席在郑州会议上七条十四句指示，总结经验，整顿巩固人民公社。而任白戈公开赞扬其黑主子李井泉胆敢反对毛主席的指示，说："全国好多省都顶不住了，只有四川才顶得住。"

(市级党群机关井岗山兵团揭)

25．毛主席在一九五九年，对市郊农业生产提出了"以菜为纲"的方针，全国各大城市由于贯彻了这一英明的方针，解决了城市人民吃菜的问题。但是，任白戈及其同伙辛易之等却追随其黑主子李井泉，公然提出了一个与毛主席的最高指示相对抗的"粮菜并举"的方针。于是重庆市出现了市郊粮菜争地，蔬菜生产上不去，年年都要从武汉、西安、北京、上海、山东等地运菜来吃的情况。

(同上)

26．毛主席指示：城市医院留下刚毕业一、二年的青年医生，其余的都放下农村去。任白戈却反其道而行之，提出把青年医生放到农村，把有经验的医生留在城市，公然抗拒毛主席的指示。

(市委办公厅×××揭)

(二) 恶毒攻击光焰无际的毛泽东思想

反对树立毛泽东思想的权威，胡说毛泽东思想已经"过时"

27．七大时需要树立毛泽东思想，现在毛泽东思想已经树立起来了，就不需要再写入党章了。

(《传达"八大"时的一次谈话》, 1956.)

28. 任白戈明目张胆地攻击毛主席的建党理论"过时了"，要以刘、邓的修正主义建党黑货来取而代之。一九六二年十二月二十六日，任白戈在党员干部会上作报告时胡说："只有在民主革命时期才根据列宁的建党原则和毛主席的思想来建党，……现在是社会主义建设时期，我们是执政的党，在这一历史阶段，党如何建设，这是新的问题提到党的议事日程上来了。""这次会上（指刘、邓黑司令部召开的组织工作会），少奇、小平同志的发言在建党历史上是有划时代意义的。"

(市级党群机关井岗山兵团揭)

攻击学习和宣传毛泽东思想
是"和尚念经"，是"教条"，是"传教士"

29. 毛泽东思想只能管一个阶级，对于一个人来说，应该根据自己的不同情况，学习多种多样的东西；而不能只读一种书，象和尚念经那样，今天也是这一本，明天还是这一本，有些小说也应该读一读。

(《在全市活学活用毛主席著作积极分子代表会议的报告》, 1965)

30. 农村社员、工厂的老工人学习毛主席著作，我倒不反对。但他们文化水平不高，你叫他学习，那不等于和尚念经，你念完了，他也忘了。我主张学习文化。

(《在全市组织工作会议上总结报告》, 1964.)

31. 一九六四年，刘少奇在给江渭清的信中，恶毒地攻击毛泽东思想，胡说："同不能把马克思、列宁主义学说当成教条一样，也不能把毛泽东的著作和讲话当成教条。……现在，党内把毛泽东思想当成教条大有人在。"任白戈对刘少奇这个大混蛋反对毛泽东思想的黑信，奉若圣旨，竟然说："这封信给党提出了重大问题，要好好学习。"并亲自在黑市委中心学习小组组织"学习、讨论"，叫大家要发挥创造性，不能搞教条主义，还布置各部委召开部务会或组织生活会进行"学习、讨论"，并将讨论情况上报。

(市委宣传部劲松纵队揭)

32. 任白戈多次在市委中心学习小组和宣传干部会上讲："过去封建社会，家家户户都贴天地君亲师的牌位，孔夫子、孟夫子、三字经、千字文、三从四德，这些东西硬是家喻户晓，深入人心。那些传教士连栖栖角角都走遍了，宣传毛泽东思想就是要象这个样子。"

(同上)

33. "报导有两条要避讳：一条少组织人写理论文章，另一条是少让先进人物写文章。"任白戈还污蔑："工农兵学习毛主席著作心得的文章，一般都是抄的，没有什么新东西。"

(《在原市委常委会讲话》, 1960.2.26.)

攻击毛泽东思想"不管用"，不能把成绩"算在毛主席著作帐上"

34. 大家说毛泽东思想深入人心，这是吹牛，不知道的还不少。我到二钢和石桥公社去问了一些工人和农民，他们就不知道。他们说有钱、有粮就好过，这不是比马列主义还来劲吗？没有钱，毛泽东思想也不一定管用。

（《在原市委电话会议上的讲话》，1964.3.）

35．一九六四年，宣传部起草了一个关于领导干部学习毛主席著作的情况和意见，其中提到了干部活学活用毛主席著作所取得的成绩。任白戈看后大为不满地说：“不能把工作上的成绩都算在毛主席著作的帐上，市委和各级党委是作了不少工作的。”

（市委宣传部××揭）

打着学习马列主义、宣传中心任务等幌子，贬低和反对毛泽东思想

36．宣传内容：用马列主义的思想原则，而不是用其他的什么思想。

（《一次报告》，1952.2.1）

37．要对付现代修正主义者，就得好好请教马克思、列宁。……学习和宣传马克思列宁主义是全世界反修斗争的一项重要任务。

（《在原市委中心学习小组会上讲话》，1963.12.18.）

38．党校的任务就是要传授马列主义，使每个人都知道马列主义几条A、B、C。

（《在原市委常委会上讨论党校工作时讲话》，1958.6.28.）

39．世界观问题没有解决，要补课，要学习马列主义，学哲学，学政治经济学，武装思想，增强党性。

（《原市委十四次扩大会上总结报告》，1959.9.10.）

40．宣传工作的根本是批判唯心主义、宣传唯物主义的理论工作。

（《给宣传部干部的数次讲话》，1955.）

41．《重庆日报》的任务：首先“要充分反映重庆人民的生活斗争”；“其次是反映各阶级与各界人民的意见和要求”；第三是“努力起人民教科书的作用”，“介绍文化科学知识，提高他们的文化水平。”

（《给重庆人民广播电台的指示》，1964.）

反对毛主席一分为二的思想，贬低毛主席对辩证法的贡献

42．一九五九年七月，任白戈在市党校作“关于辩证法”的报告时，一字不提毛主席对辩证法的发展和伟大贡献，而说什么“万有引力，春夏秋冬是真理”，“辩证唯物主义不是马克思、恩格斯才有的，我国的金木水火土，心肝脾肺肾都是辩证法。”

（市党校、市委办公厅等单位揭）

43．一分为二有许多弱点。

（《原市委宣传工作会议总结》）

44．一分为二是分析，合二而一是综合。

（《在一次原市委中心学习小组的发言》）

（三）反对和破坏活学活用毛主席著作的群众运动

诬蔑学习毛主席著作是“一部四书治天下”

45．学习毛主席著作，如过去学孔孟一样。过去一部四书治天下，人人服从至高原

则，现在以毛主席著作为最高指示。

（《在文教系统会议上的报告》，1961.1.26.）

46. 学习毛主席著作要象过去学《论语》一样，谁敢反对，那里敢不按孔夫子的话办事，过堂断案都要按孔夫子的话办事。

（《在厂社结合会议上的讲话》，1963.）

借口理论教育的"系统性"、"正规性"，反对学习毛主席著作·

47. 任白戈一贯反对学习毛主席著作，从一九五一年到一九五八年间，借口所谓理论教育"系统性"、"正规性"，只组织干部学习充满刘少奇黑货的《经济建设常识读本》《政治常识读本》《中国共产党三十年》和苏修编的《政治经济学教科书》等书，从来没有针对当时形势任务的要求，组织全市干部学习过任何一篇毛主席著作，即或偶尔提到毛主席著作，也是贬低为"时事政策"或者"参考文件"提出，可有可无，可学可不学。

（市委宣传部干部揭）

48. 一九六〇年，林彪同志向全党、全军发出了活学活用毛主席著作的伟大号召后，本市广大群众积极响应，掀起了群众性的活学活用毛主席著作的热潮。任白戈为了阻挠学习毛主席著作群众运动的广泛开展，这时四处作黑报告，发黑指示，说什么"理论学习的长远目的，是系统提高马列主义水平。"宣扬"还是学猴子变人顶用，干部理论教育就是要象解放初期学《社会发展史》那样，练点基本功，学点A、B、C。"他大力鼓吹学习马、恩、列、斯和普列汉诺夫的"三十本书"，胡说什么"不学马、恩、列、斯著作，就不懂得马列主义的来龙去脉，就不能领会毛主席思想。"

（市级党群机关井岗山兵团揭）

49. 任白戈以学习马、恩、列、斯著作为名，反对学习毛主席著作，他恬不知耻地一再吹嘘他参加革命"就是学了点马列主义的A、B、C"。并说"学习马列主义不在多，学习好斯大林的《论列宁主义基础》就能一通百通，够用一辈子了"，根本不提学习毛主席著作。

（同上）

50. 一九六四年，任白戈在四清运动中公然布置："第一学习政策，其次学习毛主席著作。"明目张胆地把毛主席著作的学习放在次要地位。

（同上）

叫嚣实行"三不"，胡说学习不能"立杆见影，吹糠见米"，破坏学习毛主席著作的群众运动

51. 任白戈大喊大叫学习毛主席著作要实行"三不"原则，即："不要行政命令"，"不要千篇一律"，"不要增加群众负担"。在一九六四年召开的全市学习毛主席著作积极分子会议的总结中，任白戈叫嚣要"防止形式主义"，"防止大起大落"，"不要一轰而起，一轰而散，"妄图压制全市学习毛主席著作运动的广泛开展。一九六五年初，任白戈又在全市活学活用毛主席著作积极分子代表会上，大肆宣扬"三因、四自"（因人、因时、因地制宜；自愿参加、自由结合、自选学习内容、自订学习时间）的黑货，妄图再一

次破坏活学活用毛主席著作的群众运动。

（市级党群机关井岗山兵团揭）

52．一九六五年，任白戈在原市委宣传工作会议上，明目张胆地污蔑职工学习毛主席著作所记的笔记，所写的心得体会，所摘抄的毛主席语录是什么"走过场"，"形式主义"，"浪费精力"，"影响休息"等等。

（同上）

53．不要把毛主席著作当道具，在舞台上舞来舞去，节目中不要随便引用毛主席的话，搞庸俗化了。

（《在审查群众文艺业余会演时讲话》，1962.）

54．任白戈在一九六四年以后，还把学习毛主席著作当作"大树底下好遮阴"的思想，横加批评、指责，并公然叫嚣："我们不能躺在毛主席身上吃饭。"

（市委宣传部×××揭）

55．任白戈反对林彪同志活学活用毛主席著作的指示，说什么"理论学习不能要求立竿见影，吹糠见米"，他强调要"首先学好理论，不要生吞活剥，不能囫囵吞枣，不要急于联系实际。"污蔑学语录是"偏方"、"段段"。胡说什么"不要满足于段段，不要支支节节地学"，指责学语录的同志是"思想懒汉"，污蔑用语录是"贴标签"，是"简单化"。

（同上）

56．是呀，胜败乃兵家常事，这次打赢了，下次就可能打输。还要把对方的情况估计进去，如果对方技术好，你不如他，毛主席著作学得再好，也还是打不赢。

（《市体委负责人向原市委常委汇报全国体育工作会议情况时插话》，1960.）

最 高 指 示

中国共产党是全中国人民的领导核心。 没有这样一个核心，社会主义事业就不能胜利。

（《在接见出席中国新民主主义青年团第三次全国代表大会的全体代表时的讲话》，1957.5.25.）

没有中国共产党的努力，没有中国共产党人做中国人民的中流砥柱，中国的独立和解放是不可能的，中国的工业化和农业近代化也是不可能的。

（《论联合政府》，1945.4.24.）

社会主义制度终究要代替资本主义制度，这是一个不以人们自己的意志为转移的客观规律。不管反动派怎样企图阻止历史车轮的前进，革命或迟或早总会发生，并且将必然取得胜利。

（《在苏联最高苏维埃庆祝伟大的十月社会主义革命四十周年会议上的讲话》，1957.11.6.）

"你们不是要消灭国家权力吗？"我们要，但是我们现在还不要，我们现在还不能要。为什么？帝国主义还存在，国内反动派还存在，国内阶级还存在。

（《论人民民主专政》，1949.6.30.）

二、任白戈攻击党的领导，攻击社会主义制度，反对无产阶级专政

（一）攻击党的领导

57. "我们中央是那里产生的？是各地还是各部门？只搞条条根本违反党章。""现在中央是几十、百把个部门，就是几十、百把个中央"。

（《工业体制问题座谈会上讲话》，1966.4.4.）

58. 任白戈在一次报告中说："你们大衙门、小衙门都不敢得罪。我对文件很多都是不看的，取个巧，无关的中央文件有些就看个批语。事不关己，高高挂起；它是自由主义，我对它也采取自由主义。"

（巴县县委干部揭）

59. 认为工人天生的拥护共产党，那是形而上学。这和中国共产党对工人阶级具有独占、垄断的地位有关系。在外国有社会党、社会民主党，他对共产党要选择。

（《关于反对修正主义若干问题的讲话》，1962.）

60. 我们有权是由于共产党的统治，有些群众敢怒而不敢言，有些地方违法乱纪……群众会始终记得这一点，总会找机会报复，不是不报，时候未到，万一时局不好，就会拿起刀来杀你。

（《在巴县五级干部会上的报告》，1961.）

61. 为什么好人会办坏事呢？那就是这些人脑筋太简单，不知道怎样领导，要他们领导还不够格……思想太简单，太粗，好象猛张飞……现在我们党内猛张飞就是太多了。

（同上）

62. 一九六二年，任白戈在报告中说："家贫出孝子，国难显忠臣"。叫嚷要象宋朝一样出包文正，胡说什么"我们许多同志不懂得统治艺术，包文正还斩黄袍，斩陈世美，难道我们比封建统治者还蠢哪？"

（巴县县委干部揭）

63. 这几年有些人头脑发热，把祖国我们老祖宗创造的土特产和手工业都搞掉了，人民买不到东西。这不光是我们重庆一个城市的问题，这是全国性的问题。共产党聪明，就是这个问题不聪明，还不如日本聪明。日本东京东西很多，随便买都买得到。它就是把手工业、小作坊布满城市，大街小巷都有，前面开店，后面生产。你怕这样会说是资本主义，我到不认为这是资本主义。

（《在全市工交政治工作会议上报告》，1961.3.）

64. 过去的成就是自发的，瞎猫碰两个死老鼠，所以走很多弯路。

（《在市科技工作跃进大会上的形势报告》，1958.9.6.）

65. "（反右倾斗争）扩大化、过火斗争"，"是非不清，思想混乱"，"党内外民

主生活被窒息，上下级关系紧张"，"说老实话和实事求是的作风废弛"，"通过党组织了解不到真实情况，政策贯彻不下去，党失掉了作用，干部绝望了"，"这样整下去，有亡党亡国的危险。"

（《原市委十八次扩大会议上的报告》，1962.3.）

66．反右派，反右倾机会主义等一系列政治斗争，影响了民主空气，坐而论道，冷静思考少了。

（《一次报告》，1961.）

67．"党的领导对知识分子的进步和作用估计不足"，"职权尊重不够"，"对技术和艺术问题粗暴地进行干涉，思想改造方法简单生硬……。"

（《市第四届三次人代会报告》，1962.9.12.）

68．"作协"恐怕毛病就是机关化。"作协"是同业性质，甚至不要人管。我想过去"左联"的办法，谁也不管谁，以文汇报这种团体（为例），不应是全民所有制，而应是合作制。既然全民所有制，问题就来了。

（《在文艺新闻座谈会上的讲话》，1957.5.）

（二）攻击社会主义制度

69．解放前放牛娃，也可以散到有吃有穿……农民要活要种田，就得出租给地主租田，你把谷子打下来，地主得八成，你得二成，还是生活得下去……在我们老工人中，过去在国民党时代，都是生活比较稳定的，工作没有发生过问题。现在吃的不够，穿的不够，用的不够……想多吃点大米又吃不到。

（《在职工代表座谈会上讲话》，1962.）

70．资本主义社会劳动力是商品，劳动力的价格要维持劳动力的再生产（包括养家活口），一般是一个工人养活两个半人；现在平均只能养活一个半人（低的还不行）。

（《在市委工业书记预备会上讲话》，1961.4.29.）

71．现在有的地方发现偷盗不反映，不斗争。如说"只能和强盗打亲家，不能和强盗做冤家。"怕得罪了小偷后，会偷得你倾家破产。这还是什么无产阶级统治，简直成了强盗世界。

（《在全市亏损企业职代会上讲话》，1962.）

（三）反对无产阶级专政

72．人民民主专政的性质和职能，同无产阶级专政有所不同，无产阶级专政在苏联还意味着对资产阶级专政，但我国不同。

（《对市党校学员作报告》，1955.5.）

73．专政的方式方法——和平的消灭剥削阶级。

（《市第三届工代会总结提纲》，1956.）

74．对隐蔽的敌人的斗争——改造反革命。

（《在市党校讲话》，1956.3.）

75．"我们对反革命采取'宽'的政策。""过去我们的问题，宽掌握不够，特别是对历史罪恶宽得不够。今后要在宽的一方面作文章，发扬宽的作用。"

(《一次讲话》，1965.)

76．一九五八年，反革命修正主义分子罗瑞卿大反毛主席，到处散布阶级斗争熄灭论，宣扬无产阶级专政消亡的修正主义观点，提出什么"十无运动"等。任白戈立即在全市大力推广，要各级公安保卫部门订出什么无反革命、无盗窃、无流氓阿飞、无火灾、无海损、无车祸之类的"十无计划"。并叫在一些地区搞什么"玻璃板"、"水晶石"、"净化"等等，要公安部门把五类分子和敌、伪、军、政、警、宪人员统统清理出去，把这些地区搞得象玻璃板那样"干净"，象水晶石那样"透明"，这实际上是不承认阶级斗争和无产阶级专政的必要。在任白戈及其一小撮同伙影响下，有的公安人员认为"阶级斗争即将消亡，公安保卫人员要失业了。"从而在思想上解除了武装，严重损害了无产阶级专政。

(市公安局×××揭)

77．任白戈借搞城市政社合一为幌子，大砍派出所，压缩公安干警，把派出所下放到街道党委领导，竭力削弱派出所职能。把全市一百〇几个派出所，合并为五十多个，原每个辖区居民为二万人左右，合并后，一般增至四、五万，有的达十万以上。不少所长、民警压出公安部门，有的所长和干警还兼街道党委工作，使专政工作大大削弱。

(同上)

78．公安派出所的撤销，并不意味着对敌专政的削弱，而是加强。在工作方法、工作作风上作这样的转变，使之更彻底的走群众路线，通过对经济生活的组织工作来加强政治上的专政。

(《在原市委常委会上的讲话》，1958.6.7.)

最 高 指 示

⋯⋯阶级和阶级斗争的存在是一个事实；有些人否认这种事实，否认阶级斗争的存在，这是错误的。企图否认阶级斗争存在的理论是完全错误的理论。

（《中国共产党在民族战争中的地位》，1938.10.）

整个过渡时期存在着阶级矛盾、存在着无产阶级和资产阶级的阶级斗争、存在着社会主义和资本主义的两条道路斗争。忘记十几年来我党的这一条基本理论和基本实践，就会要走到斜路上去。

（《在中共中央政治局召集的全国工作会议上的讲话》，1965.）

在我们的面前有两类社会矛盾，这就是敌我之间的矛盾和人民内部的矛盾。这是性质完全不同的两类矛盾。

（《关于正确处理人民内部矛盾的问题》，1957.2.27.）

我们应当批评各种各样的错误思想。不加批评，看着错误思想到处泛滥，任凭它们去占领市场，当然不行。有错误就得批判，有毒草就得进行斗争。

（《关于正确处理人民内部矛盾的问题》，1957.2.27.）

三、任白戈鼓吹阶級斗爭熄灭論，宣揚阶級調和，大搞阶級投降主义

（一）鼓吹阶级斗争熄灭论

鼓吹"阶级已经消灭"，"阶级斗争已经结束"

79. 对私改造后，阶级矛盾解决了，阶级消灭了。资本家变成了劳动者。以后是有钱大家赚，大家发财，举国一致，上下齐心，风雨同舟，和衷共济，同心同德地建设社会主义、共产主义的新时期了。

（《一次讲话》，1956.）

80. "今天我们已经基本完成了社会主义革命的任务"，"阶级斗争已经结束"，"现在进入了一个'不要流血'的'和平建设'的新形势。"

（《在纪念"五四"三十八周年大会上讲话》，1957.）

81. 阶级斗争基本结束了。

（《继承五四的光荣传统》，见《重庆日报》，1955.5.）

82. 阶级斗争已经基本结束，两条道路斗争我们已解决了，要与资产阶级和平共处。

（《在巴县一次农民大会上讲话》）

否定过渡时期的主要矛盾，胡说"资产阶级不反对社会主义"

83. 现在资产阶级已经没有力量，也没有胆量公开反对我们。

（《在原市委第十四次扩大会上总结报告》，1959.8.）

84. 中国的资产阶级结束的比较早。从经济上讲，资产阶级没有力量，公私合营拿定息，经济领导权不在他手里；从政治上来讲，在共产党领导下，资产阶级也不是一个独立力量。

（《在市先代会上的讲话》，1960.4.8.）

85. 资产阶级过去是与共产党分庭抗礼，平分政权，现在规规矩矩。

（《在一次会议上讲话》，1962.2.16.）

86. 他们（资产阶级知识分子）不一定是专门来争夺领导权，有的人只凭经验办事，很自然走资本主义道路……有没有争夺领导权的呢？个别是有的……但学校主要恐怕还是思想阵地。

（《在西师四清工作队汇报会上的讲话》，1965.）

87. 资产阶级头面人物并不反对社会主义。现在他们有官做，生活也好，比当资本家时还安逸。以前，他们怕赔本，怕破产，提心吊胆，现在保险得很。你看，上海荣××，是中央的部长，全国人大代表，政治上有地位，生活上工资很高，一年还拿几千万定息，照样坐小汽车，住花园洋房，家里有很多人伺候他。所以他说社会主义好，他不反对社

主义。

(《在原市委一次会议上报告》，1960.)

宣扬"谁战胜谁"的问题已经解决，"资产阶级复辟绝望"

88. 在社会主义革命时期，我们成了统治阶级了，政权在我们手里，没有危险了。

(《在原市委计次扩大会议上的总结报告》，1963.)

89. 过渡时期的特点，两条道路的问题解决了。农民停止了三岔路口的徘徊，完全走上了社会主义的道路。……资产阶级在公私合营后放下了武器，愿意接受社会主义改造，走社会主义道路，实际上是屈服了。即是说，这一斗争胜负已经决定，国内阶级形势已经起了根本变化；地主、富农根本解决了，资产阶级基本上解决了。

(《在全市财贸、银行、税务、粮食干部大会上的报告》，1956.4.2.)

90. 资产阶级表示愿意放弃剥削，服从工人阶级领导，走社会主义道路，努力改造成为自食其力的劳动者。……由于农业合作化的发展，地主阶级已经永远成为被消灭的阶级，或者被我们消灭，或者向我们投降，说明过渡时期谁战胜谁的问题，已经根本解决了。

(《在市第三届工会会员代表大会上的讲话》，1956.9.)

91. 从基础到上层，政治精神面貌很好，各方面战线党的领导确立起来了，党在文艺界的领导地位，已经巩固确立起来。文艺战线再没有右派篡夺领导，分庭抗礼的情况。

(《在全市文艺干部大会上的讲话》，1951.10.)

92. 国内正处在革命高潮中，农村地、富降服，城市资本家屈服，群众觉悟高，反革命孤立，……复辟绝望。

(《在司法会议上政治报告》，1956.3.30.)

93. "资产阶级大部份愿意接受改造"，"没有复辟可能。"

(《在党员干部会上报告》，1962.12.23.)

鼓吹"生产斗争第一"，"企业中只有先进与落后的矛盾"

94. 现在我们正在进行着社会主义建设，它的中心任务就是技术革命和文化革命，当然还有向过去的传统、旧东西的宣战，但其主要方面是对大自然的斗争。

(《在市文艺界代表会上的报告》，1957.)

95. 目前的主要矛盾不是对资产阶级，阶级斗争不是主要的，而是发展生产力、发展生产的问题。问题不是对人而是对自然了。

(《八大前的形势报告》，1956.)

96. "社会主义建设就是阶级斗争"，"社会主义建设本身就是改造世界。"

(《在市党校对学员的报告》，1955.5.)

97. 在我们国家里，今天花精力更多的是生产劳动，所以，这一方面的任务决不小于阶级斗争。新人新事不仅出现在对敌斗争上，而是更大量地出现在劳动斗争上。

(《创作出更新更美的作品》，见《重庆日报》，1959.1.)

98. 在目前大跃进的形势下，我国在生产技术上的落后和文化上的落后是迅速发展社会主义生产力的主要障碍。

（《政府工作报告》，1959.6.9.）

99．当前解决吃的问题，根本关键是解决粮食、蔬菜和猪肉，把这三项抓住，江山就基本安稳了。

（《在区县委书记会上的总结报告》，1959.）

100．大家还记得，少奇同志在一九五六年四月三十日代表中央向全国先进生产者代表大会致祝词中说："人类社会的历史，归根结底是生产的历史，是生产者的历史。"

（《市先进生产者代表大会上的总结报告》，1958.）

101．我们工人阶级内部主要是领导与被领导的矛盾，经过整风，基本解决了，现在突出的是先进与落后的矛盾。

（《在市委面上工作会上讲话》，1965.2.9.）

102．工厂中主要是先进与落后的斗争，先进与落后的斗争也反映阶级斗争。落后是受资产阶级思想影响的。

（《伟大时代、伟大任务》，见《重庆日报》，1960.1.27.）

103．"政治思想战线的主要问题是保守思想"。"我们的宣传路线就是提倡先进经验，反对保守思想。"

（《在工矿宣传工作会议上的讲话》，1952.）

（二）宣扬阶级调和

鼓吹无产阶级和资产阶级"合二而一"

104．"农村的地主、富农原来不敢讲话，参加了合作社，摘掉了帽子之后，现在又讲起话来了，这也是人民内部矛盾了"。"资产阶级也在向工人阶级变"。"各个阶级对许多问题虽各有各的看法，但在政治上拥护社会主义这一点是一致的，都是有爱国主义的立场，都想把我们国家建设成为一个富强的社会主义工业国。"

（《在纪念"五四"三十八周年大会上讲话》，1957.）

105．"在我们国内主要是正确处理人民内部矛盾"，"国内的地主、资本家大部份都变成了集体生产者或企业里的公家人，阶级关系已经起了根本变化。""……在这种情况下，很多矛盾都变成了人民内部矛盾，着重是加强自我思想改造。"

（《反修报告》，1962.）

106．国内这么多的工商业者，经过社会主义改造，经过我们的工作，都改造过来了。

（《在原市委工作会议上的讲话》，1965.2.9.）

107．"剥削阶级消灭了，（资本家）愿意放弃剥削……资产阶级已不能剥削工人，二者已经不是剥削与被剥削的关系了。""资本家放弃企业生产资料就是放弃武器投诚，不能讲公私合营以后，资本家还在剥削。"

（《形势报告》，1958.2.1.）

108．还要搞回忆对比，新旧社会对比，上海搞得好，连剥削阶级都诉了旧社会的苦。

（《在原市委中心学习小组会上讨论的发言》，1963.12.28.）

109．"资本家表现好的可以保留（工会）会籍。""又是资本家又是工会会员，这就是社会主义的复杂性嘛！"

（《在市第三届工代会上讲话》，1965.9.）

110.在旧社会，工人和知识分子是两个概念，那时工人中是出不了知识分子的。可是在党的领导下，在我们社会主义国家里，工人和知识分子却成了一个概念。

（《在市第一届工人业余大学毕业会上讲话》，1960.7.10.）

111."全市有三十五个资方人员参加了群英会，资产阶级分子家属被评为全国三八红旗手"，"老板娘成为三级技工"，"管他是真的假的，能够这样就不错了。"

（《在市委统战工作会议上的讲话》，1960.）

112.（共产党和民主党派）主要是联系的群众不同，民主党派是助手。互相监督主要是对共产党的监督，唱对台戏。

（《一次学习动员报告》，1955.9.）

113."我们是友党，无在朝在野之分……长期共存"，"英美是两党，政治（是）多党的政治，可参考。"

（《在重庆民盟代表会议上的报告》，1965.8）

吹捧"资产阶级知识分子已成为工人阶级的知识分子"

114.原来的资产阶级、小资产阶级知识分子丧失了原有的社会基础，在转变为工人阶级知识分子。

（《继承五四的光荣传统》，见《重庆日报》，1959.5.）

115."从旧社会来的年长的知识分子，已经起了根本的变化"，"应该肯定，他们绝大多数已属于劳动人民的知识分子"，"他们中间有一部份人已经成为自觉的社会主义劳动者了。"

（《在市第四届三次人代会上政府工作报告》，1962.9.12.）

116.因为我们是为社会主义、为无产阶级服务的，不是为资产阶级服务的，所以不能叫做资产阶级知识分子。

（《在建工学院十周年校庆大会上讲话》，1962.10.2.）

117."资产阶级是现在最有知识的阶级"，"中国工商业的经验在他们身上，亦应作遗产接受。"

（《关于赎买政策的讲话》，1956.）

118.知识分子中，帝国主义、封建主义、官僚资本主义的反动思想基本上已被清除；资产阶级宗派主义、自由主义、个人主义等思想也受到普遍批判。

（《关于知识分子工作的报告》，1956.）

119.有些干部只看见知识分子的缺点……不认识知识分子是工人阶级的一部份……有了这种错误倾向的同志，他们往往忘记了党的政策，没有把知识分子当作自己的同志看待。

（《关于知识分子工作的报告》，1965.）

120.三定一顶的劳动制度，实质就是资产阶级知识分子劳动化，所以我们要写一个戏来表现他们。

（《在重钢对文艺干部的讲话》，1965.2.）

主张对资产阶级知识分子无原则的团结、迁就

121.知识分子不喜欢听改造两个字，对他们有刺激，会伤害他们的自尊心，不利于改造。

（《与×××的谈话》，1952.）

122.资产阶级和资产阶级知识分子是一笔有用财产，对他们的改造，不要使他们过分勉强，过分痛苦。

（《在市第四届三次人代会议上报告》，1962.9.12.）

123.我们要不至于使他们（资产阶级知识分子）过分勉强，过于痛苦，要调动他们的积极性，使他们把东西献出来。他们是国家的一笔财产，在政治上、经济上、生活上，我们要加以适当的安排与照顾，因为资产阶级是讲名利地位的。

（《在一次会议上讲话》，1962.2.16.）

124.过去思想改造的方法不好。大家提起思想改造，不是心情舒畅，而是伤脑筋……资产阶级思想多少有点，问题是起不起作用，起多大作用。

（《在全市大专院校、中专和部份中学教师工作人员会上的报告》，1963.1.18.）

125.对资产阶级主要是团结——团结一切有利因素。

（《八大期间一次形势报告》，1956.）

126."资本家对工人阶级实行改良主义，我们反对；我们对资本家实行改良主义政策则允许，为马列主义战略战术的思想所允许"，"更重要的是，维持下来可以养活工人，培养工人技术和干部，不看僧面看佛面。"

（《在生产安排会议上的讲话》，1955.5.）

127.文艺界是个大粪坑，不要去挑，越挑越臭，要提倡自尊自爱。

（《对宣传部干部××的谈话》）

128."为了使高级知识分子能够把更多的精力用于工作，他们的生活待遇应该适当提高"，"生活上多多关怀和帮助。特别对于年老的和有专长的知识分子，更应当减少过多的负担，以便他们能够集中精力从事专业工作，培养下一代。"

（《在市第四届三次人代会上报告》，1962.9.12.）

129.这里包括了两个方面的总动员，全党的总动员与全体知识分子的总动员……大家努力把团结搞好，有进步都有进步，有缺点都有缺点，不是那一方对，那一方错，那一方倒霉，那一方吃得开，如果要那样了解团结一定搞不好，不能达到充分发挥力量的。

（《在市委关于知识分子问题代表会议上的总结》，1956.2.）

130."还有少数知识分子在共产党和国民党之间，在中国人民和帝国主义之间，还划不清敌我界限；不满意党和政府的各种政策措施，留恋资本主义……这些缺点错误的存在，也使一部份知识分子同我们党员干部之间造成了隔膜，迅速清除这些隔膜，这需要我们共同努力的。""在全党和全体干部中，继续进行思想教育，提高全体党员和干部的思想认识，积极主动地接近、了解知识分子，清除隔膜，克服宗派主义与麻痹迁就情绪。"

（《关于知识分子工作报告》，1956.）

掩盖阶级矛盾，宣扬人性论

131.人人为我，我为人人，我就是大家，大家就是我。

（《关于目前形势及开展共产主义思想教育运动的报告》，1958.12.）

132.邻居之间再也不是"各人自扫门前雪，休管他人瓦上霜"，代之而起的是"休戚相关共甘苦，情同骨肉亲一家"。

（《组织城市人民的经济生活是建设社会主义新城市的一个重要方面》，《见重庆日报》1960.3.1.）

（三）大搞阶级投降主义

美化剥削阶级，为地主资本家开脱罪责

133.反动统治阶级，地主资产阶级有两派。一派是兴家立业的，他们并不是完全睡觉不做事，比如开国皇帝，南征北剿，都是很艰苦很勤劳的，起五更，睡半夜，但后来子孙就不成气了。资产阶级为了赚钱，对管理经营是热心的、积极的。地主阶级也有劳动起家的，为了多收租子，要到田坎上头去跑，去监督农民。

（《在全市干部大会上的报告》，1965.9.21.）

134.任白戈曾对宣传部的干部说："这些人（指旧戏班子的班主、把头、旧名艺人）是以唱戏赚来的钱买的地，是为了养老，他们又唱戏，又收租，有艺术，我们还要向他们学习，可以不算地主分子。"

（市委宣传××揭）

135.资本主义对人是有吸引力的。那个人不爱富有呢？解放前工人虽受资本家的剥削，但觉悟不高的工人总想当资本家、农村的农民总是想当地主。

（《在建工学院校庆大会上讲话》，1962.）

吹捧资本家"会做生意"，叫嚣干部要向资本家"学习"

136.任白戈一九六一年在财贸工作干部会上讲话，说什么："社会主义商业犯了死症"，"比资本家办得还坏，把社会主义的优越性搞掉了……"污蔑我们的商业工作者"不懂行情"，"笨得很"，"象个没脑壳的苍蝇。"资本家做生意是"生意不成仁义在，还要图个来回"，资本主义商业是什么"生意兴隆通四海，财源茂盛达三江。"

（市级党群机关井岗山兵团揭）

137.一九六二年，一个资本家在省人代会、政协会上，大肆攻击、咒骂国营商业干部不会做生意。李井泉十分赞赏，胡说什么：人家会做生意，能赚钱，我们不行，要向人家学本事，亲自写了批语，印发给了参加省委三级干部会议的干部。任白戈奉为至宝，专门召开了商业部门资本家座谈会，向资本家"虚心求教"，要他们"传经献宝"。顿时，一些不法资本家在会上大放其毒，大谈资本主义生意经，大肆攻击社会主义，刮起了一股反改造的逆流。

（市级党群机关井岗山兵团揭）

138."资产阶级是一笔有用的财富"，"解放十几年来在改造上大有进步"，"许多人具有丰富的业务经验和管理能力"，"他们对经营管理是热心的、积极的。"

（《在市委统战工作会议上讲话》，1960.）

139.我们有些同志办厂没有资本家办得好……连资本主义企业内部的计划性，如责任

制、经济核算等不如资本家，也搞不过资本家。

（《在党员干部会上报告》，1962.12.26.）

一九五七年右派向党进攻时，屈膝没降

140．"大家来揭发重庆的党在工作中的错误和缺点，对整风很有帮助。绝大多数意见是正确的，这些都是百分之百地对党的整风有帮助。" "参加几天会，我胜读十年书。"

"说老实话，我知道的内幕比你们多，我比你们还不自由。"

"共产党对别人，一定要'和风细雨'，这次党外同志对党提意见可以'狂风暴雨'。"

（《在文艺新闻座谈会上讲话》，1957.5.）

141．"现在看起来，人事工作方面有很多缺点。大家揭露官僚主义、宗派主义、主观主义是很多的……我也感到同情难受。"

（同上）

142．一九五七年五月二十一日，旧市委召集了文化艺术出版界座谈会座谈大鸣大放问题，许多资产阶级知识分子出席了会议。会议开始时，任白戈讲："这个会是'求援'的会……请了这么多的医生来'会诊'，一定能找出症候，对症下药。"他要求到会人员"大胆地放，大胆地鸣……热忱欢迎，衷心感谢……。不要使'墙加高，沟加深'"。五月二十五日座谈会结束时，任白戈对所提意见（包括右派分子对党的攻击）统统包下来，他说："感到大家所提许多意见……全部对党的整风都是帮助，对这些意见的态度是改正"，还说："全国胜利出乎意料的快，准备不够，干部是工农干部为主。" "肃反是打仗，有些误伤……我代表市委，向在肃反中受过委曲的同志表示歉意。"

（市级党群机关井冈山兵团揭）

最 高 指 示

政治是统帅，是灵魂。

（《工作方法六十条（草案）》，1958.）

政治工作是一切经济工作的生命线。在社会经济制度发生根本变革的时期，尤其是这样。

（《严重的教训》一文的按语，1955.）

那些不相信突出政治，对于突出政治表示阳奉阴违，而自己另外散布一套折衷主义（即机会主义）的人们，大家应当有所警惕。

（毛主席的批示，1965.）

红与专、政治与业务的关系，是两个对立物的统一。一定要批判不问政治的倾向。一方面要反对空头政治家，另一方面要反对迷失方向的实际家。

政治和经济的统一，政治和技术的统一，这是毫无疑义的，年年如此，永远如此。这就是又红又专。

（《工作方法六十条（草案）》，1958.）

四、任白戈反对突出无产阶级政治，宣揚"业务挂帅"和"物质刺激"，鼓吹走"白专道路"

（一）宣扬"生产第一"，主张"业务挂帅"

142.政府管政治一天天会少的，主要是管生产，所以党也要主是搞生产，是领导生产的党，这一点叫历史的法则。

（《商业的光荣任务和商业工作者前途问题》，1957.）

143."一切工作以生产为中心，狠狠地抓。凡是有利于生产发展，促进生产发展的事情就干；凡是不利于生产，影响生产就不作。把生产突出来，作为一切工作的中心。"

"企业里面的党，就是领导生产，保证生产任务的完成。"

"我们对人的考查，谁先进，谁积极，首先看生产表现，生产效果。"

（《市先代会总结报告》，1959.）

144.生产、生活、教育，中心是生产，一切服从生产，一切服务生产，这是原则。

（《在原市委十二次扩大会上的报告》，1960.12.）

145.以生产为中心，生活、教育三位一体，推动城市街道工作全面跃进。千条万条，发展生产是第一条。

（《在原市委街道工业座谈会上的报告》，1960.3.20.）

146.一切工作都要从生产出发，为生产服务。

（《在原市委布置四清运动会议上的讲话》，1964.1.）

147.一切机关的工作都是为了生产。

（《在原市委廿次扩大会议上的讲话》，1963.）

148.阶级斗争，革命斗争，是促进生产发展的动力，是为生产斗争服务的。

（《在市第四届二次八代会上的报告》，1961.9.）

149.如何搞政治挂帅？就是要落实到生产中去，而不能搞空头的政治。

（《关于学生的劳动教育问题》）

150.一九六〇年，任白戈抛出了《组织城市人民经济生活是建设社会主义新城市的一个重要方面》的大毒草，在这篇文章中大肆宣扬"经济挂帅"，"经济带政治"的反革命谬论。他提出什么通过组织人民经济生活，做到"户户有结余，家家有存款"，从而"激发了群众学习政治，学习文化的积极性"，"掀起了文化革命的热潮"，"出现了文化教育大发展，思想觉悟大提高的局面。"

（市级党群机关井岗山兵团揭）

151. 要实现社会主义工业化和国民经济技术改造的艰巨任务，必须全党全国人民作艰苦的劳动，必须加强工人、农民和知识分子的亲密联盟……必须科学文化力量的迅速增长。

（《关于知识分子工作的报告》，1956.）

152. 一九五三年上半年，任白戈说："我们的宣传路线就是提倡先进经验，反对保守思想。"并且提出了宣传工作"面向生产，为生产服务"的方针，大搞所谓"生产宣传"。

（市委宣传部×××揭）

153. 任白戈在一九五九年对报纸提出："城市报纸要反映城市工作的特点，要以生产建设为中心。"

（同上）

154. 报道内容抓那几方面？首先是报道生产……其次是报道学习毛主席思想群众运动。

（《在原市委常委会上对报纸工作的几点指示》，1960.2.20.）

155. 宣传工作要抓生产宣传，政治宣传，经济生活的宣传。宣传工作必须是服从和服务于中心工作和生产，中心工作和宣传工作是一致的。

党的宣传工作要紧跟中心。

（一九五八年后对宣传工作的多次指示）

156. 城市宣传工作应该面向生产，深入生产，为生产服务。

（《关于工矿宣传的讲话》，1958.）

（二）宣扬折衷主义，主张"政治"与"生产" "生活"并重

157. 为生产服务，就是为政治服务，不能把政治简单地看成阶级斗争。

（《创作出更新更美的作品》，1958.12.13.）

158. 政治挂帅要两面挂，党委又要讨论研究生产，又要讨论研究运动。因为只有两面都抓，才能相辅相成，互相促进，而不致于互相矛盾。

（《在工交基建政治工作会上的讲话》，1959.12.5.）

159. 生产推动政治思想，（政治思想）又反过来推动生产，互相促进，全面跃进。

（《在一次会议上的讲话》，1958.9.）

160. 你们政治干部，七分政治，三分业务；厂长是专门搞业务的，是七分业务，三分政治。

（《在重钢大渡口地区四清动员大会上的讲话》，1964.11.）

161. 从工矿企业的工作来讲，要生产、生活、教育全面跃进。要在搞好生产的同时搞好生活，搞好教育。生产要靠人的体力劳动和智力劳动。只有把生活、教育搞好，我们的生产才能持久，才能不断提高。所以要全面跃进，既要抓生产，又要抓生活。

（《在工交基建政治工作会议上的讲话》，1959.12.5.）

162. 办学干什么？办学校归根到底还是为生产服务。

（《在中小学、师范学校教师代表会上的报告》，1963.6.）

（三）反对突出无产阶级政治，鼓吹"物质刺激"

163. 订出具体的竞赛指标，达到和超过指标的给予奖励，只要抓住了这些环节，把工作做好，我们就一定能够很好的扭转亏损，增加盈利。

（《在全市亏损企业工代会上的讲话》，1962.11.27.）

164. 把生活搞好，大家吃得饱饱的，身体很健康，又不生病，精神饱满，干劲冲天。有了物质保证，物质加精神，我们的力量就更大了。所以生活搞得更好，我们生产一定会搞得更好。

（《动员迎接"五一"的报告》，1959.3.20.）

165. 当前困难时期，应该着重抓职工生活，如何渡过灾荒，具体问题不解决，职工的思想问题就会多起来，政治思想工作也就起不到好大作用。关心职工生活，就是突出政治，生活问题解决了，企业的问题就解决了一大半。

（《形势报告》，1960.）

166. 革命化，千条万绪，参加劳动第一条。

（《一次总结报告》，1964.7.11.）

167. 加强政治思想工作的关键，根本问题是干部参加劳动。

（《在原市委常委扩大会议上传达省委会议精神》）

168. 报纸首先要报道生产，报道生活安排问题，消费的保证问题，粮食、肉油的分配供应问题，还有工资级别、奖励问题。

（《在原市委常委会上讲话》，1960.2.26.）

169. 只有工人具有文化科学知识，有了强壮的身体才能有勇有谋，推动生产继续跃进，加速社会主义建设。

（《党的教育方针的胜利，文化革命的光辉成就》，见《重庆日报》，1960.7.11.）

170. 定包奖……工业企业中的重大政策改进……这样就能达到把政治挂帅和物质鼓励结合起来，个人利益和国家利益结合起来，对生产十分有利。

（《在原市委工业书记预备会上的讲话》，1961.4.29.）

171. 为了使生产迅速上升，掀起生产高潮，抓什么呢？首先要解决工人的收入同支出问题。工人的思想包袱很重，生活负担必须解决，要实行定包奖，不要怕工人拿钱多了，不要怕经济主义，不要怕物质刺激。

（《在工矿企业党委书记会议上的讲话》，1961.5.）

172. 一九六二年，任白戈在一次党员负责干部会议上说："现在很多企业单位的文化体育生活非常枯燥，许多职工，特别是单身职工下班后就感到很苦恼。有的没事干就你搞我的女人，我搞你的女人（按：任白戈才是这样一个大流氓）。这样下去不好，各单位都想个办法，多搞些集体文娱生活，使他们工余时间，有玩耍的地方。"经过任白戈这一番鼓励，社会上和企业里很快刮起了一股跳交际午的歪风。

（市级党群机关井岗山兵团揭）

173. 如果你到农村，还可以分配自留地，肯定生活过得好些，安定些，有保证。

（《在厂矿职工代表座谈会上的讲话》，1962.6.27.）

174.我们对有些知识分子进行收买，让他多拿点钱，不然他就会今昔对比，觉得今天不如过去。只要不反对共产党，他埋头搞业务就让他搞，不要去反对他，可以慢慢教育。马列主义他不学，而连科学技术书他也不学就不好了。

（《在知识分子座谈会上讲话》，1965.）

（四）鼓吹"教学第一"，主张"埋头读书"

175.学校工作应该面向教学，教学应为学校中压倒一切的任务……。

（《在学校教育工作会议上的讲话》，1953.1.4.）

176.学生的主要任务首先就是要学习好，努力提高学习质量。

（《在市学代会上的报告》，1960.）

177.检验学校工作的标准，就是培养的人才合不合规格……中学的学生是否能考上大学，成绩又如何？

（同上）

178.一九五八年，毛主席亲自发动教育大革命。一九五九年刘少奇就大唱反调，提出要"认真读书"。接着旧中宣部阎王殿叫嚷要"纠偏"，"要以教育为主"。任白戈也在一九五九年的一次讲话中，大叫什么"建立正常教学秩序"，"智育第一"，限制学生参加政治活动和生产劳动。

（市级党群机关井冈山兵团揭）

179.一九六四年，李井泉对四川高中毕业生高考得全国倒数第二不满，提出要赶上去，争取名列前茅，为所谓"四川七千万父老争光"。任白戈得知此事，就竭力支持宣传部、教育局大搞保高三的"三高一大"（即高标准、高质量、高速度、大面积丰收）的突击活动。使高三学生，成天埋头读书，严重脱离政治，脱离劳动。

（市级党群机关井冈山兵团揭）

180.大家都勤奋学习，顽强学习，使我们全市大、中、小学的成绩赶上全国先进水平。

（《在市学代会上的报告》，1960.）

181.社会愈向前发展，劳动者的知识愈渊博，也就愈需要读书。

（《继承发扬五四革命精神，为实现今年继续大跃进而奋斗》，见《重庆日报》，1959.5.5.）

182.青年充满着青春活力，正是学习的大好时光，要争取光阴，不要放过一切可能的学习机会。

（《在市财贸系统职工再跃进誓师大会上的讲话》，1953.8.29.）

183.中国办私学，还提倡自学，所谓十年寒窗，一举成名。苏秦头悬梁、锥刺股，都是在家里学习。李亚仙、王魁也是在小屋里读书。朱买臣一面砍柴喂牛，一面读书。这叫业余教育。

（《在中、小学，师范学校教师代表会上的报告》，1963.6.）

184.任白戈在市青联三届第一次会议上作报告时，要青年向孔老二学习，当孔老二的"孝子贤孙"，"将祖先的遗产保护下来"，说："过去的东西，有的不是有阶级性的，就孔子的《论语》来说，对共产主义也是有用的。孔子讲的'父子恩情，君臣手足，夫妇有别，长幼有序，朋友有信'，在共产主义社会也是适用的。"

（西市委干部揭）

（五）宣扬个人名利，鼓吹走"白专道路"

185."青年人大有作为，中国闹革命是从农村开始的，要干大事也要从农村开始。""中学生也可以成名成家……希望大家多读古书。你们青年人不要怕吃亏，要有点实际本领，今后大权还是要你们来掌握。"

（《在长寿渡舟召集知识青年开会讲活》，1964.）

186.青年要有好的发展和美好的前途，必须在青年的时候好好学习，打下基础，铺宽发展的道路。

（《在重庆市第一届民主青年代表大会上的报告》，1950.）

137."人生一世不可以无志，一个人没有志就没有气，没有气不就死了吗？在我们今天的社会里，凡是有大志的人，就有前途"。"所谓'志'，就是要争取出现一批世界上最杰出的理论家，科学家，要攻尖端，创成绩，每个同学都要拿出卧薪嚐胆和头悬梁，锥刺股的精神来搞学习。"

（《接见市学代会主席团讲话》，1960.3.4.）

188.要成神仙必须下决心，神仙下凡普渡众生才是好神仙嘛！要吃得苦才能成仙得道……现在是重要的历史关头（注：指知识青年上山下乡），将来历史记载也有你一份。

（《在市党校加强农村基层干部学习班报告》，1960.）

189.俄国有许多皇帝，大家看过电影《彼得大帝》吗？为什么人民独独对彼得大帝留下了较好的印象呢？这是因为彼得大帝能够刻苦学习，发奋图强，为人民办了些好事，我们应当效法这些古人。

（《对青年的一次讲话》，1957.）

190.过去战争时期，干部多数是从上往下派的，以后就不同了，干部主要是从工农群众中产生，万丈高楼从地起，层层选出来的。只要众望所归，大家将来也会选他当主席。所以我劝大家还是下定决心，到生产中去，这是上策。

（《在接见中学毕业生时的讲话》，1957.5.）

191.天将降大任于斯人也，是锻炼的结果，并非注定。苏秦、韩信、薛平贵……个人主义社会，也是这些人受人民拥护，人民作主的时代更是如此。要有远大志向，不要鼠目寸光，波汲于名利。争什么？国家的领导人，人民一定是付给那些吃得亏的人，所谓傻子。

（《在纪念"五四"四十周年大会上的报告》，1959.5.）

192.如何向科学进军？因材施教，个人志趣……。

（《在市民主青年联合会上的讲话》，1953.）

193."专，就是我们宣传干部，要能说会道，会写，会表演，会表现"。"宣传干部应该大家都作秀才、举人、状元，状元多出一点好，能够多做几篇文章出来，三篇文章点状元，要有这个本事。"

（《在宣传干部会上的报告》，1958.3.）

194. 要指导青年学习知识，多学历史，青年没有知识是干不了大事的。

（《在市第三次团代表会上的报告》，1956.10.）

195. 又红又专，红是头脑，专是知识。光红不专，用处不大，光专不红，反而有利。红是无产阶级，专是知识分子，无产阶级知识分子，又红又专。

（《关于如何坚持教育方针，学校党的工作的讲话》）

196. 我们对"红"与"专"的关系，必须要有正确全面的理解。一个专家，只要他拥护党的领导，愿意为社会主义服务，我们就应该鼓励欢迎他们积极钻研自己的业务技术，不能要求他们象政治活动家那样，用过多的时间去学习政治，参加政治活动，象政治活动家那样高的马列主义水平……我们要给他们安排更多的时间，创造更多的条件，让他们能更好的钻研技术，为祖国社会主义建设事业能够贡献出更大的力量。

（《在市第四届二次人代会议上的讲话》，1961.9.）

197. 任白戈经常对报社记者讲："记者要见多识广，懂得更多东西，要求成为博士"。

（重庆日报社同志揭）

198. 我们不应该非难那些下功夫学艺术的同志，说他们有单纯的技术观点或学习态度不正确，有的同志政治学少了或许是事实，但说他们艺术学多了则不是事实。艺术在今天说来还是太少，而不是太多……。

（《在西南区文学艺术工作者代表会议上的报告》，1953.4.）

最 高 指 示

经过了伟大的全民整风运动，全国到处出现了蓬勃兴旺的景象，无论在农业、工业、文化教育以及其他建设事业方面，都形成了大跃进的形势。由于全国人民在共产党的领导下共同努力，我国社会主义建设的速度大大加快了。

(《在最高国务会议上的重要讲活》，1953.9.)

还是办人民公社好，它的好处是，可以把工、农、商、学、兵合在一起，便于领导。

(摘自《毛主席视察山东农村》，见《人民日报》，1953.6.13.)

※　　　　※　　　　※

帝国主义者及其走狗，从一开始，就对我国建设社会主义的总路线、大跃进和人民公社运动，进行了恶毒的污蔑和攻击。但是他们可耻地失败了。我国建设社会主义的总路线，正越来越大地发挥它的威力。

(《党的八届八中全会公报》)

我国在过去三年中所取得的伟大成就，说明了党的社会主义建设总路线、大跃进、人民公社是适合中国的实际情况的。

(《党的八届九中全会公报》)

五、任白戈恶毒攻击三面红旗，否定社会主义建设的辉煌成就

（一）诬蔑三面红旗是"高、大、乱"，"鬼摸了脑壳"，"头脑发热"，"犯了错误"，"带来了困难"

199. "三面红旗是'高、大、乱'，是凭一股热情把担子担起来"。"这是很多工作陷于被动和混乱的根源"。"社会分工被打乱了"，"正常工作秩序乱了套，整个国民经济的比例失调，工农业生产严重减产，人民生活朝不保夕"。

（《原市委十八次扩大会议的报告》，1962.）

200. 既有今日，何必当初！为什么那时要前进得那样凶，有时候有些事就是不知不觉、糊里糊涂在犯错误，象鬼摸了脑壳一样。

（《在市党校干部第二期轮训班的讲话》，1962.5.）

201. 大跃进破坏了规章制度，破坏了些章法……毛病就出在脑子发热，不冷静。

（《在市党校二期干训班报告》，1962.5.）

202. 大跃进高指标一来，由于盲目乐观，就不谨慎了……而是从概念出发，凭文件办事了。

（《在原市委常委会上讲话》，1962.8.2.）

203. 我们工作当中发生十分严重的缺点，有很大的毛病，我们还笼统的说，那不过是九个指头与一个指头的比例，十个指头中一个小指头都不到，那就轻轻松松地过去了，不重视它，那就不对了。

（《在亏损企业职工代表会上的讲话》，1962.）

204. 今年一季度，如果同去年同期比，那我们在这方面是困难得多。困难是什么性质呢？这些困难是由于去年大跃进所带来的，一跃进就打乱了经济各方面的平衡，是跃进中产生的困难。

（《一次报告》，1959.8.30.）

205. "困难是大跃进所带来的"，"五八、五九两年大跃进，丰收胜利冲昏了头脑"，"两年丰收催我们上马，三年天干就逼我们下马"。

（《在市党校的报告》，1962.5.13.）

206. 一九六一年任白戈攻击三面红旗说："这几年大跃进，把工业摊子搞乱了套。人民公社成立起来就是饿饭"。

（中共南岸区委××揭）

（二）攻击人民公社"办早了"，成了"人民母社"，"破坏了所有制"，"伤了元气"

207.人民公社是否办早了呢……迟办一、两年也可以。

（《在全市宣传工作会议上的报告》，1962.5.）

208.人民公社化以来，主席、中央一直在纠"左"，但中央有些部门也搞了一些"左"的东西……。

（《在原市委十八次扩大会议上的讲话》，1962.3.20.）

209.人民公社挫伤了农民的积极性，防碍了生产的发展。

（《在市第四届人代会政府工作报告》，1962.9.）

210.破坏所有制，人民公社不能维护群众的劳动果实。

（《在全市亏损企业职工代表大会上的讲话》，1932.11.27.）

211.工业搞得过快……农村人口大量拥到城市，农村的青壮年走了，只剩下了些婆娘，人民公社成了人民母社。

（《在撤、停厂矿职工代表座谈会上的讲话》，1932.）

212.一下子由高级社转成人民公社，摊子大了，过去当几十人的家，现在要当几百人、几万人的家，领导跟不上，所以出了"五风"。

（《在巴县万人大会上的讲话》，1962.）

213.任白戈恶毒攻击中央，说什么中央在领导农业生产上有"四大罪状"："一是指标过高，二是要求过急，三是规定太死，四是集中太多。"攻击中央"不根据规律办事，不了解农村情况，不看农民觉悟。"

（巴县县委×××揭）

214."人民公社权力大，没有个法度，想怎么搞就怎么搞"，"我们办人民公社没有经验"，"东摇西摆"，"晚办一年也可以"，"人民公社以来群众不服管，不好办"，"出了一些惰农，有些人就是懒得很！""食堂不种菜是坏领导，吃饭不吃菜就妻离子散，晚上不点灯就老公不见老婆。"

"公社积累来的不当，不是艰苦来的，绑票的土匪一定是大吃大喝，过一天算一天。"

（同上）

（三）把形势描绘得一团漆黑，叫嚣"城乡交困"，群众生活已到"边沿"，工农业"一切都落空"

215.可不可以这样认识，城市不是最困难的时期已经过去，而是处在最困难的时期，或者也可以说困难才刚开始。今年是调整的关键，事实上比去年要紧得多。

（《在全市党员干部会议上的报告》，1962.7.7.）

216.我们讲形势好，主要讲政治形势好，经济形势仍很困难，我们目前正处在一个非常时期。政治是经济的集中表现，经济形势不好，政治形势好，也是不能巩固的。

（《对市党校干部的报告》，1962.6.8.）

217. "中央不是讲过吗？困难到此为止……但是我们的困难还没有过去。" "现在叫做城乡交困，城市和乡村都困难，顾得了城市，就顾不了农村，顾得了农村，就顾不了城市"，而"人要活下去，饭不得不吃"。这样搞下去"就会坐吃山空"，"就会把国家拖垮"。

（《在全市职工代表会议上的讲活》，1962.6.27.）

218. "国民经济调整过程中，当前突出的存在着企业要活和人要活的矛盾……对他们的生活要妥善加以安排，这是关系到活得下去活不下去的问题。"

"现在群众生活已到边沿上，我们工作的好坏，做得周到一些或粗糙一些，东西多给一些或少给一些，都涉及到群众的死活问题。目前若干方面关系紧张，企业要活，人要活，稍有不慎，矛盾一触即发，就会造成闹事。"

（《在全市党员干部会上的讲话》，1962.7.7.）

219. 城市人民生活费用上涨，收入减少，困难户增多……部分群众反映："过去是票子好找，东西难买，现在是东西好买，票子难找"。群众中困难户大大增加……借款户在职工中占百分之六十至七十。

（《在全市党员干部会议上的讲话》，1962.7.7.）

220. "农村劳动力少了，人拖垮了，生产遭到破坏"。"我们还有什么以农业为基础？工业还有什么前途？" "一切都落空"。

（《在市先代会上的总结》，1961.2.）

221. 任白戈煽动人心的说："从历史上过去改朝换代，农民革命往往是在灾年之后"，说什么"大灾之后生产就不能进行，叫做赤地千里，经济衰退"。他还运用刘邦、朱元璋的历史和孟子的话，以古比今，危言耸听，说什么"老弱转于沟壑，壮者散之四方，饿殍载道，死者枕籍，赤地千里，经济衰退"，污蔑我国处在灾年之后，有垮台可能。

（《在市党校加强基层工作干部学习班上讲话》，1960.）

（四）歪曲三面红旗，大刮"五风"

222. "多快好省是一个建设社会主义的方针……关键问题是一个建设的速度问题。……正如刘少奇同志在党的八大二次会议的报告中所说：'建设的速度问题，是社会主义革命胜利后摆在我们面前的最重要的问题。我们的革命就是为了最迅速的发展社会生产力。'"

"要牢固树立一切为了高速度的思想，高速度是总路线的灵魂，是我们时代的特征。一切工作必须力争高速度、高指标。"

（《在市第三届一次人代会上的政府工作报告》，1958.6.9.）

223. "继续大跃进，更上一层楼；干劲要鼓足，右倾要反透；月月满堂红，人人争上游。"

（1960年元旦献词）

224. 任白戈及其一小撮同伙鲁大东、辛易之之流打着"继续大跃进，更上一层楼"的"革命"旗号，在各条战线上提出了许多难以想象的高指标，大搞所谓"打滚加翻"运动。任白戈、鲁大东提出了一九六○年产钢一百五十万吨，比一九五八年增加一倍半。辛易之则"左"得更加出奇，要求全年产粮五十亿斤，比一九五八年产量多十六亿五千万斤，增加两倍，比一九五九年的产量十亿斤增加四倍（这年的实际产量只有八亿斤）。他上报省的生猪计划为四百五十万头，下达各区县为五百万头，而实际只有六十至七十万头，大肆弄虚作假，大搞虚报浮夸。

（市级党群机关井岗山兵团揭）

225.在钢铁战线上，任白戈、鲁大东在高硫技术关没有解决的情况下，强行推广转炉炼钢，建立了十多个转炉车间。他们明知转炉钢的合格率极低，有时成月生产都是废品，仍然一意孤行。一九六〇年重钢亏损竟超过了全厂固定资产总数，也超过了全省一年的农业税总收入。与此同时，他们还大搞弄虚作假，把跑钢、短锭、中注管、大饼等不符合规格钢都记入了产量，欺骗国家。例如重钢，一九六〇年合格钢的产量，只完成计划的三分之一，却上报完成了百分之六十五。当时许多干部对这种作法十分不满，正确地提出了批评，反被任白戈及其一小撮同伙指责为"只算经济账，不算政治账"，"没有政治"，甚至被扣上"右倾"、"反党"的大帽子。

在基本建设战线上，大搞计划外项目。一九六〇年李井泉放了一个"桃花铁矿要很快上马"的屁，任白戈、鲁大东奉为圣旨，组织了好几千人上桃花铁矿，结果搞了一年多，花了一千三百万元，一事无成。后来又上一、二煤铁公司，也是白白浪费资金好几千万元，一无所获。继后又上小罗铁路，花了一千五百余万元，只搞了一下路基就因发现矿源不足而下马。在这以前他们还动员全市人力物力，建设北碚钢厂等项目，建成后才发现没有矿源，而被迫关厂。仅以上几项，就浪费国家资金一亿元以上。由于在基本建设上乱搞计划外的黑项目，不仅影响了其它工业部门的生产，而且在农村乱抽、乱调劳动力，使农业生产也遭到严重影响。

（同上）

226.任白戈及其一小撮同伙在技术革新、技术革命运动中，大搞瞎指挥、大刮浮夸风，大搞破坏活动。其中尤以大搞所谓"煤气化"，"超声波"运动最为突出。他们要求所有工厂三天实现煤气化，全市五天实现煤气化，一天搞几十万个超声波，并且三、五天即开一次电话会议，要各单位限期上马，否则就要"反右倾"、"搬石头"；不仅人力、物力遭到巨大损失，而且把广大职工的"双革"积极性引入歧途，严重挫伤了群众的政治热情。

由于任白戈及其一小撮同伙，忠实追随李井泉倒行逆施、胡作非为，造成了一系列的严重恶果。使工业生产质量显著降低、成本大大增高，企业普遍亏损，设备受到很大的损害。一九五七年重庆各项技术经济指标在全国八大城市中居第四位。一九六〇年以后，就退居倒数第一。一些产品指标还低于许多中小城市。工业生产事故严重，一九六〇年，四川工业事故死亡人数竟占全国四分之一，重庆又占全省的四分之一，在八大城市中占第一位。

（同上）

227.一九五八年至一九五九年，李井泉在粮食生产、征购上，大搞高估产、高征购。一九六〇年，公然违抗毛主席关于"储粮于民，征购三年不变"的指示，在全省开展了反瞒产私分运动，大肆征购过头粮。由于粮食征购过头，社员口粮不足，在青黄不接时，出现了缺粮饿饭的现象。但是李井泉竟不顾广大社员的死活，胡说什么："搞顾都要死人，

311

不是这个地方死，就是那个地方死，与其死在沿海，不如死在内地，与其死在城市，不如死在农村，死在山沟里"。任白戈、辛易之、余跃泽一伙也跟着胡说什么："要死人是死什么人呢？农村要保城市，农村死人比解放碑死人好，死劳动力弱的比死劳动力强的好。"仓库有粮也不拿出来供应，以至造成市郊农村不正常的死亡。

(同上)

223. 在三年自然灾害时期，由于任白戈及其一小撮大搞形"左"实右，给群众生活带来困难。任白戈对于这些严重情况，没有认真对待，也没有如实地向上反映，更没有主动、及时地采取有效措施，认真安排生活，反而说："鹅儿草好吃"。另外，对于农民吃肯的问题，任白戈不但不去具体解决人民生活困难，反而主张用过去国民党的办法，单纯主张罚款，以至在长寿县某些地方产生对贫下中农抄家罚款的违法乱纪的现象。

(同上)

229. 一九六一年，綦江整风整社工作团团长郝××向任白戈汇报农村情况，在谈到农村贫下中农非正常死亡，因而流泪时，任白戈却认为汇报的同志是小资产阶级感情，是小资产阶级软弱性的具体表现。不但不把农村非正常死亡当成重大问题，反而说："我从来不注意死多少人的问题，我对于死人的问题从来不问，从来不感兴趣。"还说："有些人是小资产阶级，如果知道四川死了多少人，吓都会把他吓死。"

(同上)

最　高　指　示

修正主义是一种资产阶级思想。修正主义者抹杀社会主义和资本主义的区别，抹杀无产阶级专政和资产阶级专政的区别。他们所主张的，在实际上并不是社会主义路线，而是资本主义路线。

（《在中国共产党全国宣传工作会议上的讲话》，1957.3.12.）

社会主义革命的目的是为了解放生产力。农业和手工业由个体所有制变为社会主义的集体所有制，私营工商业由资本主义所有制变为社会主义所有制，必然使生产力大大的获得解放。这样就大大地为发展工业和农业生产创造了社会条件。

（《在最高国务会议上的讲话》，1956.）

在最近几年中间，农村中的资本主义自发势力一天一天地在发展，新富农已经到处出现，许多富裕中农力求把自己变为富农。许多贫农，则因为生产资料不足，仍然处于贫困地位，有些人欠了债，有些人出卖土地，或者出租土地。这种情况如果让它发展下去，农村中向两极分化的现象必然一天一天地严重起来。

（《关于农业合作化问题》，1955.7.31.）

六、任白戈大搞右傾倒退，復辟資本主义

（一）大肆鼓吹在城市复辟資本主义

大搞城市各行各业体制倒退

230. 要退就要退够，工业、农业、财贸都要全面的退，包产到户也可以。
　　（《在市委常委会上的发言》，1961.）

231. "商业工作的根本问题，就是所有制的问题，要把所有制退够"，"全民退集体，集体退个体，大退小"，"把核算单位划小，不要怕。这是放鸡出笼，不是放鸟飞天"。
　　（《对进行城市零售商业体制调整工作的干部的讲话》，1961.）

232. 退要退够，全民退集体，大退小，机器退成手工业，三类物资由包起来退到自产自销。
　　（《在全市亏损企业职工代表会上的讲话》，1962.）

233. 城市社办工业一部分可以改变为手工业合作社，有的可以改变为个体经营。
　　（《在原市委十八次扩大会议上讲话》，1962.）

234. 在三年困难时期，任白戈主张把所有制退够，开放城市自由市场，他竭力主张"不但允许有集体，还应该允许有个体，允许有单干"，"允许手工业企业、小商小贩、文艺单位、医生、手工艺者转为集体或个体经营。"甚至横加指责，不给五类分子、投机倒把分子、资产阶级分子发工商执照是"框框太多，束缚太多，限制过死"；要"打破各种不合时宜的框框"，对分散生产户或经营户"不得加以歧视和排斥，要积极加以支持。"余跃泽秉承任白戈的意旨，在两路口地区搞了调整商业体制的试点，也就是复辟资本主义的试点，把大批人员退出国营商业，成立合作商店（小组），并且开放了城市自由市场。任白戈亲自前去听取汇报，胡说什么"这个工作抓得好，抓住了牛鼻子。"他还同余跃泽一唱一合地胡说什么"你们思想要放开一点，不要怕，这是放鸡出笼，不是放鸟飞天"，"出不了蔬菜大王。"这样，全市国营商业退出一万多人，除了把私商小贩退了出去以外，还退出大批"三工"人员（即合同工、临时工、学徒工），甚至个别老职工也退出去当小商贩。他们还把蔬菜、废品、水果、饮食、副食、日杂、粮食加工以及理发、洗染等不少行业的零售阵地全部或大部退了出去，扩大了私营面面。他多次强调现在的问题就是要把经济搞活，把商业搞活，把城乡交流搞活。任白戈违反中央规定，在市中区和郊区的中心区开放了如太阳沟那样十几个自由市场。不仅三类商品上了自由市场，连一、二类商品如布匹、粮食、大百货等也上了自由市场。有些自由市场上，人数近万人，社会渣滓、流氓阿飞，乘机大搞各种票证、银元、黄金、美钞、鸦片的买卖，投机倒把，无奇不有。他们还要供销社设货栈贸易，大搞自营业务，以物易物，高进高出，低进高出；国营商业也缩小二类物资范围，扩大三类商品，任意扩大高价范围，一时高价成风。以致造成了市场物价混乱，冲击了统一的社会主义市场，资本主义到处泛滥。出现了如"刘死鸡"、"廖

清云"等万元暴发户。
（市级党群机关井岗山兵团揭）

235．六一年到六二年，李井泉攻击学校教育："第一是搞大了，搞多了；第二是改多了，改乱了；第三是知识作用发挥不够"。指责"学校过多是亡国现象"。于是，任白戈在讨论教育工作的讲话中也跟着叫嚷"教育事业发展过快，占用农村劳动力过多"，"上层建筑超过了经济基础"。大量清理所谓超龄学生，停办民办学校、简易师范、农业中学、工专学校，不让工农子弟升学。
（市委宣传部干部×××揭）

236．一九六二年，任白戈、辛易之批转市委宣传部文件，提倡私人办学。规定办学原则是"教师自聘，学生自招，教材自选，经费自理，学生自行就业。"以复辟资本主义、封建主义。
（同上）

大肆宣扬资本主义经营作风和推行资本主义管理制度

237．一九六二年八月，任白戈去北戴河参加中央城市工作会议，在会议上强调城市生活困难，攻击经济管得"太死"，城市"不活"，要求"广开生产门路"，要求中央将按行政区域管理经济的方法改为"按经济区域管理经济"，"恢复商品流通渠道"。
（市级党群机关井岗山兵团揭）

238．任白戈鼓吹什么："资本家做生意，不管做成没做成，接待顾客都是热情的，和微的，这就是生意不成仁义在，要图个来回"。他极力赞同与主张办好社会主义商业，要什么"瓜皮帽、水烟袋加双辫子"（"瓜皮帽"、"水烟袋"是指旧商业人员，"双辫子"指女青年）。唆使与支持他的得力干将余跃泽在商业部门大搞合二而一，把一些资本家、小业主视为业务骨干，安插他们担任公司、商店的经理、副经理等重要职务，依靠他们来办企业。
（同上）

239．任白戈赞扬过去资本家生意做得宽，叫做"生意兴隆通四海，财源茂盛达三江"，攻击社会主义商业是"官办"，把生意做"死"了。要社会主义商业向资本主义商业学习，要通四海达三江，要恢复过去重庆的旧商业流通渠道，即左、右两条江（长江和嘉陵江），上下十三帮（封建帮会）。
（同上）

240．任白戈要商业部门恢复传统的经营特色。六一、六二年间，旧招牌、旧商标到处挂起，更有的恢复了旧店铺原状。什么丘二、丘三、日升、大升、岳南、老四川、人道美、华山玉以及中统特务宪涛春、大地主刘友泉、大资本家伍舒芳的姓名为名的黑招牌重新挂出来了。人道美的老板娘，被请进店里当顾问，作活招牌。冠生园的私方经理提为市公司副经理，专管冠生园业务。日升恢复了原店堂陈设，并把过去资本家坐的两把楠木罗汉椅也请了回来。
（同上）

241．"实行分级分权的管理制度，是企业管理制度的一项重大改革，也是企业领导方法的重大改革。""在实行分级分权的管理制度中，总的原则是：三级核算，自负盈亏，保证上交，利润分成，按劳分配，适当奖励。"
(《一次报告》，1959.4.30.)

242.一九六五年五月，薄一波秉承黑主子刘少奇提出的搞托拉斯旨意，召开了托拉斯试点工作会议，指名任白戈去参加。任白戈受宠若惊，回来后大肆吹捧刘、薄，贩卖刘、薄黑货。说什么托拉斯"是我国工业管理的方向问题"，"是工业体制的大革命"，"是先进科学的管理经验。"甚至美化帝国主义说："美国科学技术先进，就是因为实行了托拉斯。"
(市级党群机关井岗山兵团揭)

243.省委规定，打破部门、地区界线，各种经营成立托拉斯，可搞"殖民地"……全省资源分山、分林、分矿，打出去，当一下"帝国主义"。
(《在原市委十六次扩大会议上的总结》，1960.6.)

244.一九六二年十二月，任白戈在全市亏损企业职工代表会上说："企业亏损是关系到企业本身的生存问题。……亏损、赚钱是一个企业在整个社会主义建设当中起什么作用的问题，是当促进派还是当促退派的问题。"他还要共产党员"千方百计"地使企业"赚钱"，而且说什么"这就是党员党性的表现"，"是最大的群众观点。"
(市级党群机关井岗山兵团揭)

245.任白戈及其一小撮同伙大肆宣扬利润挂帅，把"扭转亏损"、"增加盈利"作为企业工作的指导方针。他们以"停厂"、"关厂"相威胁，限期扭转亏损，迫使不少企业脱离国家计划轨道，一味追求赚钱和搞缺俏产品，大搞资本主义经营。这一时期，任白戈鼓吹什么"经济法则"、"价值法则"，甚至恬不知耻地宣扬资本家会"精打细算""会看行情"，妄图以资本家的旧生意经，破坏计划经济，复辟资本主义。
(同上)

（二）在农村大搞右倾倒退

主张单干，鼓吹"以产计工"

246.现在农村搞单干的不要急于去纠正，让他们去试一试。
(《在区县委负责人会议上的讲话》，1962.)

247.搞单干是内部问题，是认识问题。主要是以教育为主，不要说搞右倾倒退，也不要去搞阶级斗争，更不要去泼群众的冷水，以经营管理去代替它。
(《在巴县一次农民大会上的讲话》)

248."××、××两省搞包产到组，死人死猪反而…少。""包产到户是否提社会主义和资本主义两条道路斗争？中央对这个问题尚未作结论。"
(《在一次常委会上讲话》，1961.)

249.一九六一年三月，省委讨论人民公社问题时，任白戈说："核心问题还是以产计工。"他以纠共产风，反对平均主义为名，把高级社按产评分的分配方法与人民公社分配原则混淆起来，大搞右倾倒退，并一再叫嚣："这个弯子一定要转过来。"
(市级党群机关井岗山兵团揭)

主张借贷自由，扩大自留地，活跃自由市场

250.一九五一年初，任白戈对宣传部的干部得意洋洋地吹嘘他回南充办了一件"好事"。他说："我这次回南充去办了一件'好事'，我坐在滑竿上问抬滑竿的人现在生活情况怎样？他们说现在还不如过去好。我问他们为什么？他们说'过去没有钱还借得到，现在没有钱借不到'。我想到这是一个很大的问题，于是就向胡耀邦（当时川北区党委书记）建议，应当允许借贷自由。胡耀邦认为我的意见很好，马上就采纳了。"

（市委宣传部×××揭）

251.一九六〇年，任白戈在电话会上讲："自留地可以扩大，土地实行二八开不算倒退，划到百分之二十没有危险。"在巴县县委书记××等人贯彻下，全县自留地由九万亩增加到二十万亩，单干、包产到户的队有两干多个，占生产队的百分之三十。

（巴县县委干部×××揭）

252.对社会主义所有制的认识上，把个人所有制看成是资本主义，因此，在许多具体政策上，都害怕承认个人所有制。怕个人所有制多了。实际上是对个人正当的利益限制和打击，如自留地、私养猪、家庭副业等等。

（《在原市委十八次扩大会上讲话》，1962.）

253.干部另一个顾虑，怕群众搞资本主义。什么叫资本主义？它的前提必须使劳动力变成商品，生产资料被垄断，有雇佣剥削。现在别人在集体劳动之外，辅以分散劳动，增加收入，这种收入，是正当的。

全省搞了谁种谁得的"百斤粮"运动，可以设想：群众利用屋前屋后、坟坡荒地增种，发展下去就可专门再给社员个人作使用地，会成为自留地的补充。

（《在区县委书记会议上的报告》，1959.7.16.）

254．"食堂菜地，除自食外，多余部份，可以出售，作为解决燃料、油、盐以及食堂用具等零用问题或者多发工资。公社或管区向生产队（食堂和养猪场）'三包、五定、两奖。'三包，即：包产、包上调任务、包养猪成本……。完成按年上调任务后，多产可以多卖，多增发工资，并可以适当多吃点猪肉，以便鼓励社员养猪仔的积极性。"

"每个人种百斤粮不超过二厘地，吃不完可以卖，这个不叫搞资本主义。"

（同上）

255．一九六一年，任白戈在一次负责干部会上讲，"现在灾情严重"，要大家"为党分忧"，大谈"自己动手，发展副食品生产，改善职工生活"，说"靠山吃山，靠水吃水。"市级机关在市委提出的"就地卧倒为主，远征为辅"的方针下，在机关、住宅周围大种蔬菜，掀起了一股资本主义复辟的黑风，有的还进行雇工剥削。许多单位同国营农场挂钩、人民公社挂钩，建立了蔬菜养猪基地。据不完全统计：一九六一年前后便侵占国营农场土地一百三十多亩，占用公社地四百三十多亩，严重损害了国家和集体的利益，腐蚀了干部，支持了保命思想。

（市级党群机关井岗山兵团揭）

256.比如卖猪，百分之五十吃不完（注：指返回肉），要卖，说效果好，试一下，这是我点的头。粮食上自由市场，不能完全取消，要代。

（《在原市委计次扩大会上讲话》，1963.）

257.当前，市场要很快活跃起来，做到货畅其流。要这样，首先必须使市场有东西卖，而人民公社下放权力，就是解决这个问题的重要办法。因为这样，公社内部的调拨就少了，私人也有东西卖了，而且还可以点点滴滴到处收集东西来卖，只要很好地加以组织就能解决很大问题。

（《在区县委书记会议上的报告》，1959.7.16.）

258."不能收购太多，管得太死，要允许农民在完成交售任务之后，把多余的东西拿到集市上自由出售，以鼓励农民生产农副产品的积极性。"

"目前如果把集市贸易管死了，对发展农副业生产是不利的。"

（《在市第四届二次人代会上的报告》，1961.）

（三）否定反右倾斗争，为右倾机会主义分子喊冤叫屈

259."通过学习中央两个决议，通过对彭德怀同志为首的反党集团的讨论，大家认识到，他们在党内的历史是不光荣的，他们三分正确，七分反动，他们都是资产阶级革命家。"

"过去资产阶级民主革命阶段，只是打倒帝国主义、封建主义、官僚资本主义；……彭德怀等人也是坚决革命的。"

"彭德怀的世界观是经验主义。"

（《在原市委十四次扩大会议上的总结报告》，1959.9.10.）

260.反右倾的沉痛教训，要深刻接受，永远不忘。有"左"反"左"，有右反右。"左"的危险性并不比右小，"左"不比右好……我们要特别防止"左"，在反右倾中伤害了干部是最大的损失。……必须坚决纠正错误，不抓辫子，不留尾巴，要以阶级友爱，同志热情进行甄别工作，有错误就认错道歉。

（《在原市委十八次扩大会上讲话》，1962.）

261.反右派、反对右倾机会主义等一系列政治斗争，影响了民主空气。

（《一次报告》，1961.）

262.《城濮之战》是个启用干部的戏，最近党中央研究，过去罢了官的老干部要复官，要让他们工作，因为这些人有斗争经验，有才干，又会打仗，不用他们是个损失。……历史告诉我们，对老干部要重视，黄克诚认了错也要使用。

（《在市委召开市属各单位负责同志会议上讲话》，1961.4.）

263.从原市委十八次扩大会起，就刮起了一股翻案风。任白戈及其一小撮同伙还特意炮制了一个"甄别工作政策界限"。胡说什么"强调好省，反对一味追求多快者，一律不能视为政治上右倾和反对总路线"；"攻击大办钢铁、大办水利'得不偿失'，'劳民伤财'……等，不能认为是反对大办钢铁、大办水利"，"向党和政府投书发泄，进行攻击漫骂，一般应以内部问题处理。"等等。并提出甄别要"不抓辫子"，"不留尾巴"。

（市级党群机关井岗山兵团揭）

264.一九六一年上半年，中国赫鲁晓夫一伙，配合国内外阶级敌人的进攻，利用改编历史剧如《海瑞罢官》等来为右倾机会主义分子彭德怀之流翻案制造舆论。一九六一年秋

天，李井泉迫不及待地要为在重庆召开的地（市）委书记会议演海瑞戏，任白戈连夜向上海告急要来《海瑞上疏》剧本，紧急排练演出。任白戈在干部中大肆宣传海瑞的冒上精神。

配合海瑞戏的上演，任白戈还指定了川剧上演《琭濮之战》、《梵王宫》、《红梅记》、《谢谣环》、《闹齐廷》及话剧《卡门》、《伊索》等几十个剧目。任白戈对这些反动透顶的戏都推崇备至。他"赞扬"《红梅记》中的李慧娘"很有反抗精神，做鬼也要反贾似道的专横霸道"。他认为《梵王宫》说明了一个真理，"官逼民反，官逼官也反"，他主张《卡门》的主题应当强调反暴政"。他对标榜着什么"为民请命"的《谢谣环》，批判齐桓公刚愎自用，宣传宫廷政变的《闹齐廷》等等影射攻击社会主义制度和无产阶级专政的反动戏，都认为是好戏，主张大肆上演。

（市级党群机关井岗山兵团揭）

265.对知识分子"把原来属于学术、技术、艺术方面的问题，当作思想问题和政治问题加以批判，甚至戴上右倾保守帽子，错误地进行了斗争。"

（《在市第四届三次人代会上的政府工作报告》，1962.9.12 ）

96.2、8.
重金收购

《反革命修正主义分子任白戈反言行五百例》

四川省打倒李井泉及其一小撮同伙联络总站重庆分站

1967年12月　　重庆

93页　　　　　古月斋珍藏

最　高　指　示

我们的文学艺术都是为人民大众的，首先是 为 工 农 兵的，为工农兵而创作，为工农兵所利用的。

（《在延安文艺座谈会上的讲话》，1942.5.）

………我们提倡百家争鸣，在各个学术部门可 以 有 许 多派、许多家，可是就世界观来说，在现代，基 本 上 只 有 两家，就是无产阶级一家，资产阶级一家。

（《在中国共产党全国宣传工作会议上的讲话》，1957.3.12.）

中国的革命的文学家艺术家，有出息的文学家艺术家，必须到群众中去，必须长期地无条件地全心全意地到工农兵群众中去，到火热的斗争中去，到唯一的最广大最丰富的源泉中去，观察、体验、研究、分析一切人，一切阶级，一切群众，一切生动的生活形式和斗争形式，一切文学和艺术的原始材料，然后才有可能进入创作过程。

（《在延安文艺座谈会上的讲话》，1942.5.）

对于中国和外国过去时代所遗留下来的丰富的文学艺术遗产和优良的文学艺术传统，我们是要继承的，但是目的仍然是为了人民大众。对于过去时代的文艺形式，我们也并不拒绝利用，但这些旧形式到了我们手里，给了改造，加进了新内容，也就变成革命的为人民服务的东西了。

（《在延安文艺座谈会上的讲话》，1942.5.）

历史是人民创造的，但在旧戏舞台上（在一切离开人民的旧文学旧艺术上）人民却成了渣滓，由老爷太太少爷小姐们统治着舞台，这种历史的颠倒，现在由你们再颠倒过来，恢复了历史的面目。"

（《看了〈逼上梁山〉写给延安评剧院的信》，1944.1.9.）

鲁迅是在文化战线上，代表全民族的大多数，向着敌人冲锋陷阵的最正确、最勇敢、最坚决、最忠实、最热忱的空前的民族英雄。鲁迅的方向，就是中华民族新文化的方向。

（《新民主主义论》，1940.1.）

七、任白戈在文学、艺术上疯狂反对毛主席的文艺思想

（一）反对文艺为工农兵服务、为无产阶级政治服务

鼓吹"全民文艺"，主张写"真实"

266.在表现先进人物时，不必要去迥避他们在工作中可能造成的某些损失或错误，以及他们性格上的某些弱点。……写与不写的决定关键就在看它是否有助于人物创造的真实性。

（《在总路线照耀下的文艺工作的任务》，见《西南文艺》，1954.4.）

267.一个真实的，虽有某些非本质的缺点的先进人物，就比一个不真实的、所谓毫无缺点的先进人物所起的教育作用严大得多，容易为读者理解得多。

（同上）

263.人民群众，在这个世界上，是不是完美无缺了呢？不能这样说，资产阶级是不是毫无用处了呢？也不能这样说。……但不能说人民就一点缺点没有了，那就不合乎辩证法，资产阶级如果没有一点用处，我们为什么还要讲统一战线？……人、事物，总是相对的，有百分之九十几的长处，还总有百分之零点几的缺点。

（《在重庆市文艺干部和群众文艺活动积极分子大会上的讲话》，见《红岩》，1959.1.）

269.小说把人民公社写得真真实实的，任何人看了都要相信它，美国人看了也要相信，南斯拉夫人看了也要相信，……那样的作品，是世界性的文学。

我们是无产阶级的作家，是为人类服务的，没有阶级偏见。

（同上）

270.资产阶级中有好人，无产阶级中也有坏人，就看我们如何表现。

（《在重钢对文艺干部的讲话》，1965.2.）

反对文艺为无产阶级政治服务

271.文艺为政治服务，过去理解狭小了，假若一律要求为政治服务，就会使英雄无用武之地。

文艺自来就是和生产结合的，为生产服务的。

（《创造出更新更美的作品》，1959.1.）

272.文艺为政治服务是广义的，要有利于生产发展……增长知识，调节劳逸，以美感染群众。

（《在全市文艺界贯彻"文艺十条"会议上的讲话》，1961.11.）

273.各人的欣赏爱好不同。因此文艺的服务面很广，决不能只讲政治、讲中心，要分时间，分对象而定，这是文艺的任务。

（同上）

274.第一是要使大众感到有益，第二是使大众感到有趣。……艺术的本身正是把有益有趣两个方面好好结合起来成为一个完整无疵的东西。

　　　　（《争取更多的观众》，见《观众报》，1951.10.1.）

275.我们谈到高度的思想性，那是要着他的高度的艺术概括的。

　　　　（《创造出更新更美的作品》，1959.1.）

276.片面理解结合政治任务，片面理解能供应演唱材料，都不可避免地要使刊物、使作品质量低落。

　　　　（《重庆市文艺工作两年来的基本情况及今后的任务》，1953.5.）

277.一九四九年进川时，任白戈讲："文工团要让他们下去搞剧本，不要管政治部那套政治宣传工作。"

　　　　（《市委宣传部干部揭》）

（二）歪曲篡改"双百"方针，鼓吹资产阶级自由化

歪曲篡改"双百"方针

278.要鼓励不同科学、不同学派、不同观点，共同发扬，自由竞争。

　　　　（《对当前戏剧工作的指示》，1963.12.）

279.为什么要放？首先是国内阶级存在，存在就有思想，有思想就要发表。宪法规定言论自由，我们应遵守。其次，要别人吃饭，也必须让人说话。光吃饭，不说话那是不行的。

　　　　（《在市委统战工作会议上的讲话》，1963.7.16.）

280.不仅要百花齐放，而且要百花争艳，"罢黜百家，独尊儒家"的作法是不对的，对文艺的繁荣是有害无益。

　　　　（《在全市文艺界贯彻"文艺十条"会议上的讲话》，1961.11.17.）

281.推而广之，在我们思想领域上非常活跃，能够自由争论。你有什么思想拿出来，我有什么思想拿出来。

　　　　（《在宣传部长会议上的报告》，1964.2.）

282.这几年，"双百"方针的运气不好，反右倾机会主义，作家怕斗争，思想上有戒备，不敢开腔。现在有了"文艺十条"，时机成熟，瓜熟蒂落，水到渠成，现在环境不那么紧张了，可以轻松愉快地来讨论。学习这个文件（即"文艺十条"），就要把空气扭转一下，发展这个方针。

　　　　（《贯彻"文艺十条"报告》，1961.）

283.我们相信，经过科学上不同学派，不同见解的自由争论，艺术上不同形式，不同风格的自由竞争，我们伟大的科学文化事业一定能进入更加繁荣昌盛的时代。

　　　　（《继承和发扬"五四"革命精神，为实现今年继续大跃进而奋斗》，见《重庆日报》，
　　　　　1959.5.5.）

284.开神仙会是宣传工作部门的一个很好的工作方法，宣传部要善于出题目，翻翻书，调查调查，辩论辩论，出点主意，当好参谋。

　　　　（《关于宣传工作会议的一次讲话》，1959.）

285.在任白戈资产阶级自由〔〕想的影响下，十几年来，他所控制的报刊毒草丛生。特别在三年自然灾害期间，单《重庆日报》就先后开辟了五十多个专栏，给历史反革命分子、现行反革命、叛国投敌分子、资产阶级右派分子、贪污盗窃分子、投机倒把分子、开除公职的坏分子、劳改犯……提供了放毒阵地。仅就"纵横谈"、"星火集"、"故事新说"三个专栏发表的两百多篇文章，毒草就有一百多篇，作者多属上述类型的人。这些毒草，不只是"暴露"劳动人民的"黑暗"，更大量的是含沙射影、指桑骂槐攻击社会主义制度，攻击党的领导，攻击我们伟大的领袖毛主席。

(市级党群机关井冈山兵团揭)

主张写作自由化，不要奉命执笔，想写什么就写什么

286.文艺作品是通过文艺工作者的实践、经验创造出来的，因而一切行政命令、出题目做文章的办法，是行不通的。

(《在总路线照耀下的文艺工作的任务》，见《西南文艺》，1954.4.)

287.你喜欢什么就去写什么，不喜欢就不去写。他对某个东西没有兴趣，你要他执笔，他奉命执笔那是不会产生好作品的。

(《在重庆文艺干部和群众文艺活动积极分子大会上的讲话》，见《红岩》，1959.1)

288.按照一般创作的意见来说，作家是应该写自己熟悉的东西的，也只有写自己熟悉的东西才能得心应手，才能写得好。我们的文艺工作者，向来也是这样作的。

(《对文艺创作二、三问题的意见》，1950.6.)

289.在目前，我们的文艺工作者还不熟悉工农兵的时候，我以为还有许多熟悉的东西是可以写的。……如果是用的无产阶级的立场观点来看，来写，即使依然写的是小资产阶级的生活，这对人民是有教育意义的。凡是自己熟悉的东西都可以写。

(同上)

290.只要观点正确，什么都可以写，什么题材都可以写成伟大的作品。

(《在重庆市文艺干部和群众文艺积极分子大会上的讲话》，1959.1.)

291.到底写什么？我说：任随你们怎样选择，想写什么就写什么。这是很自由的。为什么这样说呢？因为同样一个世界，同样的现实，可是各有所好，各有所恶。这么多东西，各人都有选择的自由。要写的东西很多，汪洋大海，无穷无尽，创作的天地，海阔天空，任你翱翔，任你驰骋。

(《创造出更新更美的作品》，1958.12.)

292.以后，我们的批评要作为检验我们工作的武器，使批评有助于创作的发展，而不可使创作有所损伤，甚至扼杀创作……。

(《在西南区文学艺术工作者代表会议上的报告》，1953.4.)

293.作品在创作过程中，文艺工作的领导机构要认真地多方面地帮助作家；而在发表之后，要组织建设性的文艺批评，来推动创作不断发展。

(《重庆市文艺工作两年来的基本情况及今后的任务》，1953.6.)

鼓吹把戏剧作为消遣工具，大搞和平演变

294.他们（指群众——引者）需要丰富有味的文艺作品和文娱活动激发他们的劳动热

情，消除他们的疲劳。

（《深入到工厂中去》，见《西南文艺》，1953.1.）

295.文艺一是反映生活，二是消除疲劳，供大家美的享受，精神会餐嘛！物质差点，就要精神方面加以补充。

（《在贯彻"文艺十条"会上的报告》，1961.10.10.）

296.任白戈曾向文艺工作者讲："我到重庆剧场看戏，就是为了休息，而不是想来受教育的。文艺对人们精神的恢复，消除疲劳有积极的作用，无论喜剧悲剧都有作用。悲剧也能使人有美的享受，有的人看了悲剧，与剧中人同命运，痛痛快快地流一场眼泪，心情就舒畅了……总而言之，艺术是多种多样的，要满足各种不同对象的要求，特别是对逸的安排很重要，要使大家高兴、同情。"

（市文化局干部揭）

297.任白戈经常向文艺工作者讲："人们劳动之后，需要有娱乐，叫我看戏受教育，我就不干。"

（同上）

298.歌午表现生产，戏使人看了高兴，没有低级趣味，没有黄色，都是健康的，在人民当中说点笑话，开点小玩笑，有什么不可！这不但无害，而且还有益。普列汉诺夫说：艺术可以使人民疲劳之后恢复精力，不一定为了一个什么主题，这类东西还可以保留。

（《对当前戏剧工作的指示》，1963.12.）

299.一九五九年，任白戈看了大毒草《红花朵朵开》后说："喜剧的演出轻松，可以消除疲劳，使人心情舒畅，精神焕发，遣散疲劳，起兴奋作用"。

（市文化局干部揭）

300.文艺是人们劳动之后，劳动和休息当中的调整。因为我们的生产是有节奏的生产，有劳有逸，文艺就发挥了它组织劳动，恢复精力的作用。文艺是劳动节奏当中的一种旋律。

（《在重庆文艺干部和群众文艺活动积极分子大会上的讲话》，1959.1.）

301.有些戏不宣传什么思想，但仍然有益，例如表现劳动的喜悦，乐观情绪……。在劳动之余看了使人心情舒畅，虽属娱乐，但是健康、乐观。

（《对当前戏剧工作的指示》，1965.12.25.）

（三）反对文艺工作者深入到工农群众中去改造世界观，用资产阶级"三名"、"三高"来腐蚀文艺队伍

反对文艺工作者参加劳动改造思想

302.女演员一劳动，手指就圆了，腰也粗了，不能演戏了。

（《在西南区文学艺术工作者代表会上的报告》，1953.4.）

303.任白戈曾对宣传干部讲："文艺工作者不一定要下去，参加劳动时间不一定多，象敬菩萨一样，敬到了就是了，心诚则灵。"

（市级党群机关井冈山兵团、文艺界延安兵团揭）

304.能发现问题的，几天就发现问题，写出剧本；看不到问题的，劳动一辈子，也不过是一个工人，一个农民，还是写不出东西来，还不是算了。

(市级党群机关井冈山兵团、文艺界延安兵团揭)

305.我们文艺工作者走到农村去参加土地改革的目的自然直接间接都是为的创作，……为创作的目的下去是应该的，无可非议的。

(《致参加土地改革的文艺工作者》，1951.3.)

306.下厂下乡量力而行，不要勉强，象烧香敬菩萨，有诚意就行了。

(《现代戏曲观摩演出大会总结报告》，1954.)

307.艺人要深入工农兵，身体不好的可以不去，去的人也不一定参加劳动，下去走马观花也可以嘛!

(同上)

308.主要演员参加劳动不能要求过高，偶尔下去走一走，看一看就不错了。

(同上)

309.由于任白戈反对文艺工作者到工农群众中去，十几年来，各种剧团的演员很少下去。主要演员根本没有真正到过农村。一九六四年底，话剧团被迫全团到巴县参加四清，但却把有的主要演员放到工厂。任白戈还下令给社教工作团："话剧团的工作人员每月到公社单独多打两次牙祭"。还借口搞创作观察为名，把有的演员从农村调回来。间或有少数主要演员到农村工厂去，刚从形式上参加了几天劳动，任白戈就要报社记者赶忙去给他们写劳动锻炼体会的文章。任白戈培养的文艺工作者是"精神贵族"，绝不是革命的文艺工作者。

一九六六年元旦，许多演员在参加社教运动进行思想改造，任白戈竟把其中部分演员调回来搞晚会，演出什么"滚灯"、"北邙山"等淫秽的旧戏。有的演员很反感的说："我们今晚去复辟"。任白戈却加以压制，要演员"该怎么演就怎么演，要放得开，不要怕把无产阶级气质演掉了，演员是演不掉的。"

(市级党群机关井冈山兵团揭)

主张作家通过创作实践改造思想

310.创作是检验作家思想改造如何的最好的尺度，……我们的创作活动就与思想改造统一起来，并大大有助于我们的思想改造。

(《在毛主席文艺思想的光辉照耀下胜利前进》，1962.7.)

311.三年来我们工作的最大缺点就是创作不振。……所以创作问题是今天必须努力解决的第一个问题。

(《在西南区文艺工作者代表会议上的报告》，1953.4.)

312.我们提出了大力开展创作的任务，并且认识了对于文艺工作者改造思想是和创作实践分不开的。

(《重庆市文艺工作两年来的基本情况及今后的任务》，1953.5.)

313.当然，这并不是说我们已经与工农兵结合了的文艺工作者，也不应当直接抱着写作的目的到工厂、农村、军队中去搜集材料……。

(《对于文艺创作二、三问题的意见》，1950.5.)

推行"三名主义"，主张"艺术第一"，鼓吹"拔尖子"

314. 要吃得苦中苦，方为人上人。

文工团主要是培养艺术家、人民演员，不是培养小组长。至于培养政治干部，那是党校的事。

（《对市文工团一次讲话》，1951.）

315. "普及与提高，就象金字塔一样，下面基础打得越宽，上面就堆得越高……文艺创作也一样……已经有了很好的基础，同时就要堆塔了。要向高的方面堆。"

"群众文艺也要向高精尖缺发展，向尖端发展。"

"我们的文艺工作者要善于拔尖，把尖子找出来，……"

"我们还应该作些选拔工作，专门培养的工作。……我们要选择那些成长得最好、苗子最茁壮的，把它培养成一个花树，一个花王，这就很重要了。"

"培养一个'尖子'演员不容易，要有声有色，还要有艺术感染力，对他们要百般爱护。"

"培养人材的问题。文艺家的世界观的改造，是在实践过程中逐渐完成的。但必须承认改造的长期性，要等待，要帮助。要给他们生活、学习、工作、时间等条件的保证，物质、精神条件的供应。至于名利问题要具体分析，只要是辛勤劳动，为社会主义工作，可以出社会主义之名，收社会主义之利。"

（《贯彻"文艺十条"会上报告》，1961.10.17.）

316. 文艺界应该是一个万紫千红的百花园。花有个花王，有个代表，花虽多，总有几朵长得特别鲜艳，突出一些。这说明，我们的提高工作作得不够。

（《创造出更新更美的作品》，1959.1.7.）

317. 你们不要当什么长，而是要成家。青年人就是要有个人英雄主义，不然就没有出息。

（《一次讲话》，1960.）

318. 为了使演员出名，任白戈不惜利用一切宣传工具为某些所谓的"名演员"贴金，为培养的所谓"花树""花王"造舆论。他还不惜利用职权对演员大搞政治安排。如市话剧团仅一百人左右，省、市各级人民代表、政协委员就达七个之多。他还对他们许愿说："全国人民代表大会给重庆文艺界一个名额，就是还找不出一个'人民演员'来。"更为突出的是市京剧团原旧班主戏霸厉××一家，留在剧团工作的七人，有六人安排为省、市、区人民代表和政协委员。更为恶劣的是，为了使某些演员为任白戈搞资本主义复辟披上合法外衣，不惜把一些根本没有改造好的在舞台上大肆宣扬资产阶级甚至封建主义货色的文艺工作者拉入党内。

（市级党群机关井冈山兵团揭）

推行"三高政策"，对文艺工作者大搞物质刺激

319. 文艺界工资调整不受限额限制，可以提二、三级。

（《对原市委宣传部付部长×××的指示》，1962.）

320. 在"三高政策"思想泛滥下，任白戈对演员大搞物质刺激。一九六三年工资调整时，有许多演员提二至三级。有个青年川剧演员提级以后，任白戈又亲自决定，指名给她

提三级，结果在一年多的时间内连给这个演员提五级。有个京剧女演员，任白戈也同意给她提三级，还嫌照顾不够，又同意提前搞掉她丈夫极右派帽子，吸收为国家干部。有些主要演员除享受"三高"外，还有拍电影、灌唱片、广播等特殊补助收入达十余种之多。在困难时期，为了保名演员，说："不让他们饿瘦了，在午台上不好看。"任白戈批准增加他们粮、油、糖及各种餐券，还大发奖金，每次发五十到一百元。还规定名演员办特殊保健，可以指定各医院医生看病，可以吃保健药。十几年来，任白戈一直是提倡文艺工作者特殊化，强调物质、精神条件，公开鼓吹争名争利，培养精神贵族。在一个时期，一些部门，演员之间为了争名争利，不惜互相吹捧，互相包庇，尔虞我诈，真是五花八门，无奇不有。

（市级党群机关井冈山兵团，文艺界延安兵团等单位揭）

（四）反对毛主席制订的批判继承的方针

赞扬旧戏，叫嚣对旧戏要挖掘抢救

321．"新旧戏要分工，旧的戏种，主要作挖掘、抢救工作。""历史剧还是要看的，看了使人增加历史知识"。"象皇帝、叫化子这些只有在午台上才看得到……。推翻封建主义、资本主义，并非把封建主义、资本主义社会发展起来的文艺都不要。"

（《对当前戏剧工作的指示》，1963.12.）

322．不要否定过去，共产主义社会，还是要百花齐放，还是要民族遗产。目前要创造新的，这是主攻方向，但另一方面，也要有人来照管，把阵地守住，否则垮下来就没有东西了……。至于鬼戏，可暂时不演，鬼也是人，鬼的动作是从人的动作来的。舍不得的东西，移到别的地方就是了。对外国的东西，也不要一律排斥……凡是合调的就可以保留，要兼收并蓄，路子宽一点。

（《对当前戏剧工作的指示》，1963.12.27.）

323．"传统戏有人民性、民主性、自由性，鬼戏有反抗性，要全部保留下来。""对传统戏，不能当败家子，不要抱着金饭碗讨口。"

（《对戏剧演员的讲话》，1964.）

324．戏剧起传播知识、传播历史经验的作用，难道人与人之间的关系只有阶级斗争？家庭也可以写，孔子提倡五伦：父子、兄弟、夫妇、君臣、朋友。位置是摆好了的，没有选择的余地，在我们这个社会也要安排，各得其所。

（《在一次报告会上的讲话》，1961.）

325．不能只看到忠孝、节义，要看在那些地方……历史戏就是形象的教材，帝王将相就是反面的教材，写统治阶级的也可以。如岳飞、包文正、海瑞……。有些出身于贫苦家庭的人，当官以后，不忘本的人也有。他们对贪赃枉法，整人害人的人作斗争，因而遭到损害也是有的，要表现他们的阶级性。另一方面，他们要正直无私就只能受到打击，无出头之日。历史戏也有歌颂的，也有暴露的，为什么不可以整理。

（《对当前戏剧工作的指示》，1963.12.27.）

326．我们不能不要古，相反地要尊重古，因为古是今的根。

（《在全市文艺界贯彻"文艺十条"会议上的讲话》，1961.11.17.）

327. 传统戏到了共产主义都可以演，现在训练班要大量地学传统，没有传统就没有继承，没有继承就没有发展，没有发展就没有革新。

（《在重庆剧场向全市文艺界的一次报告》，1964.）

328. 什么地方都要阶级分析，合不合无产阶级观点，特别对历史人物那样要求，是公式化，概念化的。

（《在全市文艺干部大会上讲话》，1961.10.）

宣扬旧戏有人民性、有作用，主张全部继承

329. 历史剧还可以增加我们的历史知识、经验。有些可作为反面教材。只是要以辩证唯物主义观点恢复其本来面目。

（《在市委宣传部召开的文艺干部座谈会上的讲话》，1964.3.10.）

330. 任白戈向文艺工作者讲：“传统戏大都是有人民性的，要用历史主义看传统戏，有益无害的都可以演。”

（市级党群机关井冈山兵团揭）

331. 任白戈对宣传干部讲：“在对戏剧的继承上，保守与粗暴，我是保守派。糟粕与毒素，我主张先保留下来，宁失之于保守，而不失之于粗暴。”

（市级党群机关井冈山兵团揭）

332. 整理和改编一批较为优秀的传统剧目，如《卧薪尝胆》、《杨家将》等，这些传统剧目的发掘，整理和演出，不仅继承了原有的艺术遗产，而且也充分发挥了若干古典剧目的人民性。

（《在市第四届一次人代会上的政府工作报告》，1961.1.7.）

利用才子佳人等黄色戏曲来腐蚀群众，征服人心

333. 任白戈对文艺工作者讲：“落难公子中状元，私订终身后花园，小姐封夫人大团圆的结局，代表了人们心里的愿望。”

（文艺界延安兵团揭）

334. 无论才子佳人、帝王将相的戏，只要不是骂共产党的戏，都可以上演。

（《在重庆剧场全市文艺单位的一次会议上的讲话》，1960.）

335. 川剧唱腔要多发扬传统，拖腔甩调，这都是传统艺术。听戏嘛！总要有韵味，要有享受，不要干巴巴的。《江姐》的腔调尽量在这方面多多发挥，不要怕人家说是儿女情长，鸳鸯蝴蝶派。

（《看川剧〈江姐〉排练时的讲话》，1965.7.）

336. 任白戈在干部和群众中大肆赞扬反动的旧戏，他说：《绣襦记》中的“李亚仙（妓女）刺目劝学，勇于牺牲自己”；《荷珠配》中的“荷珠忠厚待人，舍己助人”；《绛霄楼》是“风流天子风流事，唱腔幽美，情节动人”。这到底是些什么戏呢？如《绣襦记》就是描写妓女李亚仙，为了夫荣妻贵，自己能弄到凤冠霞珮而刺目劝学，完全是宣传奴才思想，色情淫秽的坏戏。《荷珠配》是描写地主家中的奴仆赵旺，丫头荷珠对地主阶级奴颜婢膝的形象。叙述了赵旺在兵荒马乱时讨来的饭先给地主吃，荷珠拿出自己卖身的钱给落难公子上京赶考，并以身相许。《绛霄楼》是大肆鼓吹阶级调和，所谓“不爱江

山爱美人"的荒淫无耻的色情戏。

337.任白戈到重庆后，就不遗余力地提倡旧戏。解放初，他作市委宣传部长，就指派市文联秘书长邵子南专程到成都把周慕莲等一百多个川剧演员接来重庆，作为自已搞帝王将相，才子佳人戏的兵马。十几年来，大肆鼓吹反动的旧戏曲，竭力抗拒戏剧的社会主义改造。他不仅利用权势发号施令，而且做到事无巨细地亲自过问。从剧目的决定，剧本的编写、整理，排练到舞台设计，角色安排，乃至服装道具，化装……他都要一一进行审查。任白戈到底在为谁忙呢？听他自己的招供："我搞川剧就是为几个老总！"大军阀罗瑞卿对任白戈说："你主要抓川剧，川剧就靠你啊！"反革命修正主义分子夏衍、阳翰笙也说："重庆有任白戈在抓文艺，我们就放心了。"

在任白戈大肆提倡旧戏下，重庆的舞台完全是帝王将相，才子佳人统治着。仅据一九六〇年一月至一九六二年九月不完全统计，全市上演的六百多个剧目中（其中川剧三百多，京剧二百多，越剧六十多，话剧五十多），除话剧有五分之二的现代戏目外，其他几种剧的现代剧目不到总数的百分之四，演出的场数则更少，百分之九十六以上是反动的旧戏。

大搞反动旧戏曲的传宗接代

338.任白戈把一些地主分子、反革命分子、资产阶级反动艺人搜罗起来，充当文艺界的"权威"、"名家"，让这些牛鬼蛇神统治着文艺界，强迫年青一代向这些人拜师，他还厚颜无耻地在一九六一年十二月亲自主持拜师会。任白戈向"老艺人"说："能够得天下之英才而教育之，是人生的一件乐事。……现在能把前人的遗产和自己的创造传留给下一代，全部贡献给社会，传宗接代，后继有人，这不仅是老师们个人最大的快乐，也是我们全市戏剧界和全市人民的一件大喜事。"他又对学生说："在学艺过程中，必须要虚心，专心和有恒心。……首先把老师的知识全部学过来，在认真接受下来、学到的基础上，再来创造性的加以发扬光大，做到青出于兰而胜于兰。大家一定要认识到，把老师的戏曲表演艺术继承下来，是青年人责无旁贷的历史任务，只有把任务明确了，认识到学习不光是为了个人发展，而是为了继承发扬祖国文学艺术遗产，自然就会尊师重道……"。任最后还强调指出："每一个老艺人都有自己的特点和风格，是百花丛中一花，青年们要赶快学，老师们要求后继有人，就要赶快教。"

（五）反对戏剧革命，反对演现代戏

339.任白戈对文艺工作者讲："现代戏再有教育意义，也没有人看"。"京剧、川剧不能搞现代戏。"

340.任白戈向文艺工作者讲："现代戏质量不高，是化装宣传"。有演员说："这些节目在农村贫下中农很欢迎。"任白戈说："你牵个猴儿下乡去都受欢迎。"

341.任白戈在文艺工作者中指责现代戏，说："台下是工农兵，台上还是工农兵，自天听报告，晚上到剧场还是听报告，观众就不愿买票来看戏了。"

（市文化局干部揭）

342.全国已经在大张旗鼓演现代戏时，任白戈却仍大肆宣传传统戏，并且还下令购买十几万元传统戏服装。一九六四年任还提出："传统戏要三分之一"。还计划把川剧院调整成三个剧团，一团专演传统戏，二团作现代戏试验，把川剧训练班改为青年剧团，传统戏、现代戏各演一半。

一九六四年下半年，本市文艺工作者搞了个现代川剧《龙泉洞》和京剧《嘉陵怒涛》。任白戈以提高剧本和演出的效果为名，不让作者和演员深入生活，参加劳动，改造思想，也不准搞其他的戏，而是按照他的意旨，闭门造车，反复修改。

一九六三年毛主席指出："许多共产党人热心提倡封建主义的艺术，却不热心提倡社会主义的艺术，岂非咄咄怪事"。在这以后全国创作和演出现代戏风起云涌，可是任白戈一不传达，二不执行，迫使许多演员仍在那里搞帝王将相，才子佳人。后来，不少革命的文艺工作者提出了大演现代戏的强烈要求，任白戈才装模作样地抓现代戏。当时他抓现代戏有两个目的：一是捞取政治资本，企图以此掩盖他十几年来拒不执行毛主席文艺路线的罪责；一是利用现代戏宣传刘、邓司令部的错误路线，为李井泉和他的一小撮同伙歌功颂德。尽管演了几个现代戏，他仍念念不忘传统戏曲。他说："传统戏还要演，戏曲还是宜于表现传统戏"。一九六五年九月，在成都举行西南区话剧、现代戏观摩演出时，任白戈竟叫演员连夜赶回重庆给一个晚会演出才子佳人的戏。一九六六年三月川剧到北京汇报演出现代戏，任白戈还暗中指使调配了一套演传统戏的名演员和衣箱，嘱剧团到北京见风行事。

（市级党群机关井冈山兵团、文艺界延安兵团等单位揭）

（六）攻击鲁迅，攻击江青，吹捧三十年代文艺黑线

攻 击 鲁 迅

343.三十年代，任白戈吹捧"国防文学"，攻击鲁迅提出的"民族革命战争的大众文学"，他骂鲁迅这种行动（注：指鲁迅提出"民族革命战争的大众文学"口号）"如果出之于一般不了解大势的群众，不懂得集团的战斗的人们，那自然不能只用骂声去回答，说他们是'无耻'；如果出之于素来以前进自居的人们，那就毋宁说是一种'罪恶'。"

（《现阶段的文学问题》，1936.）

344.我们很可以说在这个统一战线之中亦有不赞成民族革命战争这个口号的，例如竭力主张抗敌救国的亲美派或亲英派，但他们并不反对国防。

（同上）

345."鲁迅是有缺点的，他听信了胡风的话，写了一篇给徐懋庸的公开信，骂了'左联'党的负责同志（指周扬、夏衍一伙）"。"鲁迅好意气用事，和党的关系不好，我是'左联'宣传部长，但就只到鲁迅那里去过一两次，都不愿去找他。"

（《在斗争胡风会上的讲话》，1955.）

346.一九六六年初，任白戈知道中央决定在全国范围内公开批判三十年代文艺，他在市委召开的文化部门负责人会上说："过去'左联'那些党员作家，都是小资产阶级作家，哪里是无产阶级作家；三十年代的文学，根本说不上是无产阶级文学，因为我和三十年代

多少换一点边，所以从不吹嘘三十年代如何如何"。企图掩盖自己的错误，蒙混过关。

（市级党群机关井冈山兵团揭）

347.一九六六年，《红旗》杂志上点了任白戈的名，他又骂鲁迅是"敌我不分，不信**任同志"，"鲁迅这个老头子，就是爱搞宗派主义"。**

（市级党群机关井冈山兵团揭）

348.一九六六年七月六日任白戈被点名后，他的臭老婆华逸在饭桌上说：人家要清算你三十年代的罪恶啊！任白戈气势汹汹地说："鲁迅这段时间就是该骂。"

（市妇联红旗纵队揭）

攻 击 江 青 同 志

349.一九六五年夏天，市川剧院在讨论修改《江姐》剧本时，有的同志谈到毛主席看了空军政治部文工团演出歌剧《江姐》后作了指示，江青同志要空政另写。同年，任白戈到北京开会时，在反党篡军野心家罗瑞卿家里密谋反对毛主席对《江姐》一剧的指示，回到重庆后又攻击说："江青同志主张把江姐改成能文能武的，我经过反复考虑，觉得这是不合辩证法的。她的观点才根本不符合主席思想。"这是反革命修正主义分子任白戈借攻击江青同志反对毛主席。

（市级党群机关井冈山兵团揭）

350.江青同志不懂艺术，他抓部队文艺工作主要是从政治上抓，不是从艺术上解决问题。部队文艺工作大方向已经解决了，主要是搞艺术的问题。

（《传达〈部队文艺工作座谈会记要〉时的谈话》，1966.）

吹捧三十年代文艺黑线，为自己的错误辩护

351.文艺复兴以来，优秀文学遗产是不少的，他们要民主、个性解放，反对专制制度，单人独马，个人奋斗，写出了生动活泼有吸引力的艺术作品。

（《在重庆市文艺界整风动员大会上的讲话》，1957.11.）

352."'文艺十条'是'五四'以来的文艺总结，是文艺工作的宪法。"

"这个文件不仅是文学艺术工作三年大跃进的总结，同时是解放十多年来整个文学艺术在中国发展的历史总结。从更长远的意义来讲，是马克思列宁主义的无产阶级文学艺术在中国发展的历史总结。"

"这个文件是指导文学艺术工作发展的纲领性文件。"

（《在全市文艺界贯彻"文艺十条"会上的报告》，1961.10.7.）

353."文艺十条"不是那个人单独写出来的，它是我们文艺工作战线经验和教训的总结。远自"五四"，近至解放十二年，再近是三年大跃进，特别是三年大跃进以来的经验总结，其中着重总结了反面经验部分。

（《在市文化局的一次报告》，1961.）

354.任白戈在三十年代与徐懋庸等老牌反革命修正主义分子一道，恶毒攻击我国文化革命的先驱鲁迅。一九五七年，徐懋庸被揪了出来，兔死狐悲，任白戈情不自禁地说："过去我和徐懋庸一起工作，这个人聪明、能干，划了右派实在可惜"，"如果徐懋庸在**重庆工作，我就会照顾他，我对他了解。"**

（《与×××的谈话》，1957.）

331

355.任白戈对三十年代的文艺黑线人物感情很深，举凡黑线人物一到重庆，都成为他的座上客。周扬、夏衍、于伶、阳翰笙……一来，任白戈必大办招待，沙汀等人来重庆就干脆住在他家中。他支持市话剧团参加拍摄沙汀写的电影《嘉陵江边》；为拍《在烈火中永生》的几个镜头，不惜慷国家之慨，批准长航局报销几万元汽油费。一九六〇年，周扬黑帮为了替三十年代文艺树碑立传，编印"左联"时代的"重要资料"，任白戈曾一一开列目录，他臭名昭著的《论现阶段文学的任务》即列作重要资料之一。

（市级党群机关井岗山兵团揭）

356.重庆市的文艺活动，方向是对的，走的是正道。这是什么意思呢？就是说：重庆的文艺所走的道路，是合符规律的，合符文艺本身的发展。

（《创造出更新更美的作品》，1958.12.13.）

最 高 指 示

一切反动派都是纸老虎。看起来，反动派的样子是可怕的，但是实际上并没有什么了不起的力量。从长远的观点看问题，真正强大的力量不是属于反动派，而是属于人民。

（《和美国记者安娜·路易斯·斯特朗的谈话》，1946.8.）

全世界马克思列宁主义者团结起来，全世界革命人民团结起来，打倒帝国主义，打倒现代修正主义，打倒各国反动派。

（《毛主席致阿共第五次代表大会贺电》，1966.）

　　　　　　※　　　　　　※　　　　　　※

对于以苏共领导为中心的现代修正主义集团，必须划清界限，坚决揭露他们工贼的真面目，不可能同他们搞什么"联合行动"。

（《党的八届十一中全会公报》，1966.）

"苏联的宇宙火箭发射到月宫都能百发百中，更不用说在地球上的每一个地方都能百发百中。"

"美国认为苏联怕战争，事实上，苏联是不怕战争的。"

（《在原市委宣传工作会上的形势报告》，1959.）

379.在苏联则不同：第一，科学家有政治头脑，有远见，有马列主义，是为政治服务的；第二，苏联是工人阶级领导的国家，科学技术属于人民，国家全力支援；第三，苏联科学、文化普及，科学家、大学生数量比美国多得多。

（同上）

380.社会主义阵营有了苏联，以苏联为中心，再加上世界工人阶级的力量，是牢不可破的，是不可战胜的。

（同上）

381."赫鲁晓夫垮得这样快，这是我们没有想到的"。"新的苏联领导不会比赫鲁晓夫更坏，只会变得更好些"。"现在赫鲁晓夫下台……新的领导可能是过渡内阁，还会发生变化，但可以肯定不会比赫鲁晓夫更坏。"

（《在重钢大渡口地区社教动员大会上讲话》，1964.）

382.修正主义仍然没有解决和帝国主义的矛盾。美帝国主义怕的还是苏联，不是我们。修正主义要代表社会主义国家就要和帝国主义作斗争。赫鲁晓夫不是天天在喊十几亿人口吗？他要是投降了美帝，十几亿人口就喊不成了，所以他不能公开投降。

（《一次形势报告》，1963.）

383.显然，苏联今天要公开站在帝国主义一边反对我们是办不到的。对帝国主义还要讲反对，对我们还要讲亲善，这是人心所向。

（《在市党校三期轮训班开学典礼的报告》，1963.）

384.修正主义要做坏事要受到他们本国人民的约束，所以修正主义也不丢"团结"的旗帜。一方面，修正主义和帝国主义妥协；另一方面，他要在一定程度上反对帝国主义。

（《在全市教师大会上的讲话》，1962.2.）

385.修正主义和帝国主义打交道、玩赌注，他们必须要和社会主义阵营、要和中国联系，还要向帝国主义作斗争。

（《在建筑工程学院的报告》，1963.）

386.现在世界的主要矛盾是社会主义和帝国主义的矛盾，而不是马列主义和修正主义的矛盾。我们和修正主义又联系，又斗争，结成反对帝国主义的统一战线。

（《在原市委宣传工作会上的形势报告》，1959.）

387.以苏联为首的社会主义阵营在国际生活中的威望和影响日益增长，正在成为人类社会发展的决定因素。

（《在市第四届人代会上所作的政府工作报告》，1961.1.）

388.中苏关系，不牵涉到原则问题，不计较。中苏两国人民，谁也离不开谁，要坚持团结，反对分裂，如果社会主义阵营离开中国就不占优势了，苏联要和美国谈判就没有本钱了。

（《形势报告》，1962.9.8.）

389.首先我们必须信任苏联共产党和苏联人民是要坚决建设共产主义的，是能建成共产主义的。如果这一点不相信，我们就失去信心，坠入悲观主义、失败主义的泥坑。其次，我们特别注意，不能因任何气愤就产生反苏情绪或被敌人利用。

（《在市团干部会上的讲话》，1961.）

390.由于社会主义与帝国主义有不可调和的矛盾，所以修正主义与我们还是有团结基础。

（《在市党校三期干部轮训班上的报告》，1963.）

391.修正主义要代表社会主义国家，就要和帝国主义作斗争，故不能公开投降。

（《在全市大专院校和部份中学教师工作人员大会上报告》，1963.）

392.南斯拉夫修正主义与其他修正主义有区别，南斯拉夫已不是社会主义国家，其他修正主义还是社会主义国家。

（《在市党校第三期干部轮训班上的报告》，1963.）

党 中 央 指 示

全会完全同意一九六三年五月二十日《中共中央关于目前农村工作中若干问题的决定（草案）》，完全同意一九六五年一月十四日中共中央政治局召集的全国工作会议讨论纪要：《农村社会主义教育运动中目前提出的一些问题》，即二十三条。这两个文件，是在毛泽东同志亲自领导下制订的，是我国人民进行社会主义革命的强大的思想武器。在农村和城市，应该继续按照这两个文件，结合无产阶级文化大革命，把"四清"运动，也就是清政治、清思想、清组织、清经济的社会主义教育运动，进行到底。

（《党的八届十一中全会公报》，1966.）

农村中的"四清"运动，同正在进行的城市的"五反"运动一样，都是打击和粉碎资本主义势力猖狂进攻的社会主义革命斗争。这两个运动的完成和胜利，必定会把我国的社会主义建设事业大大地推进一步。

（前《十条》，1963.5.）

这次运动的重点，是整党内那些走资本主义道路的当权派。

（《二十三条》，1965.1.）

九、任白戈竭力推行形"左"实右的资产阶级反动路綫，破坏城乡"四清"运动

（一）篡改"四清"运动的性质和重点，转移斗争大方向

393.四清要以清经济为中心，把清政治、清思想、清组织结合起来搞。

（《在重钢科以上干部会上的讲话》，1964.）

394.四清中要解决的问题，"特别突出的是经营管理中的资本主义倾向和官僚主义这两个问题。这两个主义危害很大。擒贼先擒王，要搞四清，首先要反对这两个主义。"

（《在城市社教工作队长会议上的报告》，1965.9.）

395.城市的主要矛盾是我们同资产阶级知识分子的矛盾。

（《在全市干部大会上的讲话》，1964.）

396.大量的矛盾是广大职工同严重"四不清"干部的矛盾。

（《对重钢社教工作团的报告》，1964.12.）

397.城市革命的主要对象是资产阶级知识分子，农村革命的主要对象是富裕中农。

（《关于"四清"运动的报告》，1964.）

398.这次运动整的重点是党支部书记、车间主任、科长以上的领导核心中的贪污盗窃、投机倒把、蜕化变质、阶级异己分子，修正主义分子，以及死官僚主义者，斗争的锋芒就是指向这几种人。

（《在中梁山地区"四清"运动大会上的讲话》，1965.）

399.对工人阶级有一个再认识的问题。在工人中进行一次考试，就可以把那些冒牌的工人和私人介绍进厂的工人整出来。

（《在重钢四清时的讲话》，1965.）

400.什么问题都可以讲，如对走路不好好走，衣服纽扣不扣好，风纪不整，有意见都可以提。

（《在西师社教工作队汇报会上的讲话》，1965.）

401.在城市第二期四清中，任白戈伙同叛徒孙先余在军工各厂一开始就大搞生产高潮。第三、四期四清，又按照薄一波的黑指示，在部份厂矿"从反浪费入手"，大搞经济斗争。

（市级党群机关井冈山兵团揭）

402.在城市四清中，任白戈在工人中搞什么"放包袱"，美其名曰"顺水洗手"，大整群众。

（同上）

（二）积极推行"打击一大片，保护--小撮"的资产阶级反动路线

403. 一、二类的领导干部都应该下楼洗澡，没有下楼洗澡的还要补课，迟补不如早补。

（《在社教工作团汇报会上的讲话》，1965.）

404. 农村有的干部就象过去的保甲长一样。他们本来的阶级出身很好，但受了旧的影响，除了自私自利、觉悟不高外，就是工作没有办法，不知怎样作统治阶级，脑子里没有个"模子"，就学过去乡长、保长、甲长怎样当的。当县长的，就学县老爷；机关干部办公，就学留用人员。

（《在宣传部长会上的讲话》，1964.）

405. 坏人一堆堆，下面有爪爪……还有帮口……。

（《在重钢四清时一次汇报会上的讲话》，1966.）

406. 干部坏完了，就不要干部，都坏了，就剃光头。

（《在重钢四清工作队长汇报会上的讲话》，1965.）

407. 二期四清单位在四清以前就已经发动了群众，反对了资本主义、官僚主义，特别是解决了领导核心的突出问题，不需要深入揭发了。

（《关于又快又好的开展城市四清运动的请示报告》，1965.）

408. 不相信他们（指走资派）会诚心诚意走资本主义道路。

（《在重钢搞四清时多次在总团党委会上的讲话》）

409. 要量力而行，有些怪里怪气的学术思想，一下搬不倒的就不要搬，搬得动的才搬，不要轻敌。

（《在西师社教工作队长汇报会上的讲话》），1965.）

410. 任白戈在传达原省委贯彻《二十三条》的会议精神时说："李政委讲，《二十三条》实际是纠'左'，但不这样提"。"中央的政策宽了，这次从宽的精神比历来都宽"。一再叫嚷"不要把资本主义划宽了"，说什么"有些人是领导的官僚主义，不要算为资本主义。"

（团市委×××揭）

411. 任白戈还炮制了一个"关于政策界限的一些问题"的文件，规定："混进工人阶级队伍的资本家，已经加入工会表现一般的，可以保留会籍"，"混掉帽子和漏划的地主、富农分子，现实表现一般的可不再戴帽子"，"贪污盗窃、投机倒把的，数量虽大，几百元、几千元、甚至上万元，但只要交待好，退赃积极的，可以不戴帽子，让其继续工作。"

（同上）

412. ××等反动学术权威，他们是有影响的，他们的门徒是很多的，不（要）伤害其自尊心，……有的年龄大了，要适当尊重他，不要因为阶级的关系就侮辱他，就对他粗暴。

（《在市委宣传工作会议上的讲话》，1965.5.）

413. 有些人确很勤快，你不干，别人就干么，但是别人又不是干无产阶级的事，而是干资本主义，但也不一定是反革命。他们不一定是专门来争夺领导权的，有的人只凭经验办事，很自然走资本主义道路……。

（《在西师社教工作队长汇报会议上的讲话》，1965.）

414. 纪俊仪（三反分子）问题很严重，中央监委派人来检查，还不是我们一句话，就把这个同志保护下来了吗！

（《对一个受批判斗争的干部的讲话》，1964.）

415. 一九六四年在研究对几个蜕化变质分子的处理时，任白戈公开包庇说："这样的人要搞出去，那就太多了。"

（市级党群机关井冈山兵团揭）

（三）反对前《十条》，吹捧后《十条》和"桃园经验"

416. 中央十条理解起来比较抽象，大家不要教条主义。

（《中心学习小组讨论会上的讲话》，1963.5.）

417. 一九六四年九月，刘少奇伙同彭真制造的后《十条》出笼后，任白戈大肆吹捧，胡说："后十条是前十条的经验总结和发展"，"比前十条更具体化了"，"是纲领性文件"。甚至肉麻的吹捧后《十条》"不只是指导当前运动的纲领，也是整个过渡时期的纲领"。叫嚷"四清运动是刘少奇领导的"，"刘少奇的报告要当作经典来学"。

（团市委×××揭）

418. 王光美水平很高，在四清工作中给我们树立了典范。她所创造总结出的经验（即桃园经验）是一个很重要的贯彻阶级路线的方法，大家应该好好学习和运用。

（《在四清干部会上讲话》，1964.）

419. 排印文件时，任白戈把后《十条》印在前《十条》的前面，下令全市干部普遍学习，说什么"学习要以后十条为纲，把群众和干部武装起来。"四清工作队进厂前，整训队员，任白戈把毛主席的《十条》抛在一边，把王光美的所谓桃园经验和刘少奇在云南、贵州的黑报告当着"圣旨"，积极组织四清工作队员学习。

（团市委×××揭）

420. 《二十三条》并没有否定后《十条》，王光美的桃园经验没有错，只是有局限性。

（《一次讲话》，1964.12.）

421. 《二十三》条下达后，李井泉迫不及待地去南充召开万人大会，作所谓讲解报告，歪曲和对抗《二十三条》。任白戈立即组织全市干部和群众听这个黑报告的录音，学习讨论，收集群众反映，印发简报，大肆吹捧，妄图抵销和贬低《二十三条》的威力。

（市级党群机关井冈山兵团揭）

422. 任白戈在传达李井泉及其同伙廖志高的黑报告时说："四清运动过去的主要问题是界限不清，部分方法不当，原因一是经验不足，二是认识不够"。一笔勾销了刘少奇形"左"实右的资产阶级反动路线的罪责。

（团市委×××揭）

（四）强调加快"四清"进度，妄图夭折"四清"运动

423.毛主席指示：四清运动要讲究质量。《二十三条》明确规定："一个大队，半年左右。一个县一年或更多一些时间"。而李井泉却提出"三、四个月即可搞完一期"。任白戈把李井泉的黑指示当作"圣旨"，立即派马力去二钢进行试点，硬要三、四个月搞完一期。

（团市委×××揭）

424.一九六五年五月，李井泉在潘家坪招待所召集黑市委几个头头开会，说什么"城市四清需要快、也可能快"，"不能毕其功于一役，甚么问题都解决"。任白戈如奉"圣旨"，黑市委连夜搞了一个"关于既快且好开展城市四清运动的初步意见"，全篇突出一个快字，规定"二、三个月搞完一个工厂的四清运动"，西南局批转在全西南推广。任白戈在四清工作团到处作报告，宣扬李井泉的黑指示和黑文件的精神，城市第二、三、四期就是按照这个样板推行。

（市委宣传部×××揭）

最　高　指　示

站在反动的资产阶级立场上，实行资产阶级专政，将无产阶级轰轰烈烈的文化大革命运动打下去，颠倒是非，混淆黑白，围剿革命派，压制不同意见，实行白色恐怖，自以为得意，长资产阶级的威风，灭无产阶级的志气，又何其毒也！

（《我的一张大字报》，1966.8.5.）

※　　　※　　　※

这两条路线是针锋相对的，一条是毛主席的群众路线，另一条是资产阶级的反对群众，镇压群众的路线。一条是无产阶级革命的路线，把无产阶级文化大革命进行到底的路线，另一条是资产阶级反对革命的路线，要把无产阶级文化大革命引到相反的道路，使文化大革命夭折的路线。

（《红旗》第十四期社论，1966.11.）

十、任白戈对抗毛主席的革命路綫，破坏无产阶級文化大革命

（一）大肆推行资产阶级反动路线，疯狂镇压革命的群众运动

425.一九六五年九、十月间，毛主席提出要对反党反社会主义的吴晗进行批判。一九六五年十一月，在江青同志的直接指导下，姚文元同志写了《评新编历史剧＜海瑞罢官＞》。周总理、江青同志指示全国报纸都要刊登这篇文章，任白戈、辛易之等借口"加强生产报导"，不准《重庆日报》刊登。江青同志后来批评，全国只一、二家报纸不登这篇文章，就指有《重庆日报》。

（市委宣传部××揭）

426.大字报是排炮，只能起轰的作用，攻坚、打堡垒用得上，真正要解决问题还得靠步兵二百米硬功夫。

（《在人民大礼堂作的报告》，1966.6.6.）

427.要把学生这支队伍稳住。工农青年立场观点鲜明，机关青年也有一定的社会经验，只有对学生最不放心。学生现有动荡，要稳住这支队伍。

（《原团市委付书记×××传达任白戈讲话》，1966.6.8.）

428.文化革命开始，广大革命师生纷纷要求走出课堂，任白戈说："停课可以和工作组商量；学好功课也是为了革命，故意闹事不读书的人是少数。"

（《给重大部分师生的讲话》，1966.6.17.）

429.市委已决定立即向各大专院校派出工作组来加强学校工作。

（《原团市委付书记×××传达任白戈讲话》，1966.6.8.）

430.希望大家帮助我们，工作组人少我们可以多派人去，一定要解决这个问题，问题没有搞清楚，工作组不会走，请大家相信这点。

（《给重大部分师生的讲话》，1966.6.17.）

431.工作组工作中可能有缺点，但是他们是听我的话的。

（同上）

432.这场文化大革命实际是反右派斗争。

（《在派出三个工作组的会议上讲话》，1966.8.）

433.一九六六年六月，建院革命师生到《重庆日报》社贴大字报，任白戈把这件事看成是"匈牙利事件"，一面派何正清去建院进行阻拦，一面派王若和黄友凡到报社进行压制。

（市委宣传部×××揭）

434."防止坏分子破坏学校，放火烧房子，破坏仪器、书籍等。我们不能派军队来，

主要靠大家，希望大家很好的团结，一齐搞好工作。有些人是动摇的，我们要自己来维持学校，要靠你们来维持。我们相信你们是顶得住百分之一、二、三的人的。"

"大家不要慌乱，我们要顶得住。"

"如果一中、三中闹起来，你们就向他们解释，有些人怕革命的群众，我们不怕。"

"百分之九十五不可能全是革命的，中间有动摇的，我们要团结动摇者，这样学校就在你们控制之下了。"

（《给重大部分师生的讲话》，1966.6.17.）

（二）妄图把文化大革命拉入自己所设想的轨道，"打击一大片，保护一小撮"

435.彭真《二月提纲》提出"要形成大批判的左派学术工作者互助组、合作社，分头研究，集体讨论，分头执笔"。任白戈一九六六年四月在黑市委宣传部召开学术批判座谈会，也提出："组织起来，搞互助组、合作社写文章"。

（市级党群机关井冈山兵团揭）

436.一九六六年六月一日，毛主席亲自批准并决定广播了全国第一张马列主义大字报后，任白戈妄图把这场阶级斗争篡改为"纯学术讨论"，急急忙忙指示何正清说："当前主要是抓政治与业务的讨论"，"这场斗争是对资产阶级知识份子的斗争，不是对所有的知识份子，是对坚持资产阶级方向不变的人的斗争。"

（同上）

437.要"普遍揭发，突出重点"，"先扫外围，后攻坚"，"要撒大网，群众要揭什么问题就揭什么问题，不要怕烧的面宽"。

（《在原市委一次会上的讲话》，1966.）

438.全面开花，突出重点，火烧百分之百。这就是叫先打混战，叫敌暴露，再经过细筛，突出重点：一个就是揭发六二年问题，一个是揭发教育、文化艺术界的问题。

（《在原市委一次会议上讲话》，1966.7.）

439.部份同志对文化大革命运动，怕把面搞宽了，所以（象）小脚女人。

（《在原市委二届二次全委扩大会上的讲话》，1966.7.）

440.任白戈同其黑主子李井泉、廖志高阴谋策划，召开了原市委二十五次扩大会议，炮制了一个所谓"分期分批开展文化大革命的部署计划"，强令各系统、各部门要立即进行"大收缩"，把开展文化大革命的面限制在百分之十以内。

在这个会上，抛出了一个所谓"内外矛盾一起揭"的反动方针。说什么"内外有别"，不准机关干部起来揭发任白戈的问题，不准贴任白戈的大字报。规定对任白戈有意见"只写小字报交组织上"，否则就是"反党"，就是"不遵守党的组织原则"

（市级党群机关井冈山兵团揭）

441.一九六六年六月，《重庆日报》社职工召开庆祝中共中央改组北京市委决定和声讨张黎群的大会，喊出打倒袁明阮的口号。任白戈指示工作组"稳住阵脚，继续鸣放，暴露敌人"。还说："《重庆日报》是《新民报》、《大公报》、伪《中央日报》的老底子，队伍不

343

纯，要清理"。

（市委宣传部×××揭）

442．对党内走资本主义道路的当权派，也不搞大辩论，不是要把他们搞孤立、搞臭、搞垮，一般是通过批评和自我批评去解决。

（《在市委宣传工作会议上的讲话》，1966.5.）

（三）瞒上压下，勾结黑线黑帮，妄图蒙混过关

443．一九六六年四月，中央文革将列为重点批判的反革命修正主义分子的名单分发给各中央局讨论，任白戈"榜"上有名。为了互相勾结，进行顽抗，李井泉竟通知任白戈参加西南局讨论部署文化革命的这次会议，一面给任白戈定调子，说任白戈只是三十年代的错误，六十年代还是好的；一面又指点任白戈"你们重庆在文化大革命中必须点两三个人的名，不然就说明你们有问题"。经过这番策划，任白戈果然抛出×××、×××、×××。

（市级党群机关井冈山兵团揭）

444．一九六六年七月《红旗》杂志点了任白戈的名，任白戈企图利用刘文珍担任西南局文革小组付组长、中央文革小组成员的身份保自己过关，于八月五日给刘文珍写了一封密信，说什么："这时你的及时帮助，对我来说就比平时更加重要。所以，恳切地希望你能在百忙之中，抽出一点时间帮我这一大忙。""你还有一个便利的条件，就是好向中央文革小组的同志联系请示，使问题能及时得到解决"。

（一九六六年八月任白戈给刘文珍的一封信）

445．一九六六年六月，毛主席批评了前北京市委以后，任白戈感到日子越来越不好过，于是玩弄反革命两面手法，在《重庆日报》上假意公开宣布重大党委书记郑思群停职检查，并在内部组织一套班子，由王若、黄友凡直接操纵，关起门来搞所谓专案斗争。以后任白戈又亲自出马，纠集一些狗头军师化名"余仲文"，写了一篇假批判真反扑的文章，在原《重庆日报》上发表，以此掩人耳目，欺骗群众，转移斗争目标。

（市级党群机关井冈山兵团揭）

446．任白戈在原市委召开的二十五次扩大会上还假惺惺地作了一个所谓检查，以"检查"之名，行反扑之实。说什么："我三十年代的错误就是发表了一篇不好的文章"，"我的问题这样多年了"，"我就是写了那篇文章，就犯了这样个大错误"。"我犯错误是因为那时在日本，人年青，不懂事"，"那时周扬是代表党的，他是我的领导人，鲁迅是党外的，在当时的情况下，我听周扬的，在组织上没有错"。

（市级党群机关井冈山兵团揭）

最 高 指 示

必须注意有步骤地吸收有觉悟工人入党，扩大党的组织的工人成份。

（《为争取国家财政经济状况的基本好转而斗争》，1950.6.）

共产党必须扩大自己的组织，向着真诚革命、信仰党的主义、拥护党的政策、并愿意服从纪律、努力工作的广大工人农民和青年积极分子开门，使党成为一个伟大的群众性的党。

（《中国共产党在民族战争中的地位》，1938.10.）

工人中间应该教育出大批的干部，他们应该有知识，有能力，不务空名，会干实事。没有一大批这样的干部，工人阶级要求得到解放是不可能的。

（《〈中国工人〉发刊词》，1940.2.7.）

党内不同思想的对立和斗争是经常发生的，这是社会的阶级矛盾和新旧事物的矛盾在党内的反映。

（《矛盾论》，1937.8.）

对于某些犯有重大错误的干部和党员，……群众不但有权对他们放手批评，而且有权在必要时将他们撤职，或建议撤职，或建议开除党籍，直至将其中最坏的分子送交人民法庭审处。

（《关于目前党的政策中的几个重要问题》，1948.1.）

十一、任白戈大肆推行修正主义建党路綫

（一）抹杀党的阶级性，鼓吹"专家治党"，贩卖"全民党"黑货

448. 你们（指资本家）已成了半公家人了，今后你们还可以入党，还可以当党员。

（《在棉布、五金、石油等四个行业成立公私合营命名会上的讲话》，1955.12.）

449. 我们大家都要走入社会主义社会，民建会员应当在民族资产阶级中，起带头模范作用，……只要努力，还可以当共产党员，前途是远大的。

（《在重庆民主建国会第三届会员大会上的讲话》，1955.）

450. 要大力发展"知名人士"和"具有真才实学"的高级知识分子入党。这些人入党影响大、作用大、贡献大。

（《关于在高级知识分子中发展党员的指示》，1956.）

451. 党对"高级知识分子的政治历史和思想觉悟缺乏实事求是的态度"，"要大反保守主义和关门主义"。

（《关于在高级知识分子中发展党员的指示》，1956.）

452. 党员要少而精，要开门吸收一些愿意吃亏的人进来。

（《在一次党员干部会上讲话》，1962.）

453. 市委考虑到各方面的条件，准备在知识分子中积极发展党员，计划在一九五七年以前使高级知识分子中党员的比例达到百分之二十。

（《关于知识分子工作的报告》，1956.）

454. 毛主席教导我们："必须注意有步骤地吸收有觉悟工人入党，扩大党的组织的工人成分。"任白戈及其一小撮同伙，公然违抗毛主席的指示，大搞突击建党活动。一九六一年，任白戈、鲁大东在重钢"蹲点"，认为"钢上不去的原因是党员少了"，在重钢中山堂召开的全市厂矿班组工作会议上，鲁大东主持，任白戈作报告，公开号召"大搞建党活动"。鲁大东等亲自督战，出现了"十天大动员，十天大申请，十天大发展"的突击建党。在钢煤系统普遍形成搞突击，搞战役。二钢仅两三个月发展的党员，就相当于十年发展的总和。在突击建党期间，黑市委一小撮走资派，还赤膊上阵，拉坏人入党。如任白戈、廖苏华在重钢搞"四清"时，就企图拉反党分子周××入党；孙先余责令组织部办理国民党区分部书记郑×入党手续；鲁大东也曾指示要把曾判机关管制两年的马××拉入党内。

（市级党群机关井冈山兵团揭）

455.在任白戈的黑手操纵下，经过一九五六年、一九五八年和一九六一年几次大发展，高级知识份子中的党员占了高级知识份子总数的百分之二十九，而工人党员只占工人总数的百分之十四点一，有百分之十五的生产班组没有党员；农民党员只占农民总数的百分之一点八，有百分之二十九点八的生产队没有党员。由于任白戈及其一小撮同伙向资产阶级知识分子敞开大门和大搞突击建党的结果，不仅吸收了一批世界观没有得到改造的资产阶级知识分子，而且把一些资产阶级分子以及所谓"没有带兵的国民党军官"，"没有股东的资本家"，"没有搞特务活动的技术特务"，甚至亲属被杀、关、管，以及地、富、反、坏和有重大政治历史问题的人也拉入党内。

例如在高级知识分子的党员中：有反动学术"权威"、某院副院长李××；伪国际情报研究所少将副组长、现某院教授漆××；伪二十九兵工厂少将厂长、现某厂工程师张××；复兴社分子、某校教授钱××；伪空军上校的老婆、某医院科主任侯××；资本家、某医院院长史××；旧艺人、地主、某剧院院长周××。从×校高级知识分子党员的情况来看，不该入党和不够条件的就占了百分之三十九。其他一些单位也混进了不少未经改造的资产阶级知识分子和有重大政治历史问题的人，造成党的队伍严重不纯。

上述这些人，一经入党，任白戈及其一小撮同伙，就给他们加官晋级，有的当上大专院校的副院长，有的荣升为要害工厂的总工程师，有的成了所谓的"名教授"、"名医"、"名专家"，把无产阶级的大权拱手交给他们，让这些资产阶级代表人物，披着共产党员的外衣，钻进无产阶级政权机构，实行资产阶级专政，为其篡党篡政开辟道路。

（市级党群机关井冈山兵团揭）

456.×××是个未改造的知识分子，是个公子哥儿，进都进（党内）来了，不要再搞出去了。

（《对农村工作团的谈话》，1966.）

（二）把刘少奇的黑《修养》，作为教育党员的根本

457.一九六二年刘少奇抛出再版黑《修养》，作为资本主义复辟的教科书。任白戈把这株大毒草奉为经典，视为至宝，在全市大肆鼓吹，胡说黑《修养》是"建党的马列主义重要文献"，是"中国共产党人自我教育、自我改造的总结"。

（《一次讲话》，1962.）

458."决定"（注：刘邓黑司令部轮训干部的决定）下来了，要贯彻这些决定的精神，就是要展开一个教育运动，学习少奇同志《论共产党员的修养》以及中央（注：实指刘邓司令部）编的教材。

（《在市党校第三期干部轮训班开学典礼上的报告》，1962.）

459.团干部要经常检查自己，要帮助青年学习内省功。曾子曰："吾日三省吾身"。内省就是要检查思想，我们要检查为人民贡献了什么？要算一算是国家给我的多，还是我给国家的多。

（《在全市团干部会上讲话》，1963.3.10.）

460.要保持旺盛的革命思想和精神来坚持长期的革命斗争，如果不注意修养……是很危险的。

（《在市委中心学习组讲话》，1965.12.10.）

461. 党员干部要"苦其心志，劳其筋骨，饿其体肤、空乏其身"。

（《在党员负责干部会议上的讲话》，1962.）

462. 党员应该吃苦在前，得利在后。

（《在市委组织工作会议上总结》，1964.6.）

（三）抹杀党内两条路线斗争，鼓吹"党内和平"

463. "在一般情况下，犯修正主义错误总是要少一些，犯教条主义这种情况总是要多一点"。"假如说我们党内把右派分子粉碎了，把他们的阴谋诡计粉碎了，那么这个时候修正主义至少是很少了，教条主义也可能还有些。

（《在宣教干部会上讲话》，1963.3.）

464. 说错了也不追究你们，不整你们。不要耽心怕放一大堆，历史上也不会记一笔。

任何时候都必须贯彻不戴帽子，不打棍子，不抓辫子的原则。党内斗争是"算老帐"，在茅厕里拉屎，说了几句话，就集中起来斗争。

（《在市党校二期干部训练班上的报告》，1962.）

465. 任白戈鼓吹"党内和平"说："只要保持团结，就可一本万利，这才是真正有远见、真正的马列主义者"。"见人之得，如己之得，见人之失，如己之失"，"你中有我，我中有你。"

（市党校干部揭）

466. 干部不应受处分的处分了，或者有右倾思想提高到右倾机会主义，或者右倾机会主义成了右倾机会主义分子，本来等级是很多的，结果斗争中脑子发热，斗争了下不了台。

（《在市十七级以上干部会上的讲话》，1962.）

467. 我们党内无产阶级内部是有矛盾的，主要的、大量的还是主观与客观，先进与落后的矛盾。

（《在市党校的报告》，1962.5.6.）

468. 党内同志犯错误，是党内矛盾，无产阶级内部的矛盾，属于一个阶级的、主观和客观的、先进和落后的，是没有阶级性的……。

资产阶级的内部有各种利害不同的集团，我们只有一个高度集中的党，党内每个人的利害是一致的，我中有你，你中有我。

（《在市党校二期干部轮训班上的讲话》，1962.）

469. （这几年）党内民主生活受到破坏，……有了问题，就只能算总帐，搞斗争，等存整付。

（《在市十七级以上干部会议上的讲话》，1962.6.）

470. 一听到右，就是"老鼠过街人人喊打"，这种宁"左"勿右的思想大家是有的。对"左"能够宽宏大量，对右则嫉恶如仇，不可原谅，结果就整重了。

（《在市十七级以上干部会上的讲话》，1962.6.）

471. 小平同志说过："群众运动不等于群众路线"。群众一起来就象老虎一样，不能设想不会出一点毛病。现在看来，对敌人是搞群众运动，但党内斗争就不能那样。

（《在市十七级以上干部会上的讲话》，1962.6.）

472.总之，希望有话讲话，有气出气。……在党的会议上，错误的意见也是合法的，还是贯彻"三不"精神。……不仅会上如此，会后也是如此。

（《在原市委十八次扩大会上的讲话》，1962.3.9.）

473.按照党的民主生活准则，在党的会议上，讲什么意见都是合法的，都可以讲。

（《在原市委十八次扩大会上开始时的讲话》，1962.2.26.）

（四）大肆歪曲党的领导，竭力鼓吹反动的"驯服工具论"

474.保证党的领导，就是保证党的核心领导，保证市委书记处的领导。

（《在团市委一次会议上的讲话》，1963.5.）

475.下边干部离党中央、毛主席远，他们反党中央就是反顶头上司。

（《在重庆四清时的一次谈话》，1965.）

476.重庆的党员干部"应该团结在省委、李政委的周围"。

（《在原市委廿次扩大会上的报告》，1963.）

477.你们跟什么人走？市委几个书记在这里，为什么不跟书记走？

（《在团市委一次会上的讲话》，1963.5.）

478.任白戈一贯地把自己打扮成党的化身，要干部服从他的绝对领导，他说："青年团可以犯一千条错误，一万条错误，就是不能犯脱离党的领导的错误。其他错误再多，你们的成绩还是主要的，是九个指头和一个指头的关系；如果犯了脱离党的领导的错误，那性质就不一样了。"

（团市委血战纵队揭）

479.市委文件给你们看，报告给你们听，就是要你们接受市委书记处的领导。

（《对团市委干部的讲话》，1963.）

480.对党不要闹独立性，要做党的驯服工具。

（《在原市委常委会上对报社工作人员的指示》，1962.2.26.）

最 高 指 示

　　许多人认真一查，查出了他们是一个不大不小的集团。过去说是"小集团"，不对了，他们的人很不少。过去说是一批单纯的文化人，不对了，他们的人钻进了政治、军事、经济、文化、教育各个部门里。过去说他们好象是一批明火执仗的革命党，不对了，他们的人大都是有严重问题的。他们的基本队伍，或是帝国主义国民党的特务，或是托洛茨基分子，或是反动军官，或是共产党的叛徒，由这些人做骨干组成了一个暗藏在革命阵营的反革命派别，一个地下的独立王国。

　　（《关于胡风反革命集团的第二批材料，〈人民日报〉编者按语》，1955.5.24.）

　　要特别警惕象赫鲁晓夫那样的个人野心家和阴谋家，防止这样的坏人篡夺党和国家的各级领导。

　　（摘自《关于赫鲁晓夫的假共产主义及其在世界历史上的教训》，1964.）

十二、任白戈追随刘邓黑帮，招降納叛，結党营私，打击陷害革命干部和革命群众

（一）追随黑帮，是刘、邓黑司令部的干将

481. 刘少奇和任白戈：刘少奇是王明右倾机会主义"国防文学"的大力支持者。任白戈是推行"国防文学"的忠实干将。在三十年代任白戈就同刘少奇勾结在一起。全国解放以后，任白戈对刘少奇的各种黑指示，总是大力吹捧，千方百计的积极贯彻执行。一九五二年，他参加全国第一次宣传工作会议，回来后，就大肆贩卖刘少奇"巩固新民主主义秩序"，"五种经济，一视同仁，平等对待"等等鼓吹发展资本主义的黑货。一九六二年十二月，任白戈在传达全国组织工作会议时，吹捧刘少奇、邓小平在会上的发言"在建党历史上，具有新的划时代的意义"。一九六二年，刘少奇抛出再版黑《修养》作为资本主义复辟的宣言书，任白戈竟把这株大毒草奉为经典，在全市大肆鼓吹，胡说黑《修养》是"建党的马列主义的主要文献"，是"中国共产党自我教育，自我改造的总结"，"有水平，真是炉火纯青，高级干部看了都解决问题"。一九六四年，刘少奇来西南大肆贩卖他破坏社教运动的形"左"实右的机会主义路线并抛出他老婆王光美的"桃园经验"，以及他和彭真一起炮制的农村社教的"后十条"。任白戈亲自出马，到处作报告，吹捧"'后十条'是'前十条'（毛主席亲自领导制定）的发展"，"不只是指导当前社教运动的纲领，也是整个过渡时期的纲领。"还别有用心的说什么："少奇同志是全国社教运动的总司令"。刘少奇一九六四年九月写信给江苏省第一书记江渭清，公开反对毛泽东思想，胡说什么"同不能把马克思、列宁的学说当成教条一样，也不能把毛泽东的著作和讲话当成教条。"任白戈得此信后，立刻在黑市委中心学习小组中组织学习，先后讨论了一个月之久。在讨论中，任白戈和刘少奇一唱一合，胡说这封信"有现实意义"，大谈什么"做工作，作报告要有创造性"等。一九六四年八月，当任白戈得知刘少奇在云贵作报告，贩卖"两种劳动制度，两种教育制度"的黑货后，就吹嘘刘少奇提出的"两种劳动制度，两种教育制度，是反修防修，过渡到共产主义的基本条件之一。"，并立即指使宣传、教育及有关部门马上作出规划，限期办起一批刘少奇式的半工半读学校。任白戈吹捧、追随刘少奇是一贯的，经常在干部中散布什么："在大革命时期，刘少奇在白区，毛主席在苏区。刘少奇一直跟着毛主席的，是毛主席的亲密战友，毛主席不在，就是刘少奇当家。""刘少奇是毛主席的接班人。"等等。刘少奇来重庆，任白戈竭力阿谀奉承，因此，刘少奇非常赏识任白戈的反党才干，曾当众表扬："任白戈有水平！"

（市级党群机关井冈山兵团等单位揭）

482. 邓小平和任白戈：任白戈是邓小平一手提拔起来的。任白戈曾得意的吹嘘说："解放西南前夕，小平同志对我说，'我们到西南去吧！'我说，'好，我们回西南。'"他

还吹嘘："小平同志对我说，我是四川人，作重庆市市长最合适，川人治川嘛！"李井泉也交待，提拔任白戈为西南局书记处书记，是经过邓小平同意的。由此可见，任白戈是邓小平（邓当时是老西南局的书记）要来西南的，为了培植他的亲信，并安插为市委宣传部长、重庆市长，后又提升为市委第一书记、西南局书记处书记。任白戈对邓小平的重用感恩不尽，一贯吹捧、逢迎邓小平。说什么"邓政委"如何如何关心重庆，重庆的干部就是"邓政委"留下来的班子。吹捧邓小平是布尔什维克，是罗明路线牵连的受害者，是埋没了多年的人才，是精明干练的领导人，聪明得很，不论什么，一摸就会，打弹子都是西南第一，既会工作，又会休息，最能团结人，最能识别人，等等。甚至肉麻地抬高邓小平的身价，在干部中胡说什么："《二十三条》是邓小平搞出来的"，邓小平的讲话"一字一句有千斤分量"。任白戈与邓小平私人交情也深，一九六五年三、四月，邓小平来西南活动，任白戈竟专派其老婆华迅陪同，走遍西南各地。任白戈还公开违抗中央指示，包庇邓小平的地主姐姐一直住在重庆，不让其回原籍监督劳动。一九六六年十月，毛主席在中央一次会议上严厉批评邓小平说："邓小平从来不找我，五九年以来一直不找我。"但任白戈却为其黑主子辩护说："邓小平天天都在毛主席身边，怎么这样长的时间都没有向毛主席汇报工作呢？不会吧！"这真是明目张胆反对毛主席，死保他的黑主子邓小平。

（市级党群机关井冈山兵团、市委宣传部等单位揭）

483.彭真和任白戈： 任白戈经常宣扬彭真这个大党阀"很谦虚"，"对人考虑很周到"等等，说彭真在白区时，"在刘少奇领导下工作，刘少奇很信任他"。文化大革命开展后，彭真抛出了他的反革命修正主义的《二月提纲》，企图破坏文化大革命，任白戈对二月黑提纲则奉为"圣旨"，积极贯彻。一九六六年三月彭真来到四川，在与李井泉、廖志高密谋策划阴谋活动期间，彭曾从成都专门打电话来重庆，向任白戈问"好"，并说他本来很想到重庆来看望任白戈的，后因中央开会，时间太紧，只好下次再来拜访。

（市级党群机关井冈山兵团、市委办公厅等单位揭）

484.罗瑞卿和任白戈： 任白戈与罗瑞卿从小相识，任白戈曾得意忘形地吹嘘说："罗总长是我的同乡、同学，同班读书，同一天生，我们从小很好，他参加革命是我带出去的，是我介绍他入党的。""一九三八年，在上海搞地下工作的时候，我们经常打交道。他到江西中央苏区去，还是我介绍的。后来他学了军事，到了陕北。"一九四九年，罗瑞卿任公安部长时，曾要任白戈去当公安部办公厅主任，任白戈不干，未去。一九五九年，罗瑞卿坐专轮来渝，任白戈动员了市公安局全部力量作保卫工作，三步一岗，五步一哨，有的同志认为是毛主席来到重庆，问任白戈时，任不加以说明。事后，市公安局作保卫工作的同志给任白戈提了意见，任白戈却说："罗瑞卿这个部长与其他部长不同"。五九年八、九月时，罗瑞卿任总参谋长，当时还未发任何文件，任白戈就知道了，而且吹捧罗瑞卿"进步快"、"水平高"，是党中央的"忙人"。任白戈对罗瑞卿极为崇拜，把罗瑞卿的信件与罗瑞卿及其老婆合影的照片视为"珍品"保存。十几年中，不管罗瑞卿来重庆或任白戈去北京，他们都要互相拜望。罗瑞卿来重庆时，空着的高级招待所不去住，却偏偏要到任白戈家里去住。任白戈差不多每年都要给罗送上一些重庆的土特产（特级脐橙、广柑、猪肉、大白豌豆等），以表示恭敬。任白戈送这些"礼品"，一般都是利用职权，由党政部门代办"采购"，如一九六三年任白戈去北京开会，要给罗瑞卿送大白豌豆（罗瑞卿从小就喜欢吃的东西），可是财贸部门查遍全市所有仓库都没有，后来，巴县粮食局只好全体出动。连夜到仓库内的几千斤麻豌豆中去一颗一颗地选，选出了三十多斤才算交差了事。有时，任白戈甚至非法的通过机要交通，将"礼品"转送去北京。任白戈和罗瑞卿之间是无话不谈，罗瑞卿曾给任白戈说，"我从地方转业到部队之后，才知道部队的人钱多，在地方上钱不够花，一到部队钱用不完"。一九六五年，任白戈到国家经委开会，罗瑞卿再次陪同任白戈看京剧《红灯记》，请任白戈到他家里"共度生日"。这天晚上，中央和国务院发布了我国爆炸第二颗原子弹的消息公报。任白戈从罗瑞卿家回招待所很得意的讲："总长告诉我，这次爆炸是从×××公尺以上的高空投下的。"罗瑞卿喜欢看川剧，任白戈就拼命抓川剧。任白戈的儿子读大学时，经常住在罗瑞卿家里，后分配到青海工作，任白戈曾向罗瑞卿说情，将他儿子调到北京工作，以便和罗瑞卿的儿子经常在一起，也好让他和老婆来去北京时经常见面。当罗瑞卿被揪出后，公安部副部长徐子荣来重庆给任通风报信。一次，任白戈在书记处开会时，透露徐子荣给他说罗瑞卿出了问题，是因反对林副主席，想当国防部长。当有人揭发罗瑞卿及其老婆郝治平曾到成都进行阴谋活动，任白戈就竭力替罗瑞卿辩解，说罗瑞卿没有到过成都，妄图包庇罗瑞卿。

（同上）

485. **陆定一和任白戈**：任白戈把陆定一精心炮制的反革命修正主义的办学纲领——《学校工作条例》，肉麻地吹捧为"教育工作的宪法"、"十几年来教育工作的总结。"任白戈紧跟陆定一，拼命实行"资产阶级知识分子治校"，反对教育革命，妄图培植修正主义的苗子。一九五九年，陆定一在重庆"视察"中，大肆贩卖资本主义的教育黑货，说什么"全日制学校要以教学为主"，"让学生坐在教室好好学习"，攻击教育与生产劳动相结合的方针。任白戈竭尽讨好之能事，把陆定一的这些无耻滥言视为"圣经"，到处宣扬，并立即下令把正在工矿企业参加生产劳动的学生调回学校。长期以来，任白戈在教育系统疯狂推行陆定一的一整套的反革命修正主义教育路线，竭力对抗我们伟大领袖毛主席的教育方针和光辉的教育思想。

（市级党群机关井冈山兵团等单位揭）

486. **杨尚昆和任白戈**：任白戈同杨尚昆的关系很密切。一九五八年，杨尚昆来重庆，任白戈设宴为杨尚昆接风，专请名厨师黄××精心制作烧烤方、黄阀熊掌、又烧鱼等名菜，一顿饭就花了三百多元。任白戈经常给杨尚昆送礼，凡重庆的广柑、脐橙等名贵土特产上市，任白戈就送上一份。杨氏家族少辈见到任白戈则亲热相称。杨尚昆的侄女婿谭××曾压迫农民、包庇坏人，一九六四年重钢四清时，有工人群众揭发了谭的罪行，任白戈百般庇护，未予处理。

（市级党群机关井冈山兵团、市委办公厅等单位揭）

487. **周扬和任白戈**：一九三三年，任白戈通过周扬黑帮人物沙汀的介绍，混进"左翼作家联盟"（简称左联），即开始投靠在周扬门下。由于受到周扬、田汉等人的重用，任白戈青云直上，由左联的一般成员当上了"大众文学"研究部主任，后又提升为左联的宣传部长、秘书长等要职。以后又被周扬送往日本留学。一九三六年，周扬、田汉一伙，为了推行王明右倾机会主义路线，提出了"国防文学"这个资产阶级反动口号，公开和代表毛主席革命路线的鲁迅所提出的"民族革命战争的大众文学"这个无产阶级革命口号相对抗。这时，远在日本的任白戈，急忙返回上海，向周扬领受反革命机宜，然后又跑到日本，为贩卖"国防文学"而奔走呼号。这个时期，任白戈先后抛出了《现阶段的文学问题》等两篇文章，并召集在日本的左联成员开会，宣扬"国防文学"，攻击鲁迅。后来，任白戈还大肆宣扬三十年代的周扬和他自己反党反毛泽东思想很得力，说什么："周部长和夏衍同志当时（三十年代）在上海是有胆量的"。"我在上海时候同周扬的关系很好，同在左联。""于伶原姓任，我也姓任，我们是三十年代的两个任啦！"抗日战争时期和解放战争时期，任白戈在延安曾多次和周扬接触，并参与了周扬把持下的一些文艺团体的活动。全国刚解放，周扬就曾要任白戈到文化部作办公厅主任。一九六五年，周扬黑帮经过密谋后，又企图调任白戈作文化部副部长。周扬黑帮的心腹干将田汉、阳汉笙等人自认不讳地说："在重庆市，有任白戈同志抓文艺工作，我们就放心了！"任白戈确实不辜负周扬黑帮的重托，凡是周扬黑帮制造的修正主义破烂，任白戈都搜集起来，大肆贩卖，甚至还有过之而无不及。一九六二年十二月，任白戈在全市性文艺干部大会上，就把周扬黑帮炮制的反革命修正主义文艺纲领"文艺十条"捧上了天，吹嘘它是"五四运动以来我国新文艺运动的经验总结"，"是马列主义文艺在中国的历史总结。"会后积极贯彻推行。任白戈与周扬黑帮的一些干将和成员，如夏衍、田汉、沙汀、于伶、邵荃麟、林默涵等，都有来往，这些人到重庆来都是任白戈的贵客，有的甚至就住在任白戈家里。

（市级党群机关井冈山兵团、市委宣传部等单位揭）

488. **彭德怀和任白戈**：一九五九年，中央庐山会议揭露了彭德怀为首的反党集团，罢了彭德怀的官。一九六一年，反革命修正主义分子吴晗抛出了"海瑞罢官"，为彭德怀翻案。一九六二年九月，李井泉从北京开完会来重庆，布置任白戈在潘家坪地书会议上，安排演"海瑞罢官"的戏。任白戈给京剧团下达了任务，但因没有剧本，只好由川剧老艺人把"大红袍"改编为"海瑞揹纤"，排演三天即到潘家坪演出。李井泉看后很不满意，后来只好打电报到上海要来了"海瑞罢官"的剧本，突击排了七十二小时，到潘家坪演后才算了事。任白戈对这个剧很满意，要干部们都看，学习海瑞精神。任白戈除了利用他把持的报纸、文艺等宣传阵地极力为彭德怀翻案大造舆论外，还经常在干部中替彭德怀涂脂抹粉，说什么："其实彭德怀对人还是很和气的"，并以无限眷恋的心情说，他曾在彭德怀家吃过一顿饭，饭后彭德怀还亲手在院子里摘水果给他吃。一九六五年十二月，彭德怀到重庆来参加×××会，搞接待的同志问任白戈怎么称呼彭德怀。任白戈说："过去叫彭老总，现在叫彭主任"。任白戈对彭德怀来渝大献殷勤，指定将潘家坪最好的二号平房给彭德怀住，拨全市最好的吉姆小轿车给彭德怀用，会后又参观了很多×××项目。

（市委办公厅××揭）

489. **薄一波和任白戈**：任白戈的老婆华逸是大叛徒薄一波的旧部属。通过"内线"的勾搭，任白戈和薄一波的关系极为密切。薄一波每次来渝，任白戈都要携带家属前去取卖、拜访。一九六五年五月，薄一波秉承中国赫鲁晓夫刘少奇大办托拉斯的旨意，曾在北戴河召开一个托拉斯试点会议，指名要任参加。任白戈受宠若惊，欣喜如狂，自我吹嘘说："本来大东、先余管工业，薄一波叫我去参加会议，说是因为我懂点理论"。还说："我本来不懂工业，但我在会上提的意见大家都很重视。""薄一波说我的发言从理论上丰富了会议。"开会一回来，便为推行托拉斯大喊大叫，说托拉斯是什么"工业管理的方向"，"工业体制的大革命"，"先进科学的管理经验"等等。并连夜召集会议，将全市工交企业编成"辫子"，成立专业公司和总厂，使托拉斯由试点一跃而到全面推行，妄图改变我国社会主义工交企业的颜色。

（市级党群机关井冈山兵团、市委基建政治部等单位揭）

480.李井泉和任白戈：任白戈是李井泉独立王国的得力干将。任白戈在一九二七年至一九三八年这段历史不清，早在一九五六年有人向李井泉检举了任白戈有托匪嫌疑，李井泉不但不调查处理，反将检举材料交与心腹干部许梦侠秘密隐藏在箱子里达十一年之久，蓄意进行包庇，作为控制任白戈的重要把柄。任白戈经常吹捧李井泉，胡说什么："李政委马列主义水平高，看问题尖锐，话不多，可都点在骨节眼上。""李政委跟毛主席跟得最紧"，"华东有柯老，西南就是李政委，毛主席最相信。""三定一顶是李政委提出来的。厂社结合是李政委创造发明的，是李政委对马列主义的发展。"川西平原，下川东能够生长棉花，是"李政委破除了这些地方不长棉花的迷信的结果。"连农村习以为常的割草烧灰沤肥，任白戈也吹捧说："李政委高明，这办法意义大，是一个创造。"甚至还造谣说，毛主席亲手制定的农村社教前十条中，对干部群众要团结百分之九十五的规定是李井泉提出来的。鼓吹李井泉对中央和全国贡献大，说什么："全国有困难，只有四川才顶得起，其他地方有困难，也只有四川才帮得起"，"上海、北京都吃四川的大米，刘仁、林铁都很感谢四川。"还经常吹嘘以李井泉为首的黑省委，说什么"省委这个领导班子是最坚强的，最正确的，我们在这样坚强的省委的领导下，是感到最幸福的。"因此无论李井泉的啥意旨，任白戈都千方百计贯彻。在一九六二年中央七千人大会上，到会的同志按毛主席指示，给李井泉提出很多批评意见，唯独任白戈一言不发，而且向李保证："我是和李政委穿一条裤子，坐一条凳子，一个鼻孔出气的"。同时在干部中还散布、攻击中央各部在七千人大会上给李井泉提的意见是："代表地富阶层的意见"。任白戈回重庆后，为了压制干部揭发李井泉的问题，竟然威胁说："发扬民主不能过头，否则以后要清理的；现在打个招呼，不要到那时又说在整干部。"同时，他还大肆宣扬李井泉的"我们四川是团结起来犯错误"的谬论，以掩盖四川的两条路线的斗争，拉拢、软化干部。当有的干部不畏李井泉的权势，不怕任白戈的高压，起来大胆揭发了李、任等的罪行后，李、任对这些干部怀恨在心，一一加以打击。在斗争这些干部时，任白戈竟说："李政委是政治局委员，参与了中央的领导核心，如果李政委都有错误，那毛主席不成了汉献帝吗？"任为了死保李井泉，任白戈竟恶毒攻击毛主席是傀儡，真是罪该万死。一九六六年四月，中央文革将列为重点批判的名单分发给各中央局讨论，任白戈榜上有名，为了互相勾结，负隅顽抗，李井泉竟通知任参加西南局讨论部署文化大革命的这次会议，任在这次会上如坐针毡。李井泉也害怕任的问题在自己身上引起连锁反映，牵出了李任死党的黑幕，于是，一面由李井泉定调子，说任是三十年代的错误，六十年代还是好的；一面又指点任施展阴谋手段，说："你们重庆在文化大革命中，必须点两、三个人的名，不然就说明你们自己有问题。"经过策划，任果然抛出了×××、×××、×××，以转移斗争目标。后来，中央明确指出，应当罢任的官以后，李、廖为任白戈出谋划策，讲"你写一篇文章表个态就行了。"千方百计保任过关。

（市级党群机关井冈山兵团等单位揭）

491.廖志高和任白戈：任白戈是受李、廖包庇、重用的老反革命修正主义分子。文化大革命开展后，任到成都去，廖对任说："这次文化大革命，我们都要准备牺牲，因为阶级斗争很复杂，过去我们批准杀了很多人"。后来，当报上点了任的名，李、廖便为任出谋划策，给任吃定心丸，讲"你写一篇文章表个态就行了"。任的假检讨写好后，**廖又指**示省委讨论，并为其修改。廖还亲自到重庆，按反革命修正主义分子陶铸的黑指示"任白戈是三十年代的问题，六十年代是好的，那就不是罢官的问题"，与任商量对策。并连续数次召开中、上层干部座谈会，为任定调子。廖在一九六六年七月九日的一次座谈会上说："任白戈同周扬、田汉、夏衍不同，那些人是一贯反毛泽东思想，而任白戈同志是在一个时期的问题，对当时的错误没有继续，性质上不同。这些年来，任白戈同志基本上执行了党的路线方针，对西南局常委的指示执行认真。十六年来，没有更多的错误缺点。这是主要方面。"因此，"对任白戈应该信任，对整个市委更可以信任"。同时，廖还为市委出谋划策，对付革命群众，说什么"群众可能提出任白戈的错误，要求罢官，就说任白戈的官中央定，意见可以转达，把矛盾上交。"接着，廖又自问自答的说："人家写批判文章如何办？批判文章不能拒绝，有个办法，点名是中央点的，转给中央。"以蒙蔽群众。廖从重庆回成都后，竟以个人名义向中央发了一个绝密的黑报告，说任白戈是三十年代的错误，当时年轻，现在和周扬没有联系，这些年工作成绩很大等等，用以欺骗中央。廖为了保任过关，逃避革命群众斗争，叫任不要去参加"八·二六"大会，以免被人认出，揪回重庆斗争。同时还亲自给原省委组织部付部长安法孝布置，于一九六六年八月底的一个深夜，派出干部将任从成都东方红宾馆，转移到简阳一个偏辟的公社躲起来，化名为张兴，诡称是省上××厅"视察室主任"，下乡视察农业生产。

（省红联等单位揭）

（二）招降纳叛，结党营私，包庇重用坏人

492.孙先余：叛党分子。孙先余抗日战争中被日本逮捕，由日本特务王绍文保释，在答应为敌人工作的情况下出狱。在任白戈的一手包庇下，由市委工业部长提为市委书记处书记。一九六三年，山西省委转来检举孙先余勾结坏分子套购机器、付食品、搞投机倒把的材料，任白戈包庇下来，不作处理。一九六五年，又有革命群众揭发孙先余包庇日本特务王绍文的问题，任白戈不仅不加追究，反而将检举揭发材料交给孙先余本人，由此可见，他们互相勾结，狼狈为奸，已经到了何等严重的地步。

（市委组织部×××揭）

493.陈荒煤：黑帮分子。陈荒煤是周扬黑帮的干将，是任白戈三十年代"左联"的旧交。一九六五年春，旧中宣部和中组部准备把陈荒煤塞到重庆来，曾由西南局征求重庆市的意见。任白戈看了这个文件时，洋洋得意地说："这样一个犯了错误的大干部，分到重庆来，可能同我在这里有关系"。陈荒煤到重庆后，重用为付市长。文化大革命开展后，綦江齿轮厂现场的广大革命职工纷纷起来揭发和批判陈荒煤（当时陈是该厂社教团长）的滔天罪行。这时，任白戈慌了手脚，深怕因此而牵涉到自己，连忙把陈荒煤调回机关隐藏起来。同时又指派原市委基建政治部付主任许佳陆连夜赶至现场，镇压革命造反派，将革命群众揭发批判陈荒煤的大字报偷拍成照片，带回机关交给任白戈"审查"。任白戈看了这些大字报暴跳如雷，恶狠狠地咒骂说："把大字报好好保存起来，看他们（革命造反派）今后怎样收场！"而且又责令许佳陆："在一周内将齿轮厂事件全部查清楚，是谁策划的？然后写一个综合报告给市委。

（市委宣传部劲松纵队、市委基建政治部烈火纵队揭）

494.余跃泽：反革命修正主义分子。曾在伪成都行辕政治部政治大队当宣传员。一贯

反党、反社会主义、反毛泽东思想。曾有人检举余跃泽在东北贪污黄金二十两和一辆摩托，后来并把这辆摩托卖成了钱。但任白戈三次收到检举信后都不理。一九六四年，任白戈在昆明开会，又有人当场把检举信交给他，但他仍不加以处理。由于余跃泽善于弄虚作假，吹牛拍马厚颜无耻地把任白戈吹捧为"重庆市最坚强的马列主义者"，"经过了中央七千人大会考验的"，因此一而再地得到任白戈的庇护重用，由人民银行市分行付行长提为市委委员、市委财贸政治部主任、市人委付市长，成为任白戈的得力心腹干将。

（市委财贸政治部血战到底纵队、市委组织部2710纵队揭）

495.马 力： 自首变节分子。马力在历史上两次自首，曾作过"永远不能入党"的决定。混入党后，又曾因此事受过"无限期留党察看"的处分。六一、六二年期间，马力在工业上大搞"小包工"，鼓吹右倾倒退。任白戈千方百计对马力加以包庇，提为付市长兼市经委主任、市委委员。

（市委组织部2710纵队、市经委红一方面军揭）

496.王 苦： 反革命修正主义分子。王若有大量的反党反社会主义反毛泽东思想罪行，但由于他善于吹捧颂扬任白戈，深受任白戈的赏识器重，在越级提拔为黑市委秘书长后，又安排为市委委员。

（市委宣传部劲松纵队等单位揭）

497.刘连波： 自首变节分子。在统战工作上执行了一套右倾投降主义路线，一直受到任白戈的庇护，一九五六年为刘作了一个"不以自首论处"的结论，蓄意包庇，以后又安排为黑市委统战部付部长、市委委员。

（市委统战部反逆流纵队等单位揭）

498.纪俊仪： 反革命修正主义分子。在六一、六二年暂时困难时期，纪俊仪一贯搞右倾倒退，严重违法乱纪，残害群众。六一年曾布置各公社派民兵看守红苕，并说发现偷窃的可以拿枪打，并布置在红苕种上撒剧毒农药，以致不少公社都发生社员群众被农药毒死或被毒打致死等事件。纪俊仪对干部也是残酷斗争，无情打击，有的基层干部因此重伤死亡。纪俊仪为了讨好李井泉，完成李井泉下达的征购任务，还在农村开展了一个"清粮运动"，对社员进行"大搜查"，对干部进行"大集训"。长寿广大干部和社员对纪俊仪违法乱纪罪行十分愤恨，纷纷写信向黑市委控告。任白戈及其一小撮同伙对纪则进行包庇，置之不理。后来，谢富治同志来渝视察工作，指示任白戈等立即派人解决纪的问题，任白戈才派了一个检查组前往长寿。当检查组在长寿调查到纪俊仪问题确实严重时，任白戈怕把问题追到李井泉和自己头上，于是急忙亲自到长寿，对检查组说："纪俊仪是好人办蠢事。"并要检查组矛头向下，"靖君侧"。六〇年十二月中央监委常委王维舟同志来重庆检查工作，曾当面指示李井泉和任白戈将纪俊仪撤职，但他们拒不执行，包庇过关。后来反把纪俊仪提拔为市委农林政治部付主任、市委委员。

（市监委星火纵队揭）

499.华 逸： 反革命修正主义分子。华逸是一个政治面目不清的人，在延安抗大被审查四、五年，未作结论。五六年为了把华逸拉进黑市委作后补委员，就匆匆忙忙地给华逸的历史作了结论。一九五九年在全国妇联党组扩大会上，华逸把帝国主义一手制造的匈牙利反革命事件，说成是内部问题，处理不当，因此受到批判。一九六二年，在原市委第十

357

八次扩大会上乘机发泄私愤，大肆攻击三面红旗。但因华逸是任白戈的臭老婆，因而受到任白戈的包庇，非但没有受到任何批判，反而由原市委后补委员提为市委委员。一九六五年，正当大量提拔干部，物色女付市长时，任白戈恬不知耻乘机向组织部提出："华逸的工作可以调动了。

（市委组织部2710纵队、市妇联红旗纵队揭）

500.李仲直：当过伪井察，是曾经在西安监视过八路军办事处的特务分子。一九五六年，组织上将李仲直的问题审查清楚后，任白戈不但不加以处理，反而由建工局局长提拔为市委工业部付部长。六一、六二年，李仲直在建筑系统大搞右倾倒退，复辟资本主义，一贯独断专行，被人称为"政治恶霸"，"活阎王"。但任白戈却认为李仲直"精明能干"，提为市委委员，重用为建委主任，管××建设。

（市委组织部2710纵队、市基建政治部烈火纵队揭）

501.裴东篱：反革命修正主义分子。原文化局付局长。裴东篱一贯反党反社会主义反毛泽东思想，一贯专横跋扈，结党营私，打击陷害革命干部和革命群众。裴本人道德败坏，生活糜烂透顶，文化局的革命干部和群众对裴东篱的恶霸作风极为愤恨，曾不断地向市委反映，但任白戈有意包庇，不加处理，继续重用。

（市委宣传部劲松纵队等单位揭）

502.席明真：反革命修正主义分子。原文化局付局长。席明真在解放前长期与美蒋特务勾结，投机取巧，曾多次脱党。解放后，利用他窃据的重要职务，安插和包庇地、富、反、坏、右、敌伪军政警宪特等达几十人。任白戈明知席明真这些罪行，却千方百计包庇重用，作为控制重庆市川剧界的得力干将。

（同上）

503.周 明：自首变节分子。周明于一九三五年被捕，一九三七年自首，长期向党隐瞒这段政治历史，直到一九六○审查发现后才被迫承认。对这样的自首分子，本应严肃处理，但在任白戈的包庇下，只是由市委党校付校长调任市园林局局长，换了一顶尺寸大小完全相同的"乌纱帽"。

（市委组织部×××揭）

504.胡维杰：蜕化变质分子。原人民银行市分行付行长。胡维杰严重堕落腐化，强奸幼女，累教不改，情节极为恶劣。但任白戈公开进行包庇，说什么："不能拿这样的老干部开刀"。故一直拖了好几年都未作处理。

（市监委星火纵队等单位揭）

505.邓均吾：特务分子。解放前曾参加复兴社任小组长。是三十年代的滥文人，与任白戈同在辛垦书店共事而相识。解放后，包庇反革命分子。一九六四年，通过审干，查清了邓均吾的问题，但任白戈一直不处理，官复原职，继续任市文联主席。

（市委组织部2710纵队揭）

（三）打击陷害革命干部和革命群众

打 击 一 大 片　　保 护 一 小 撮

506.一九五九年，庐山会议之后，任白戈违反中央规定，把"反右倾"擅自扩大到县以下基层干部，提出什么"哪里生产上不去，就在哪里反右倾"，"天天反，班班反，时时反，事事反"，"生产完不成要查要反，完成了生产任务有右倾也要反"。在基层干部中出现了"剃光头"、"走马灯"、"大换班"的严重情况，打击了不少好的和比较好的干部，群众受批判的一般也达百分之廿到百分之卅。但另一方面，任白戈却极力保护"一小撮"，对旧市委副部长以上干部一个也没有进行过揭发和批判。

(市级党群机关井冈山兵团揭)

507.一九六一年十一月，李井泉、任白戈为了掩盖他们推行修正主义，复辟资本主义的罪行，维护他们的统治，李井泉亲自主持召开全省三级干部会议，大搞"一反两打击"运动(反对分散主义，打击贪污盗窃、投机倒把)，混淆两类矛盾，一夜之间，全市就逮捕了职工一千一百多人(其中大多数是属于小拿小摸问题)，又一次把矛头指向基层干部和基本群众，疯狂打击一大片，保护一小撮。

(同上)

508.一九六三年三月，中央"五反"指示下达后，李井泉提出了所谓按"三原则"下楼。任白戈立即在原市委二十次扩大会进行贯彻，在"三原则"中，任白戈及其同伙又特别强调"党的原则"，要大家检查对省、市委的态度，人人过关，打击了一大片，借此巩固他们的统治地位。在群众中则大搞"公物还家"活动，清理"小仓库"、"小金库"、"小粮库"，形成人人自危。

(同上)

509.一九六四年在机关搞小四清时，任白戈大搞形"左"实右，要求"普遍开火"，"人人过关，个个检查"，对干部进行"五查"(查家庭出身、查政治历史、查社会关系……)，不少单位打击干部的面高达百分之四十、五十，许多区、县还办了集训队，集中大量干部进行审查，全市被开除的职工达八百多人。

(同上)

510.在一九六四年的四清运动中，仅几个月的时间，全市工交、基建系统就斗争、撤换了一千三百多名干部。任白戈亲自蹲点的重钢，原有基层干部几乎全部靠边站，被列为重点批判斗争对象的干部达百分之五十。在农村"四清"中，被打击的基层干部也达百分之四十左右。据一九六四年十月至年底七个区、两个县的初步统计，被开除公职的干部就有一百六十九人，其中被捕的就有五十八人。

(同上)

511.一九六四年，在工交企业开展"五反"复查，任白戈亲自抓重钢金工车间试点，提出什么"五查"(查工会经费、困难补助、奖金、旷工、事故)，斗争矛头指向"四长"(党、政、工、团小组长)和群众。还散布一套谬论，说什么"不怕官，只怕管"作为转移斗争目标的根据。

(同上)

512.由于李、任死党对毛主席的最高指示《党内通信》竭力加以反对，给农业生产造成了严重恶果。李井泉、任白戈为了保护自己及他们的一小撮同伙，竟借口有些地方民主革命不彻底，班子不纯，在一九六〇年底就利用整风整社的机会，大搞所谓"揭盖子""夺权斗争"，大整基层干部。胡说什么：农村落后队的根本问题，是"两次革命不彻底的问题"，"主要是生产队的干部问题"。甚至还极其荒谬地提出对生产队的干部要实行"三撤二，五撤三"，"见中（农）不留"，把矛头直接指向基层干部。这次全市处理干部一千五百多人，占当时的落后队干部总数的百分之三十二，其中撤职和变相撤职的占百分之九十以上。而疯狂抵制毛主席的《党内通信》的李井泉、任白戈和辛易之之流，却逍遥法外，没有触动到他们一根毫毛。

（市级党群机关井冈山兵团揭）

打击迫害革命干部

513. 刘文泉同志（原市监察局局长），于一九五三年调重庆工作后，抵制过李唐彬反党反毛主席和吹捧苏修的罪恶言行。一九五六年五月，市第一次党代会期间，任白戈、李唐彬等开始对刘文泉同志进行报复。党代会结束的前一天看电影（李井泉参加了），辛易之突然对刘进行变相搜身，这种违法的侮辱人身的行为，激起了刘文泉同志公开的反抗。第二天，刘文泉同志就在党代会上发言揭发说："市委一些同志……道听途说，偏听偏信，先入为主，……产生了不少主观臆断，怀疑猜测……。此刻我在这里讲此话，要是他们还有良心的话，可能脸上会发烧，因为他们作了还不久，记忆完全是新的"。刘文泉同志的发言，使李唐彬等新仇旧恨一起发作，任白戈、李唐彬、鲁大东、辛易之等四人当天立即向其主子李井泉汇报。第三天就取消了刘文泉同志市委候补委员候选人的资格。一九五八年初，任白戈及其同伙，一方面四次派人到刘文泉同志的家乡收集迫害刘文泉同志的黑材料，一方面又利用政法口三干会之机，采取逼供信等非法手段，对刘文泉同志进行围攻斗争，无中生有地给刘文泉同志扣上"隐瞒杀亲之仇"，"有阶级仇恨"，"一贯反党"等罪名。后由黑市委定为"阶级异己分子"，上报原省委。一九五九年五月，李井泉、廖志高主持省委常委会讨论正式批准，将一个贫农家庭出身，忠于党、忠于毛主席的红军老干部刘文泉同志开除了党籍，撤销党内外一切职务，工资由十级降为十三级，下放广阳坝农场劳动（任果园大队长），其家属子女亦受牵连，屡遭打击。对上述处理，刘文泉同志一直不服，曾先后五次上诉，黑市委不仅不予查处，反而在文化大革命中又将刘文泉同志打成"牛鬼蛇神"、"漏划右派"，被非法斗争、监管达四个月之久。

（市监委星火纵队、政法兵团等单位揭）

514. 王 炎同志（原市人委办公厅主任），从一九六一年七月至一九六五年十月先后八次向以毛主席为首的党中央和上级党委写信，揭发李井泉、任白戈一小撮反革命修正主义分子在四川、重庆反毛泽东思想、反社会主义，复辟资本主义的罪行。王炎同志，因此受到任白戈及其一小撮同伙的打击迫害。一九六二年，被不明不白地免去了市监委常委职务；并在一九六三年四月原市委第二十次扩大会议小组会上受到批判、围攻，强行说王炎同志对李井泉、任白戈、辛易之之流及省、市委提意见是"反党"；在一九六四年一月干部鉴定时，又在市人委党组内对王炎同志进行批评，硬要王炎同志承认所谓反对李井泉，反对市委领导的"错误"；在文化大革命中，又把王炎同志作为三反分子抛出来，继续进行政治迫害。

（西师八·三一揭）

515. 吴 奇同志（原市人委办公厅付主任），因批评贺龙与舞女跳舞；说邓垦是邓小平兄弟，有后台，老虎屁股摸不得；揭发了任白戈的堕落腐化问题等，就遭到任白戈的打击迫害，并将吴奇思想作风上的错误夸大为政治错误在一九五八年定为反党分子，开除党籍，长期下放劳动。

516.吕子明（原市中区公安分局局长）等同志，在一九五九年前后，因对任白戈、李唐彬及其忠实同伙段大明贩卖彭、罗黑货，鼓吹阶级斗争熄灭论，削弱无产阶级专政机构的罪行，进行了揭发和抵制。任白戈等即利用反右倾斗争的机会，亲自指挥，亲自定案，将吕子明等二十二名坚持毛主席革命路线的公安干部打成"反党集团"。然后，又以"公安机关出现反党集团就是反革命集团"为名，将吕子明等人打为"反革命"，宣布武装监禁，残酷折磨达十月之久。

517.姚茂棠同志（原长航重庆分局书记），在一九五六年底从长航总局调来重庆分局工作，为了争取市委加强领导，先后三次到市委要求任白戈接见，但均遭拒绝。后来，该局工会干部以"重庆市委书记的官僚主义到了纠正的时候了"为题，向原省委写了封匿名信，反映任白戈架子大，要求原省委派人来检查市的工作。这封匿名信由原省委转原市委查处。任白戈看后，批道："查清他，是什么时候来的！"并布置原市委建交部去追查。当时，姚茂棠同志就说明是工会干部写的，原信给他看过。但任白戈及其同伙咬定是姚茂棠写的，逼着他作了几次检讨，仍不放过。姚茂棠因此又在一九五七年三月给毛主席写了一封信，揭发任白戈官僚架子大，在企业中推行苏修一长制，重业务、轻政治；并控告任白戈等追查匿名信，对他进行打击报复等。这封信寄给原省委转报毛主席又被原省委扣了下来，并转告原市委处理。于是，任白戈即下令原市委建交部派检查组对姚茂棠进行专案检查，最后将姚茂棠打成"反党分子"，开除党籍。在处分决定时，除对姚茂棠思想作风方面的缺点错误，采取无限上纲的手段，夸大为政治错误外，竟公然将姚茂棠同志给毛主席和原省委写信揭发批判任白戈等人的问题，作为"反党"的头条罪状，写在处分决定上。姚茂棠同志一直不服，一再申诉，原省委李大章同志得知此事后，指示原市委对此案进行复查。复查结果，事实有出入，长航分局党委意见要改变处分结论。任白戈及其一小撮同伙硬要维持原案，拒绝平反，对姚茂棠同志进行长期迫害。

（编者按：这一部份主要是揭发任白戈追随刘、邓黑帮，招降纳叛，结党营私，打击陷害革命干部和革命群众的罪行。由于我们受种种条件限制，许多档案资料不能查阅，揭发得很不全面；现揭发出的事实，也还没有经过全面查证。我们正在深入揭发，有关材料将陆续编印出来。这部份材料，仅提供无产阶级革命派的战友们揭发、批判任白戈在这方面罪行时作为线索和参考。）

最 高 指 示

必须善于识别干部。不但要看干部的一时一事，而且要看干部的全部历史和全部工作，这是识别干部的主要方法。

（《中国共产党在民族战争中的地位》，1938.10.）

※　　　　　　　※　　　　　　　※

这个特权阶层，把为人民服务的职权变为统治人民群众的特权，利用他们支配生产资料和生活资料的权力来谋取自己小集团的私利。

（《关于赫鲁晓夫的假共产主义及其在世界历史上的教训》，1964.7.）

十三、任白戈罪恶的历史，丑恶的灵魂

(一) 地主阶级的孝子贤孙，彻头彻尾的反革命

任白戈经常在干部中吹嘘自己是什么"贫农"的儿子，我们说不对，任白戈是地主阶级的孝子贤孙。他一九〇五年出身在南充县龙泉乡的一个地主家庭。自小受的是封建、资产阶级教育。请看他自己在一个偶然场合的招供："我这次回家（指一九五一年初他回南充老家），一些亲戚朋友都来请我吃饭，我都谢绝了，好事不出门，坏事传千里，去不得。但是，'任氏祠堂'请我吃饭，我去了，还在宴会上讲了话，他们也讲了话。那天摆了好多桌，一些叔伯兄弟都来了，我不能不去，我读书就是靠他们拿的钱。"这不就十足说明了任白戈这个反革命修正主义分子是"任氏祠堂"豢养出来的孝子贤孙吗？

任白戈的同伙经常吹捧任白戈是什么"坚强的马列主义者"，我们说不对，任白戈是彻头彻尾的反革命修正主义分子。任白戈在任氏地主祠堂的豢养下，自幼读书吟诗，善于投机钻营，一九二五年由叛徒吴季蟠拉入革命组织，混进共青团，次年混进共产党。一九二八年党派他到邻水县组织武装暴动，他贪生怕死，私自逃跑到上海，伙同大叛徒叶青等开办"辛垦书店"。

"辛垦书店"是那些人开办的？到底是个什么样的组织？这里简单说明一下：

"辛垦书店"是叛徒托匪组织的反共反人民和反革命的文化机构，创办经费是由军阀张志和、陈静珊（陈当过伪成都市市长）出的。出版"二十世纪"、"中学生"等几个刊物，完全是为反动统治阶级，为托派政治主张服务的。

"辛垦书店"经理是中法大学杨伯恺，主管编辑是大叛徒叶青，编辑有任白戈、王季从（叛徒、叶青的妹夫）、葛乔（又名葛泗乔）等托派分子。托派头头陈独秀，陈碧兰，彭述之，李季同这个书店来往关系也密切。

这里要着重说明的是任白戈同大叛徒叶青的关系。

叶青又名任卓宣是任白戈的堂兄，是一个大叛徒。大革命失败后，在湖南长沙被国民党打伤，住在医院被捕，而后叛变，投靠国民党；由于他效忠于国民党，反对共产党特别有功，后当了国民党中央宣传部长，解放前夕逃台湾。任白戈在二十年代末，三十年代初和这个反共反人民的刽子手来往频繁，关系极为密切。一直到解放以后，任白戈还在各种场合为这个大叛徒辩护。一九五四年市话剧团演出《伏契克》时，任白戈说："叶青是我的哥哥，在上海搞地下党工作时，头一次被捕了，表现很英勇顽强，没有在国民党面前低头，敌人拿他没有办法，把他拿出去枪毙，因为没有打中要害，没有死，被人救活了；后来伤好了，又搞地下工作，可是后来第二次又被捕了，又判了死刑，说也怪，这一次叶青动摇了，向国民党自首了。"一九五一年在全国政协民主人士座谈会上说："刘少奇说：一个代表无产阶级的人，他要反动，也是'一念之差'，我们就有许多共产党员，本来是真想革命的，但是，后来当了叛徒，比如叶青。所以立场的变更是容易的。共产党员无产阶级战士一下子可以变过去，因此其他阶级也可一下子变过来。"

可是任白戈这个老奸巨滑的家伙，在某些场合，他又竭力掩盖同叶青的关系。有次周

总理到重庆来，便申问到他同叶青的关系时，任却说："叶青是我一个远房堂哥，比我大好多岁，他在家的时候不长，和他没有什么联系。"

任白戈在"辛垦书店"工作以后，一九三○年脱党到北京，投靠北大托匪组织"马列主义学习团"，与托派分子陈泽恩等勾结从事反革命活动。从一九三○年至一九三七年这个阶段，曾先后到山东曲阜师范当教师（托匪徐步云介绍），并继续与托匪"辛垦书店"、"亚东书局"保持联系，进行反革命工作。由于从事反革命活动得力，钻入周扬黑邦，先后窃取了"左联"大众文学研究部主任、宣传部长、秘书长等重要职务。在国内阶级斗争尖锐的时刻，任通过周扬的关系，潜逃日本，去办《质文月刊》，仍顽固地推行王明的右倾机会主义路线，鼓吹"国防文学"，先后抛出《现阶段的文学问题》、《国防文学中的几个问题》等大毒草疯狂攻击鲁迅，反对毛主席的革命路线。在日本期间，曾乘承周扬的意旨，强行解散了在日本的"左联"组织。

一九三五年至一九三六年在日本期间，任没有党的关系，但后来算上了党龄。据任白戈一九五一年在市委宣传部一次组织生活上讲："四九年进军西南前，我去找刘少奇（或安子文）要求解决我脱党期间的党龄问题。我说我虽没有党的关系，但仍然是为党工作的，应当算党龄，就这样，给我算上了。"

一九三七年秋天，任白戈从日本回国，通过各种关系混到延安，并经罗瑞卿的介绍再次混入党内，一直到全国解放，他先后窃据"抗大"的政治教员、训练处长、政治教育科长、太行山陆军中学校长、"抗大"七分校大队长、晋冀鲁豫军区政治部宣传部长等重要职务。在此期间，他曾利用编写教材等机会大肆贩卖反革命修正主义黑货，并反对毛主席提出的"自己动手、丰衣足食"的伟大号召，曾受到党内严厉批判。

（二）资产阶级个人野心家，赫鲁晓夫式的人物

1.利用各种场合突出表现自己

反革命修正主义分子任白戈，一面疯狂地攻击我们伟大领袖毛主席，反对树立毛主席在人民群众中的崇高权威，一面却利用各种场合，大树个人威信。他到处作报告、检阅、接见、题字、照象并将报告讲话作为重要指示，以学习文件大量印发。

在重庆任白戈题字特别多。大礼堂、电影院、剧场、公园、码头、桥梁、商店等许多地方都是任白戈题字来作招牌，甚至电影的片名、贺年片都由他题字。一九六六年元旦，任白戈题了一首反毛泽东思想的打油诗《继续大跃进》，命令市委办公厅加以放大，做成金字，用红绸作底贴在市委办公大楼的正中，并由市委的刊物《支部生活》影印成贺年片全市散发。

"市长访贫"可说是任白戈猎取个人威望的一个典型。反革命修正主义分子余跃泽在所谓"扎根串连"中，听说工人哪××生活较困难，即向任白戈献策，拉任白戈、廖苏华去访问。余跃泽、黄友凡带着记者、摄影师坐车前往，余跃泽精心安排了所谓"市长与工人同坐一条凳"、"同饮一碗水"等等"精彩"镜头。事后即在全市广播、出简报大加吹捧。后又叫市曲艺团编了《市长访贫》、《市长来到工人村》等节目大肆演出，还四处展出访问时的照片，简直把任白戈这个坏蛋捧上了天。任白戈还多次去听演唱、看展览，怡然自得，真是不知羞耻。

任白戈在重钢八个月四清中，从不参加劳动。但他突然参加了一次栽树，一次修路，

完全是为了照象和广播宣扬自己。他栽树是别人挖好坑坑，他尖着手指扶着树苗，让摄影师照了象就走，就算完成了任务。

2.在各种场合无耻地吹嘘自己

任白戈在青年中吹嘘自己说：“我从小在学校考试都是第一名”，“抗日战争时期在抗大教书，现在到处都有我的学生”，“我是川剧的老行家”，“我一个中午就可写一篇社论，一气就可以写成一篇文章”。还无耻地宣扬自己说：“大革命时期，我是重庆的学联主席、宣传部长，是共青团的老前辈”等等。在重钢搞“四清”时，不惜花大量的时间弄虚作假写黑报告，向其主子邀功。每次报告都要召开党委会讨论，修改十几、二十遍。有次任白戈看到他的黑报告在《西南简讯》上刊登了，他看后洋洋得意地说：“差不多全文发表了，没有多少删节”。

3.利用控制的报刊、大肆宣扬自己

任白戈控制的宣传部门为给他个人树立威信，简直是不遗余力。他走到那里就宣传到那里，报导他的活动消息，刊登他的讲话全文，登照片，发社论，不一而足。特别令人不能容忍的是：在宣传中，大肆贬低对毛主席的宣传。例如：重庆日报一九五八年二月十八日把任白戈号召实现“四无城市”的消息放在头版地位，毛主席在长春第一汽车制造厂参观的照片却放在右上角极不显著的地位。一九五八年六月一日，把任白戈在六一节的讲话放在头版头条地位，竟把毛主席和小演员在一起的照片放在任白戈讲话下面。一九五八年十二月五日把任白戈的消息放在一版头条地位、把毛主席在武汉观看朝鲜艺术团演出的报导放在一版下面。一九六三年新华社发来毛主席“一定要根治海河”的题词，安排版面时，把任白戈作报告的一个消息和毛主席的题词登在平列的地位。

一九六二年三、四月间，社会上传说任白戈犯了错误将调离重庆。为了“辟谣”，任白戈指使黑市委宣传部和《重庆日报》专门组织了一次宣传任白戈的高潮：五一节前夕，在人民大礼堂举行了隆重的报告会，由任白戈作报告，并在文化宫举行了盛大的游园晚会，任白戈亲自参加，接着就在《重庆日报》上大发消息、登照片，大加宣传吹嘘。事后任白戈竟恬不知耻的赞赏宣传部和《重庆日报》说：“宣传部跟市委跟得很紧，没有动摇。”类似这样的情况，简直不胜枚举。仅据一九五九、一九六〇年不完全统计，《重庆日报》刊登任白戈活动的消息、讲话等就达二百零九条，照片二十八幅。

任白戈还利用一些刊物大肆为自己树碑立传。如一九五八年编印的《除四害，讲卫生画报》没有一张毛主席象，没有一条毛主席语录，但却大肆宣扬刘少奇和任白戈自己：画报封面是任白戈的亲笔题字，里面专刊了刘少奇在八大二次会议上的报告摘录。更恶毒的是：在画册第一页上不印毛主席的象，竟印了任白戈所谓除四害动员报告的全景照片。为了突出自己，还在照片中挂毛主席象的地方印上放大了的任白戈的狗象，丧心病狂地把毛主席象全部盖掉了，并且在该画报的二十三页上又专门登了任白戈在珊瑚坝开闸放水的一幅彩色照片。

（三）重庆党内特权阶层的总代表

任白戈是一个党内地地道道的特权阶层。从他窃取领导权开始，就一直骑在劳动人民的头上，作威作福。请看他在生活上的特殊享受。

1.住的特殊化

一家六口人，住着两层宫殿式的楼房一座，共二十八间，面积是四百七十九平方米，平均每人占八十平方（机关职工住房每人平均只有三平方），家具一百九十八件。一年四季室内保持温度摄氏二十度左右。

2. 吃的特殊化

夏天，早餐豆浆加蜂糖，鸡蛋清两个，面包八片，生核桃米八个，餐后用维生素B。冬天，早餐酸牛奶，鸡蛋清两个，核桃米八个，面包八片，餐后鹿茸精十毫升。夏天，中晚餐吃的是长生公社产的特等大米，特制粉，中晚餐是三荤一汤，三荤一素，要用鸡汤、骨头汤烧菜心，要吃高蛋白，饭后用三种药：人参精，维生素丙，维生素B6，最后水果。冬天，中晚餐除荤素菜按季节开菜外，每餐都要有火锅。饭后三种药：延年益寿丸，羚羊角粉，养身汤一碗（蛤蟆油）、东北田鸡油，最后水果。晚上睡觉时，两粒安眠片。任白戈家只伙食标准一元，华逸七角，但专用炊事员，燃料和一切设备，均由公家负担。

任白戈为了保自己的狗命，还凭借自己的权势大搞特殊化。例如：一九六四年秋天，任白戈为了降低高血压，要吃荸荠。这时不是荸荠产新时节，市上缺货，可是他却每天要两斤鲜嫩的荸荠，干果公司不得不派专人采购，每天专人如数送上门去，一连送了两三个月。

任白戈偶尔到基层，也是虚张声势，从不实行"三同"。例如到重钢搞社教也是住在专家招待所，吃的特等伙食。到区、县去因为没有高级招待所，则表现得更为突出。如每次到长寿，任白戈都要他的秘书打电话通知纪俊仪等，并找生活秘书研究吃菜问题。在一九六一、一九六二年困难期间，要吃上等米，特制粉，强调要吃长寿湖的鱼、牛奶，吃鸡蛋不吃黄，吃豆芽要去头和脚，炊事员还要自带。为了让任白戈睡好觉，纪俊仪布置早上全城不准开广播。

3. 大搞城市的资产阶级化，为特权阶层服务

十几年来，任白戈竭尽一切力量，把重庆搞成资产阶级化，不惜浪费人民财产，大肆为少数特权阶层服务。例如在住宅建筑上大搞高标准，一套集体的干部住房仅几十平方米，国家投资六、七千元。在城市绿化上完全搞的是资产阶级和修正主义一套。三年灾害期间，置广大群众生活于不顾，不惜巨款修建南山公园。在这个远离市区十余里的高山，平时很少有人去的地方，除集中本市名贵花木外，还专门到东北、广州、云南、贵州等地，以高价收购各种名花异草，甚至不惜巨资用飞机载运。为了解决灌溉这些花草的肥料，专门从井口农场调来淘汰奶牛二十头，生产牛屎。仅养牛费一项每年就得花一万元左右。在名花盛开时节，黑市委一小撮混蛋头头经常驱车前往观花赏景。任白戈还嫌不足，指使园林部门再搞个南山公园的远景规划，要求把南山搞成一座花山，要不落后于北京的万寿山，要做到满山看花，处处闻香。在任白戈这个黑指示下，城建和园林部门进一步扩大公园花木品种，并分名别类设花园，什么"兰草园"、"牡丹园"、"杜鹃园"、"茶花园"、"白兰园"等等。为了少数特权阶层猎奇，在这个公园里从全国各地收买了各种木本、草本花卉，单大丽花、兰草、茶花等就有好几百种。

在其他公园建设上，也完全是搞的修正主义一套，什么亭台楼阁、八景、十景、**盆景**、金鱼馆、鸳鸯椅等等，都是适应资产阶级和遗老遗少的需要。为了搞这些修正主义的规划和收集名花异草，园林部门不惜耗费国家大量钱财，经常派人**到全国**各大城市去吸取城市资产阶级化的"经验"。

在为特权阶层服务上，潘家坪招待所可算是一个典型。建造期间前后达六、七年，耗资八百余万元，占用良田熟土四百多亩，建造房屋总面积二万零八百二十五平方米，单房屋建筑造价每平方米达六百元。为了把房屋修得特殊化，任白戈指派副市长邓×亲自带领一批工程技术人员去上海、北京等地参观"取经"，专选最"洋"最"修"的建筑式样，如宋子文的公馆、海式舞厅等等。这个招待所修得不中不西，不洋不古，奇形怪状。这座招待所的建筑材料，如瓷砖、马赛克、锦砖、钢窗、白水泥等都是专门从上海、温州等地运来的。

室内装有冷暖设备，地板全是铺的名贵地毯，室内陈设全套是楠木红木家具，制作家具的用料是专门从川北老森林中运出来的，每立方米价值达三百多元。为把室内搞得雅致，要文化局局长亲自携带各种翡翠玛瑙，珍宝古玩山水字画去布置。

招待所内还修有一个超级游泳池，全系白磁砖铺设，池内容水一千二百吨。为了冬季游泳，还专门安装一套锅炉，使用时把一千二百吨水烧热到摄氏三十一度，一次需用煤二十吨。为了搞潘家坪招待所的绿化，专从南京用飞机运来天鹅绒草，从江津运来广柑树，从阿坝运来苹果树，从台江运来荔枝树，从泸州运来挂元树，从花洗运来梨树等等。室外有大花园，室内有小花园，园内花圃、草地、盆景、金鱼池，样样俱全，单绿化一项就花几十万元。

（四）丑恶灵魂 〔不日谈同〕

在任白戈的家中，看不到一张毛主席像和毛主席语录，书柜里放的毛主席著作都蒙上了厚厚的灰尘。而《金瓶梅》、《桃花扇》、《一千○一夜》之类反动的黄色书刊，经常不离手，帝王将相、才子佳人的川剧等常常是连夜不离场。

任白戈为了弥补他精神上的空虚，在困难时期在戏剧上大搞才子佳人等黄色反动剧目外，还大搞跳舞晚会，他专门指示文化局、园林局、妇联等单位为他组织舞会，并专门挑选最年青、最漂亮的女演员、女同志为之伴舞。跳的尽是那些低级下流的黄色舞曲。每次舞会都是大吃大喝，并不惜违反制度对伴舞的人用汽车接送。在任白戈的提倡下，跳舞之风发展到公共场所——文化宫、公园等，公开卖票，为流氓阿飞进行为非作歹，大开方便之门，把社会秩序搞得乌烟瘴气。

在男女关系上任白戈更是荒淫巳极。他曾经无耻地在干部中诬蔑共产党说："大革命时期，国民党宣传共产党共产共妻；这个话正合我意，我正不喜欢家里的那个黄脸婆，于是我就出来参加革命了。"他还无耻地宣扬苏修的生活方式，说："苏联的领导干部差不多都配有一个年青漂亮的女秘书，办公、吃饭都在一起，大家习以为常，不以为奇，他的老婆也不说什么，要是在中国，恐怕要醋死了。"中央早有通知，领导干部不准用女秘书，而任白戈却长期使用女秘书，不离左右，连到剧场看戏也要女秘书陪同。

任白戈乱搞男女关系，习以为常。现据落实的材料，仅解放后在重庆就同×个女人乱搞。在他的带头下，领导干部中也形成了收干女、乱搞男女关系，甚至强奸妇女的歪风。

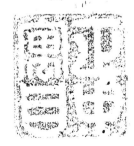

367

（四）"問使"

1、"角色"

2、深人一加强

3、迴

4、球 另、海 5、0

5、打圈山 →抗一

6、對革 一、迎

安源工人运动的历史
不容顛倒

李書第49頁有難得一見的
珍貴照片　　古月齋題

中国科学院革命历史所赴安源批刘战斗队編印

369

伟大的领袖毛主席

1921年毛主席去安源时的住址

1922年大罢工前毛主席去安源时的住址

1930年毛主席去安源时的住址

1967年2月，革命群众从红太阳升起的地方
——韶山移往安源的柏树

最 高 指 示

　　混进党里、政府里、軍队里和各种文化界的資产阶級代表人物，是一批反革命的修正主义分子，一旦时机成熟，他們就会要夺取政权，由无产阶級专政变为資产阶級专政。这些人物，有些已被我們識破了，有些則还沒有被識破，有些正在受到我們信用，被培养为我們的接班人，例如赫魯曉夫那样的人物，他們現正睡在我們的身旁，各級党委必須充分注意这一点。

周总理、伯达、江青、戚本禹、姚文元同志有关批判刘少奇在安源罪行的重要指示

周总理說：我給你們供給一个材料，刘少奇近二年一直在主席跟前吹嘘他在安源的历史，主席不吭声，叫他暴露，主席就是容量大。其实，主席一直在領导安源斗爭的。萍乡的煤，大冶的鉄，汉冶萍公司，当时安源运动是湖南省委去領导的，主席全部历史都清楚。主席說，刘少奇是第三代，李立三是第二代，第一代是什么人？跑了。刘少奇总是吹嘘，跟我說过几次，（对姚文元）跟你也談过几次吧。所以我觉得有問題。中国科学院革命历史研究所从二十年代入手批判是有道理的。刘少奇跑到苏联却不到一年，回来就到安源搞了一下。二十年代还不仅是安源，还有上海，还有广东，一九二五年在长沙被捕。广东省港大罢工他也插了手，其他的我就不讲了。

（姚文元同志插話：这就是他捞的政治資本，这点要揭露。）

我听到不下五次，很奇怪，以为有什么名堂，总是程咬金那么三斧头，当时还不会想到八月以后的情况。批判刘的根子要从二十年代搞起。眞正批判刘的話，二十年代很多可批。

（姚文元同志插話：反动历史要彻底搞清楚。）

摘自一九六七年八月三日《总理、姚文元接見江西四方代表談話記录》

江青同志說："安源煤矿是主席走去的，沿鉄路一步步走去的，遇到一个老乡就聊聊。

（伯达同志插話：安源煤矿首先是主席走去的。）

摘自《陈伯达、江青等同志一九六六年十一月十九日在政协礼堂接見北航"紅旗"等同学时的談話》

戚本禹同志說：刘少奇从安源煤矿一直是与毛主席唱对台戏，你們批判不要限于建工学院和十七年，要从安源煤矿以来各个領域都要批判。

摘自《七月二十六日戚本禹同志在接見建工学院新八一战士的談話》

說　明

　　党內最大的走資本主义道路当权派刘少奇，为了捞取篡党篡政的資本，长期以来，肆意篡改安源工人运动的历史，把自己打扮成工人运动的"領袖"，到处招搖撞騙。

　　刘少奇絕不是什么工人运动的"領袖"，而是一个彻头彻尾的大工賊。他到安源以后，疯狂地反对毛主席和毛主席的革命路綫，取消政治斗爭，大搞反革命投降主义、經济主义，出买工人阶級，大搞劳資合作，作恶多端，罪不容誅。

　　为了彻底揭露和批判刘少奇在安源犯下的滔天罪行，由中国科学院革命历史研究所赴安源批刘战斗队、北师大井崗山公社赴安源批刘战斗組、安源煤矿《燎原》造反总部、萍乡地区鉄路革命工人联合造反团总指揮部、北京矿业学院东方紅公社批刘調查組和北京史、哲、經学会的同志組成的"刘少奇在安源的罪行联合調查組"，自今年三月至四月，在湘赣一带进行了近两个月的調查。这份材料中《安源工人运动的历史不容顛倒》就是根据联合調查組調查材料，由中国科学院革命历史研究所赴安源批刘战斗队和北师大井崗山公社赴安源批刘战斗組的同志写成的。錯誤不当之处，請革命同志批評指正。

編　者

1967.7.

目　　录

安源工人运动的历史不容顛倒

紅色安源，是我們最最敬愛的伟大領袖毛主席亲手开辟的工人运动策源地之一。早在我們党成立之前，毛主席就曾来安源从事工人运动，使馬克思列宁主义与中国工人运动相結合。党成立后，毛主席担任湘区党委书記，直接領导安源工人斗争。一九二二年九月，毛主席在这里亲自发动和領导了震撼全国的安源煤矿大罢工。从这以后到一九三〇年，毛主席又多次亲临安源。在每一个紧要关头，都是伟大的領袖毛主席給安源工人指明了斗争方向和前进道路。安源工人运动的每一个胜利，都闪耀着毛泽东思想的光輝。

党內最大的走資本主义道路当权派刘少奇，于一九二二年九月到安源后，和老修正主义分子李立三勾結一起，极力反对毛主席的革命路綫，取消政治斗争，大搞反革命經济主义、投降主义，背叛工人运动，大搞劳資合作，給安源工人运动造成了极为严重的損失。他是一个彻头彻尾的工人运动的大叛徒。

安源工人运动的历史，自始至終存在着毛主席的革命路綫和刘少奇的反革命投降主义路綫的尖銳斗争。

但是，党內最大的走資本主义道路当权派刘少奇，为了适应他的反动政治需要，捞取篡党篡政的資本，一貫疯狂地篡改安源工人运动的历史。他把我們最最敬爱的伟大領袖毛主席的功績一笔抹煞，而把他自己捧到九天之上，千方百計地指使他的一小撮爪牙給他树碑立传，涂脂抹粉。在他亲自策划下，一大堆替他歌"功"頌"德"的大毒草，如反动电影《燎原》、黑矿史《紅色的安源》等，紛紛炮制出籠，搞得烏烟瘴气，流毒中外。

四海翻騰云水怒，五洲震荡风雷激。伟大的、史无前例的无产阶级文化大革命，宣告了刘少奇篡党篡政阴谋的彻底破产。安源的革命工人和外地赴安源革命造反派、紅卫兵小将，发扬大无畏的革命造反精神，大造了刘少奇的反。今年二月，他們愤怒地捣毁了吹捧刘少奇的所謂"談判室"；封閉了刘少奇的家庙——安源路矿工人俱乐部和給他树碑立传的安源工人运动紀念館；砍倒了刘少奇的偶象——两棵梧桐树。为了彻底肃清刘少奇在安源的流毒，大立毛主席的絕对威信，他們又从紅太阳升起的地方——韶山移来了四棵柏树栽在安源，让她万古长青。这是无产阶级文化大革命的伟大胜利，是毛泽东思想的伟大胜利。

一、毛主席亲自发动的震撼全国的安源大罢工 和刘少奇的叛徒行径

一九二二年九月，安源一万三千多路矿工人，为了反抗資本家的压迫剥削，在毛主席亲自領导下，举行了震撼全国的大罢工。这是伟大的毛泽东思想的光輝胜利！

但是，长期以来，党內最大的走資本主义道路当权派刘少奇肆意篡改历史，无耻地吹嘘他是什么大罢工的"决策者"和"指揮者"，矢口否认大罢工的胜利是伟大的毛泽东思

想的胜利。他把大罢工的胜利說成是他"刘克思"利用了敌人的矛盾，通过和資本家談判取得的，把他自己装扮成一个所謂"智勇双全"的英雄，"正确路綫的代表"。这是一个弥天大謊。

大罢工的历史不容篡改，伪装必须剝去。

1. 毛主席亲自点燃了安源工人的革命烈火

安源煤矿位于江西省萍乡境內，开办于一八九八年，是旧中国开办历史最早、规模最大的矿井之一；也是旧中国最早、最大的买办企业——汉冶萍公司的組成部分。

安源煤矿从开办起，就成为帝国主义对中国进行侵略的据点，先为德帝国主义所控制，后又为日本帝国主义所操纵。帝国主义勾結它的走狗——中国的封建主义和官僚买办阶级，对中国人民进行残酷压迫和剝削。一万三千多路（株萍鉄路）、矿（安源煤矿）工人，在三大敌人压迫和剝削下，过着牛馬不如的生活。

安源工人成年累月，被資本家、大小工头用皮鞭和棍棒所驅使，赤身露体地在"水牢"和"火焰山"般的矿井里，从事着非人的劳动。帝国主义分子、資本家、工头可以任意打罵工人。矿上設有矿警队、司法課，勾結封建军閥，对工人实行法西斯統治，有"跪火炉"、"背鉄球"、"带篾枷"、"跪壁块"等各种刑罚。安源工人每天劳动十四小时以上，但是，所得的"血汗錢"是十分低微的，而資本家經常几个月拖欠工資不发，职员、工头又从中营私午弊，所以每个工人每月的实际收入只有三、四元，仅相当于德国矿师賴伦和总监工王鸿卿收入的千分之一。

> 少年进炭棚，
> 老来背竹筒，
> 病了赶你走，
> 死了不如狗。

这首歌謠，就是安源工人悲惨生活的写照。

哪里有压迫，哪里就有反抗；哪里压迫最深，哪里反抗也就最强。安源工人对帝国主义、官僚买办資本家、封建把头十分痛恨，从安源路矿創办以来，他們就一直和三大敌人进行了針鋒相对的斗爭。虽然这些自发斗爭，由于还沒有得到无产阶级政党的領导，不能取得胜利，但是他們在革命斗爭中表现出来的頑强反抗精神和誓死不屈、前仆后继的革命气概，已經显示出安源是一个蘊藏着无限革命潜力的工人运动的搖籃。

"十月革命一声炮响，給我們送来了馬克思列宁主义。"以毛主席为代表的中国的共产主义者，开始走到工人群众中去，从事工人运动，使馬克思列宁主义和中国的工人运动相結合。

早在党成立前，我們心中最红最红的红太阳毛主席就曾来到安源煤矿，宣传馬克思列宁主义，亲手播下了革命的火种。

一九二一年七月一日，伟大的中国共产党誕生了。毛主席担任湘区党委书记，兼中国劳动組合书記部湖南分部主任。毛主席指定了专人联系安源的工作，并通过株萍鉄路工人，把《工人周刊》等刊物不断送到安源，从此，安源路矿工人运动，就在毛主席亲自領导下，面目焕然一新。

同年冬天，我們最最敬愛的偉大領袖毛主席再一次来到安源。据老工人回忆，毛主席身穿一件旧蓝布长衫，背着一把雨伞，身材魁伟，态度异常謙虚誠悬。第二天大清早，他就下到阴暗潮湿的矿井，和工人亲切交談，了解工人的疾苦。毛主席这一次来，主要是誘导工人組織起来，結成团体，齐心协力和資本家作斗爭。毛主席关心地問大家：工人为什么这样苦？有的工人說：是"命苦"。毛主席耐心地解釋說：工人受苦不是命里注定的，而是帝国主义和資本家残酷剝削和压迫的結果。毛主席还进一步启发工人：你们很苦，要站起来，得想个办法才是。当时，大家問他有什么办法？毛主席說：办法是有的，就靠你们自己，工人只有組織起来，結成团体，才能打倒剝削者，建立劳动人民当家做主的新世界。毛主席还打了一个比方說：帝国主义、地主資本家就象一块大石板压在我們工人头上，一个人要把它搬开是不可能的，如果大家同心协力就可以把它砸碎。毛主席这一天从西平巷走到东平巷，直到下午才从矿井出来。毛主席还深入到洗煤台、修理处、翻砂房、工人餐宿处等地方，和工人促膝談心，向工人宣传革命道理，启发工人的阶级觉悟，和工人建立了深厚的感情。工人們都說：自从盘古开天地，从来沒有见到过这样关怀我們工人的知心人。

伟大的毛泽东思想給安源工人指明了斗爭方向和前进道路，从那时到现在四十多年来，安源工人当中，一直流传着这样一首歌謠，热情歌頌毛主席这次来安源：

就在一九二一年，
忽然雾散見青天，
有个能人毛潤芝，
打从湖南来安源，
他和工友把話談，
解除苦难不为难，
提議要給办工会，
劳动工界結成团。

毛主席走后，安源工人根据毛主席的指示，很快組織起来。二二年一月，成立了第一所工人夜校。五月，成立了安源路矿工人俱乐部，并且发展了一批党员，在安源建立了党的組織。从此，安源工人运动便蓬勃开展起来。到同年秋天，在全国工人运动走向高潮的形势下，一場革命大风暴终于来临了。

2. 毛主席无产阶級革命路綫的伟大胜利，刘少奇反对大罢工的工贼嘴脸

一九二二年九月十四日，安源路矿一万三千多工人为反对买办資本家的压迫和剝削，举行了大罢工。围繞着大罢工，是支持还是反对？自始至終，貫穿着两条路綫的尖銳斗争。

早在八、九月間，矿上資本家拖欠工人几个月工資不发，并且采取威胁利誘的手段，企图扼杀新生的工人俱乐部。安源路矿工人义憤填膺，群情激昂。工人和資本家的矛盾日趋尖銳化，斗争越来越激烈。然而，这时在安源負責具体工作的老机会主义分子李立三，却吓破了胆，做了可耻的逃兵，躲回醴陵老家去了。就在这个紧急关头，我們的伟大領袖毛主席又亲自来到安源，最坚决地支持安源路矿工人的革命要求，亲自发动

了震撼全国的安源大罢工。

根据許多老党員回忆，毛主席在党支部会議上，精辟地分析了当时国际国内的形势，指出安源工人罢工的时机已經成熟。諄諄教导大家：共产党員要站在斗爭前面，处处为群众利益着想；在对敌斗爭中，要胆大心細，有勇有謀，有勇无謀，必然站不住脚。幷对罢工的組織准备工作，做了全面周密的部署。

毛主席回到长沙以后，又給安源党組織写来亲笔信，对罢工的战略战术問題作了重要指示。毛主席指出罢工胜利的条件，首先要靠工人有坚固的团結和坚强的斗志，同时要爭取社会輿論的同情和支持，必须采取"哀兵必胜"的策略，提出"哀而动人"的口号。鼓励全体工人团結一致地和資本家做"义无反顾"的斗爭，一定要坚持到底，夺取罢工的胜利。伟大領袖毛主席是安源大罢工的英明决策者。毛主席以敢于斗爭、善于斗爭，敢于胜利、善于胜利的伟大战略思想，武装了安源的党員和工人，从根本上保証了这次大罢工的胜利。

老机会主义分子刘少奇是在罢工前几天才到安源去的，当时安源工人已經邀照毛主席的指示，做好了罢工的一切准备工作，大罢工如箭在弦，一触即发。連他自己也供认："罢工行动，这时已劝不可遏，十三日火车房工人即无心做工，人人相遇即聚談罢工"，"矿局窿工及各处工人也都跃跃欲动"，这是一片多么令人兴奋的大好形势啊！但是，刘少奇却根本背离毛主席的英明指示，把工人的这种革命行动视为洪水猛兽，怕得要死，恨得要命，胡說俱乐部"沒有坚固的团体"，"是一枝脆弱的嫩芽"；誣蔑俱乐部此时已成"騎虎之势"，大罢工是"挺而走险"。他吓唬工人："你們罢工有把握嗎"？"要罢工起碼一个人要拉得十个人攏"！

革命的洪流滚滚向前，势不可挡。刘少奇扼杀大罢工的阴謀破产以后，他又伙同李立三，打起"文明罢工"的黑旗，极力压制工人群众的革命行动，千方百計妄图扑灭毛主席亲手点燃的革命烈火，使大罢工尽早煞车。

九月十四日，成千上万的工人手持岩尖、斧头，从矿井、工棚涌出，大声疾呼："罢工！罢工！"人流滚滚，汹涌澎湃。但是刘少奇却以俱乐部代表的身分，摆出一付資产階級貴族老爷的架势訓斥工人："你們不要瞎搞乱动"，"我是受上級指示来的，你們要听我的話，我要你們怎么做，你們就怎么做"，"听我的話只有好处，沒有坏处"。一句話，就是要工人离开毛主席的指示，而把他的話当做"党的指示"和"絕对眞理"。

究竟要工人听他的什么話呢？用他自己的話說：就是"要继續維持秩序"，"各归住房，不得扰乱"，就是"罢工期間，各工友的举动，当比平时更加文明"。这样，他还不放心，又布置"监察队各持白旗密布街市及工厂附近，以維持秩序"。甚至还同李立三商議，由李立三出面和紅帮头子喝鸡血酒，求他"帮助維持"工人的秩序。

刘少奇把叫工人"守秩序"，"讲文明"，美其名曰：是出自斗爭的策略，是为了所謂"有統一的指揮"，"有规则的动作"。眞的是这样嗎？不是，絕对不是。这不过是他反对罢工的一块遮羞布而已。他所鼓吹的"文明罢工"，就是禁錮工人的革命行动，不准工人起来造反，生怕工人触动資本家一根毫毛。

謂予不信，請看他自己的供詞：

"有一次，工人集聚多人，軍队用机关枪向他們假作射击，他們不怕死，一拥向前，势极危迫，恰好工人监察队到，旗帜一挥，便无一人不四散了。"

"罢工后，有一工友为戒严司令部拿去，不一刻即有数千工人将軍队围住，声言請軍队快些释放，軍队拿枪驱逐，工人不动。"正在鬧得不可开交时，"俱乐部监察队旗帜一挥，大家便散了。"

特别令人气憤的是，根据老工人揭发：罢工第三天，当工人群众包围戒严司令部，資本家要他出面"安頓"时，他竟唯命是听，跑出来向工人下令："你們不要吵，不要鬧！""你們要守秩序"，"都回自己房子里去"！

总之，工人的每个革命行动，都违反他"文明罢工"的规章，都要遭到他的鎭压。所以，就連当时鎭压罢工的反动軍閥，对他如此"維持秩序"也倍加贊赏，說工人"举动文明"，"軍队也沒有这样的紀律"。刘少奇在他写的《安源路矿工人俱乐部略史》中，还与反动軍閥这样一唱一和：

戒严司令李鴻程声明，"工人不妨碍秩序"亦"不干涉工人"。

刘少奇連忙逢迎地說："李旅长这次罢工积极維持"，"出力甚多"。

这充分暴露出他同資本家、軍閥完全是一丘之貉，都是鎭压罢工的劊子手。

刘少奇对工人群众如此百般压制，而对买办資本家却屈膝投降。罢工一开始，他就迫不及待地写信給矿上資本家乞求和談，幷且向資本家出謀献策："工人所希望的在于解决目前生活问题，若路矿两局不派全权代表从磋商条件入手，恐罢工浪潮万不能解决"。

当他作为工人代表去談判时，工人为他的安全担心，他却对工人說："你們不要怕，我跟他們（指資本家）无寃无仇，他們不会害我"。当他一到戒严司令部以后，戒严司令声言要将他"正法"时，他吓得胆顫心惊，連忙喊寃叫屈地說："万余工人如此要求"，表示与己无关。所謂"一身是胆"的"英雄"，原来就是这样一个貪生怕死的胆小鬼！

敌人是永远不会发善心的。当时工人提出十七項条件，开始时，資本家一条都不答应。刘少奇和資本家的談判，一直拖延了三天，毫无结果。这时，工人群众的滿腔怒火再也压不住了，他們遵照毛主席的伟大教导，采取了更大规模的暴烈行动，向資本家进行义无反顾的斗争。九月十六日，万余工人包围了矿局办公大楼，憤怒高呼："刘代表！談不好就算了！""我們不要这个矿了，把鍋炉房炸掉，杀他个鸡犬不留，打他个片瓦不存，让这班烏龟王八旦知道我們工人的力量"！紧接着，第二天工人纷纷冲进电机、鍋炉房，硬要熄灭炉火。这是广大工人群众对刘少奇的投降主义路綫最强烈的抗议，对資本家的致命威胁。資本家眼看整个矿山就会化为灰烬，损失将会不堪設想，才不得不坐下来談判。这是万余工人英勇斗争的结果，是毛泽东思想的伟大胜利。

鉄的事实証明：在大罢工中，刘少奇公开对抗毛主席的英明指示，伙同李立三一起狠狠为奸，实行了一条彻头彻尾的反革命投降主义路綫，他根本不是什么安源大罢工中的"領袖"，"英雄"，而是一个貨眞价实的出卖工人的大叛徒，是一个道道地地的反党反毛泽东思想的老反革命，是一个貪生怕死的胆小鬼。

安源大罢工的胜利，是战无不胜的毛泽东思想的胜利，是毛主席的无产阶級革命路綫的胜利！

二、刘少奇背叛工人运动罪責难逃

老机会主义者刘少奇篡改安源历史，过去吹得最神乎其神的，一个是安源大罢工，另一个就是"二七"以后的安源工会。几十年来，他編造了一连串的神话，吹嘘他在安源如何"埋头苦干"，"忠实于工人长期的利益"，如何在黑暗重重的白色恐怖之中，使他主持的安源工会"巍然存在"，成为"世外桃园"。

刘少奇的吹鼓手們也为他大唱赞歌，把当时刘少奇主持的安源工会吹得天花乱墜，什么"黑暗中的明灯"，"全国人民的希望所在"呀，"高展在黑暗中的一面灿烂紅旗"呀，等等。这是一个大骗局！

1．彻头彻尾的阶級投降主义和民族投降主义

大罢工胜利以后，安源工人运动向何处去？是继續进行針鋒相对的斗争，还是就此止步，向资本家妥协投降？这是馬克思主义和机会主义、革命和反革命的分水岭。

毛主席指出：大罢工的胜利，只是工人阶級争取解放走出的第一步，工人阶級的事业是要打倒一切反动派，建立工农群众自己的政权，最后走向共产主义社会。

当时劳动组合书記部给安源工人的贺电，也明確指出："諸君这次的胜利，不是諸君終极的胜利。諸君終极的胜利，是在于把資本阶級打倒，将全世界的产业由劳动者自己管理，建設共产主义的新社会之后。"

而老机会主义者刘少奇却公然不顾毛主席的指示，跳出来大喊大叫："罢工胜利了！气也出来了！从前是'工人牛馬'，现在是'工人万岁'"。把根本不触及三大敌人反动统治的"打破包工制度"，說成是"虐待工人、压迫工人，剝削工人"的"种种黑幕"，"至此已扫尽无余。万余工友在安源做了二十余年牛馬的工作，过了二十余年的非人生活，忽然得此出头的一日，直似出于烈焰之中而入于清凉之世。"真是荒唐已极！在他看来，十三条协議签訂以后，就万事大吉了，工人就"彻底翻身"了，可以高枕无忧，和资本家"共謀幸福"了。什么无产阶級革命、政权，共产主义远大的理想，統統都抛到九霄云外去了。

但是，事实是无情的。十三条的墨跡未干，資本家就大搞反攻倒算，进行疯狂反扑，故意制造工程事故，停止生产，然后嫁祸裁脏，反誣工人"不服管束"，破坏生产。刘少奇也鸚鵡学舌，跟着资本家咒骂工人"偷懶"，"吃了飯不干活"，胡說什么："危害工程与产业前途"，是工人的"过错"，并訓示工人"竭力工作"，服从工头职员的"正当指揮"。他恶狠狠地威胁群众："如有故意违犯，即照規则办理"。这是多么可耻的叛徒嘴脸！

在敌人的反扑面前，用毛泽东思想武装起来的安源工人，坚决遵照毛主席的指示，和资本家的反扑展开了針鋒相对的斗争。資本家强迫工人延长工时，增加出煤，工人們便自行涌出矿井，实行怠工、罢工，以至围斗欺压他們的工头和軍警盘查所，迫使他們不敢任意横行。而刘少奇却怕得要死，咬牙切齿地咒骂工人的斗争是"凭自己的意气，一意横行"，是"盲目的奋斗"，"幼稚的毛病"，"弄得外面的人个个痛恨俱乐部"，就会"使生命一样的团体受到危险"。更有甚者，他对于敢于造反的工人，施行严厉的惩罰，将

工人領袖开除出俱乐部。这就赤裸裸的暴露了刘少奇的反革命眞面目。

不仅如此，他还公然宣扬资本家养活工人的所謂"剝削有理"的謬論。他說："資本家的利潤好比瓶子里的水，……水太低了，資本家无利可图，他們就会馬上反对，宁肯尽一切手段破坏矿山。那样的話，我們一万多工人的生活就会造成困难。"要工人忍辱負重，不要反抗。

为了帮助資本家提高生产，刘少奇对工人实行高压政策，派干部下井，监督工人劳动。据老工人揭发：有的俱乐部干部守在窿口，拦住工人不准出班，要大家把煤出凈、出滿，工人与之鬧了起来。刘少奇自己也供认："資本家为着生产减低，逼着工会……无法，只得在会議通过后去阻止工人早下班，结果工人甚至（和）阻止下班的糾察队冲突，李立三亲自去阻止工人下班，工人要打他，逼得他痛苦（哭）流涕离开矿山，我批評工人不要过份，工人要打我，說我被資本家收买，气得我很难受。"不打自招，彻底暴露了他叛徒、工贼的原形。

1923年"二、七"慘案发生后，白色恐怖籠罩全国。北洋軍閥交通部电令汉冶萍公司和安源路矿两局，叫他們封閉俱乐部。資本家立即蠢动起来，准备停工改组，将原有工人遣散，另招新工人开工。面对着这种严重的形势，我們伟大領袖毛主席鼓励安源工人說：现在不要怕，保持力量，做好群众工作，准备下一段的坚强斗争。应该采取"弯弓待发"之势，保持高度井惕，认眞接受别地的經驗教訓，准备对付可能发生的一切情况。这一指示多么英明，多么正确！

1923年6月，資本家向工人下手了，他們給少数工人增加工资，企图收买一部份工人，破坏和分裂工人团结。工人識破了資本家的詭計，掀起了普遍要求增加工資的风潮。矿局惊慌失措，束手无策，而刘少奇却以关系"国家实业，地方治安与俱乐部前途"等无耻謊言欺骗群众，采用种种卑鄙的手段，帮助資本家将蓬勃兴起的斗争浪潮"尽力消弭"下去。更令人气愤的是，刘少奇根据买办資本家的要求，同他們签訂了三条完全出卖工人利益的协約：

1."俱乐部对于矿局出产应竭力維持"；

2."矿局所訂工人遵守规则，无論何处工人及代表，皆应共同遵守。如有违犯，照該规则办理"；

3."以后工人如有事項"，"不得动輒聚众喧扰要挾，并不得动輒罢工妨碍工作，如有此項情形，应由俱乐部負責。"

資本家的生产要"竭力維持"，資本家压迫工人的各种厂规要"共同遵守"，但是他們对工人极其残酷的压迫剝削和任意虐待却不能反抗，不能斗争，更不能"聚众喧扰"或举行"罢工"，否则由俱乐部負責。这是彻头彻尾的投降主义，彻头彻尾的背叛行为！

不久，桥梁处的工友因反对解雇同矿局展开了激烈的斗争。刘少奇帮助資本家劝解，工人不为所骗，天天"聚众到矿局与俱乐部吵鬧"，这个鎮压工人运动的創子手，竟以"不服从本部指揮，不爱惜本部名誉"为借口，給他們横加上"恶劣分子"的罪名，将桥梁处的一百四十多个工人，全部开除部籍。刘少奇手狠心黑，在安源犯下了一个又一个滔天的罪行。

六月风潮，对資本家是一个迎头痛击，但是因为刘少奇的无耻叛卖，助长了他們的嚣张气焰。他们对工人的反抗恨之入骨，立即分电总公司和江西军阀蔡成勋、赣西镇守使肖安国等，声言"萍矿工潮，愈演愈烈，公司损失，为数至钜"，要求派军队到安源，用武力解散俱乐部。

安源工人得到消息，义愤填膺，立即行动起来，站岗放哨，侦察敌情，把守要隘，日夜巡逻，做好一切战斗准备，密切监视敌人行动，誓同敌人决一死战。敌人害怕"一旦暴动，更难办理"，所以不敢行动。

这时，老机会主义者刘少奇又跳了出来，他一面要求工人"不要乱动"，"莫假敌人以破坏之机"，一面连忙写信向资本家表白，说什么"敝部自成立以来，对于路矿两局，无时不谋其前途之发展"，向资本家摇尾乞怜，请求"谅解"。更无耻的是他竟向资本家保证："敝部一切措施，但所以谋矿局路局前途之发展"。

刘少奇这样卑躬屈膝地为资本家效劳，获得了他们热烈的赞扬，矿长舒修泰在给他的一封感谢信中写道："每遇艰难时会，多蒙钧座与立三先生排难解纷，指示机宜，到今追想，犹切感激弥深。"

铁的事实证明，"二七"以后，刘少奇在安源执行的是一条彻头彻尾的投降主义路线。而他却颠倒历史，说什么这是他采取"退却与防御"的方针，使用"软的方法"，"特别注意利用敌人内部矛盾"而取得了胜利，并诬蔑广大工人的英勇斗争是"冒进"、"过份"的"左倾错误"。真是无耻之极，罪不容诛！

2．无产阶级革命还是资产阶级改良主义

半封建半殖民地的中国往何处去，怎样才能改造？毛主席早就指出：要改造社会，必须采用激烈的方法，也就是采用马克思式的俄式的方法，采用夺取政权实行劳农专政的方法。**"走俄国人的路——这就是结论。"**

老机会主义者刘少奇与毛主席的革命路线背道而驰，狂热地宣扬"实业救国"的改良主义，大搞劳资合作，公开鼓吹："中国如欲自强，发展中国实业，实为先决条件。"明目张胆地为在中国发展资本主义、建立资产阶级共和国鸣锣开道。

请看，刘少奇怎样利用他窃据的俱乐部主任的职权，为买办企业汉冶萍奔走呼号，竭力效劳。

1924年6月，眼看汉冶萍公司风雨飘摇，频临崩溃。刘少奇痛心疾首，抛出了《救护汉冶萍公司》一篇臭文，与买办资本家舒修泰一唱一和，声嘶力竭地呼吁工人同资本家一起，"同心协力，共救危亡"。

矿长舒修泰说："我们这个公司，对于国家很增光的，这个公司办得好"，"国家可以谋富强"；

刘少奇危言耸听："汉冶萍之存在与否，实关系于人民之生死，国家之兴亡。"

舒修泰吓唬群众说"设或这个矿停顿起来"，"不但工人不得了"，"就是安源做小买卖的也不得了。"

刘少奇更进一层："汉冶萍之存在与否，实为百万人民之生计所关"！

舒修泰向大家呼吁：公司"困苦艰难"，我们要"拼命的维持"，"要救公司"；

刘少奇喊得更响："中国国民啊！……汉冶萍要停工破产了呵！其速起救护吧！"

　　仅此，刘少奇还嫌不足，1924年11月，他又献上洋洋六千余言的《整頓萍矿意見书》，要求买办資本家采用向工人开刀的所謂"自救政策"，来挽救萍矿。

　　在这个意見书里，刘少奇提出了一个要工人每天增产五百吨煤炭的惊人指标，这就是說，工人应该在原有設备条件下，每天增加出产25％。刘少奇帮資本家計算：每日能增加出产五百吨，，每吨折洋八元，除出产費用，每日尚可增加十万元之收入。这是一种多么残酷的掠夺！

　　为了使工人能够完成定额，刘少奇还向資本家献了两条毒計：一条是，員司亲自到"窰內指挥"，"特别严厉工头对出产負責"；另一条是，"采用花紅办法以促进工人工作之热心"，"則工人自能多事工作，出产必因而增加。"这就是要买办資本家对工人軟硬兼施，一手拿皮鞭，一手拿花紅，迫使工人为資本家卖命。

　　刘少奇恐怕他提出的这些妙計資本家不会采納，还低声下气地向他們哀求："时机紧迫，惟公司当道，萍矿当道，加意采夺，努力进行，国家幸甚！国民幸甚！"

　　为了发展买办企业，刘少奇还主张卖身投靠帝国主义。1924年，日本答应再借款四千余万元，这本来是日本帝国主义对中国人民的一种掠夺手段，而刘少奇却如获至宝，大肆宣扬这是什么"成功的借款"，主张"专用于整頓工程"。

　　汉冶萍公司与日本签訂了一系列丧权辱国的条約，刘少奇全盘接受，保证"至民国四十九年（1960年）照約还清日償。"买办資本家出卖中国利权給帝国主义的条約訂到1960年，刘少奇让日本控制汉冶萍的計划也訂到1960年。充分暴露了他决心永远充当帝国主义的走狗和奴仆。

　　更有甚者，这个民族败类，为了保存萍矿，竟主张将汉阳、大冶厂矿送給日本。他說："当汉冶萍破产时，萍矿离三公司而独立是絶对可能而必要的，且可大加发展，有把握可以賺錢。不过把汉阳、大冶厂矿送給日本，实是我們极不愿意而且痛心的。但当此'救了娘娘救不了太子'的时候，这亦还是一种悲惨的补救。"

　　对于美帝，刘少奇更是一往情深，滿怀希望。他极力进行崇美，亲美宣传，胡說什么美帝在汉冶萍有两种优势："一为现在汉冶萍办事人多亲美者，二为现在北京政府可以帮助美国，而不帮助日本。"还說什么"美国恐怕日本吞去了汉冶萍"，"也千方百計在那里使汉冶萍此时不停工，好象对汉冶萍說：'日本不借款，我借給你吧'"。把一个侵略强盗，打扮成"济困扶危"的义士，希望依靠它去求得汉冶萍的"独立"。认贼作父，引狼入室，这就說明他已投入美国怀抱，充当"紅色买办"了。

　　刘少奇心中想的，梦里求的，就是发展資本主义。他所謂的"实业救国"，实际是卖国投敌。

　　刘少奇不但溫心瀝血地向資本家出謀献策，而且赤脯上陣，身体力行，采用各种办法，帮他們維护产业：

　　提倡"工人自治"，要工人起来"負責整理萍矿的生产"；要工人注意"涵养德性"，树立"維护产业的公德心"，而不要和資本家"互相仇视"。他經常欺骗工人：只要搞好生产，办好企业，生活就会好。

　　仿照英俄各国办法，成立"工厂委員会"，主要任务之一是什么"训练劳动者管理生产的知識"。俱乐部号召工人成为"革命的实业家"，要注意"增长知識"，"提高做事的能力"。

成立"出产整理委员会"。俱乐部的干部、代表经常和反动的工头、职员、矿师、总管等一起开"联席会議"，研究整頓出产办法。要工人自修煤车，自找材料。"各委员輪流分日夜班进班視察，对于懒惰及出班太早之工友，予以相当之警告与裁判"，因而使"萍矿出产，吨数日有起色"。

除此之外，刘少奇还对工人实行残酷的资产阶级专政。俱乐部除严令工人遵守资本家的各种厂规外，还訂有許多奴役工人的章程或规約，如有违犯，"輕则处罰，重则开除。"干部与工人实行連坐，规定"见而不报者，与犯者同惩。"刘少奇对资本家忠心耿耿，所訂规約有的比厂规还要苛严。比如工人私带煤焦，資本家亦无計可施，刘少奇却规定："第一次每人罰工十个，第二次开除，有职者加倍惩罰。"

俱乐部設立"裁判委员会"和糾察团，"监察工友行动"，与矿监队、司法課密切配合，維护"匪伪"治安和矿山秩序。自1923年12月至1924年9月，裁判委员会审理案件432起，其中所謂不守厂规、不遵部章、工程糾葛、妨害公安等256起，占60%以上。这些案件，有的罰款，有的送警，有的开除，处理极其残酷。

刘少奇这种維护实业的"热忱"，博得了资产阶级的热烈赞扬，当时的官方报刊写道："工人俱乐部屡以保护产业，維护社会等理由，苦口劝导（工人），幸免暴动，……由此而观，吾人不能不佩服其深明大义。"

1925年秋，在庆祝大罢工胜利三周年的大会上，资本家奖給俱乐部一面用金綫綉着"劳资合作，实业救国"的紅絨錦旗，要求俱乐部"让过去的不愉快冰化雪消，开創劳资兄弟亲密合作的新时代。"

毛主席教导我們："什么人站在革命人民方面，他就是革命派，什么人站在帝国主义封建主义官僚資本主义方面，他就是反革命派。"历史事实证明，刘少奇从来就不是什么"老革命"，而是一个地地道道的假革命、反革命，是一个不折不扣的大工贼！

3．刘少奇的"世外桃园"是什么貨色

1925年4月，刘少奇抛出了《"二、七"失败后的安源工会》一篇奇文，把安源当作"世外桃源"向全国推荐，大吹特吹他取得的种种胜利和創办的各种事业。对在三座大山压迫下，处在水深火热中的安源工人的生活，他是这样描写的：

"现在的安源工人，作完了工可以讀书，可以看戏，可以听讲，亦可以作各种游艺。子弟讀书不要錢，秩序有自己的糾察团維持，不受兵警的蹂躏；犯事有自己的裁判委员会裁判，不致受腐败法庭的虐待；青年工人有工会的青年游戏教育，不致年长失学；买东西有自己工会的合作社，不致受商家的剥削。"

1937年，他在給张聞天的一封信中，还这样写道：

"我开始工作就在一个历史长久而规模最大的产业安源矿山工作三年……我們在几万工人中，有絕对无限的信仰，工人是工作、生活大改善，地位大加提高，人皆称工人为"万岁"，工会有最高的权力，有法庭，有武器，能指挥当地警察及监狱等。"

刘少奇笔下的安源，是一个多么美妙的乐园：没有压迫，没有剥削，也没有阶级斗爭；人人有书讀，人人有戏看，融融乐乐，一片丰乐太平的景象。

封建軍閥統治下的安源，竟能出現這種"太平盛世"，眞是海外奇談，荒唐透頂！

一切革命的根本問題是政權問題。毛主席早就指出："**非得政权则不能发动革命，不能保护革命，不能完成革命。**"刘少奇与毛主席的教导相对抗，1923年在俱乐部的工作方針中，居然提出："实行夺取政权，由政治的力量消除一切阶级的压迫……是很远的事实，用不着說很多的話来討論它"，"使工人目见利害的关系团結起来"，为"改善待遇"努力，才是"本部目前內部唯一的切要的企图。"

因此，在安源，他不是依靠群众，引导群众进行反抗压迫剥削的政治斗争，而是用改善生活之类的美丽詞句来欺骗群众，大搞反革命经济主义。請看，刘少奇所謂的事业究竟是什么？

大办教育，設立工人学校七所，学生七百余人。刘少奇奴颜卑膝地向资本家乞討，不惜出卖工人革命斗争的根本利益去换取资本家的一点所謂对教育的补贴，然后大肆宣揚，說什么"子弟讀书不要錢"，"增长知識"，"陶冶社会完人"；

开办消費合作社二所，资金达五万余元，大搞粮食、兌换等各种經营，刘少奇号召工人"儲蓄"、"入股"，据說这样就能使工人"不受商家的剥削"；

大兴土木，修建俱乐部。刘少奇为了"千古留名"，要工人拿出罢工后仅得的一点成果——年終半月夹薪的一半（七天半工資），花了一万多元，費时半年之久，修建了一座比矿局大楼还要富丽堂皇的俱乐部。当时工人不同意，刘少奇要总代表解释："等于没有夹薪一样，修个祠堂（指俱乐部大楼——編者）千古留名"；

設立图书館、剧团等各种文化福利事业，目的是所謂"改善生活"，为失业者"謀生活之路"和培养工人"做事的能力"。

总之，福利就是一切，一切都是为了福利。不要无产阶级革命，不要政治斗争，不要政权，这就是刘少奇在安源全部工作的出发点和归宿点。所謂"世外桃源"，他所販卖的就是这种经济主义的黑货。1926年，他已經离开安源之后，还把这一套东西在全国总工会加以貫彻，說什么"工会为工人之經济组织"，"今后职工运动的方针，应作各种經济斗争"，"經济斗争的发展，即为中国职工运动的发展。"列宁指出："因为經济斗争而忘掉了政治斗争，那就是背弃了全世界社会民主运动的基本原则，那就是忘掉了全部工人运动史所教导我们的一切。"

那么，刘少奇是不是眞正的关心安源工人福利，使他們的生活有所改善呢？不是，絕对不是！当时的安源，根本不是什么"世外桃源"，而是人間地狱。1924年八月，俱乐部干部黄靜源同志在报告轉运处工人的生活情况时指出："本处各工友……工作很苦，工資又少，幷时常有没工可做的忧虑。""就是工作好的时候，也不过各人剩两三元，不然只够伙食，或者連伙食也不够啊！"

就是这样微薄的工資，资本家还經常盘剥尅扣，拖欠不发。1925年春，就在刘少奇向全国推銷"世外桃源"黑货的时候，安源工人因为几个月沒有領到薪餉，已經陷入"万家飢寒，群情憤激……痛苦万状"的絕境。当时，"工人家庭餓斃及自尽者，时有所聞"，"慘悽之状，目不忍睹"。萍矿当局自己供认："矿警局长……飞揚跋扈"，"强者硬攫，弱者巧取……矿以外有聚索者，有拼命者，矿以內有坐泣者，有重毙者"。悲憤的工人一再包围矿局，围斗矿长舒修泰和日本顾問谷川，幷停运焦煤，"聚毁米店"，同资本家展开了激烈的斗争。这样一幅血泪斑斑的惨状和工人們火热的斗争，刘少奇視而不见，听而不聞，反而捏造出一个"世外桃源"的神話来为統治者粉飾太平，这不是麻痹人民的鸦片又是什么！

刘少奇的"世外桃源"是假的，完全是为了他的投降主义、修正主义路綫的需要进行的虚构。其目的就是掩盖阶級矛盾，調和阶級矛盾，誘使群众为了一些眼前的暂时的經济利益而放弃阶級斗争，放弃远大的革命理想。

事实不正是这样嗎？敌人磨刀霍霍，調兵遣将，时刻准备宰割俱乐部。而刘少奇却在敌人的屠刀下大搞和平建設，开展各种文化活动，輕歌漫舞，朗朗书声。1925年秋，大买办資本家盛恩頤勾結軍警来安源封閉俱乐部时，俱乐部居然强迫工人們打着旗子到車站去迎接。結果不过两天，俱乐部便在敌人的突然袭击下遭到残酷的破坏。許多干部、代表、学校敎員被逮捕，严刑烤打，以至血腥屠杀；所有財物被搶扨一空，六七千工人被开除，并押送出境。刘少奇吹嘘的"世外桃源"立时变成了屠杀工人的大刑場。所有这一切难道不正是刘少奇投降叛卖的結果嗎？

三、毛泽东思想光輝照亮了安源工人革命的道路

1．用武裝的革命反对武裝的反革命

毛主席敎导我们："革命的中心任务和最高形式是武裝夺取政权，是战争解决问题。""在中国，离开了武裝斗争，就没有无产阶級的地位，就没有人民的地位，就没有共产党的地位，就没有革命的胜利。"

1925年9月惨案，宣告了刘少奇反革命投降主义路綫的彻底破产。安源工人从血的敎訓中认識到：在敌人反动政权的残酷统治下，企图依靠劳資合作，通过和平的道路求得自身的彻底解放，是絕对办不到的。敌人的血腥屠杀非但不能动搖他们的鋼鉄般的革命意志，反而使他们鍛鍊得更頑强，更坚定。他们揩干身上的血跡，掩埋好同伴的尸体，又高举革命的大旗，同敌人坚持着长期艰苦的斗争。

1927年，由于蒋介石的叛变和陈独秀右傾机投降主义的出卖，轰轰烈烈的大革命失败了。在这个生死存亡的关头，为了挽救中国革命，我們的伟大領袖毛主席在"八七"会議結束之后，不避危险，星夜赶回长沙。8月18日，在长沙北門沈家大屋，召开了改組以后的第一次湖南省委扩大会議，毛主席部署了秋收起义的計划，决定在湖南东部、江西西部一带地区发动秋收起义。

八月底或九月初，毛主席亲自到安源召开会議，具体发动秋收起义，到会的有毛泽民、毛泽覃、浏阳县委書記潘心源、蔡以沈、萍乡县委、安源地委負責同志。

毛主席在安源还給工人做了报告，分析了"馬日事变"以后的形势，号召用革命的武裝反抗国民党反动派的屠杀政策，坚持革命斗争，当前就是要組織秋收暴动来挽救革命。安源工人最听毛主席的話，他们积极响应毛主席拿起枪杆子夺取政权的伟大号召，和萍乡、醴陵农民共三千余人，組成了工农革命軍第一師第二团，成为秋收起义的一支重要力量。9月11日，安源工人高呼"暴动！打倒国民党政府！""暴动！杀土豪劣紳"！"暴动！帮助农民夺取土地！"等口号，投入了武裝斗争的洪流。

安源工人队伍踏着雄壮的步伐，豪情奔放地歌唱：

"我本是工人，千年痛苦都受尽，齐心团結是力量，杀土豪，除劣紳，推翻国民党，奴隶翻身作主人！"

他們繞过萍乡，一鼓作气，連克醴陵、株州、浏阳，取得了很大的胜利。他們在战斗中勇往直前，奋不顾身。正如任弼时同志向党中央的报告中特别指出的："在此次战斗（按：指浏阳战斗）中，安源工人表现极勇敢。"安源工人抛头顱，洒热血，跟着毛主席用武装的革命反对武装的反革命，在中国革命史上，譜写下光輝的一頁。

2. 紧跟毛主席，解放全中国

1927年9月24日，我們伟大領袖毛主席率領秋收起义部队上了井崗山，建立革命根据地，开辟了以农村包围城市，武装夺取政权的唯一正确的革命道路，这是中国革命历史的轉折点。

在井崗山，毛主席念念不忘安源工人的疾苦和斗争，他經常对跟随他上井崗山的安源工人战士說：我們今天有枪杆子，安源工人沒有枪和子弹，斗争比我們更艰苦，我們要帮助他們。因此，就在紅军遭到敌人封鎖的极端困难的条件下，毛主席还派人下山，帮助安源工人解决困难。伟大領袖毛主席对安源工人的亲切关怀，是安源工人永远不能忘怀的。

1930年9月，安源人民日夜想念的紅太阳毛主席，亲自率領工农紅军又一次来到了安源。

安源人民含着热泪迎接自己的亲人，街头巷尾都贴满了标语，在安源路矿工人俱乐部門口大草坪上搭了台，数万群众举行了空前的盛大集会，热烈欢迎毛主席。

毛主席这次在安源住了一个星期。他对安源工人的斗争和生活非常关心，告訴工人：紅军一定会胜利，工人要坚持斗争到底。毛主席在安源訪贫問苦，挨家慰問烈属。毛主席亲切嘱附說：一定要把烈士們的儿女撫养大，革命一定会胜利。在毛主席的亲切关怀下，紅军拨出了一批經费，給每个工人发了五角錢生活补助费，給每个烈属发了五十元撫恤金。毛主席永远和安源工人心連心。

安源工人牢記毛主席的教导，坚定不移地执行毛主席的以农村包围城市的伟大战略指示，积极支援革命根据地的斗争。从秋收起义到1930年，安源工人先后有五千多人参加了紅军。紅军中的第一支工兵連，就是由安源工人組成的。不少安源工人又深入湘赣两省的农村，发动群众，組織游击队，破坏敌人的交通，积极配合紅军的斗争。从1928年以后，安源就成了井崗山革命根据地对外联絡站。从此，安源工人沿着我們伟大領袖毛主席亲手开辟的革命航道从胜利走向胜利。

四、安源工人运动史是怎样被顛倒的？

中国的赫鲁晓夫刘少奇，早在二十年代就是一个老机会主义者，是工人阶级的大叛徒。他过去在安源的历史，是一部臭不可聞的罪恶史。然而长期以来，他却被当成安源工人运动的"領袖"和正确路綫的代表，载入青史。是非顛倒，人妖混淆，这是为什么？历史为什么被篡改得面目全非？

1. 刘少奇篡改安源工运史的三支毒箭

头号野心家刘少奇篡改安源工运史的罪恶勾当，由来已久。早在一九二三年八月，他就抛出了《安源路矿工人俱乐部略史》。一九二五年四月，他又抛出了《'二七'失败以后的安源工会》。到了一九三七年，他还給洛甫（张聞天）写了一封黑信，即《大革命历史教訓中的一个問題》。这是刘少奇在解放以前，篡改安源工人运动史的三支大毒箭。

在长达两万多字的《略史》中，刘少奇瞒天过海，对大罢工及罢工后的一段工运史，进行了全面的篡改，明目张胆地抹煞我們伟大領袖毛主席多次亲临安源，发动和領导大罢工的丰功伟績，而把自己当成工人运动的"領袖"，口口声声"全权代表"如何如何，把一切功劳記在个人賬上。

安源大罢工的胜利，本来是在毛主席的亲切关怀和直接領导下，广大工人英勇斗争的结果。而刘少奇却颠倒黑白，把大罢工的胜利說成是"和平談判"的胜利。他不惜篇幅，繪声繪色地详细描繪他当时和敌人"密日和談"的情景，吹嘘自己在敌人的威逼下怎样英勇不屈，視死如归，怎样义正严詞地駁斥敌人，使敌人"軟了下来"，"唯唯要求"磋商条件，达成了十三条协議；而广大工人的英勇斗争，他們在革命风暴中显示出来的巨大威力，则一笔勾消，全盘抹煞。在刘少奇笔下，使敌人"屈服"的不是工人的力量，而是他的三寸不烂之舌。經他这一篡改，于是一个貪生怕死，談判时以調停人自居，极力为自己开脱的胆小鬼，立时便被当作"英雄"让人崇拜。这是刘少奇颠倒安源历史最早的第一支大毒箭。

大罢工以后，刘少奇在安源呆了将近三年。为了捞取政治资本，一九二五年四月，在全国第二届劳动大会前夕，他又抛出了《'二七'失败后的安源工会》一篇大毒草。在这篇臭文中，他狂热地自我吹嘘，把他当时所在的安源当成"世外桃源"，捧到了九天之上。

文章一开头，他自吹自擂地說："在这种全国工人运动极沉寂的时期里面，独有一个安源路矿工会，偏偏不是这样，偏偏是能打破一切障碍发展自如"。接着，他捏造了許多事实說明当时安源工人怎样摆脱了軍警法庭的"虐待""蹂躪"和商家的剥削，过着自由幸福的生活，說什么这就是他巧妙利用"資本家党派紛歧"，"拿攏地方士紳"，使用"軟的方法"的结果。最后，他还大叫大嚷，要全国工人向他学习："工友們，注意！注意学习安源工友的战术"，你們"就能办得安源工会那样好或还要更好。"

"二七"以后，刘少奇在安源进一步对抗毛主席的指示，推行一条彻头彻尾的投降主义路綫，宣揚阶级調和，大搞劳資合作，干了一系列出卖工人运动的罪恶勾当，使工人的革命斗争受到严重的损失。刘少奇不引咎自責，反把他的投降叛卖行为，当作正确路綫向全国推荐，所謂"碩果仅存的'世外桃源'"，"中国的莫斯科"，就是他一手編造出来的。世界上居然有这样胆大妄为的骗子手，眞是厚颜无耻，卑鄙至极。

然而好景不常，刘少奇的毒草出籠后不久，俱乐部就在敌人軍警的武装袭击下被封闭了，无情的事实給他一記响亮的耳光。

但是，刘少奇贼心不死，一九三七年，他写給洛甫（张聞天）一封猖狂地攻击毛主席，为陈独秀和他在安源的右倾机会主义路綫翻案的黑信，在談到有关安源的事例时，仍然重弹过去的老調，吹嘘自己如何如何正确，而恶毒污蔑工人"左倾"，"冒进"，不知道"满足"，因而使俱乐部被敌人武力解散，把罪責完全推到工人身上。

安源工人俱乐部为什么被封閉？原俱乐部付主任朱少連早在 1926 年就已指出："內部的組織完全公开，使敌人深知我們的內容与策略的錯誤（因我們常常公开宣传維护产业，以顾全大家的生活等主張），使敌人乘机大胆地来进攻。他們知道工人不致破坏产业，所有共余什么战术他們都是不怕的。因为我們的組織公开，打击一来，使我們受絕大的損害。"所有这些，难道不是刘少奇的罪过！？

2．刘少奇演出的四幕丑剧

解放以后，刘少奇利用他所窃取的党和国家的重要职位，更加肆无忌憚地篡改安源工人运动史，演出了一場又一場的丑剧。

一九五七年十一月，刘少奇一面下令重印他二十年代写的篡改安源工人运动史的大毒草——《安源路矿工人俱乐部略史》、《对俱乐部过去的批評和将来的計划》和《俱乐部組織概况》，一面在北京接见了安源路矿工人俱乐部負責人，演出了两幕颠倒历史的丑剧。

当刘少奇接到湖南历史考古研究所筹备处寄給他校閱的《略史》等三篇文章时，他喜出望外，如获至宝，經过一番精心的篡改，立即写了复信，叫他們重印发表。他在复信中說："紀念册上的三篇文章，我看过一遍。除删去其中不重要的几段和略去完全建議性的一部分外，同意你們的意见，把它們作为历史資料保存下来，照原样在你們的季刊上刊登"。真的只是删去其中不重要的几段嗎？經过查对，他篡改和删节的恰恰都是十分重要的地方，当面撒謊，可見他堕落到了何等地步！

《略史》重刊以后，在国内外流毒深广，苏修立即把刘少奇写給《湖南历史資料》编辑部的信和《略史》翻譯成俄文，在苏联杂志上，全文照登，并且在《譯者的話》中，吹捧刘少奇是"中国工人运动的著名活动家"。

刘少奇在接见安源路矿工人俱乐部負責人时，大談他在安源大罢工时的"英雄"史話，更是吹尽牛皮，說尽謊話。說什么："我一去就积极主張罢工，李立三还有点犹豫不决。罢工后李立三躲起来了，我担任路矿两局工人的全权代表。"这还不够，他又比手划脚，口沫横飞，眉飞色午地吹嘘他当时和敌人談判的情况，那付丑态，比《略史》中所描写的还要丑恶。听者不禁問道："你为什么不怕？"刘少奇笑了笑說："我那时刚刚出来，懵懵懂懂的不晓得怕。"可謂吹牛有术，短短一句，"英雄"的形象显得更加高大了。

刘少奇随心所欲地篡改安源工运史，必须指出，他的自我吹嘘前后是矛盾的。在《略史》中，他供认对大罢工是"骑虎难下"，不得不"挺而走险"，而现在却变成了"一去就积极主張罢工"；1957 年还只說躲起一个李立三，而 1964 年在湖南省的一次干部会上，他却又說："一罢工之后，所有的党员都躲起来了，只剩下我一个人。"刘少奇这样信口雌黄，反复无常，在他的心目中，哪里有"羞耻"二字！

一九六四年，随着他篡党、篡政野心的发展，他篡改安源工运史的罪恶活动，也达到更加疯狂的地步。五月間，他的叭儿狗袁品高从安源被召到北京。他和他的臭婆娘王光美两次接见，又合演了一場篡改历史的丑剧。

刘少奇又一次宣扬他在安源的"光荣史"，什么"一不图名，二不图利"啊，"抓住"和

"利用"正付矿长与工头、职員之間的矛盾，才"取得了罢工的胜利"呀，等等，一味吹捧自己，只字不提毛主席。他大言不慚地說："我們在領導罢工时，还沒有什么損失，我离开那里以后，牺牲了一些好同志，受到了損失。"把一切功劳归于自己，把一切錯誤推給别人，不愧是一个老牌的赫魯晓夫式的个人野心家。

狗奴才袁品高对主子的用意心領神会，跟着狂吠："你是在那里領导革命的"。向他提出："俱乐部，夜校年年失修，都坏了"，"安源的革命故迹要修一修"。这一席話正中刘少奇下怀，他满口应允地說："修一修可以"，"文物愈老愈好，你放心，我們死了以后，会有人修，修得更好。"幷且他还标榜自己："修俱乐部的那八根柱子，还是我到株州买来的。"（按老工人揭发，这八根柱子，根本不是刘少奇买的）

俱乐部門口有两棵梧桐树，早在大楼修建前就已存在，根本不是刘少奇栽的。袁品高为了討好刘少奇，阿諛奉迎地說："俱乐部門口主席亲手栽的两棵梧桐树长得又粗又高"，他欣然认領，高兴地說："啊！还在呀！"

两个人一唱一和，好不热鬧。更令人气憤的是，接见后，刘少奇居然还让他臭丈母娘带着他的小孩到招待所去，請袁品高讲他当年"領导"大罢工的历史。袁品高受宠若惊，得意忘形，吹得更是无边无际。

3.刘少奇策划的反革命三大計划

毛主席教导我們說："利用小說进行反党活动，是一大发明。"一九五八年，刘少奇又打着"多写矿工斗爭史"以"教育青年"的幌子，呼喚党內一小撮走资本主义道路的当权派，利用文艺形式，为他歌功頌德。旧中宣部、旧文化部和江西省一小撮反革命修正主义分子，对他們的黑主子的意旨心領神会。周揚、夏衍、陈荒煤之流聞风而动，紧紧抓住安源工人运动这一题材，指使他們的忠实爪牙彭永辉、张振初之流，精心泡制出为刘少奇歌功頌德的反革命三大計划：即一九五九年出籠的黑矿史《紅色的安源》，一九六二年出籠的反动电影《燎原》和已經脱稿尚未出籠的黑小說《煤城春秋》。

反动的三大計划，完全是以刘少奇篡改安源工人运动史的文章和讲話为兰本炮制出来的。这些大毒草，把刘少奇肉麻地吹捧为"万岁王"和"点燃革命烈火"，"喚起人民觉悟"的"革命領袖"，大肆宣揚他是安源大罢工的"英明决策者"和"一身是胆"的英雄，极力渲染他主持的安源工会是"高展在黑暗中的一面灿烂紅旗"，"当时全国工人、全国人民的希望所在"。总之，把刘少奇二十年代的罪恶史，篡改成"光荣史"，百般贊美，尽情謳歌。

反动的三大計划自始至終都是在刘少奇的亲自指揮下进行的。一九五八年，刘少奇曾召见彭永辉，面授机宜，教給他什么该写，什么不該写。而写出初稿和清样都得交給他亲自审查。所以刘少奇正是炮制反革命三大計划的幕后策划者。

4.刘少奇下令修复俱乐部和紀念館

解放以来，刘少奇还一而再、再而三地下黑指示，千方百計指使党內一小撮走资本主义道路当权派，为他在安源塑造偶像，树碑立传。

一九五三年，刘少奇写給安源鎭工会一封信，自我吹噓說："安源的許多事，至今我还記忆得很清楚，俱乐部的大会場还是我經手修建的"，"应該在安源建立个紀念碑"。言外之意，就是叫人家千万别忘記他在安源的历史"功績"。

在他的示意下，一九五四年，全国人民代表大会开会的时候，江西代表把要求修复俱乐部和建立纪念碑当做一項重要提案，向全国人民代表大会提出。会議期間，萍矿代表听了周总理的动员報告之后，感到解放初期，国家经济困难，这时提出修复俱乐部和建立紀念碑是不合适的。正在犹豫不决的时刻，刘少奇突然接見江西省主席和萍矿代表。他一面恬不知耻地对省主席說："×大哥，这些都是你們江西省的事囉！"你們該好好研究一下"。一面鼓励萍矿人民代表說："可以提"，如果"这次大会来不及处理，会交給新选出来的国务院去处理"。果然开完会不到几个月，內务部就撥了三亿元（旧币）来修复俱乐部，萍矿党內一小撮走資本主义道路的当权派急忙調兵遣将，大兴土木，为刘少奇在安源修建家庙。他当年的办公室、臥室、会客室、电話室，还有和資本家"密日和談"的談判室，都油漆一新，挂上說明牌。那幅臭名昭彰的："联絡感情，涵养德性；互相帮助，共謀幸福"的对联，又在俱乐部門口重新出現。同时，还出版了印有他的亲笔信的《安源路矿工人俱乐部修复竣工紀念册》。

一九六四年，刘少奇接見袁品高时，袁品高向他提出修理俱乐部，刘少奇說："修一修可以"。黑指示下达以后，旧文化部，江西省一小撮党內走資本主义道路当权派如获圣旨，不惜慷国家之慨，先后两次又撥款近七万元，再次修复俱乐部，新建纪念館。把刘少奇的行止所在，一室一物，都当做"古跡"、"文物"。所謂刘少奇亲手栽的梧桐树和經手买的八根柱子，都挂了大牌子，写上說明詞。江西省委把"俱乐部旧址"、"談判大楼"、"李立三秘密工作地点"等作为全省的重点文物，加以保护。

最可恶的是，在刘少奇的"文物愈老愈好"的黑指示下，江西省一小撮反革命修正主义分子，不准在紀念館展出一九二七年以后毛主席来安源的展品，不准在俱乐部內悬挂毛主席象和毛主席語录，勒令取下"毛主席万岁！""中国共产党万岁！"的两幅巨型标語，以及毛主席的"发扬革命传統，争取更大光荣"的题詞。他们甚至要给刘少奇塑半身象，而毛主席来安源的油画只能画小的，在他们的心目中，根本没有我們伟大領袖毛主席。这是刘少奇在安源疯狂反对毛主席的滔天罪行！

由此可見，无論是俱乐部或者紀念館，都是刘少奇一手操纵下，篡改安源历史，长期为他树碑立传的反动陣地。一万多安源工人在毛泽东思想光輝照耀下，用鮮血写成的工人斗争史，就是这样被刘少奇篡改成了他的"发家史"，为他歌功頌德，树碑立传。是可忍，孰不可忍！

毛主席教导我們："凡是要推翻一个政权，总要先造成舆論，总要先做意識形态方面的工作。革命的阶级是这样，反革命的阶级也是这样。"刘少奇篡改安源工运史，近几年来，到处招搖撞騙，猖狂已极，其目的就是为他篡党篡政作舆論准备。对安源工人运动史中两条路綫的篡改与反篡改的斗争，是資产阶级复辟和无产阶级反复辟的斗争。我們必須高举毛泽东思想伟大紅旗，把被刘少奇顛倒的历史重新再顛倒过来，还它以本来的面目。

×　　　　　　　×　　　　　　　×

"钟山风雨起蒼黄，百万雄师过大江"。毛主席亲自发动和領导的史无前例的无产阶級文化大革命，宣告了党內最大的走資本主义道路的当权派篡党、篡軍、篡政黃粱美梦的彻底破产，这是光焰无际的毛泽东思想的伟大胜利！

萍乡地区的无产阶級革命派和外地赴安紅卫兵小将，奋起毛泽东思想的千钧棒，砍倒了刘少奇在安源的偶象——两棵梧桐树，封閉了"刘氏家庙"——安源路矿工人俱乐部和紀念館，捣毁了臭名昭著的談判室，被刘少奇顚倒的安源工人运动史正在被顚倒过来。

"宜将剩勇追穷寇，不可沽名学霸王"。党內最大的走資本主义道路当权派虽然已經陷入亿万革命人民的重重包围之中，但是他人还在，心不死。让我們高举毛泽东思想的革命批判大旗，发扬痛打"落水狗"的彻底革命精神，穷追猛打，彻底清算刘少奇在安源的滔天罪行，把被顚倒的历史重新颠倒过来，让光芒万丈，光焰无际的毛泽东思想紅旗在安源上空高高飘扬，永远飘扬！

打倒大工贼刘少奇！

毛主席的无产阶級革命路綫胜利万岁！

无产阶級文化大革命万岁！

毛主席万岁！万岁！万万岁！

剝开刘少奇"工人領袖"的画皮

——安源老工人揭发刘少奇罪行材料汇編

党内最大的走資本主义道路的当权派刘少奇，长期以来，一直是以他在安源呆过三年作为政治资本，炫耀人前，招搖过市。为了抬高自己，他竟不择手段地顛倒事实，歪曲历史，把一切功劳都归于自己，把一切錯誤都推給别人。經过他自己的一番自我吹噓和他的一些走卒們的精心編造，一时，刘少奇在安源地区的形象被弄得神乎其神。什么"一不图名，二不图利"啦；什么刘少奇"一身是胆"啦；什么"有杰出的組織領导才能"啦；什么"工人阶级的革命領袖"啦，等等。

为了弄清事实真相，还刘少奇一个本来面目，我們联合调查組，用了两个多月的时間，分别到安源、礼陵、株州、湘潭、长沙、武汉等地，找了許多当年参加过安源大罷工的老工人座談、訪問。老工人揭发出来的无数事实証明：刘少奇从来就不是一个革命者，而是一个工人阶级的叛徒，是买办资本家在党内的忠实代理人。

一、千方百計要把轟轟烈烈的工人运动納入资产阶級所允許的合法斗爭的軌道

一九二二年九月初，毛主席亲自来安源点燃的革命烈火已經熊熊地燃烧起来了，工人們群情激昂，积极准备罷工。刘少奇就在这时来到了安源。他一到安源，就指責工人們是"瞎鬧""瞎搞"。他在工人夜校上課时说：

"我是受上級指示来的，你們要遵守劳动紀律，不要瞎鬧。你們要听我的話，听我的話只有好处，沒有坏处，我叫你們怎样做，你們就怎么做，你們瞎搞做不成事。"

好一付救世主面孔！

九月十六日，罷工已进行了三天，资本家的反动气焰仍很囂张，工人們都憤怒万分，包围了正在进行談判的矿局办公大楼，高声吼叫道："談不好就算了！我們大家不要这个矿了。把鍋炉房炸掉，杀他个鸡犬不留，打他个片瓦不存，让这班乌龟王八旦知道我們工人的力量！"

这时正在楼上談判的刘少奇应付矿长舒修泰之請，数次出来安頓工人说：

"你們不要鬧，现在萍乡县的地方紳士、县政府都帮我們工人说話，今天的事会办好。"

"你們不要鬧，都回自己房子里去。"

千方百計地要工人守"秩序"，惟恐工人們的行动突破了他事先划好的框框，越資本家所許可的范围。

罷工之后，他更是三令五申，不准工人"乱动"。老工人揭发说：

"我們十代表每个月要到俱乐部开一次常月会。刘少奇經常讲話，他说：'不要以为我們是工会上的人，加入了俱乐部，就到外面鬧事。不要乱动，要遵守秩序，工人們，

我們開了會就要照会执行'。刘少奇每开一次会都要把这些事讲一遍。"

二、宣揚劳資合作，充当資本家的代言人

刘少奇的劳資調和的修正主义观点，早在大罢工时期就已經暴露出来了。大罢工的第三天，九月十六日，刘少奇以工人代表的身份去談判时，有的工人不同意他去，他便反复对工人說：

"你們不要怕，我跟他們沒有仇，他們不会害我。"

"我跟他們无怨无仇，我是大家派的代表去調解的，若达不到目的我就不談，再派工人去談。"

在两个阶級大搏斗的生死关头，作为工人代表的刘少奇居然与資本家沒有仇，岂非咄咄怪事！

罢工胜利之后，刘少奇更是大肆宣揚"劳資合作，共謀幸福"。据老工人回忆：

"罢工胜利了，开个庆祝会，很多人在台上，刘少奇讲了話，人多听不清楚，我还記得几句，刘少奇說：'矿上答应了我們的条件，我們要馬上复工，矿是国家的，不能受损害。"

"罢工后，刘少奇經常要我們遵守劳动紀律，要搞好生产，經管好企业，这样，我們生活才能好。"

"开会时，他們（指刘少奇、李立三——編者）說：'现在不比以前了，现在工人要守紀律，搞好生产。"

"现在我們有工会做主，工人不受資本家欺压，又有这样高的工資。做窿的，换树脚的，撑桶的，都要把窿內搞好，我們炭也要出满，鉄路也要搞好，不能馬馬虎虎。"

这些話与資本家欺骗工人的話如出一轍，完全暴露了他这个剥削阶級代言人的本来面目。

根据楊万乔等老工人几年前的回忆材料說：

"一九二四年六月一日，俱乐部第三十一次代表会議上，刘少奇曾这样說过：'資本家的利潤好比瓶子里的水，……水太低了，資本家无利可图，他們就会反对……宁肯尽一切手段破坏矿山。那样的話，对我們一万多工人的生活，就会造成困难。"

这充分說明了刘少奇的"資本家养活工人"的謬論早在二十年代就已公开宣揚过。（这个反动論点，在《救护汉冶萍》一文中尤为集中露骨。）

一九二四年国共合作成立后，刘少奇唱的与陈独秀完全是一个腔調：

"我們应该和国民党合作，因为我們的力量还不够，要依靠国民党的軍队和武器……。"

三、打工人代表之名，行投降叛卖之实

罢工时同資本家签訂的"十三条"规定，年終給工人夹薪半个月。但实际上，工人所得无几，这完全是刘少奇叛卖的结果。老工人揭发說：

这年十二月二十三、四了，"矿局不发夹薪，工人很气愤，把副矿长舒修泰团团围住。舒修泰說：'矿上沒有錢，找刘代表解决。'打电話給刘少奇，刘少奇来到对舒修泰

說：'你叫我来签字可以签。要想办法解决，沒有錢就出临时矿票。'工人拿了七天半的临时矿票过年。第二年，刘少奇召集十代表以上会議，說这半月的夾薪是罢工得来的，是本身工資以外所得，建議把剩下的七天半夾薪建造一个祠堂（即俱乐部）。"

"22年年底領到第一次年終加餉，半个月工資，俱乐部統一扣下七天半工資，二天半办夜校，还扣掉儿童团，化装演讲費用外，工人实际拿到手的只有一两天的工資。"

本来，罢工开始时向当局提出的十七条中，第十条就有：由路矿两局拨一万元作工会的建筑費。但刘少奇去谈判时，为了与资本家妥协，竟将这項完全放弃了。而他这个野心家又想使自己"千古留名"，还是决計要修建俱乐部大樓，沒有錢就轉向工人开刀。

"1922年罢工后得了七天半夾薪，第二年由刘少奇提議建造祠堂。他說：'不罢工这半个月的工資沒有，现在罢了工，拿了七天半夾薪盖俱乐部还可以得到七天半工資，要是不罢工，到年三十什么东西也沒有。'"

"矿上被迫发了七天半临时矿票，而剩下的七天半工資在第二年由总代表出面，动員修祠堂，总代表說：'等于沒有发夾薪一样，修一个祠堂，千古留名。'"

四、跟官方人士来来往往，与地主豪绅勾勾搭搭

罢工以后，刘少奇与矿局的矿警、司法科都"配合"得很好。从老工人揭发出来的材料，可以看出刘少奇已經墮落成为资本家对工人实行专政的一名爪牙：

"工人之間打了架，到俱乐部請求解决。俱乐部有一个裁判委員会，专門管理这些事。总代表把'凶手'和受害者带上。裁判委員会判决完了，刘少奇写条子或拘留，或罰款。我就带着刘少奇的条子把'犯人'带到矿上的司法科，交給矿警。如果要放出某一个人，也得有刘少奇的条子。刘少奇让放就放，不让放就不能放。关的一般都是工人。"

刘少奇当时对工人的态度十分凶狠，工人代表有时沒有按他的意旨办事，他就对代表拍桌子，大加訓斥。但是，他与矿上的把头和萍乡地区的地主紳士們却很谈得来，互相吃吃喝喝，打得火热。

"萍乡商会老总兼湖南同乡会会长謝嵐舫在玉皇宫（禹王宫?）請刘少奇吃飯。时間是在1923年9月間。……謝嵐舫这次請刘少奇吃飯，就是要通过刘少奇把安源路矿工人拉入萍乡地区湖南同乡会。刘少奇吃完飯后和謝嵐舫谈了一、两小时才走。同乡会老总謝嵐舫問刘少奇：'安源有多少湖南人?'刘少奇說：'有50%的湖南人。'同时还約定由刘少奇把湖南工人名单交一份給謝嵐舫。"

"萍乡安源賈家冲有一个大地主叫賈賜谷（是安源保卫团团长——編者）。整个冲的田地和山岭都是属于他的，他們家子子孙孙都是讀书的。1923年阴历三、四月間，賈賜谷請刘少奇吃酒席（还請了一些地主紳士），他們在一个大圓桌上吃飯。我坐在外面一个屋里等着他。我同他一块去的，他吃过飯我跟他一块又回俱乐部。"

五、貪生怕死的胆小鬼

刘少奇在安源地区的走狗彭永輝、张振初之流把他吹得神乎其神，說什么"刘少奇一身是胆。"但知道刘少奇底細的工人却說他是个怕死鬼。

"1922年有人要刺刘少奇，他吓得不敢干了。我們炼焦处的工人說：'你搞吧，我

們保你沒事。'他才硬着头皮又干了起来。"

"刘少奇尽干些没有危险的事。吃吃喝喝，到地主家里吃酒席，他就願意去，一遇到危险事，他就不去。到萍乡的衙門，到鎮守使那里办事他就不去，他就是怕死。"

"1925年春，矿上的资本家不发工人的餉，工人們包圍了矿长室，不准他們喝水，不准他們吃飯。……圍攻了两天，资本家只发給工人十五天的工資。工人十分气憤，又圍攻了矿长办公室。这一回没有办法了，资本家就請萍乡的軍閥来帮助，軍閥打电話給俱乐部，要总主任去軍閥那里去談判，总主任刘少奇没有去。刘少奇不去是怕死，怕萍乡軍閥把他关起来。后来还是派黃靜源和我去的。"

六 十足的工人貴族

刘少奇直到1964年接见他的忠实走狗袁品高时，还在吹嘘自己在安源的工作：一不为名，二不为利，当俱乐部主任时，工人代表要给他一百元銀洋，他只要了十五元，以示他生活的艰苦朴素。共实，刘少奇在安源过的是地地道道的工人貴族生活，一套十足的流氓作风。

"刘少奇在安源没有下过井，没有参加过劳动。……当时俱乐部生活很好，每頓都是六个碗，三个葷菜，三个素菜。"

"刘少奇在安源没吃什么苦，……只搞行政工作，主持百代表，总代表会議，大会演說，看看报，有时跟工人打足球、兰球。那时工会的人都不参加劳动，刘少奇經常到朱少連、朱錦堂家里去，没有到百代表、十代表工人家里去过。"

"刘少奇抽烟特别多，抽的尽是哈德門的，不論是早、晚办公，一个劲地抽，两个指头都是烏黑的。"

"萍乡商会老总兼湖南同乡会会长謝嵐舫在玉皇宮（禹王宮）請刘少奇吃飯那次，刘少奇穿着兰色单长衫。走热了就脱下长衫，叫我拿着，如果冷了，我就得給他披上。（按：好一付老爷派头！）謝嵐舫和刘少奇他們在房子里吃，謝嵐舫出来說：你們没有吃飯的，都吃飯吧。我就坐下吃起来。刘少奇在里面和謝嵐舫談了約二个小时。在回来的路上他对我說："×××你吃飯不应該吃那么早。"他气冲冲地往前走，也不喊我，也不和我說話，我只好跟着走。回来后，刘少奇把我早吃飯的事向俱乐部的干部說了，俱乐部的干部对我說："×××你跟着刘主任到萍乡吃了酒席吧"？我說是。他接着說："你没有礼貌，刘主任在那儿吃飯，你没有去侍候他"。

至于他个人生活上也是丑不堪言，是个十足的大流氓。

七 顛倒历史的騙子手

1925年"九月慘案"，安源工人受到了慘重的损失。这是刘少奇右傾机会主义路綫的恶果。但他文过飾非，直到1964年接见其走狗袁品高时，还无耻地說："我們在領导罢工时，还没有什么损失，我离开那里以后，牺牲了一些好同志，受了一些损失。"也就是在这次接见中，刘少奇还吹嘘："修俱乐部的那八根柱子还是我从株州买来的"。

但事实是：

"罢工胜利后，就計划起一个会場，从半月夹薪中抽七天半工資，起初开总代表会討論，以后又开百代表、十代表会，最后通知部員……，盖俱乐部大楼的木料是从株州采购来的，那里有我們俱乐部的部員，当时成立了"建筑会"，由杨万乔等負責。俱乐部的木料根本不是刘少奇买的。"

"修盖路矿工人俱乐部的問題，修建資金是每个工人捐献七天半工資。我們大家推举金平玉負責采购木料。俱乐部大楼里面的八根柱子是金平玉、杨万乔等从株州买来，盖俱乐部大楼的图也是他繪的。"

"修俱乐部，选出筹备的人員，前往株州购买材料、砖瓦，不是刘少奇去买，不是筹备人員，是在矿請定泥木土工，八根柱子树等都是杨万乔等人购买的。"

貪天之功为已有，流氓骗子的嘴脸暴露无遺了！

八、牛鬼蛇神的庇护伞

提到刘少奇，老工人对他包庇和重用了一批牛鬼蛇神，纵容他們欺压群众，为非作歹，都感到非常气愤。許多老工人都揭发他这方面的罪行：

(1) 包庇变节分子袁品高。

袁品高是个变节分子。大罢工时他参加了，大革命失败后，他就向敌人自首了。可是1957年刘少奇一听到袁还在礼陵时，就迫不及待地"建議"把他"弄到俱乐部去搞老工人工作"。袁品高一到安源，便竭尽死力地吹捧刘少奇，成为刘少奇一条忠实的叭儿狗。1964年刘少奇又亲自召见。从北京回来之后，袁品高立即身价百倍，神气十足，胸前挂着半导体收音机，背上揹着盒子枪，头戴礼帽，手持文明棍，成天在大街上悠悠荡荡。后来知道有老工人揭他的底时，便出来公开威胁说："我是刘少奇調来的，你們告到那里去？萍乡市委、湖南省委、江西省委、到中央也告不倒我。这支枪就是刘少奇給我的上方宝剑，可以先斩后奏。"

一談起袁品高，老工人就会切齿痛罵刘少奇。

（这条材料是根据多人揭发，并参考了斗爭袁品高时老工人的发言綜合整理而成。）

(2) 包庇地主分子刘文武。

礼陵一些老工人揭发：

"刘文武在大罢工时是东平巷井下的工头，与刘少奇很合得来。……俱乐部垮台时，刘文武不在这里，跑到礼陵南乡石成金（地名·音）煤矿又当工头，在礼陵王仙买地十几亩。土改时被划为地主，土地分了，家里的东西分了。1953年刘文武到北京去找刘少奇，还带了一个人去……把事情告訴了刘少奇。刘少奇回信給当地政府，結果对刘文武土地沒收，东西发还。回来时，每人还給一百元"。

此后，刘少奇与刘文武书来信往。在刘少奇的包庇下，这个吸血鬼得以躲过了人民的监督管制。

(3) 包庇地主分子朱錦堂：

"安源工人俱乐部垮台以后，朱錦堂跑到北方去了，后来在李大钊那里工作，李大钊同志被捕以后，他与党組織断了联系。这时他把留在手里的一笔公款私吞了、带回家买了田地。土改时，朱錦堂被划为地主成分，当地群众把他押起来了。他的女儿給刘少奇写了一封信，刘少奇便給当地政府写了一封回信，叫当地政府把朱錦堂释放了。"

九、地主阶级的孝子賢孙

刘少奇为什么会对地主紳士、封建把头、商会会长，叛徒恶棍那样有感情呢？原来他是一个地主阶级的孝子賢孙，他本人就是喝人民的血汗长大的。据礼陵一个老工人揭发，刘少奇讀书时全靠他哥哥刘云庭供給。何鍵在湖南当省主席时，刘云庭在何鍵門下当监护队长，弄到很多錢供給刘少奇讀书。因此他对刘云庭感恩戴德，言听計从。他在安源时，只要刘云庭来信叫他回去，不管俱乐部有多么重要的工作，他都非回去不可。每逢刘云庭到安源来，他总要丢下工作，陪刘云庭到处遊逛，以討他地主哥哥的欢心。

*　　　　　*　　　　　*

我們所走訪的許多老工人都一致表示：人老心不老，一定要听毛主席的話，把无产阶级文化大革命进行到底。一定要把刘少奇斗倒、斗臭、斗垮，肃清他的一切流毒！

安源工人运动史两条路綫
斗爭大事年表

（1920—1930 年）

一 九 二 〇 年

早在中国共产党成立以前，我們伟大領袖毛主席就曾經来到安源，亲自考察工人所受的压迫剝削和痛苦，启发工人阶級觉悟，播下了革命的火种。

一 九 二 一 年

七月一日

毛主席亲手締造的中国共产党在上海成立。

党成立后，毛主席任湘区（包括安源）党的書記和中国劳动組合書記部湖南分部主任。从此，安源工人运动在毛主席的直接領导下，迅速开展起来。

十二月

毛主席关怀安源工人的革命斗爭，又一次来到安源。毛主席深入矿井，和工人亲切交談，指示他們联合起来，組織工会，成立俱乐部。毛主席回湖南后，党組織先后派李立三，蔣先云等来安源工作。

一 九 二 二 年

一月

安源成立了第一所工人夜校。接着，在工人中发展了一批党員，建立了党的組織。

五月一日

安源工人根据毛主席的指示，成立了自己的組織——安源路矿工人俱乐部。反革命修正主义分子李立三，一开始就在部章中提出了修正主义的綱領口号：涵养德性，联絡感情，互相帮助，共謀幸福。毛主席对此提出了严厉批評，幷指示应该改为：保护工人利益，减除工人的压迫与痛苦。李立三阳奉阴违，拒不执行。

七月底

汉阳鉄厂工人为时五天的罢工，取得了胜利。消息传来，安源工人更加振奋，积极酝酿罢工。

九月初

工人情緒热烈，罢工风暴即将来临。俱乐部主任李立三被群众的斗爭怒潮和資本家的威胁恐吓下破了胆，逃之夭夭。

在这关键时刻，我们伟大领袖毛主席亲临安源，指出罢工时机已经成熟，鼓励工人积极开展斗争。毛主席对罢工斗争作了全面部署，并写信给李立三，要他立即赶回安源。

罢工前几天

毛主席写信给安源工人，再次指出在罢工中必须采取"哀兵必胜"的策略，提出"哀而动人"的口号，同资本家作"义无反顾"的斗争，才能取得胜利。

老机会主义者刘少奇来到安源。他对抗毛主席的指示，一来就反对罢工，胡说什么"俱乐部已成骑虎之势"，大罢工是"挺而走险"。

九月十四日

安源工人响应毛主席的伟大号召，冲破刘少奇、李立三之流的种种阻挠，举行了震撼全国的大罢工。

罢工开始后，李立三胆战心惊，又躲了起来。刘少奇大演"文明"斗争的丑剧，一面三令五申，压制工人革命行动，一面迫不及待地给路矿两局写信，乞求"和平谈判"。

九月十五——十六日

刘少奇和敌人进行"蜜日和谈"，资本家气焰嚣张，谈判毫无结果。

工人包围谈判大楼，愤怒高呼："刘代表，谈不好就算了！我们不要这个矿了！""把锅炉房炸掉，杀他个鸡犬不留，打他个片瓦不存，让这班乌龟王八蛋知道我们工人的力量！"资本家要刘少奇出来"安顿"，他唯命是从，跑出来对工人说："你们不要吵，不要闹"，"都回自己屋子里去！"

九月十七日

工人冲进锅炉电机房，硬熄炉火，要炸毁矿山，资本家惊慌失措，只好同意就工人提出的条件进行谈判。

九月十八日

上午，在万余工人的压力下，路矿两局被迫在条约上签字，达成了十三条协议。这是毛泽东思想的伟大胜利！

下午，开罢工胜利庆祝大会。会上，刘少奇贪天之功为己有，闭口不谈毛主席对安源大罢工的英明领导，把一切功劳记在自己帐上。

在"上工宣言"中，刘少奇为军阀、资本家涂脂抹粉，胡说什么罢工胜利是"得了肖镇守使及戒严司令的维持，与绅商学各界的调停得力，使我们的条件完满解决，我们深深的谢谢他们。"

十月

资本家组织游乐部，阴谋破坏工会，杀害工人干部。工人乘胜追击，迫使矿局废除"包工制"，改为"合作制"。刘少奇欺骗群众，胡说什么"工头职员彼此勾结弄弊之种种黑幕，至此已扫尽无余"，将所有工头拉入俱乐部。

俱乐部改组，李立三窃据总主任，刘少奇窃据窿外主任的职务。

十二月

十三条协约规定，每年十二月加发工资半个月。资本家开始反扑，拒不执行。工人愤怒异常，开始局部罢工。刘少奇为资本家出谋划策，改发七天半矿票，另外七天半，他扣留下来，用来修建俱乐部。

一 九 二 三 年

二月

"二七"惨案发生后，白色恐怖籠罩全国。毛主席指示安源工人：不要害怕，应該采取"弯弓待发"之势，保持高度警惕，准备对付可能发生的一切险要情况。

老机会主义者刘少奇惊慌失措，哀叹"无路可走"，要工人立即"退却"，"不要驕傲，不要乱动"，实质是要工人向资本家屈膝投降，不准反抗。

刘少奇、李立三的投降主义路綫受到工人的严重抵制和反抗，二月间，李立三在工人的严厉譴責下被迫离开安源。刘少奇玩弄两面手法，窃据俱乐部总主任职务。

四月

毛主席离开湖南，調往中央工作。

六月

工人反抗资本家的挑衅，掀起了普遍要求增加工资的风潮。资本家束手无策，刘少奇采用种种卑鄙的手法帮助"尽力消弥"，将斗爭烈火扑灭下去。

七月

刘少奇根据资本家提出的要求，与之签訂完全出卖工人利益，鎮压工人运动的七条协約，保证："对于矿局出产应竭力維持"；"矿局所訂工人邉守規則"，"皆应共同邉守"；"以后工人如有事項，……不得动輒聚众喧扰要挟，并不得动輒罢工妨碍工作。"

路矿两局对工人的反抗斗爭恨之入骨，勾结軍閥，企图武力解散俱乐部。工人坚决斗爭，严阵以待。刘少奇吓得要死，奴颜卑膝地向敌人表白："敝部一切措施，但所以謀矿局路局前途之发展"，恳求他們"諒解"。

七月底

桥梁处工人因为反对解雇，同矿局展开了激烈的斗爭。刘少奇"消弥"无效，竟誣蔑一百四十多个工人是恶劣分子，全部开除部籍。

八月十日

刘少奇抛出了《安源路矿工人俱乐部略史》一棵大毒草，肆意顛倒历史，抹煞毛主席領导大罢工的伟大功績，自我吹嘘，把一切功劳記在自己帐上。

八月二十日

刘少奇的《对俱乐部过去的批評和将来的計划》出籠，提出了在工人运动中单純开展經济斗爭的修正主义路綫，公开反对无产阶级"实行夺取政权"，反对暴力革命。

九月十八日

安源工人集会庆祝罢工胜利一周年。刘少奇推行反革命經济主义，反对政治斗爭的右倾机会主义路綫受到严厉譴責，他拒不悔改，在俱乐部宣言中，仍然提出："减少工作时间，改善待遇"，"这是本部目前內部唯一的切要的企图"。

十月十日

《安源路矿工人俱乐部罢工胜利周年紀念册》出版，刘少奇把俱乐部組織情况，所有干部、代表及学校敎员名单全部公布于众，致使1925年敌人武装封閉俱乐部时，許多人遭受逮捕或屠杀。

十月十八日

刘氏家庙——俱乐部大楼正式动工。花了一万余元，費时半年之久，到第二年"五一"方始建成。刘少奇为自己树碑立传，企图留名千古。

一九二四年

五月九日

刘少奇邀請安源商会、保卫团、同仁俱乐部等一起举行"国耻"紀念会，和軍閥、官僚，地方紳士狼狈为奸，勾勾搭搭。

六月一日

刘少奇召开俱乐部第卅一次代表会，决定成立"出产整理委員会，負責整頓萍矿出产，提倡工人自治"。

九月

刘少奇抛出了一个民族投降主义和阶級投降主义的黑綱領——《救护汉冶萍公司》。声嘶力竭地呼吁工人起来，与資本家"同心协力"，救护萍矿。

十一月六日

萍矿付矿长舒修泰发布《劝告工人书》，大弹"劳資合作，实业救国"的滥調，声言公司"困苦艰难"，要大家"拼命的維持"。

十二月

刘少奇抛出《整頓萍矿意見书》，为資本家出謀划策，要他們一手拿皮鞭，一手拿"花紅"，加紧榨取工人血汗，以增加收入，"救公司于危亡"。

刘少奇亲自炮制的《安源路矿工人俱乐部第二屆罢工紀念册》出籠，大肆宣揚工人自治，鼓吹劳資合作，以及如何残酷鎮在工人的反抗斗爭。这是刘少奇工賊面目的又一次大暴露。

一九二五年

一月初

矿局长期欠薪不发，并阴謀取消年終夹薪，工人坚决斗爭，一再包围矿局，刘少奇重弹"文明"斗爭的老調，命令工人："一定严守秩序，絕无軌外行动，以保我工人自治之精神。"

一月中旬

数千工人包围矿局两昼一夜，围索欠餉，断絕粮水，舒修泰等狼狈不堪，被迫筹款数万，始得解围。

三月

工人向矿局提出警告，声明十四日內如不发清欠餉，立即停运汉阳大冶焦煤。

四月

数千工人不断包围矿局，要求清发欠餉。汉冶萍公司日本顾問吉川来安源，策划鎮压工人的反抗。当他和矿长舒修泰前往紫家冲矿井視察时，工人把他們包围起来，"拨粪汹湧攒殴"，将舒帽打落在地。廿三日，工人包围吉川住宅，吓得他胆战心惊，狼狈而逃。

斗爭浪涛汹涌澎湃，滚滚向前。而这时，刘少奇却抛出了《'二七'失败后的安源工会》一棵大毒草，把黑暗重重，阶级斗爭极其激烈的安源，描繪为风平浪静的"世外桃源"，麻痹工人斗志。

五月

全国第二次劳动大会在广州召开。刘少奇文过飾非，欺上瞒下，骗取了党的信任，窃据了全国总工会付委员长要职，从此調离安源。

九月十四日

汉冶萍公司总经理，大买办盛恩颐，在大批军警护卫下来到安源，决定武装封闭俱乐部。刘少奇一手提拔起来的俱乐部主任、大叛徒陆沉先往武汉欢迎。盛贼到安源时，又要工人去車站迎接，工人激怒，高呼"打倒資本家"，等口号，声討盛贼。

九月十八日

盛贼张牙午爪，磨刀霍霍，准备宰割俱乐部。刘少奇右倾机会主义路綫及其忠实爪牙陆沉、朱錦棠統治的俱乐部，照常举行罢工胜利三周年紀念会。会上，資本家送给俱乐部一幅用金綫绣着"劳資合作，实业救国"的紅絨綿旗，要求俱乐部"不咎既往，让过去的不愉快冰化雪消，开創劳資兄弟亲密合作的新时代"。

九月二十一日

深夜，风雨交加，一片漆黑。盛恩颐的军警、特务武装；突然包围袭击俱乐部、合作社、学校及工人餐宿处，大量逮捕和血腥屠杀革命群众，搶劫捣毁俱乐部所有财物，并开除工人六七千人，制造了血腥的"九月惨案，"这是刘少奇长期推行右倾投降主义路綫的恶果。

十月十六日

俱乐部付主任黄靜源同志被捕后英勇不屈，壮烈牺牲。他就义时，高呼："打倒帝国主义！""打倒军閥！"

黄靜源同志就义后，工人冒着生命危险，将尸体运往礼陵、长沙，数千群众集会游行，抗議盛贼罪行。

一 九 二 六 年

五月

刘少奇在第三次全国劳动大会作《一年来中国职工运动的发展》的报告，重弹机会主义的老调，提出"工会为工人之经济组織"，"今后职工运动的方針应做各种经济斗爭"，經济斗爭的发展即为中国职工运动的发展"，企图把他在安源的机会主义路綫推向全国。

九月十日

九月初北伐军进入萍乡，工人欢欣鼓舞，立即包围矿局、矿警局和总监工王鸿卿的家，捉拿惩办鎮压工人的凶手。九月十日，举行庆祝俱乐部恢复大会，并改名萍矿总工会。

一九二七年

军阀許克祥继"馬日事变"后，在萍乡发动"六五事变"，大肆逮捕和屠杀革命群众，幷武装进攻安源。工人同仇敌愾，准备决一死战，敌人阴謀未能得逞。

六月十三日

萍乡一百零八图地主武装包围安源，工人死守周围山头，血战七昼夜，最后打破敌人围攻，取得了胜利。

八月——九月

八月底或九月初，毛主席来到安源，亲自召开会議，制訂和部署整个秋收起义的行动計划，发动工人参加秋收起义，以安源工人为主体，組成工农革命軍第一师第二团。

九月十一日

安源工人响应毛主席秋收起义的伟大号召，拿起枪杆，举行武装暴动，跟随毛主席，奔赴井崗山。

一九三〇年

九月

毛主席带領紅軍来到安源，訪貧問苦，撫恤烈士，鼓励工人只要坚持斗爭，革命一定会胜利。数千工人参加毛主席的队伍，走上了武装革命的光輝道路。

刘少奇在安源的反革命言行材料摘編

（一）对抗毛主席的英明指示， 在安源大罢工中擅 自推行一条一反、二压、三叛卖的反革命投降主义路綫

編 者 按

紅色安源，是我們最最敬爱的伟大領袖毛主席亲手开辟的工人运动策源地。早在党成立前，毛主席就曾来安源考察。1921年党成立后， 毛主席又亲自来安源， 广泛发动群众， 組織群众， 号召工人和资本家展开斗爭。毛主席亲手点燃的革命烈火越烧越旺，到1922年秋，安源便酝酿着一場大罢工的革命风暴。 就在这紧要关头， 毛主席又一次来到安源， 了解、研究了各方面的情况，指出大罢工的时机已經成熟，亲自决定发动罢工；幷对大罢工的准备工作，作了全面的部署。罢工前夕，毛主席又給安源工人俱乐部写来亲笔信，对大罢工再次作了重要指示。毛主席指出，要取得罢工胜利，关键在于工人群众要有坚固的团結和頑强的斗志；必須采取哀兵必胜的策略，鼓励全体工人同买办资本家进行义无反顾的斗爭。毛主席的英明指示极大地鼓午了安源路矿一万七千多工人群众的革命斗志，这是安源大罢工取得胜利的最根本的保証。

然而， 多年以来， 刘少奇却肆意篡改历史，无耻地貪天之功为己功，大言不惭地自詡：安源大罢工是他"領导"的。在他的亲自策划下，一大批为他歌功頌德，树碑立传的大毒草，也操着同一个腔调，把他吹捧为安源大罢工的"英明决策者"。

历史不容顛倒。从下面这些材料中，可以清楚看出，刘少奇在安源大罢工中，公开对抗毛主席的英明指示，一意孤行一条反对罢工、压制罢工，叛卖无产阶級革命利益的一反、二压、三叛卖的反革命投降主义路綫。

白紙黑字， 鉄証如山。刘少奇根本不是什么"領导"大罢工的"英雄"，而是反毛泽东思想的老手。

(1) 反对大罢工，誣蔑俱乐部"没有坚固的团結"，是"一枝脆弱的嫩芽"，惊呼："俱乐部此时已成騎虎之势"，叫嚷：大罢工是"挺而走险"

罢工行动，这时已势不可遏，十三日火車房工人即无心作工，人人相遇即聚談罢工，幷声言："若本日下午四时萍乡县保护俱乐部的告示不到， 幷本月餉 銀不能答复在十五发給，即行罢工。"同时矿局窿工及各处工人也都跃跃欲动。 迨至晚間十二时，萍乡县告示还未到部，俱乐部此时已成騎虎之势，……

《安源路矿工人俱乐部略史》 1923.10

"挺而走险"的大罢工。

《安源路矿工人俱乐部略史》 1923.10

在我們俱乐部組織伊始，规模粗具，而內部还没有坚固的团結的时候——去年九月

——忽来外力的压迫，大肆摧残，一枝脆弱的嫩芽，几于和根拔去，……

《安源路矿工人俱乐部宣言》 1923.10

按：对待革命的群众运动采取什么态度，是支持，还是反对，这从来是鑑别眞革命和假革命，革命和反革命的試金石。刘少奇对安源大罢工这样极尽誣蔑誹謗之能事，只能說明，这个老机会主义分子对革命的群众运动怕得要死，恨得要命，妄图阻止毛主席亲自发动的罢工浪潮。

(2) 极力推行"文明"罢工，千方百計压制群众的革命行动

先是工友旣如此激烈，俱乐部已知非罢工即无法解决，但深恐万余工友不能齐心，又恐不能維持秩序，而各处工人代表无不满口承认，担保已部工友能够齐心，能够維持秩序。幷声言罢工期內，各工友的举动，当比平时更加文明，維持的方法只有各归住房而不外出。

《安源路矿工人俱乐部略史》 1923.10

十四日清晨，俱乐部监察队各持白旗密布街市及工厂附近，以維持秩序。各处墙壁满贴俱乐部布告，有"候俱乐部通告方准开工"及"各归住房，不得扰乱"等語。

《安源路矿工人俱乐部略史》 1923.10

我們要命！我們要飯吃！现在我們餓着了！我們的命要不成了！我們于死中求活，迫不得已以罢工为最后的手段。……

……各界的父老兄弟姊妹們呵！我們罢工是受压迫太重，完全出于自动，与政治軍事問題不发生关系的呵！

——《罢工宣言》(見《安源路矿工人俱乐部略史》 1923.10

罢工后有一工友为戒严司令部拿去，不一刻即有数千工人将軍队围住，声言請軍队快些释放，軍队拿枪驱逐，工人不动，軍队不得已乃将該被捕工人释放，于是俱乐部监察队旗帜一揮，大家便散了。

《安源路矿工人俱乐部略史》 1923.10

有一次工人集聚多人，軍队用机关枪向他們假作射击，他們不怕死，一拥向前，势极危迫，恰好工人监察队到，旗帜一揮，便无一人不四散了。

《安源路矿工人俱乐部略史》 1923.10

这一次大罢工，共計罢工五日，秩序极好，組織极严，工友很能服从命令；俱乐部共用費計一百二十余元，未伤一人，未敗一事，而得到完全胜利，这实在是幼稚的中国劳动运动中絕无而仅有的事。

《安源路矿工人俱乐部略史》 1923.10

按：毛主席教导我們："**革命不是請客吃飯，不是做文章，不是绘画綉花，不能那样雅致，那样从容不迫，文质彬彬，那样温良恭俭让。革命是暴动，是一个阶级推翻一个阶级的暴烈的行动。**"而刘少奇却完全反其道而行之。他在安源大罢工中，用种种清规戒律，千方百計压制群众的革命行动。他要工人在罢工期间，"当比平时更加文明"；他要工人"各归住房"，不許外出；他要工人搞純经济斗爭，"与政治軍事問題不发生关系"。一句话，就是不許工人反抗，不許工人起来造反，生怕工人群众触动了三座大山反动统

406

治的一根毫毛。

(3) 向买办資本家屈膝求和，对反动軍閥百般美化，叛卖无产阶级的革命利益

（十四日清晨）又一面具稟萍乡县署及贛西鎮守使署，呈明罷工原委，一面将上述十七条用公函递送路矿两局，并函达两局：“如欲調商，請即派遣正式代表由商会介紹与俱乐部代表刘少奇接洽。”

《安源路矿工人俱乐部略史》 1923.10

十四日上午初罷工，就有商会代表謝嵐舫及地方紳士陈盛芳来俱乐部願任調人，工人代表出与接洽，将所要求之条件提出，当由謝陈二君携往路矿两局，至晚回信，略謂：“路矿两局对于工人所要求各条，皆可承认，但现时做不到，請先邀工人开工，再慢慢磋商条件。”工人代表謂：“工人所希望的在于解决目前生活問題，若路矿两局不派全权代表从磋商条件下手，徒用一句滑稽空言作回話，事实上恐万不能解决”。

《安源路矿工人俱乐部略史》 1923.10

……戒严司令李鸿程旅长也叹惜他部下的军队没有这样的紀律，声明工人不妨碍秩序，彼亦决不干涉工人。李旅长盖亦知工人此举在要求改良生活，非武力所能解决，因而对于这次罷工，后来反积极維持，出力甚多。（按：这几句話不是实情，当时军队是为矿局压迫工人罢工的，为了分化军队同矿局的关系，这里故意說军队几句好話——刘修原注。）

《安源路矿工人俱乐部略史》 1958.1

我們得了蕭鎮守使及戒严司令的維持，与紳商学各界的調停得力，使我們的条件完滿解决，我們深深的謝謝他們﹗

——《上工宣言》（見《安源路矿工人俱乐部略史》）

此次罷工的意义，对于安源工人直接的利益，工人“阶级的觉悟”，及中国劳工解放运动前途所发生的影响，至为巨大，而意义在安源之明而易見者，厥为打破“包头制度”，前此工头与职员之虐待工人、压迫工人、剝削工人，以及工头职员彼此勾結弄弊之种种黑幕，至此已扫尽无余。万余工友在安源做了二十余年牛馬的工作，过了二十余年的非人生活，忽然得此出头的一日，直似出于烈焰之中而入于清凉之世，……

《安源路矿工人俱乐部略史》 1923.10

罷工胜利了﹗气也出来了﹗从前是“工人牛馬”，现在是“工人万岁”﹗

——《上工宣言》（見《安源路矿工人俱乐部略史》） 1923.10

按：毛主席敎导我們：“你們絕对不要依靠談判，絕对不要希望国民党发善心，它是不会发善心的。必須依靠自己手里的力量，行动指导上的正确，党內兄弟一样的团結和对人民有良好的关系。坚决依靠人民，就是你們的出路。”而刘少奇却恰恰与此相反。安源大罷工刚一开始，他就抛开工人群众的革命斗争，迫不及待地写信向买办资本家求和；他还极力在工人群众中散布对反对军閥、土豪劣绅、买办资本家的幻想；无耻地欺骗工人說，通过一次罷工，就可以“入于清凉之世”，将一切黑幕“扫尽无余”，这就充分暴露出他叛卖无产阶级革命利益的丑恶嘴脸。

这个反革命修正主义分子毕竟作贼心虚，1958年，当他把《安源路矿工人俱乐部略史》重刊时，竟然厚着脸皮，在他当年吹捧反动军閥的言词后面，加上“这几句話不是实情"的按語，妄图遮人耳目，替自己洗涮。这真是此地无銀三百两！掩耳盗鈴，欲盖弥彰！

（二）鼓吹"实业救国"，反对民主革命，大搞劳資合作，竭力維护买办企业

编　者　按

党内最大的走資本主义道路当权派刘少奇，是工人阶級的大叛徒，是鼓吹和推行劳資合作的祖师爷。早在二十年代初，党領导下的工农革命运动蓬勃发展起来的时候，他就公开跳出来，站在帝国主义、封建主义、官僚买办阶級的立場上，大肆鼓吹"实业救国"，反对党領导下的新民主主义革命。当买办企业汉冶萍公司处在风雨飘搖之时，刘少奇与买办資本家一样，感到痛心疾首，为汉冶萍四处奔走呼救。写文章、呈"意見"，为資本家出謀献策。他以所窃据的安源路矿工人俱乐部总主任的职权，规定与資本家共同維护产业作为俱乐部"应尽之义务"。要工人忍受种种虐待，与資本家"同心协力，共救危亡"；要資本家除去种种"办理不善"之处，加强对工人的榨取，甚至亲自派人下矿井去阻止工人下班，当即受到工人们的强烈抗議。更不能容忍的是，为了挽救汉冶萍公司一部之萍矿，他不惜开門揖盗，引狼入室，在救护实业的幌子下，任人宰割，把汉阳、大冶厂矿奉送給帝国主义，长期出卖中国利权。甚至希望美帝国主义来帮助維护汉冶萍。彻底的暴露了他工贼和洋奴的丑恶面目。

（1）胡說买办企业养活了工人，鼓吹救护汉冶萍比"抵制日貨，收回旅大"更重要

汉冶萍在东亚，他的存在比平常产业有更深几层的重要，他不独在国民经济上占了极重要之地位；且为发展东方"物质文明"之根据。……中国如欲自强，发展中国实业，实为先决条件。中国实业的发展，修造鉄路輪船工厂无处不须用鋼鉄，欲使列强不能把持世界鋼鉄以阻挠中国实业的发展，及发展中国实业能够得到有力之帮助，均非使汉冶萍永远的存在不可。……故汉冶萍之存在与否，实为百万人民之生計所关；担保此百余万人民之生計不恐慌与不流为游民土匪，及收容中国各种游民土匪化为有职业之正当国民，均为汉冶萍前途之責任。……故汉冶萍之存在与否，实关系于人民之生死国家之兴亡。关系即如此重大，凡我国民皆应負責拥护：第一，使他能够永远存在；第二，……

《救护汉冶萍公司》1924.6

中国汉冶萍公司即东亚最大之煤鉄产业，他的衰败兴隆，比平常产业又更深几层的重要。他不独在国民经济上占有极重要的地位，且为发展东方"物质文明"之根据。现在該产业下之汉阳、大冶、萍乡各厂矿，直接倚为生活的工人，并工人之家属，不下十余万人，在依各厂矿及株萍、粤汉鉄路与长江、湘江一带，直接或間接生活之商民各业人等，亦不下百数十万人，故汉冶萍之存在与否，实为此百数万人民之生計所关。又发展中国实业，无处不需用煤鉄，故欲使列强不把持世界煤鉄，以限制中国实业之发展，及发展中国实业能得到充分之煤鉄的供給，均非使汉冶萍永远存在不可。故汉冶萍在中国

实业上之地位，实为担保现今倚为生活之百数万人民之生計不起恐慌与不流 **为 游 民 土 匪**，及发展中国实业能得到煤鉄之根据，而收容中国游民土匪为有职业之正当国民，均为汉冶萍前途之责任。汉冶萍之存在与否，既关系到国民之生死与国家之兴亡，故乃中国国民皆应尽责拥护；第一使该公司能够永久存在；……

《整頓萍矿意見书》1924.11.

以关系国民生死国家兴亡之中国最大基础的实业汉冶萍，就让他这样破产？这样停工？这样断送給外人？我們国民一声也不响嗎？如此，那便**亡国奴**的根性，未免表示得太利害了。我們国民此时大家应該起来救护汉冶萍，督促汉冶萍。使之不致于破产停工！这比抵制日貨，收回旅大更还重要些。（着重号是原有的——編者）

《救护汉冶萍公司》1924.6.

(2) 要工人服从資本家的"指揮"，与資本家"同心协力"， 共同維护买办企业

"敝部自成立以来，对于路矿两局，无时不謀其前途之发展，所以裨益于矿政路政者，实不在少数，事实俱在，有目共睹。而路矿两局对于敝部初无維护之心，敝部自維力薄，然自卫亦尽有余。徒以路政矿政之兴废地方人民之安危，对于国家前途，关系綦重，是故敝部一切措施，但所以謀矿局路局前途之发展。此旨竟不能为两局当局所諒解，敝部实深遺憾。今特函达，希即将貴局今后对敝部之态度，明白惠复，以释工人疑虑。"

——刘少奇給路矿两局的信（見《安源路矿工人俱乐部略史》）1923.8.

我們痛苦，我們要增加工資，要减少压迫，但我們不能吃了飯不作工。"吃飯不做工"是我們社会主义最反对的。又我們很多人作工，又不能不有一种統系和秩序，所以工厂也要一种正当的厂规。有些工友以为厂规是資本家訂的，不管他正当与否，故意不守，工头职員在工作上正当的指揮，也故意不听，如是工头职員也落得不去干涉，大家不負责指揮，工友見工头职員不負责，以为沒有人管他了，也效尤对工作上不負责偷懒起来，如是使出产及工人秩序均受很大的影响，这种錯誤我們也是有的，我們应該守正当的厂规，我們应該自治，保持自己的秩序，不要人家說我們的坏話。

《对俱乐部过去的批評和将来的計划》1923.10.

俱乐部宗旨除保障工人利益外，他如提倡工人自治，促进实业进步，在工作上服从职員責任范围內之正当指揮，都是俱乐部的主要任务。

《安源路矿工人俱乐部略史》1923.8.

十二年六月复发生加工資問題。此問題之发生，原系矿局职員私自增加少数工人工資，其中不无情面的关系。因此牵动多数工友要求照样增加工資，未几而牵动全矿。矿局不知如何办法，請俱乐部出来負责解决，俱乐部以此系矿局职員惹出，事前俱乐部并未与聞，因即声明对于此次問題不能負責，仍請矿局負责解决。但矿局以經济困难，不能普遍增加工人工資，故对此风潮之解决，絕无办法，只得再四要求俱乐部帮助，同时风潮愈延迟愈扩大，此問題愈难解决，俱乐部以此难可完全卸责，但以国家实业地方治安与俱乐部前途种种关系，不能不出来尽力消弭。矿局經济困难，普遍增加工資既为事实上所不能，他方又以时局的关系，万不能让风潮再加扩大；而在工人方面形势，非得

要求增加工资不可。在此种困难情形之下，俱乐部与矿局一连磋商十余日，始設一特别办法，即由矿局每月津贴俱乐部教育經費一千元，俱乐部将工人常月費减半，聊以表示矿局职员之錯誤，借解工友之憤懑，俱乐部将此种办法宣布，工友甚不滿意，解释无效。后由工人代表复向矿局提出租借建筑工会地皮及津贴建筑費一万元，矿局允与呈請公司实行。于是复經过半月之演說解释，工友始得相当諒解，依从此种办法。俱乐部即向矿局提出条件四条，矿局完全承认，同时矿局以近来出产日漸减少，应請俱乐部特别維持，又工人对于厂规常常不能遵守，应請俱乐部向工人加以劝告等向俱乐部提出三条。俱乐部以此均系应尽之义务，亦予以承认。如是由矿局及俱乐部續訂条件七条，此次风潮遂告終結。

条件原文如下：

萍矿总局与安源路矿工人俱乐部协訂条件：

…………

五、俱乐部对于矿局出产应竭力維持，照现人数，使每日平均出产額达到二千三百吨以上之数目。

六、矿局所訂工人遵守规则，无論何处工人及代表，皆应共同遵守，如有违犯，照該规则办理。

七、以后工人如有事項，应由俱乐部主任团与矿局接洽，不得动輒聚众喧扰要挾，幷不得动輒罢工妨碍工作，如有此項情形，应由俱乐部负责。

　　　　　　　　　萍　矿　总　局　舒　印
　　　　　　安源路矿工人俱乐部刘少奇印
　　　　　　　　民国十二年七月十一日协訂
　　　　　　　《安源路矿工人俱乐部略史》1923.8

罢工是工人的武器，不是好玩的，……我們工友有些因要求不遂，即行部分的罢工，以罢工是随便可以举行，……，这是怎样的錯誤？

　　　　　　《对俱乐部过去的批評和将来的計划》1923.10.

要来救护"无办法"的汉冶萍，从那里下手呢？第一，不能使他停工！要汉冶萍宣布公司內情，让我們国民大家来設法救济。这次成功的借欵，专用以整頓工程。第二，改良办法。将从前留下办理不善的地方，竭力去掉，同心协力，共救危亡。……

　　　　　　　　　　　　　《救护汉冶公司》1924.6.

再者可由国民仿照"儲金贖路"的办法，由国民衆股还清日债，完全由国民主持监督办理。是则靠中国国民之热心爱国及各界宣传之努力而决定。

中国国民呵！关系国民生死国家兴亡之中国最大基础的实业汉冶萍，要停工破产了呵！其速起救护吧！

　　　　　　　　　　　　　　　　　　　（同上）

汉冶萍在中国实业之地位既关系国民之生存，国家之兴亡，但其现状已入破产的情状之中，当此之时，中国国民应急起直追，設法挽救，否则，以中国一切实业之基础事业，全部断送給日本，从此日本既能以此左右中国国势，制全国国民之使命也！

　　　　　　　　　　　　　《整頓萍矿意見书》1924.11.

但名譽部員在本部有特別勞績且为事实所必需者，經最高代表会議之认可，得与以議决权、选举权、及被选举权。（編者按：所謂名誉部員，本文第三章第十条規定："凡路矿技师职员工头及各界人士热情贊助本部者，得請为本部名誉部員。"）

《安源路矿工人俱乐部总章》1923.10.

（3）为資本家出謀献策，千方百計加强对工人的搾取，以工人的血汗去拯救汉冶萍公司

关系国民生死，国家兴亡之中国最大基础实业汉冶萍既处此危亡破产的情状之中，任何中国国民皆应尽責救護。謹就所見略书如此，时机紧迫，惟公司当道，萍矿当道，加意采夺，努力进行，国家幸甚！国民幸甚！

《整頓萍矿意見书》1924.11.

既有此等"必要"与"可能"，为何不能維持现状呢？是则不能归之"天数"其实并无所謂"无数"，市場恐慌生产过剩都是（人造出来的），乃是"办理不善"。

《救護汉冶萍公司》1924.6.

汉冶萍虽因市場恐慌而使营业衰落；若办理得善，必不至有今日之破产情形，必尚可維持现状以待中日俄銷售鋼鉄之良机，他将仍不失为发展东方物質文明之根据。

（同上）

整理萍矿，員司所負責任甚大，故须摒除一切意气，协力从公，方于事实有济。以前員司有不进班者，或进班亦不十分負責者，如此一来，于萍矿前途发展上不无影响，同时給工人以不好印象。故員司须切实負責，乘公正之旨处理一切，裨益萍矿出产当不在小也。但早班同事早六时进班至十二时出班，中班同事须至下午三四时方能进班，是则上午十二时至下午四时，窿内并无員司管理。工人出早班乃正在十二时至四时之间，故在出产及管理工人方面，以斯时为最重要，但斯时独无員司管理，故为救济上列毛病計，員司出班进班时間，必须改变，即改至上午十二时至下午四时之間，必得有員司在窿内指挥也。

《整頓萍矿意見书》1924.11.

萍矿工程組織，各部均有密切关系，如有一部分工人，出班太早，则影响出产甚大，故须严加整頓，限制工人出班时間，在消极方面严加整頓，限制出早班，故可收一部分效果，但在积极方面，設法补救，效果当必更大。至积极的整頓方法，一、为教育工人，去其不良之习慣，但于目前救济，收效稍緩。二、为采用花紅办法以促进工人工作之热心，即工人如能多出煤炭，矿局除工資之外另加花紅是也。以前萍矿花紅仅及一部分員司，实为失策，因工人无花紅，自不热心工作，而員司因急于求得花紅，所以肆意强迫工人工作，致构成前日种种不良的局面。如能另加工人花紅，则工人自能多事工作，出产必因而增加，此萍矿应实行另加工人花紅办法也。另加工人花紅办法略拟如左：

一、給賞花紅在矿局方面以一工头为单位。

二、凡每工头出炭能超过額数百分之五以外，则按其所超过之数，全部賞給花紅。

三、凡每工头出炭如不足額数百分之五以外，则按其所少之数，全部处罰工資。

四、化灰如能在一月内平均之数不超过額数或超过額数时，则賞花紅。

五、化灰如在一月內平均之数重过额数若干分以外，则罰工资。

六、如因工程坏事（塌陷、坏运道，或洗煤台停车等），致出炭不足额数时，则照給工资，但超过额数者则照賞。

七、凡与窿工出产有关系之杂工，及外段工人（如洗煤台，运道、土窑等处工人）均应賞給花紅，但較窿工須少。

此外尚須限制工人出班时刻，又近来工头全不負責，应特別严厉工头，对出产負責。

照以上办法，在工程工人員司各方面力加整顿，互相补助，群策群力，致能使出产有加无已，每日超过额数五百吨，事实上亦不难作到。救萍矿于危亡，救公司于危亡，除此实无二法也。

（同上）

我开始工作就在一个历史长久而规模最大的产业安源矿山工作三年，将这一矿山每一角落的情形都弄得很清楚，我們在几万工人中，有絕对无限的信仰，工人是工作生活大改善，地位大加提高，人皆称工人为"万岁"。工会有最高的权力，有法庭，有武器，能指揮当地警察及监狱等。即使这样，工人还不满足，还要更前进，（一）要求增加工资，但实际情形是不能加了，（二）工人自动将每日工作时间由十二小时减至四小时，很多工人自由曠工，这就使生产减一半，（三）工人不听管理人工头指揮，許多地方要危害产业的前途与工程，（四）工人要扩大工会的权力，审理非工人、管理非工人范围內的瑣事，当时在二七事变以后，全国各地工会均遭解散，这一个工会很孤立的巍然存在，如海中孤島，整个形势要求工会的方针暂时退却与防御，然而工人要求进攻，这种情形将我苦悶欲死。

《关于大革命历史教訓中的一个問題》1937.2.

为了忠实于工人长期的利益，不能接受工人的要求——进攻。然而工人要自动进攻，群众中自然产生这种领导进攻的领袖，資本家为了生产减低，逼着工会，多方責难工会不应减低生产，在工人中进行解释說不清，无法只得在会議通过后去阻止工人早下班，結果甚至工人（和）阻止下班的糾察队冲突，李立三亲自去阻止工人下班，工人要打他，逼得他痛苦（哭？）流涕离开矿山，我批評工人不要过分，工人要打我，說我被資本家收买，气得我很难受。也正当我与工人发生裂痕时，敌人进攻，預备武力解散工会，我們立即与工人在一起，动員了工人抵御了这种进攻，工人完全胜利，然而問題还是如此。

（同上）

当时不是我右傾，不是我不願意前进，而是工人"左"傾，工人不了解当时的形势不能前进，其实当时我寻找着每一个前进的路，我也认为前进最痛苦最容易，但无路可走。

（同上）

增加出产办法：一、扩充工程；二、增加工人；三、就旧有工程員司工人各方面力加整顿。欲增加产额五百吨，固須扩充工程，增加工人，但萍矿原以經費困难，欲增加出产以图解决，若工程太事扩充，工人亦多增加，则萍矿开支自要更加巨大，换言之，即在萍矿的力量上有所做不到。故现在所能做到而又有神益于出产之增加者，除必要的扩充工程增加工人外，惟有竭力从工程及員司工人方面力求整頓。

《整頓萍矿意見书》1924.11.

萍矿每日能加出产五百吨，每吨折洋八元，每日共計洋四千元，每月可得煤价一十二万元。以每月二万元作增出产五百吨之用費。每月尙可增加十万元之收入，以此发給萍矿工食即已够足。此外萍矿每月所出池焦油煤等价值万余元，造币厂所銷焦煤月价二、三万元，余如屋租地租山林电灯肥料烂材等收入，每月亦可千元。每月以此种收入发給員司薪水奖金亦已足够。余如材料稅捐等費，每月只数万元，萍矿每月輸焦六百吨于公司，公司每月供給萍矿数万元之材料等費，在公司力量当可做到，在萍矿亦不发生問題。如此，萍矿經費問題方可永久根本解决也。

（同上）

萍矿现在每日出炭二千吨，煤桶尙不够用。将来若增加产額五百吨，缺乏煤桶，极須設法补救。不然工人掘炭虽多，而无煤桶运出，終究使出产减少。若再加出炭五百吨（一千桶），又必加土数百桶，故以现是炭桶輪透，常不能零运，因此应即增加煤桶。增加煤桶之办法。一、加制新桶，二、赶修烂桶。但加制新桶，复因材料缺乏，有所不能，为补救此种缺点計，可加制"木桶"数百个，所需材料，萍矿自身均能設法办出，經費亦不至超过新制鉄桶之数，而木桶在八方井及洗煤台电机直井鍋炉等处均可使用。至赶修烂桶，則須矿局将修桶材料办足，现在修桶厂所存烂桶有五百四十余个，修理完好，而缺少弹簧心子不能提出作用者有四百二十余个，似此修桶厂应将車床开晚工赶做弹簧心子，幷須多做存留备好，則可增加用桶四五百个，每桶每日运煤数轉，即可增加出产数百乃至千余吨。

（同上）

……现在萍矿出产减少，在工人方面固不无錯过，但矿局缺少煤桶及缺少材料与工头职員对于工作上全不負責实为主要原因。不料矿局恐见責于公司，将此种出产减少之錯过，悉数委之于俱乐部，知之者固不值一哂，不知者且将以訛传訛，俱乐部之冤将終无剖白之日了。故俱乐部于前次风潮經过后，即召集各处总代表与矿局矿师及总管段长等开一联席会議，共商整頓矿局出产办法。始則提出出产减少之原因；第一为缺桶，第二为工头职員在工作上太不負責，第三为一部分工人见职員工头完全不負責，亦效尤偸懶，不服指揮。对于这数种原因之补救办法；由矿局添制新桶，赶修烂桶，严令各工头职員在工作上切实負責。由俱乐部訓示工人竭力作工，在工作上服从工头职員責任范围內之正当指揮，如有故意违犯即照规則办理。自此次会議后，烂桶已陆續修起，新桶亦逐渐添造，最近每日煤炭出产已超过二千一百吨，渐恢复旧日原样。由此可见出产减少之原因，大部分实应由矿局負責，亦可见俱乐部維持产业之誠意与努力了。

《安源路矿工人俱乐部略史》1923.8.

(4) 在救护实业的幌子下，出卖中国利权，
让帝国主义长期赖在中国

縮小汉阳大冶厂矿范围，以节省开支。……該两处矿厂范围縮小，开支减少，負担自可减輕，免强維持现状，至民国四十九年，照約还清日債，汉冶萍公司仍不失为发展

中国一切实业之根基。

《整頓萍矿意見书》(1924.11.)

准上述情形实为救护汉冶萍之唯一方法， 一面增加收入一面减少开支，再不添借外债，維持中国汉冶萍公司之"中国"两字以待鋼鉄市价高涨之良机，艰苦维持至民国四十九年还清日债， 则汉冶萍乃可脱离日本一切欠款与条約之束縛而得自由。（按： 买办資本家出卖中国利权的条約訂到 1960 年， 刘少奇維持半殖民地 的 計 划 也 訂 到 1960 年。）

（同上）

以上几个办法若还做不到，势必要出于破产停工，则其补救方法为使萍矿脱离三公司而独立。……汉阳大冶厂矿（資本约三千余万元）被日本吞併，对四千万元的借债，可以还清，纵或保留一小部，萍矿亦可担負还清。……不过把汉阳大冶厂矿送于日本，实是我们所极不願意而且痛心的。但当此"救了娘娘救不了太子"的时候，这亦还是一种悲惨的补救。

《救护汉冶萍公司》(1924.6)

第三，利用日美之爭，日美两国在欧战后更因种种利益冲突，已有不免 于 战 爭 之势，在日美战爭（世界第二次大战时）汉冶萍的主权，若还属中国，是一个最好发展的机会。日美战爭既然不能免去，所以此时日美两国在战略上皆欲吞併汉冶萍为将来战爭时供給制造军需品的原料之根据，或把持汉冶萍以减灭敌势。日本在汉冶萍的关系已是根深蒂固的了，忽见新来的美国要到汉冶萍插脚，心里十分恐慌，于是千方百計地在此时要把汉冶萍吞下去，免得招惹美国的是非。所以向他借款就不肯了，或提出吞併的条例，逼得你汉冶萍停工，他就来实行偿主权下手吞併。美国恐怕日本吞去了汉冶萍，在战爭时占了优势，也千方百計在那里使汉冶萍此时不停工， 好象对汉冶萍說："日本沒款借， 我借給你吧？"他这样做， 一方可使汉冶萍不停工， 一方又可插脚进去，是一举两得了。美国此时本不要买鋼鉄，也偏到汉冶萍来买点鉄，发生点交易关系。如此，吓得日本左右为难，借款也不好，不借款也不好，而且美国在汉冶萍有两种优势，一为现在汉冶萍办事人多亲美者；二为现在北京政府可以帮助美国，而不帮助日本。日本处在此种情形之下，对着汉冶萍笑也笑不得，气也发不得。眞是为难极了！汉冶萍既已处在日美这种关系之下，应用极灵敏的外交手段，应付他俩的紛爭，而使汉冶萍存在，幷脱离日本之覇絆，而渐渐使汉冶萍独立。

（同上）

（三）反对夺取政权，大搞反革命經济主义

編 者 按

伟大的領袖毛主席教导我们："世界上一切革命斗爭都是 为 着 夺 取 政 权，巩固政权。"毛主席的亲密战友林彪同志也指出："革命的根本問題是政权問題。有了政权，无产阶級、劳动人民就有了一切，沒有政权，就丧失一切。"

在半封建半殖民地的旧中国，党所領导的工人运动，只有通过阶級斗爭，通过夺取

政权，才能获得彻底解放。而刘少奇这个老机会主义分子却恰恰相反，他从混进革命队伍的第一天起，就极力反对无产阶级夺取政权。他胡說什么实行夺取政权，"以中国现在的情勢看来，这样幼稚的无产阶级当然說不上馬上就拿来实行。旣是很远的事实，也用不着說很多的話来討論它。""使工人目见利害的关系团结起来"，領导工人从事"增加工資、减少时間（工时）这种經济的奋斗"，"才是本部目前內部唯一的切要的企图"。他和叛徒陈独秀一个腔調，大罵中国的工人阶级"幼稚"、"落后"，无能力領导革命。他在主持安源工人俱乐部期間，取消阶级斗爭，大搞反革命經济主义，散布"和平过渡"的謬論，麻痹工人的革命斗志，妄图把工人运动引入歧途。

(1) 反对无产阶级夺取政权

社会改造的步驟，我們所主张的是：（一）使无产阶级团結起来养成无产阶级支配社会的潜伏势力；（二）实行夺取政权，用政权的力量消除社会一切阶级的压迫——人的压迫；（三）在产业公有制度底下以极大的速力发展实业，减少人类自然的压迫。

在（二）（三）两項是我們无产阶级終极的目的。以中国现在的情勢看来，这样幼稚的无产阶级当然說不上馬上就拿来实行。旣是很远的事实，也用不着說很多的話来討論他。在（一）項里面又应该分为下列几个步驟：（1）由爭得工人直接的利益——加工資——使各个工場的工人团結起来；（2）由爭得工人第二步本身利益——减少工作时間——使各地同产业的工人形成产业的大联合；（3）以过去奋斗的經驗切实敎育工人，使工人明了自己阶级在现在及将来社会上的地位，工团終极的目的，与达到这个目的的方法，养成极健全的奋斗者，成为无产阶级有方法的支配社会的潜伏势力的大組合。

《对俱乐部过去的批評和将来的計划》1923.10

增加工資减少时間这种經济的奋斗，在工人将来全部的利益上看来是很小的，但是我們必得要做这种利益很小的运动，才能使工人目见利害的关系团結起来，才能訓练工人的奋斗能力及方法。这是工人解放运动最初步的工作。

我們安源自去年九月罷工胜利以后，继續至今，所得的胜利——增加工資，打破包工制度——要算已經成功第一步的工作——工人解放运动最初步的工作。

《对俱乐部过去的批評和将来的計划》1923.10

……我們决定在最近期間，不遺余力地使我們的俱乐部学校化，以事实为敎材，敎育全体部員，植一个巩固的基础，为最近的将来联合全国劳动阶级作解放的初步运动——减少工作时間，改善待遇……等运动——底准备。这是本部目前內部唯一的切要的企图。

《安源路矿工人俱乐部宣言》1924.12.

本部以联絡感情，涵养德性，互相帮助，共謀福利为宗旨。

《安源路矿工人俱乐部总章》1923.10

本部以联絡感情，化除地域界限；提倡工人自治，发展互助精神；改良生活；推广敎育；群策群力，共图工人阶级之福利，謀社会之进化为宗旨。

《安源路矿工人俱乐部总章》1924.12.

在資本主义支配的社会里面，工会的意义是：……訓育工人……产业管理的知識。

《俱乐部組織概况》1923.10.

415

(2) 大 搞 經 济 主 义

俱乐部在建設方面所作事業，亦不甚少，成績亦尙不恶。其詳情見各股报告兹略述如下：

工人子弟学校，十二年度已办三校，学生六百人，工人补习学校因事实上难于进行，无甚成績。

消費合作社亦于十二年三月开办，至今已开三店，凡五股，資本約二万元，营业亦甚发达。

又俱乐部近因經济扩充，特組織經济委員会，专事保管本部經济弁审查各項帐目。

又对于部員彼此間及与外人間之糾葛紛爭，特組織裁判委員会，专事此項排解剖断。弁設問事处于部內，受理各种紛爭事件。

他如游艺、讲演、互济各股，亦均稍有进行。建筑工会、扩充学校，亦正在籌划进行中。

本年俱乐部所做的重要工作，多半为应付各种变故及各种事务上的处理……关于工人教育及工人訓練，在本年未能十分注意創办。

《安源路矿工人俱乐部略史》1923.10.

安源工人在"二七"失敗后，創办了不少的事業。如設立工人学校七所，工人讀书处五处，工人图书館一所，有工人子弟学生七百余人，工人补习学生六百余人。又办有消費合作社二所，資本二万元。建筑大讲演厅一所，能坐听众二千人，购买房产三栋，弁有化装讲演，各种游艺。又組織有青年部，經常糾察团，裁判委員会等。现在安源的工人，作完了工可以讀书，可以看戏，可以听讲，又可以做各种游艺。子弟讀书不要錢，秩序有自己的糾察团維持，不受兵警的踩躙，犯事有自己的裁判委員会裁判，不致受腐敗法庭的虐待，青年工人有工会的青年部游戏教育，不致年长失学，买东西有自己工会的合作社，不致受商家的剥削。此外工会訂购有各种报紙，印刷各种传单小报，及工会紀念册等，工人处处都可看到的。

《"二・七"失败后的安源工会》1925.4

(3) 誣蔑工人阶級"幼稚"

这种幼稚的毛病，盲目的奋斗，有些工友犯得很深。如遇事就要罢工，在此时就要减少工作时間等，都是这种幼稚病的表现。当中国这样幼稚的无产阶级，我們事事不能冒险直冲，使全部劳动运动受打击。

《对俱乐部过去的批評和将来的計划》1923.10

安源路矿工人的工会运动及旧年九月之大罢工，实是幼稚的中国劳工解放运动中最有成績的一件。

《安源路矿工人俱乐部略史》1923.10.

工人无公德之涵养，"各人自扫門前雪，不管他人瓦上霜。"中国人之公德心，由这句古諺可以反衬出来。大的产业之組織，工人上了几千，一切生产品皆由工人手中創造出来，一切机械器具皆操之工人之手，工人为直接工作之生产者，若无一种拥护产业之公德心，则无形中之损失必属至巨。汉冶萍办事人素不注意涵养工人之公德，对于工人教育等事也毫无設备。且与工人十分隔閡，互相仇視。因此以素无公德心之中国工人，又受了这些非公德的致訓，而要工人节省公費，拥护产业，其可得手？汉冶萍以前所受此种损失，实不堪言。

《救护汉冶萍公司》1924.6.

安源的工友有好些认俱乐部增加工人工资的手段，就是俱乐部的目的，以为工资既已加了，就是目的达到了，俱乐部就抛到侧面去了，或者总望俱乐部怎样第二次普遍加我們的工錢，或者又要求普遍加工錢。这都是认俱乐部以加工资为职志的錯誤。还有些只知道加几个錢，其余一切什么"联合""訓練""阶級斗爭"等……都不关他的事，概不过問，这种錯誤的观念，实大足以防阻团体前途远大的发展。

《对俱乐部过去的批評和将来的計划》1923.10.

大家組織俱乐部，固然是拥护我們的权利减少我們的压迫，工人受雇主或外界人无理的欺凌，俱乐部在可能范围以內，都是应該保护的，但我們俱乐部总不应該庇护工人不正当的过犯，或助长工人欺凌外人的威风，我們工友在去年以来有些以为"现在我們有了俱乐部保护，鬧出祸来由俱乐部乘肩"，于是就只凭自己的气愤，一意横行。这是何等的錯誤！如打张万发鋪店，与军警盘查所发生欧打的冲突，以及各个人在外面鬧出各种不正当的乱子等，都是絕不应該的事实，当工人还没有能力支配社会的时候，我們大家应該极端明了，不要鬧出这种問題，弄到外面的人，个个痛恨俱乐部，使自己生命一样的团体受危险。

《对俱乐部过去的批評和将来的計划》1923.10.

我們工友有好些因一点小事便打得皮破血流，互爭长短，到俱乐部来又要受罰、送警、开除。这是何等痛心的一回事呵！幷还有工友不关自己的事，看见别人家鬧乱子，无故暗地打伤别人。又有些因为鬧乱子恐怕理由失敗，便邀一些的人来帮助，横直要爭了这口气。如是就邀茶哪！結盟哪！为自己将来吵架子有一伙人說話。此一帮，彼一派，到俱乐部来几天还扯不清楚。

《对俱乐部过去的批評和将来的計划》1923.10.

我們工人的組合，是一个极大的組合，全世界都要联成一气，幷要組織的和军队一样，才能与那有堅固組織的資本阶級奋斗。我們哪里能够分出什么省别县界来呢？但我們在安源去年的事实上看来，还有些工友不能免掉这个观念，如认某桩事情是"排外"哪！"我們是这一帮的"，"他們是那一帮的"，等语，都是同乡观念的表示。又如关于两省或两县工友的紛爭及两段或两处工友的紛爭，总是較难解决，彼此都要爭个高低，不服这一口气。在平时这种有界限的糾葛，俱乐部都也来得不少，以后我們大家都要努力消除这个观念，关于有界限的紛爭，两方都应該特别諒解些，不要坚持，这样，——俱乐部的大团体，才不致破裂！

（同上）

俱乐部的敌人很多，他們都想方法来破坏俱乐部。他們时时刻刻到工友里面来放散謠言，以图扰乱俱乐部的秩序，工友常常有受这种謠言的引誘，而蜂动，而怀疑俱乐部，或向俱乐部吵鬧的。这种誤会是很危险。

（同上）

附　　录

（一）舒修泰給刘少奇的信及刘少奇的批示

編者按：毛主席教导我們："一个人，一个党，一个軍队，或者一个学校，如若不被敌人反对，那就不好了，那一定是同敌人同流合污了。"

一九二二年至一九二五年刘少奇在安源期間，舒修泰是安源煤矿矿长，买办資本家，鎮压工人运动的創子手。从他的这封信和刘少奇的指示，可以清楚地看出刘少奇在安源的工贼嘴脸。

舒修泰給刘少奇的信

委員长鑑：

前在萍乡煤矿居处四年，每遇艰难时会，多蒙鈞座与立三先生排难解紛，指示机宜，至今追想，犹切感激弥深。……今特附呈自传，恳求鈞座赐予照顾，俾可就近在上海市文史館补一館員名字，……毋任拜德之至。……

前萍乡煤矿矿长　舒修泰謹呈
１９５６年５月１日

刘少奇的批示

×××同志：

此系前萍乡煤矿矿长舒楚生来信。以前我在萍乡……也向他进行統战工作，他现要求安插，似可酌予安插，……請你和上海市委酌予处理。……

刘少奇
１９５６年５月２６日

（二）俱乐部給刘少奇的鑑定

編者按：此鑑定作于１９２３年，原写入《对俱乐部过去的批評和将来的計划》一文中。刘少奇欺世盗名，１９５８年当此文重印时，他偷偷地把这条鑑定删去了，眞是掩耳盗鈴，欲盖弥彰。

刘少奇：作事精神不好，过于审慎，平时对工友的交际和談說，都表现一种不願意的懶散态度。作事也不大加整理。到后来对俱乐部事务不十分負責，以致引起工友的誤会，这都是他的错过。

（三）刘少奇一九五七年接見安源路矿工人运动紀念館負責人朱子金时的談話回忆記录（摘录）

老工人过去跟共产党搞革命，现在不找共产党找誰？党委和工会还要管。……不要都向国家要錢，现在国家有許多建設要花錢，也有困难。你們可以依靠群众，你們萍矿有多少工人？……如果每个人捐一天或半天工资，不就有几万元嗎？你回去和青年工人讲一讲，說你們将来也会老的，为老工人义务劳动一天吧！在大罢工以后，工人生活那么困难，我都領导他们每人捐三天半（編者按：实为七天半）工资建了个俱乐部会场，现在工人生活好了，有的还戴了手表，完全可以为老工人尽点义务。……

我是在罢工前几天去的，我一去就积极主张罢工，（編者按：这完全是顛倒黑白，往自己脸上贴金。他一到安源，就极力反对罢工，胡說"俱乐部是动摇不定的团体"，无能力組織罢工。誣蔑俱乐部已成"騎虎之勢"，罢工是"挺而走险"。）李立三还有点犹豫不决。罢工后，李立三躲起来了，我担任路矿两局工人全权代表，就在牛角坡那个夜校里面。（編者按：他和李立三是一丘之貉。罢工开始后，李立三藏在窯洞不敢出来，刘少奇忙打出"文明罢工"的旗号，一方面以"維持秩序"为名，要把工人关进屋里，不让出門；一方面向资本家下跪，乞求和談。）有一天，敌人的旅长李鸿程派了几根枪来。一进門就問，"你們哪个负责？"我就站起来說，"我就是工人代表"（記录者按：他拍了拍胸脯）。派来的士兵說："我們戒严司令請你去。"其实是把我抓去了。

在路上，許多工人来，那些当兵的用枪去打，我就对他們讲了几句话，你們出来吃粮是为了生活，为了吃飯，工人罢工也是为了生活，你們忍心打工人嗎？后来他們就不打了。

我去談判时，敌人的军队很多，不肯（让）工人进去，我就一个人去了。到楼上，中间坐的是那个旅长，两边是路矿两局局长和商会的買暘谷、謝嵐舫，留了个位子給我。那个戒严司令問我們为什么搗乱，我向他說明了工人罢工的理由。那个戒严司令看我一个青年，穿一身普通的青色学生装，瞧不来我，吓唬我說："如果继續搗乱，先把你枪毙。"当时我也不怕，就說："这是一万多工人的要求，如果不答复条件，就是把我砍成肉酱也不能解决問题。"（編者按：这更是吹牛皮。当时他吓得面如土色，忙以第三者的身份，說：罢工是工人的要求，他是調解的。工贼嘴脸大暴露。）那个司令吼起来，在桌上打了一拳，說："你有一万多工人，我有一万多军队，我可以鎮压你們。"

这时候，外面的工人见我好久沒出去，都喊起来。起初那个舒矿长出去了一下，不行，又来喊我。我便在那个楼上和工人讲了几句话，（編者按：他讲了几句什么话呢？他說："你們不要吵，不要鬧，都回房子里去。"并指示监察队驅散工人。）工人喊了一些口号。我又进去談。后来工人又喊，资本家就說："你先回去吧！以后再談。"我就回复他："不商量条件，我就不来了，如果你們要耍什么花招，就把我杀了吧！"资本家也不敢动我。我就带了工人胜利归来。……

我那时刚刚出来，懵懵懂懂的不晓得怕，还有一万多工人，我就不怕了。……安源大罢工那时能取得胜利，除了工人的团结以外，主要是利用了敌人的矛盾。（編者按：这是明目张胆地否认大罢工的胜利是毛泽东思想的胜利。）……袁品高（編者按：叛徒）现在在哪里？象这样的老工人，可以建議调到你們那里去搞搞老工人工作嘛！（編者按：在刘少奇的黑指示下，这个大叛徒、大流氓窃据了安源紀念館館长的职务。他到处作黑报告，为他的主子刘少奇歌"功"頌"德"，涂脂抹粉。）

（四）刘少奇及其走狗合演的一場丑剧

——評注《赵凱随袁品高去北京会見刘少奇的情况汇报》

編者按：袁品高是个大流氓、大叛徒，一九五七年在刘少奇的亲自指示下，竊据了安源路矿工人运动紀念館館长职务。他依仗刘少奇的权势，为非作歹，无恶不作。他到处作报告，为其主子歌"功"頌"德"。因吹捧其主子有功，一九六四年四月，刘少奇亲自把他召到北京，两次接見。主子奴才，你吹我捧，一唱一合，演了一場令人作呕的丑剧。下面就是随同袁品高赴京的前萍乡市副市长赵凱向市委作的书面报告。

市委：

袁品高同志应刘少奇主席的邀請，前往北京参加"五一"，市委决定由我陪同前往。在京期間，两次会見了刘主席。……

我們从四月二十六日由萍乡出发，二十八日到达北京，由刘主席秘书安排住在中央直属招待所；并按主席指示給我們安排了在京活动計划（地点和时間），共逗留了十八天，于五月十六日乘飞机返回长沙，十八日回到萍乡。

（按：区区叭儿狗袁品高，因吹捧刘少奇有"功"，就受到主子如此恩宠。）

……两次会見刘主席时，主席的諄諄教导，使我們受到了莫大的鼓舞和深刻的教育。

（按：什么"諄諄教导"，什么"深刻的教育"，說穿了，无非是領取了刘少奇的黑意旨。袁、赵两个狗奴才此次进京晋見刘少奇，受宠若惊，感激涕零，壮了狗胆，怎能不誠惶誠恐地說："受到了莫大的鼓舞"呢？）

"五一"前夕（四月三十日），午后七点钟，我們怀着即将看到我們的伟大領袖的喜悅和激动的心情，来到了主席家里，秘书同志把我們迎到会客室休息，不到半截烟时間，刘主席来了，王光美同志也来了，还没有进門，主席就在門外招呼："袁品高同志，你們来了！"我們迎上前去，紧紧握着主席的手，向主席問好，看到主席滿脸紅光，充沛的精力，身体健壮，慈祥可亲，心里真有說不出的喜悅……

（按：奴才見到主子，果然"别是一般滋味在心头"。什么"伟大領袖"、"滿面紅光"、"慈祥可亲"，簡直令人作呕！如此吹牛拍馬，肉麻到了极点！特别不能容忍的是：袁、赵两个狗奴才竟把刘少奇称为"伟大領袖"，这是明目张胆反对我們的伟大領袖毛主席。）

……袁品高向主席汇报了他在离开广州农讲所到湖南礼陵做特派工作的情况；27年主席領导秋收起义，袁老和张子意一起如何在水口山与敌作战的情况；以后又如何患病；如何到了礼陵姚家埧养病；如何参加地下斗爭，直到解放的經过情况；解放后参加土改，回到萍乡安源的情况。主席仔細的听着袁品高同志的叙述，那种平易近人的态度，使我們很快完全消失了去时的紧张心情。

（按：袁品高在主子面前施尽全身解数，摇头摆尾，狺狺狂吠。他竟敢将我們伟大領袖毛主席領导秋收起义的伟大功績也算在刘少奇的帐上，是可忍，孰不可忍？！）

听了袁老的汇报，刘主席以他深刻的記忆毅力，談到了当时袁品高同志和主席在一起工作和領导安源罢工的情况，他問袁老："入团、入党和到广州农讲所都是我介紹的，你还記得嗎？"袁老說："記得"。

（按：刘少奇对奴才的一番表演頗为賞識，正中下怀，連忙重叙旧情，拉綫搭桥，以示收容。于是，主仆二人合演起顛倒历史的丑剧。）

他又說："我們在領導罷工时，还沒有什么損失，我离开那里以后，牺牲了一些好同志，受到了損失。"主席启示我們要吸取經驗教訓。

（按：这眞是恬不知耻，胡說八道！安源工人运动的損失，是刘少奇一手造成的。但他却把一切功劳都归于自己，把錯誤推給别人，这种卑劣行径与赫鲁晓夫何其相似乃尔！）

……主席还問："参加安源罷工的老工人，現在在矿上还有多少？罷工代表还有沒有？"袁老一一作了回答，当他說到工人代表中，十代表（十个工人中选的一个代表）还有两人，百代表（一百工人中选的代表）、总代表已經沒有了的时候，刘主席反問了一句，"你不是洋炉炼焦处的总代表嗎？"……

袁老告訴主席：安源路矿工人俱乐部，职工业余夜校年久失修，都坏了，主席重复了一句"都坏了，修俱乐部的那八根柱子，还是我到株洲买来的。"当袁老告訴他俱乐部門口主席亲手栽的两棵梧桐树长得又粗又高时，主席高兴地說："啊！还有呀！"

（按：主仆二人臭味相投，你吹我打，互相利用。奴才本是总代表，主子明知故問，以示青睞；奴才感恩戴德，心領神会，也連忙曲意逢迎，指黑为白，明明是别人种的梧桐树，硬說成是主子的功德碑。眞是狼狽为奸，无耻之极！）

……

主席問我們，这次到北京来还有什么打算，他說："你們这次来北京玩十天，去看看北京十大建筑。"我們告訴主席，我們还想到煤炭部、文化部、全国总工会去一下，还想看看李立三同志。主席說："李立三在华北局，张子意你还記得嗎？他在中央宣传部工作。好啊！給你联系一下。"我們在北京的活动计划就这样由主席請王光美同志給我們安排下来了。

（按：晋見了大主子，还要晋見二主子，三主子……眞乃是：牛鬼蛇神結亲眷，千里黑心一綫牵。）

……

第二次会見刘主席是在五月十四日晚上十点钟，刘主席亲自把我們接到里面，并拿出烟来亲切的招待我們，我們汇报了这几天游览和看望李立三、张子意同志的情况，主席說："你們看到了李立三和张子意，我很高兴。"他問袁老："你在北京还作了报告嗎？"主席說："作报告要实事求是，不要瞎吹，瞎吹就是欺骗了工人，欺骗了群众，我們何必欺骗他們呢？特别是对我們下一代，我們是怎样作的，就怎样讲，因为他們不了解安源罷工的情况，你知道，他們就得听你的。"

（按：二次会見，主仆情深。奴才四处狂吹，主子做贼心虚，生怕牛皮吹破，速忙打个招呼。）

主席还教导我們："作报告也要走群众路綫，讲的时候，跟市委商量商量，跟赵覭同志商量商量，要征求群众意見。我在安源的时候，有事情不是都和你們商量嗎？罷工胜利以后，工人选我当俱乐部总主任，要給我二百元銀洋一个月，当时我只要十五元錢生活費就够了，工人对这件事还有議論，有的說一不图名，二不图利，是不是因錢少了，还要給我增加一百元，我还是不能要，工人就怀疑我們到底搞什么名堂。以后就召开党內外积极分子会議，給他們讲淸道理，我们搞革命是为了要解放全中国，要建設社会主义，搞共产主义，道理讲淸了，工人才相信我们。"又說："那时候很难怪工人不相信，现在不是还有人不相信共产党嗎？无論做什么工作，都要把底子交給群众，这样群众才信任我们，我们做什么事情，群众才会和我們在一起。"

（按：說的是"群众路綫"，实际是自我吹嘘。所謂"一不图名，二不图利"，就是刘少奇自己一再宣扬的"吃小亏，占大便宜"。昔日只拿十五元，为的是后来当"主席"。口头上冠冕堂皇，骨子里肮髒卑鄙，这样的刘少奇，真是挂羊头卖狗肉的伪君子！）

主席又着重讲述了安源罢工的情形，并分析了当时罢工取得胜利的原因。他說："我是罢工开始前几天到安源的，当时安源罢工取得的胜利，沒有损失，主要依靠了工人群众的力量，抓住了矿上的矛盾，矿上有两个矿长，一个姓李的是正矿长，一个姓舒的是副矿长，李有权力，年紀大了要退休，舒想抓权力，当正矿长。他们两人有矛盾，有个工头王三麻子和舒矿长也有矛盾；地方仕紳，萍乡鎭守使和矿上有矛盾；下层职员和上层有矛盾；我们就抓住这些矛盾，利用这些矛盾，取得了罢工胜利。当时萍乡鎭守使調去了一个旅的兵力要鎭压罢工，萍乡仕紳和副矿长不同意，才坐下来談判，达成了十三条协議。"

（按：这段話泄露了天机。所謂："依靠了工人群众的力量"，完全是騙人的鬼話。刘少奇极力鼓吹"抓住了矿上的矛盾""坐下来談判""达成了十三条协議"，一笔抹煞了我们伟大領袖毛主席对安源工人运动的英明指示和一万多工人的英勇斗爭。顛倒历史，莫此为甚！）

袁老又提了一下，"安源的革命故跡要修一修，修理安源故跡的事情，总代表只剩下我一个了，我不提就沒有人提了，你不能提，因为你是在那里領导革命的。"主席說："修一修可以，不要花錢多了，文物愈老愈好，你放心，我们死了以后，会有人修，修得更好。"

（按：狗奴才阿諛逢迎，上策修"圣迹"；刘主子踌躇滿志，大发黑指示，揮霍人民血汗，重修刘氏庙宇，原想流芳百世，不料遗臭万年。）

在京期間，袁品高同志应邀請在北京市总工会和中央煤炭部、化工部、輕工业部等十多个部門，直属机关向数千名干部、职工作了关于安源大罢工的报告，在学校向学生也作了报告，受到了热烈欢迎。

（按：袁品高到处做黑报告，吹捧刘少奇，为刘少奇篡党、篡军、篡政的阴谋活动大造輿論，流毒极广，影响极深。我們必須奋起毛泽东思想的千鈞棒，批判刘少奇，彻底肃清刘少奇的反动影响！）

少奇和資
判大楼"

1967年2月10日，革命群众愤怒
地捣毁了吹捧刘少奇的谈判室，并
将谈判大楼改名为革命造反大楼。

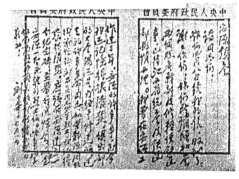

刘少奇篡改安源工人运动史的罪証之
一——給安源鎮工会的信

刘少奇的家庙——安源路矿工人俱乐
部大楼

1967年2月10日，革命群众砍倒
了刘少奇的偶像——梧桐树。

重　要　更　正

《说明》第6行"出买"改为"出卖"。

第1页，第1——3行"早在我们党……"一句删去。

第2页，倒数第6行，"安源煤矿"应改为"萍乡"。

第3页，第1行第三字"冬"改为"秋"；"再一次"改为"第一次"。

第7页，倒数第4行"名誉"改为"名誉"。

第8页，倒数第5行"舒养泰"改为"舒修泰"。

第25页，第1行"安源"改为"萍乡"。"亲自考察……"一句删去。

　　　　第8行"十二月"改为"秋"。

　　　　第9行"又一次"改为"第一次"。

第31页，第1——2行"早在党成立前……"一句删去。

　　　　第2行倒数第十一字"又"字删掉。

　　　　倒数第8行"勃不可逃"改为"勃不可遏"。

評为厂活学活用毛澤东思想的积极分子。

二是抓阶级斗争的观念比过去大进了一步。革委会成员克服了"怕"字，站到了阶级斗争的第一綫，率领广大革命职工向阶级敌人展开面对面的斗爭，出现了广大革命群众人人更加关心国家大事的新气象。例如装卸大队的平均年齡較大，文化水平較低，仅五月份一个月，他們队就开了四次批斗会，全队三十五个革命群众有三十四个人发了言。由于深入开展革命大批判，有力地推动了"一批、三查"运动。不仅查出了一小撮阶级敌人，打击了阶级敌人的右傾翻案妖风，还大大提高了全厂革命职工的阶级斗爭和两条路綫斗爭觉悟。

三是团結战斗力比过去大进了一步。过去这厂的两派群众，对立情緖較大，长期沒有从政治思想上联合起来。通过革命大批判，大家在共同对敌当中进一步加强了团結。

四是抓革命、促生产的劲头比过去大进了一步。过去由于有些职工受无政府主义思潮的影响，一度劳动紀律松弛。现在，在生产上，互相搶困难，让方便，互相协作，互相支援，劳动效率有很大提高，革命的組織紀律性有很大加强，全厂革命生产形势一片大好。例如搬运大队灌桶房，过去最高历史記录是每天灌油六百二十桶，一般每天灌油五百多桶。开展班組革命大批判后，創造了建厂以来的最高記录，达到每天灌油八百五十桶，一般每天灌油六百多桶。

五是革委会狠抓根本的劲头比过去大进了一步。这个厂革委会成立之后，一度由于沒有狠抓根本，陷入了事务主义圈子，群众意见很大。后来，厂革委会狠抓了根本，狠抓了活学活用毛澤东思想，狠抓了革命大批判，狠抓了阶级斗爭，上述的情况就大大地改变了面貌。

（载六月二十七日《天津日报》）

天津市革命委員会政治部宣传組編

1968年10月第一版　統一书号：3072·45　定价：0.08元

敬祝毛主席万寿无疆

以革命大批判推动斗批改

（无产阶级文化大革命学习参考材料之一）

45934

毛主席语录

不破不立。破，就是批判，就是革命。破，就要講道理，講道理就是立，破字当头，立也就在其中了。

我們现在思想战綫上的一个重要任务，就是要开展对于修正主义的批判。

建立三結合的革命委員会，大批判，清理阶級队伍，整党，精簡机构、改革不合理的規章制度、下放科室人員，工厂里的斗、批、改，大体經历这么几个阶段。

認眞搞好斗、批、改

目　录

用革命大批判发展大好形势

《文汇报》七月十四日社論

随着无产阶級文化大革命的深入开展，革命大批判运动也正在向纵深发展。我们在规模空前的革命大批判中取得了革命的大好形势，我们还将继續深入持久地开展革命大批判，来发展这个大好形势。

革命大批判是巩固无产阶級专政、防止資本主义复辟的百年大計、千年大計，是我们夺取无产阶級文化大革命全面胜利的重要战略措施。狠抓革命大批判，就是牢牢掌握革命斗爭大方向，就是紧跟毛主席的偉大战略部署，就是忠实执行毛主席的无产阶級革命路綫。

在政治領域中，不是东风压倒西风，就是西风压倒东风，不是无产阶級压倒資产阶級，就是資产阶級压倒无产阶級。两者必居其一，没有中間道路可走。我们继續深入持久地开展革命大批判，就是要使无产阶級革命派不仅在組織上打倒党內一小撮走資派，而且在政治上、思想上、理論上彻底打倒他們，从而巩固新生的紅色政权，巩固无产阶級专政。

偉大領袖毛主席亲自主持制定的关于无产阶級文化大革命的决定指出："**在当前，我们的目的是斗垮走资本主义道路的当权派，批判资产阶级的反动学术'权威'，批判资产阶级和一切剥削阶级的意识形态，改革教育，改革文艺，改革一切不适应社会主义经济基础的上层建筑，以利于巩固和发展社会主义制度。**"这个偉大的战略任务，我们还没有完成。要把革命大批判继续深入持久地开展下去，必须紧紧地同当前各项中心任务相结合，这就是要把革命大批判同清理阶级队伍紧密结合起来，把革命大批判和整顿党的組織紧密結合起来，把革命大批判和本单位斗、批、改紧密結合起来。

在清理阶级队伍的斗争中，要防止"单純軍事观点"。有了单純军事观点，就会对于一小撮阶级敌人挖而不批，挖出一个，放到一旁。有的单位清理阶级队伍，采用了七个"一"的做法：領导上"提一提"，人事档案"看一看"，死材料"摘一摘"，向群众"談一談"，大字报"貼一貼"，开个会"斗一斗"，靠边"站一站"，就到此結束，无人过問了。这样，就不能彻底歼灭敌人。到一定的气候，这些冻僵了的毒蛇就会苏醒过来，重新咬人。所以，挖而不批，后患无穷。滿足于这种情况，是十分危險的。

还有些同志把挖出来的敌人比作是"拆了雷管的定时炸彈"，认为雷管已經拆除，便太平无事了。这是完全錯誤的。在阶級社会里，有阶級存在，阶級斗爭就不可能"定局"。已被揪出来的一小撮叛徒、特务、走資派以及各种反革命分子，他們表面上低头弯腰，伪装老实，骨子里则每日每时在窺測方向，伺机翻案。上海的头号走資派陈丕显，直到现在还在那里又推又賴，猖狂反扑。敌人是活的，他們有思想，会活动，他們头脑里的反革命的"雷管"，并沒有拆去。如果不搞革命的大批判，在一定的条件下，"定时炸彈"必定会爆炸。麻痹松勁，只会有利于敌人，而不利于我們。

还有一种"熟面孔，老問題"論。說什么"熟面孔，老問題，沒啥批头"。这种論点是違背阶級斗争的規律的。"熟面孔"就是要批臭，"老問題"就是要挖深。现在的問題是，要把有些所謂"老問題"批深批透，还要作艰巨的努力。比如"阶級斗爭熄灭"論，就是需要反复批、不断批。阶級斗争，这个"老問題"，我們就是要天天讲，月月讲，年年讲，一刻也不能忘記。当然，我們也必须看到，运动总是在向前发展的，阶级斗爭的新动向、新特点、新問題总是不断出現的。因此，只要坚持把革命大批判开展下去，一定会越批越有內容，越批越深入，决不会"老一套"。

《林彪同志委托江青同志召开的部队文艺工作座談会紀要》曾指出："搞掉这条黑綫之后，还会有将来的黑綫，还得再斗爭。所以，这是一場艰巨、复杂、长期的斗爭，要經过几十年甚至几百年的努力。"所以，我們必须有充分的思想准备，同修正主义黑綫，同资产阶级思想，斗它几十年，甚至几百年。只要资产阶级思想的影响在地球上沒有被消灭，革命大批判就一天也不能停頓。无产阶级革命派的战友們，我們要永远狠抓革命大批判不轉向，坚定不移地把革命大批判的群众运动深入持久地开展下去。

革命大批判一刻也不能放松

《人民日报》評論員

对待革命大批判有两种截然不同的态度。

一种态度是：把革命的大批判同其他各項任务对立起来，搞搞停停，可有可无。这样做，不但大批判不能持續深入，其他各項任务也不可能搞好。

另一种态度是：把革命的大批判当作无产阶级文化大革命的斗爭大方向，幷把它同其他各項任务结合起来，通过革命大批判推动其他各項工作的开展。

革命的大批判，是貫穿无产阶级文化大革命始終的最基本的內容。回顾无产阶级文化大革命的历史，哪一步进程，哪一个胜利，离得了革命的大批判？

是革命的大批判，点燃了无产阶级文化大革命的烈火，为这場史无前例的大革命作了輿論准备。

是革命的大批判，戳穿了資产阶級反动路綫的画皮，暴露了党內最大的一小撮走資派及其代理人的原形，为无产阶級的夺权斗爭准备了条件。

是革命的大批判，揭露了阶級敌人分裂革命队伍的阴謀，把两派或几派的革命群众联合起来，組成一支統一于毛主席无产阶級革命路綫的浩浩蕩蕩的革命大軍。

是革命的大批判，粉碎了"打击一大片，保护一小撮"的資产阶級反动路綫，把大批革命干部解放出来，促进了革命的三結合。

当前，要巩固新生的革命委員会，粉碎阶級敌人的复辟阴謀，夺取无产阶級文化大革命的全面胜利，特別需要結合形势和任务，把革命的大批判持久地开展下去。

抓不抓革命的大批判，是有没有阶級斗爭观念，是不是突出无产阶級政治，能不能紧跟毛主席的偉大战略部署、全面落实毛主席最新指示的重大問題。

革命的大批判，是无产阶級对于党內一小撮走資派复辟阴謀的大进攻、大反击，是长期以来无产阶級和資产阶級之間的阶級斗爭的继續。

毛主席教导我們："帝国主义者和国內反动派决不甘心于他们的失败，他们还要作最后的掙扎。"无产阶级文化大革命进程中的每一項战斗任务，都会遇到阶級敌人在政治上、思想上、理論上和組織上設置的重重障碍。要扫除这些障碍，就一刻也不能放松革命大批判这个最銳利的战斗武器。

（載三月二十二日《人民日报》）

怎样把革命大批判深入下去？

《解放日报》五月十四日社論

用毛澤东思想批判資产階級，是当前最大的政治，也是貫穿整个无产阶級文化大革命的最基本的內容。革命的大批判，一定要深入持久地开展下去。

怎样能够深入持久地开展革命的大批判？这是大家目前普遍关心的一个問題。許多单位的共同体会，就是要把革命的大批判同本单位的斗批改紧密地結合起来。

革命的大批判同本单位的斗批改，两者結合起来，而不是隔离开来，这样进行批判，就批得深。各单位的走資派、叛徒、特务、反革命，是中国赫魯曉夫等党內最大的一小撮走資派推行复辟資本主义阴謀的社会基础。通过他們，中国赫魯曉夫等党內最大的一小撮走资派在各方面散布了大量的修正主义毒素。他們上下之間，是互相呼应，联成一气的。只有結合本单位的斗批改来进一步开展革命的大批判，才能够更充分地揭露、更深入地肃清党內最大的一小撮走資派在各个战綫上散布的流毒，从上到下地把修正主义的禍根一起鏟除。

結合本单位斗批改来进一步开展革命大批判，这样的批判，就生动活潑。本单位走資派复辟資本主义的罪行，本单位阶級斗爭的现实，是活生生的，群众看得见，摸得着的。联系本单位的实际来进行批判，就能够更加充分地激发群众的阶級仇恨，向党內最大的一小撮走資派更加猛烈地开火，在斗爭中进一步提高群众的无产阶級觉悟和两条路綫斗爭的觉悟。而且，在階級存在的條件下，各單位的階級斗爭是不會停止的，階級斗爭的表現總是多种多样的。不斷地把革命的大批判同本單位的階級斗爭实际結合起来，反复地进行批判，就能够一次比一次更深入、更生动、更丰富。

革命大批判同本單位斗批改相結合，可以进一步提高本單位的斗爭水平。一些基层單位的走資派和沒有改造好的地富反坏右分子，他們所以敢兴妖作怪，为非作歹，就是因为有党內**最大的一小撮走資派做他們的靠山**。把他們复辟資本主义的罪行同中国赫魯曉夫的修正主义路綫挂起钩来，把本單位階級斗爭的現象提到两条路綫斗爭的大是大非，高屋建瓴地进行批判，才能够眞正地把他們批臭斗倒。如果就事論事，只斗不批，或批而不深，那还不能算是眞正把他們打倒了。打而不倒，后患无穷。同时，也只有站在两条路綫斗爭的高度上把他們批臭斗倒，才能够从根本上明确本單位应当改什么和怎么改。

是不是把革命的大批判同本單位的斗批改紧密結合起来，也就是按照不按照毛主席历来提倡的理論联系实际的原则办事的問題。我們要眞正能够在政治上、思想上、理論上把中国赫魯曉夫及其推行的修正主义路綫批倒批臭，通过批判进一步提高我們的馬克思列宁主义、毛澤东思想的水平，提高我們的无产階級觉悟和两条路綫斗爭觉悟，不联系本單位的实际，即同本單位的斗批改結合起来，是办不到的。反过来，如果离开了革命大批判，本单位的斗批改也是沒有方向的。"**离开革命实践的理论是空洞的理论，而不以革命理论为指南的实践是盲目的实践。**"革命大批判同本單位斗批改之間，也是同样的关系。

毛主席早就教导我們，对毒草的批判，**不应当是教条主义的，不应当用形而上学的方法**。教条主义的批判，是脱离实际的批判，这种批判就容易成为空洞的批判。形而上学的批判，是孤立地、靜止地为批判而批判，这种批判往往是盲目的，容易流于形式。我們要力戒这种毛病。

目前，有些单位的革命大批判深入不下去，一个很重要的原因，就是脱离本单位的斗批改，沒有实行理論联系实际的原則。要是問这些同志，革命的大批判要不要同本单位的斗批改相結合？他們也会举手贊成的。但是，"**他们天天讲'联系'实际上却是讲'隔离'，因为他们并不去联系**"。"**如果只是口头上讲联系，行动上又不实行联系，那末，讲一百年也还是无益的**。"还有一些同志，总是强調这样或那样的"理由"，把革命大批判同本单位斗批改割裂开来。这是沒有任何根据的。馬克思、恩格斯、列宁、斯大林給了他們这样的根据嗎？沒有，完全沒有。我們偉大領袖毛主席的著作和指示中給了他們这样的根据嗎？也沒有，完全沒有。客观事实給了他們这样的根据嗎？事实是，中国赫魯曉夫是修正主义的集大成者，在政治、經济、文教、新聞等各个方面，都有一整套完备的修正主义貨色，而各单位的阶级斗爭现象又决不是孤立的，两者是完全可以联系起来的。这些同志如果眞正愿意使革命大批判深入持久地开展下去，就应該赶快把那些毫无根据的"理由"收起来。

革命的大批判是长时期的历史任务。我們一定要按照理論联系实际的原則，把革命大批判同本单位斗批改紧密結合起来。毛主席敎导我們："**共产主义者是理论和实践一致的，卽有革命彻底性**。"决心把无产阶级文化大革命进行到底的眞正的无产阶级革命派，一定要发扬彻底的革命精神，把革命的大批判深入持久地开展下去！

以革命大批判推动斗批改

《天津日报》九月二十二日社論

　　前天，市革命委員会政治部召开"高举毛澤东思想偉大紅旗，彻底埋葬万張反革命修正主义集团电视批斗大会"，批判了中国赫魯曉夫及其在天津的代理人万張反革命修正主义集团瘋狂反对工人阶级的領导，极力鼓吹反动的"多中心即无中心論"的滔天罪行。这次批斗大会，开得好！对迅速落实毛主席一系列最新指示，全面掀起斗、批、改高潮，将起到有力的推动作用。

　　偉大領袖毛主席教导我們，"不破不立。破，就是批判，就是革命。破，就要讲道理，讲道理就是立，破字当头，立也就在其中了。"

　　革命大批判，是在无产阶级文化大革命中貫穿始終的基本內容，是无产阶级专政下进行革命的根本方法。在无产阶级文化大革命中，无产阶级革命派和广大革命群众，高举无产阶级革命批判大旗，对中国赫魯曉夫及其代理人所推行的一整套反革命修正主义路綫，进行了深刻的揭露和批判，不仅在組織上打倒党內一小撮走資派，而且在政治上、思想上、理論上把他們彻底批倒批臭，从而巩固无产阶级在政治上、經济上取得的統治地位，保证毛主席一系列最新指示的貫彻执行。

　　两年来无产阶级文化大革命实践证明，大破才能大立。只有彻底批判資产阶级思想，才能树立无产阶级思想；只有彻底批判中国赫魯曉夫反革命修正主义路綫，才能貫彻毛主席的无产阶级革命路綫；只有彻底批判一切不适应社会主义經济基础的上层建筑，才能搞好斗、批、改。革命大批判的內容很多，涉及面很广，但归根到底就是：大破修正主义，大立毛澤东思想，提高群众阶級斗爭和路綫斗爭的觉悟，促进人的思想革命化，推动各項工作。这是落实毛主席一系列最新指示的重要途徑，是巩固无产阶级专政、防止資本主义复辟的百年大計，千年大計，万年大計！

在毛主席最新指示的指引下，在全国山河一片紅的大好形势推动下，广大革命群众，掌握革命大批判的武器，向中国赫魯曉夫及万張反革命修正主义集团所推行的反革命修正主义路綫，展开了猛烈的进攻。許多单位还把革命的大批判同本单位的阶級斗爭形势和当前各項工作任务相結合，同本单位斗、批、改相結合，有力地推动了革命和生产的发展。我们要乘大好形势的东风，立即掀起一个声势浩大、规模空前的革命大批判群众运动热潮，人人口誅笔伐，狠批中国赫魯曉夫及其在天津的代理人万張反革命修正主义集团所鼓吹的"剝削有功"、"阶級斗爭熄灭"論、"三自一包"、"金錢挂帅"、"专家治厂"、"敎授治校"等一整套修正主义謬論。这是形势的需要，是对敌斗爭的需要，是打好斗、批、改这一仗的需要。

各級革命委員会，驻各单位的工人毛澤东思想宣傳队，要更高地举起毛澤东思想偉大紅旗，放手发动群众，深入調查研究，根据斗、批、改的任务，針对本单位的問題，开展专題批判，充分发揮革命大批判的作用。现在，有些人对革命大批判的意义仍然认識不足，未能把革命大批判貫穿在各項工作的始終；或者认为搞得差不多了，产生了松劲、自滿情緒，这就有可能影响革命大批判的深入开展，必须迅速纠正。应該指出，搞不搞革命大批判，决不是一般的认識問題和工作方法問題，而是突不突出无产阶级政治，紧不紧跟毛主席偉大战略部署，忠不忠于毛主席革命路綫的根本态度問題。

毛主席发出认真搞好斗、批、改的最新指示，极大地鼓舞了全市軍民。我們要用革命的大批判发展当前的大好形势，迅速掀起斗、批、改高潮，向着无产阶级文化大革命的全面胜利奋勇前进！

把清理阶級队伍和革命大批判結合起来

《人民日报》七月十八日短評

北京第一机床厂革命委員会，采取多种多样的形式，把清理阶級队伍和革命的大批判紧密地結合起来，进一步激励了广大革命群众的战斗意志，稳、准、狠地打击了无产阶级的敌人，巩固和发展了无产阶级文化大革命的偉大胜利。

重视政治上、思想上的对敌的斗爭，向群众进行細致的思想发动工作，开好小型批判会，这些經驗都是好的。

革命的大批判和清理阶級队伍，是从政治上、思想上、組織上向阶級敌人进攻的互相联系、互相促进的两个重要侧面。

把清理阶級队伍和开展革命大批判結合起来，可以使广大革命群众更加认清中国赫鲁晓夫的反革命修正主义的反动本质，提高对敌斗爭的自觉性；可以牢牢掌握斗爭大方向，坚决打击一小撮叛徒、特务、死不改悔的走资派和没有改造好的地、富、反、坏、右分子；可以教育广大革命群众，认識在无产阶级专政条件下阶级斗爭的规律和特点，提高对敌斗爭的水平，把清理阶級队伍的工作搞得更深入、更彻底。

把清理阶級队伍和开展革命大批判結合起来，可以使革命大批判同各单位的实际斗爭联系得更加紧密，同各单位的斗、批、改联系得更加紧密。清理阶级队伍，挖出了极少数埋得很深的阶级敌人，为革命的大批判提供了丰富的、生动的活材料。这样，就能使广大革命群众更深刻地理解这场政治大革命的阶级内容和重大意义，从而更积极地投入革命的大批判，使之更深入、更持久地开展下去。这样，才能使毛主席的无产阶级革命路线更加深入人心，进一步肃清以中国赫鲁晓夫为总代表的反革命修正主义路线在各方面的毒害，从政治上、思想上巩固清理阶级队伍的成果。

毛主席教导我们：“不破不立。破，就是批判，就是革命。……破字当头，立也就在其中了。”

把清理阶级队伍和革命大批判很好地结合起来，必将使战无不胜的毛泽东思想更加深入地为广大革命人民所掌握。新生的革命委员会，也必将在斗争中得到进一步的巩固和发展。

以基层为重点　以班组为基础
打一场革命大批判的“人民战争”

《天津日报》六月二十七日社论

最近以来，随着“一批、三查”运动的深入发展，我市革命的大批判运动，进入了一个新阶段。这个新阶段的重要特点之一，就是以基层为重点、以班组为基础的群众性的革命大批判，已经广泛地开展起来了，一个革命大批判的“人民战争”，已经初步形成。

毛主席教导我们说：“我们现在思想战线上的一个重要任务，就是要开展对于修正主义的批判。”革命的大批判，是贯穿整个无产阶级文化大革命的基本內容。开展革命大批判的目的，从根本上說，就是用无产阶级思想体系批倒资产阶级和一切剝削阶级的思想体系，就是用毛澤东思想体系代替資产阶級和一切剝削阶级的思想体系。

要完成这个艰巨而偉大的历史任务，一靠毛澤东思想，二靠广大人民群众。就是要用毛澤东思想武装广大人民群众，发动广大人民群众，用毛澤东思想批判修正主义。今天本报发表的天津市粮食局油脂儲炼厂革命委員会关于开展班组革命大批判的經驗，是实现上述任务的好形式和有效方法。

班组、課堂、科室等单位，是生产、学习和工作的最基层，是群众的"根据地"。要打一场革命大批判的"人民战爭"，必须把重点放在基层，必须广泛、深入地开展班組批判。开展革命大批判的"人民战爭"，应該处处都是战場，人人都当批判家。不把班組批判深入广泛地开展起来,这样的"人民战爭"是形不成的。

毛主席指示人民解放軍"要随时参加批判资产阶级的文化革命斗争"，工人、农民、学生"也要批判資产阶級"。班組、課堂、科室是阶級斗爭的前哨陣地，广大人民群众可以随时随地向资产阶级发起进攻。不抓班組批判，就不能做到人人批判资产阶级,就不能落实毛主席的这一指示和一系列最新指示。

班組、課堂、科室是进行阶級斗爭，是进行本单位斗、批、改和推动思想工作以及各項工作的基础。开展革命的大批判，要同本单位的阶級斗爭相结合，同本单位的斗、批、改相結合，同本单位的各項工作任务相结合，同破私立公、搞好思想革命化相結合，也必须以基层为重点，以班組为基础，把广大革命群众的革命积极性充分調动起来。

班組大批判，有利于广泛动員群众、組織群众，人人动脑，人人动口，人人动手；有利于主动进攻敌人，随时战斗，

441

主动出击；有利于群众专政，对阶级敌人实现人人监督，时时监督，事事监督；有利于結合形势任务，保证革命大批判沿着毛主席的偉大战略部署，步步紧跟，深入开展；有利于办好各种类型的毛澤东思想学习班，活学活用毛主席著作，边学边用，学用结合，在对敌斗爭中，提高阶级斗爭和两条路綫斗爭觉悟，加速思想革命化。

开展班組革命大批判，是阶級斗爭形势发展的需要，是革命大批判深入发展的需要，是夺取无产阶级文化大革命全面胜利的需要。班組大批判的普遍发展，是群众性革命大批判运动的深入、持久发展的一个重要标志。我們要更高地举起毛澤东思想偉大紅旗，使班組革命大批判广泛、深入、持久地开展下去，让光焰无际的毛澤东思想占領一切阵地，让毛澤东思想偉大紅旗，在各条战綫、各个領域高高飘揚，永远飘揚！

革命大批判是无产阶级专政
条件下进行革命的方法

——新风織布厂深入持久地开展革命大批判的經驗

新风織布厂革命委員会的同志們，认識到革命大批判是无产阶級专政条件下进行革命的方法，积极領导群众，紧跟毛主席的偉大战略部署，深入持久地开展革命的大批判，把革命大批判提高到路綫斗爭的高度，全厂革命生产形势越来越好，新生的革命委員会迎着阶級斗爭的风浪不断地得到巩固和发展。

他們是怎样深入持久地开展革命大批判的呢？我們为此到新风織布厂作了一些調查，

新风織布厂的經驗是：狠抓一条綱，做到两个依靠，注意三个結合，采用四个对照。

狠抓一条綱

狠抓阶級斗爭，主动向阶級敌人发动猛烈进攻

革命的大批判，是权宜之計，还是战略措施？是可有可无，还是非抓不可？是远水救不了近火，还是一抓就灵？是同其他工作对立的，还是相互推动的？一句話，革命的大批判应当放在什么位置上？

新风織布厂革委会剛成立时，个别头头新当"官"想求"稳"，还錯誤地认为："一月革命"夺了走資派的权，撤了

他們的职，现在我們又成立了革委会，只等运动后期给这一小撮人处分就是了。在这种现在可以"刀枪入库、馬放南山"的錯誤思想指导下，厂里出现了一片"太平"景象。而一小撮阶級敌人呢？看看革委会不領导群众斗争他们，就活跃起来了，胡說什么"坐天下那么容易啊！"把矛头直指厂革委会和革命群众組織，攻击无产阶級文化大革命。

这股右傾翻案风是怎么来的呢？

有的人认为，原因之一是不抓阶級斗爭，放松了革命大批判。有的人不同意这种看法，认为这与革命大批判无关。

針对这一情况，厂革委会組織大家反复学习毛主席有关阶級斗爭的論述。毛主席教导我們說：**"我们决不可因为胜利，而放松对于帝国主义分子及其走狗们的疯狂的报复阴谋的警惕性，谁要是放松这一项警惕性，谁就将在政治上解除武装，而使自己处于被动的地位。"**毛主席的偉大教导，使广大革命职工进一步提高了阶級斗爭和路綫斗爭的觉悟。大家认識到，我們在一月革命中虽然从組織上夺了党內一小撮走資派的权，并不等于在政治上、思想上、理論上也夺了他們的权，本单位的走資派，是中国赫魯曉夫阴謀复辟資本主义的社会基础，他們是上下呼应、联成一气的，只有从政治上、思想上、理論上把他們批深批透，斗倒斗臭，肃清他們流毒，走資派才不可能卷土重来。但是，阶級敌人是不甘心于失败的，无产阶級文化大革命越是接近全面胜利，两个阶級、两条道路、两条路綫的斗爭越是复杂，越是深刻。我們松一松，敌人就攻一攻，只有狠狠抓住阶級斗爭这条綱，发扬痛打落水狗的彻底革命精神，主动地向阶級敌人发动进攻，把革命大批判提高到路綫斗爭高度，才能夺取无产阶級文化大革命的全面胜利。因此，开展革命大批判，不是可有可无，而是关系到无产阶級文化大革命进行到底还是半途而廢的大問题，是打倒反革命修正主义，粉碎資本主义复辟的社会基础，保证我們偉大祖国永不变色的战略措施。

这个厂的无产阶級革命派通过学习还认識到，党內最大的一小撮走資派，是妄图从我們內部顛覆无产阶級专政的最危險的敌人，是无产阶級专政下革命的主要对象。而他們又常常是打着"紅旗"反紅旗。这就給識別敌我友带来了新的問題，出現了复杂的情况。搞得不好，会认敌为友，視友为敌。在这种情况下，只有用毛澤东思想武装我們的头脑，去观察、分析錯綜复杂的阶級斗爭形势。革命的大批判，就是无产阶級专政条件下进行革命的方法。因此，革命的大批判，不是搞一陣子就完了，而是要天天搞，月月搞，年年搞。

从此，新风厂的革命大批判浪濤一个高一个，批判会一次又一次，很快地粉碎了这股右倾翻案风，粉碎了阶級敌人的一个又一个的阴謀活动，厂革委会在阶級斗爭的风浪中不断巩固和发展。

做到兩个依靠

依靠无产阶級革命派和广大革命的工人，依靠革命群众組織。

新风織布厂只有二百多人，职工平均年齡四十一岁，具有老年工人多、半文盲多、女工家里孩子多、揮笔头人少的"三多一少"特点。因此在剛开始搞革命大批判的时候，有的人說："写一篇批判文章比織一匹布难！"还有的人认为組織一些科室人員、知情者、小青年和革命干部多研究研究，写些批判大字报給职工看看，准备些重点发言稿在批判会上念給大家听听，让群众受受教育已經不錯了。

革命的大批判到底依靠誰来搞？毛主席教导我們："革命

战争是群众的战争，只有动员群众才能进行战争，只有依靠群众才能进行战争。""我们必须全心全意地依靠工人阶级"。毛主席还曾經指出：中国无产阶级特出的优点之一，就是"他们在革命斗争中，比任何别的阶级来得坚决和彻底"。革委会的成员带着問題反复学习了毛主席的这些偉大教导，认識到开展革命大批判必须依靠无产阶级革命派和广大革命的工人。他們說：工人阶级是无产阶级文化大革命的主力軍，同样也是革命大批判的主力軍。广大革命的工人，特别是工人阶级中的左翼，对解放以来两个阶级、两条道路、两条路綫斗争的感受最深，对毛主席的感情最濃，对批駁中国赫鲁曉夫妄图复辟资本主义的种种謬論最有发言权。他們掌握了毛澤东思想这个最銳利的武器，就能战无不胜，攻无不克。

因此，厂革委会充分发动和依靠无产阶级革命派和广大革命的工人开展革命大批判。事实证明，厂革委会这样做是很对头的。全厂无产阶级革命派和广大革命的工人认眞学习毛主席語录，对照中国赫鲁曉夫的黑話，联系本单位的阶级斗争实际，开展革命大批判。有些工人一起写，有的回家叫儿子写，眞正做到了人人动口动手，拿起笔作刀枪，把车間当成大批判的战場。在全厂性的斗批大会上，往往发言刹不住車，会議一开就是几小时。有些請病假的工人和退休工人也赶来参加了斗批会，他們激动地說："参加批判会，渾身都是勁，年紀变得輕，方向看得明，两条路綫分得清。"广大革命的工人在这場大批判中杀出了威风，批出了水平，尖銳潑辣，立場鲜明，不愧为革命大批判的依靠力量。

新风織布厂原来有九个战斗队，在一月革命中联合組成了"工人革命造反大队"。厂革委会成立后，有的人认为"工人革命造反大队"的任务已經完成了。然而厂革委会认为，在文化大革命运动中成长壮大起来的以工人阶級为主体的革命群众組織，是无产階級的階級組織。因此，这个厂的革委会十分重視革命群众組織在革命大批判中的战斗作用。例如在全厂专題批判大会之前一二星期，厂革委会就通过"工人革命造反大队"召开各种类型的座談会，广泛听取意见，作出作战計划，然后又通过"工人革命造反大队"把作战方案布置到班組，让群众充分酝酿，作好准备。"工人革命造反大队"的队委，在作战准备中起着骨干作用。整个革命群众組織，成了革委会領导开展革命大批判中的依靠对象和得力助手。

─────── 注 意 三 个 結 合 ───────

結合階級斗爭形势，

結 合 中 心 任 务，

結合本单位斗批改

新风織布厂的革命大批判，做到了結合形势、結合中心任务、結合本单位斗批改的"三結合"，因此批判的內容随着运动的进展而相应变化，常批常新，能够深入持久地开展下去。

（一）結合階級斗爭形势开展革命大批判

前一时期，在社会上反动思潮的影响下，新风厂里也出现了无政府主义思潮，一部分人工作疲塌，学习松懈，有的在生产时間下象棋，还說什么"现在多白相白相，文化革命一結束要'收骨头'了！"面对这种情况，厂革委会組織大家学习毛主席的敎导："你们要关心国家大事，要把无产階級文化大革命进行到底！"狠批中国赫鲁晓夫的有关謬論。通过大学习和大批判，大家的政治觉悟大大提高了，擦亮了眼睛，增强了階級斗爭观念，加强了革命的組織性和紀律性。

新风厂里有个解放前国民党里的紅人，又是一个特务，解

447

放后混入了共产党；还有一个屡教不改的走資派。这次文化大革命中一起被革命群众揪了出来。最近，这两个家伙配合社会上的右倾翻案风，各自抛出了一份所謂"交代"，妄图否定无产阶级文化大革命，为自己翻案。厂革委会就組織大家根据当前阶级斗爭形势，结合本单位的实际情况，活学活用毛主席的最新指示："**无产阶级文化大革命，实质上是在社会主义条件下，无产阶级反对资产阶级和一切剝削阶级的政治大革命，是中国共产党及其领导下的广大革命人民群众和国民党反动派长期斗爭的继续，是无产阶级和资产阶级阶级斗爭的继续。**"大家深刻地认識到，我們和一小撮敌人的斗爭，就是共产党和国民党的斗爭，这是你死我活的阶级斗爭。你不主动进攻，敌人就会猖狂反扑；必须深入持久地开展革命的大批判，把敌人从思想上、政治上、理論上彻底批倒批臭。

(二) 结合中心任务开展革命大批判

革命大批判一定要圍繞当前中心任务来进行，否则就不能批深批透。新风厂的革委会能够注意结合中心任务，例如提出大学大用毛主席的建党路綫这个中心任务以后，这个厂就紧紧結合这个中心任务开展革命大批判；把一个包庇血債累累的反革命分子、又是留党察看、政治面目严重不清、生活腐化堕落的钻进党內的坏蛋揪了出来。通过这个活靶子，批判了中国赫魯曉夫包庇牛鬼蛇神的罪行，又純洁了党的队伍，群众的眼睛也更亮了，路綫斗爭的觉悟也更高了。

(三) 结合本单位斗批改开展革命大批判

新生的革命委員会要拆旧轨闢新路，革命大批判就要有的放矢，針对厂內的实际情况，边批判边改进。新风織布厂在夺权以后，組織上进行过一些改组，但很不彻底。后来，在批判中国赫鲁晓夫修正主义工业路綫时，他們就着重联系本厂的卡人、管人制度和"技术挂帅"、"物质刺激"等一整套修正主义黑貨，从思想上、政治上、理論上进行批判，而且从組織上摧毁了修正主义企业管理上的条条框框，建立了革委会一杆子到底的領导，实行了"**精兵简政**"，科室干部由原来二十二个改为十二个。打破了繁瑣的分工，简化了手續，促进了生产管理，也促进了干部的思想革命化。

新风織布厂的革命大批判，由于注意结合形势、結合中心任务、結合本单位斗批改，因此批判的內容毫无"炒冷飯"的感觉，能够深入持久地开展下去。

采用四个对照

对照毛主席怎么教导的，

对照中国赫魯曉夫怎么放毒的，

对照本单位走資派怎么貫彻的，

对照我自己是怎么想的

"**无产阶级文化大革命，是一場触及人们灵魂的大革命。**"新风織布厂革委会的一些同志，原来对毛主席的这一教导是不大理解的。他們說，中国赫魯曉夫这个人，我們沒有看見过；他写的黑书，我們沒有讀过；他做的黑报告，我們沒有听过；批判是做給人家看看的。自从采用了"四对照"，对照毛主席怎么教导的，对照中国赫魯曉夫怎么放毒的，对照本厂走資派怎么貫彻的，特别对照我自己是怎么想的，把革命大批判和斗"私"結合起来，使革命大批判和抓活思想不分家，革命大批判的效果就大不同了。

成品車間有两个老年女工，都是解放以前进这家厂的，是二十多年的老姊妹了。在这場文化大革命中，由于資产阶级反动路綫的毒害，双方閙得很僵，"在工人阶级內部，没有根本的利害冲突。在无产阶级专政下的工人阶级內部，更没有理由一定要分裂成为势不两立的两大派组织。"毛主席的这一指示发表以后，这一对老姊妹各自反复进行了学习。不久，厂里召开了进一步批判资产阶级反动路綫大会，两个人都上台发言，按照毛主席的教导，狠批了中国赫鲁晓夫的流毒，斗争了厂里的走资派，这对老姊妹当場斗掉了私心，换上了紅心，建立了新的革命友誼，激动得台下的群众也流出了泪花。有的說："中国赫鲁晓夫使一对亲家变成了冤家，革命的大批判又使一对冤家变成了亲家。"

毛主席教导我們："旣当'官'，又当老百姓。""国家机关的改革，最根本的一条，就是联系群众。"新风織布厂革委会的领导成员和革命造反大队的队委們，牢記毛主席的教导，狠批了中国赫鲁晓夫的"入党做官"論，除了参加突击劳动外，当夜班缺人时，晚上照样頂班。为了密切联系群众，无論刮风下雨，节日还是厂休，經常进行家庭訪問，现在他們已对全厂百分之八十的职工家庭进行了訪問，关心大家的政治和生活。通过促膝談心，干群关系更密切了，有个老年女工說："旧社会工贼上門停生意，解放后走資派官僚气十足不上門，新生的革命委員会就是好！"

有个进新风厂已有二十三年的老工人，在解放前，他的工资是全厂最小的一个，困的鋪位是全厂最差的，做的生活是全厂最重的，他被压榨得气也透不过来，长年累月不讲話；解放后，他的政治地位和经济收入都发生了根本变化，他从心底里热爱毛主席，热爱共产党，热爱社会主义制度，但是不讲話已成了习慣。有的人說他是"会說話的哑巴"。厂里有一次批判中国赫鲁晓夫鼓吹资本家"剝削有功"論，联系批判了本厂的走資派的"資本家文也来，武也来，政治可靠"的謬論，这时他再也忍不住了，狠斗了自己"怕說錯"的私心，第一次上台用亲身的血泪經历，控訴了万恶的旧社会，狠批了中国赫魯曉夫的反动謬論。"旧社会把会說話的人变成了哑巴，革命的大批判又使哑巴变成了会說話的人。"现在，这个老工人已成了大批判积极分子，活跃在批判大会上，专栏里也有他写的文章。他深有体会地說："斗私才能批修，批修必须斗私。"

一个有九个孩子的老年女工，通过"四对照"以后，克服了年紀大、記忆差、身体弱、家务忙、文化低等等困难，成了活学活用毛主席著作的积极分子。

革命改变了人們的精神面貌。新风織布厂一年来深入持久地开展革命大批判，使职工思想革命化的步子比任何一年都大，去年的生产任务完成得比任何一年都好，今年以来又月月上升，出现了革命如火如荼、生产热气騰騰的新气象。

（載五月十四日《解放日报》）

上海矽鋼片厂以班組为基点
不停頓地向无产阶級的敌人猛烈开火

上海矽鋼片厂革命委員会在驻厂中国人民解放軍海軍东海舰队某部毛澤东思想宣傳队的帮助下，遵循我們偉大領袖毛主席"阶級斗爭，一抓就灵"的教导，充分发动群众，以班組为基点，采取"四个抓"、"三个結合"的方法，深入持久地开展革命的大批判，从根本上提高革命职工的阶級觉悟和路綫斗爭觉悟，不停頓地向无产阶級的敌人猛烈进攻，取得了革命生产双胜利。

一月革命以来，上海矽鋼片厂的无产阶级革命派和革命职工，連續不断地召开了批判斗争会，对中国赫鲁晓夫等党内最大的一小撮走资派及其在厂內的黑爪牙进行了批判斗争，取得了一定的胜利。但是，也有不少的革命职工反映：全厂召开的批判斗争会，每次发言人数不多，面不广。少数人忙，多数人急，因而革命大批判不能持久，也不能收到良好的效果。厂革命委員会对这些意见及时作了研究，认为班组是工厂的基层組織，革命职工对实际情况最了解。要从政治上、思想上、理論上批深、批透，批倒、批臭中国赫魯晓夫及其在厂內的黑爪牙，必须把革命大批判的基点放到班組去。这样，更有利于搞好本单位的斗、批、改。

去年以来，这个工厂的革命委員会通过班组的革命大批判，带領全厂革命职工对中国赫鲁晓夫及其在厂內的黑爪牙，进行了一百多次的批判斗争。从厂区到車間，从工段到班組，大批判专栏遍及全厂。矽鋼片厂的革命实践证明，以班组为基点开展革命大批判，群众容易发动，容易組織，革命工人人人都能批判，火力集中，资产阶級批得透，修正主义根子挖得深。班組批判抓住活思想，对准"活靶子"，既是对敌斗爭的陣地，又是斗私批修的战场。

全厂广大革命职工的路綫斗争觉悟提高了，阶級斗争的观念增强了。工人們說："革命大批判不搞，印把子要失掉；革命大批判搞得好，革命生产出现新面貌；革命大批判深入搞，牛鬼蛇神沒处逃；革命大批判持久搞，紅色江山保得牢。"在革命大批判的洪流中，在两条路綫的激烈斗争中，新生的革命委員会得到了鍛炼和巩固。目前，全厂呈现着一片蓬勃的革命景象，群众的思想面貌起了变化，提高了路綫斗争觉悟，生产热情高漲。今年四月份生产任务总产量超額完成計划百分之六点三。

抓阶級教育，深入开展革命大批判

开展班組革命大批判要紧紧抓住阶級教育。去年，厂里部分职工受到社会上无政府主义思潮影响，一度出现学习放松，劳动紀律松懈，人与人之間不团結的現象。針对这些情况，厂革委会反复向全厂职工宣傳毛主席"千万不要忘记阶级斗爭"的偉大教导，另一方面，从新旧对比，忆苦思甜着手，在班組范圍内，普遍地开展了"五查"活动（即查对毛主席、对毛澤东思想是不是无限热爱、无限信仰、无限崇拜、无限忠誠；查对毛主席最新指示学习得怎么样，用得好不好；查活学活用"老三篇"怎么样；查是否积极投入大批判做到既动嘴又动笔；查对无产阶级文化大革命的认識和态度）。通过忆苦思甜和"五查"，使大家进一步激发了对偉大領袖毛主席无限热爱的无产阶級感情，进一步加深了对中国赫鲁晓夫的无比仇恨，清除了无政府主义思潮的影响。有的同志說：过去我对革命大批判的重大意义认識不足，片面地认为，大批判是有文化的干部的事。通过新旧对比，认識到不开展革命大批判，修正主义流毒就不能肃清；只有深入开展革命大批判，从各个方面肃清修正主义流毒，挖掉修正主义祸根，才能保证我国社会主义江山永不变色。有的同志說：过去错誤地认为，搞搞批判，写写批判文章，起不了大作用。通过学习，明确了人人口誅笔伐，投入革命大批判，修正主义那一套鬼把戏，就暴露在光天化日之下了，今后我們革命群众就不会上当了。那里出现修正主义，那里就要批，广大革命职工路綫斗爭的觉悟有了提高，明确深入开展革命大批判的重要性，为班組开展革命大批判打下了思想基础。

抓形势，揪住"活靶子"狠批一小撮

要深入持久地开展班組的革命大批判，就必须紧跟偉大領袖毛主席的战略部署，紧跟形势，以走资派为"活靶子"，始终把矛头对准一小撮阶级敌人，把大批判运动轰轰烈烈地开展起来。通过全厂广大革命群众的揭发批判，发现前一阶段刮起的无政府主义的妖风原来来自厂内走资派，厂革委会抓住这个"活靶子"对走资派和一小撮阶级敌人展开了批判斗争，提高了工人的阶级觉悟，全厂出现一个自觉制訂抓革命，促生产公約的热潮，进一步肃清了无政府主义的流毒。当社会上刮起一股右倾翻案妖风时，厂革命委员会又及时发动群众，认真学习毛主席一系列最新指示，各班组结合厂内具体情况，深入开展揭发批判活动。有个小组用大量事实揭发了厂里的走资派使用金錢、女色等卑鄙的手法，蒙蔽、拉攏和收买一个工人为他奔走效劳，进行翻案的反革命阴谋活动。工人們从活生生的事实中看到，无产阶级文化大革命越是接近全面胜利，阶級敌人越是要作疯狂的挣扎，更加激发了各个小組的工人深入开展革命大批判的自觉性。

抓巩固，不断向阶級敌人发动进攻

革命的大批判，是不断地向阶級敌人进攻，巩固新生的革命委员会的战斗武器。以班組为基点的革命大批判开展了一个时期后，有一部分同志认为大批判搞得差不多了，批来批去是"老一套"。針对这种思想情况，厂革委会组織全厂革命职工反复学习毛主席"**我们现在思想战线上的一个重要任务，就是要开展对于修正主义的批判**"的教导，并召开批判斗爭会，用活生生的阶级斗争现实教育广大革命职工，提高革命警惕性，提高阶級斗争观念。思想认識提高了，革命大批判又出现了新的局面。厂革委会又及时总结典型小组大学习，大批判的經驗，組織交流和推广。同时召开經驗交流会和现場交流会，相互介紹大批判經驗，檢查工作，互相学习，取长补短。这个厂的革命大批判专栏基本上是結合厂內实际情况开展斗批活动的，对深入持久地开展革命大批判起了推动促进作用。

抓动态，給阶級敌人以猛烈回击

抓动态，主要是抓广大革命职工的思想动态和阶级斗爭的新动向。如过去一个时期，少数职工认为，无产阶级文化大革命将近两年了，走資派，地、富、反、坏、右，牛鬼蛇神耍动也动不起来，表面上看看也很老实。針对这种輕敌麻痹思想，厂革委会及时地抓住阶级敌人疯狂向无产阶级革命派反攻倒算的事实，敎育全厂广大革命职工，进一步发动广大革命职工火蹼厂、車間、班組阶級斗爭形势，大揭阶級斗爭盖子。例如这个厂的一个走資派在群众中到处散布阴謀翻案的輿論，勾結混进厂革委会的坏人，大搞反革命活动；有的四类分子写了万余字的翻案书；在四清运动中被清查出来的钻进工人阶级队伍中来的資本家公开叫嚷是什么"革命干部"，这一系列触目惊心的阶级斗爭事实，使全厂革命职工进一步懂得：我們偉大領袖毛主席亲自发动和領导的无产阶級文化大革命，是对无产阶級的一切敌人发起总攻击的大战役。两軍对战，你不攻它，它就攻你；你不吃掉它，它就吃掉你。在这一場偉大的革命斗爭中，全厂革命职工运用毛澤东思想这个望远鏡和显微鏡，观察阶級斗爭的新动向，阶級敌人在哪里出头露面，就在哪里把它打下去。

这个厂在革命大批判中采用"三个結合"的方法：一是口誅笔伐相結合，就是会上动口，面对面地对阶級敌人进行揭发、批判、斗爭；会后人人动笔，組織批判文章。二是大学习大批判相結合，大学习就是大办毛澤东思想学习班。去年以来，这个工厂先后举办了一百四十余期毛澤东思想学习班。全厂有三百三十二戶革命职工，开办了毛澤东思想家庭学习班，使家庭也成为斗私批修的战場。在各种类型的毛澤东思想学习班上，許多革命职工做到了活学活用。三是大批判与本单位斗、批、改相結合，在深入开展革命大批判的基础上，充分发动群众，进行斗、批、改。他们結合当前形势和任务的要求，逐步改革了一些不适应社会主义經济基础的企业管理制度。

目前，上海矽鋼片厂在偉大領袖毛主席一系列最新指示指引下，全厂革命职工緊緊地团結在厂革委会的周圍，利用革命大批判这个銳利的武器，向阶級敌人发动深入持久的猛烈进攻，为全面落实毛主席最新指示，夺取无产阶級文化大革命全面胜利而奋斗。

（載五月十四日《文汇报》）

我們大队在革命大批判中是
如何抓活思想的？

河北省临西縣东留善固大队党支部书記　　呂玉兰

偉大領袖毛主席教导我們說："**掌握思想教育，是团結全党进行伟大政治斗争的中心环节。如果这个任务不解决，党的一切政治任务是不能完成的。**"我們东留善固大队在革命的大批判中，由于抓了群众和干部的思想教育，及时用战无不胜的毛澤东思想宣传群众、武装群众，所以，每当用毛澤东思想解决一个认識問題时，人民群众就得到一次大发动，政治觉悟就有一次大提高，革命的大批判就向前推进一步。我們深深感到，突出无产阶級政治，用毛澤东思想及时扫除思想上的"挡路虎"，这是深入持久地开展革命大批判的一个关键問題。

当青壮年社员积极投入革命大批判以后，有些老年人不能很快上陣，怎么办？

把毛主席最新指示送到他們心坎上

"青年是整个社会力量中的一部分最积极最有生气的力量。"在革命大批判中，我們特别注意发挥他們冲鋒陷陣的积极作用。可是，有些老年社員特别是那些不識字，沒在大会上說过話的老年人，往往不能很快跟着上陣。大队領导班子經过調查研究以后，认眞分析，认識到这些老年人多数是在旧社会当牛做馬、上不起学的貧下中农，他們在"乡村中一向苦战奋斗"。有些人在民主革命时期是积极分子，对过去的阶級斗爭感受最深，情况知道得最多，最有发言权。为什么他們在大批判中跟不上陣呢？主要原因是，有些老年人因为参加会議少，对革命大批判的重要意义认識不足，觉得自己沒文化，理論水平低，比不上青年人心灵口快，能写会說，誤认为革命大批判是有文化的青年人的事。再加上我们的批判方法机械呆板，大会多，小会少，也不便老年人参加批判，这就出现了一些老年人"观陣"的现象。

大海航行靠舵手，干革命靠毛澤东思想。我们針对这些老年人的活思想，組織他們学习毛主席关于"**我们现在思想战线上的一个重要任务，就是要开展对于修正主义的批判。**"和公社农民"**也要批判资产阶级**"的教导，提高他們对革命大批判的认識。我们还挑选思想好、学习好的青年人当輔导员，专門帮助老年人学习毛主席的最新指示；請老年人談过去阶級斗爭的經历；进行忆苦思甜，召开老年人座談会、批判会。另外，我们还采用现场参观，回忆对比等办法进行思想发动。如今年六月中旬，我们用排子車把六十多位走动不便的老大爷、老大娘拉到北沙林业队去参观。当他們看到过去是一片白茫茫的沙

457

滩，现在是一眼看不到头的防风林、数不清的果木树时，个个喜笑颜开。他們激动地說："要不是毛主席他老人家領导咱們走社会主义道路，过去这荒沙野坡，做梦也沒想到变得这样好。"他們激动地流着热泪高呼："毛主席万岁，万万岁！"这时，我們一面带他們参观，一面讲十几年北沙河造林"三起三落"的阶级斗爭史。从造林和破坏造林的斗爭說到大队夺权和反夺权的斗爭，从中国赫魯曉夫大搞資本主义复辟，說到队里的阶級敌人大搞反夺权。老年人越听越气愤，許多人气得敲着拐棍說："中国赫魯曉夫是头頂上长疮，脚心里流膿，坏透了。他是咱貧下中农的死对头！中国赫魯曉夫和咱队的地主一模一样。誰反对毛主席，反对社会主义，豁上老命也得跟他干到底！"

毛主席的最新指示同老貧农最貼心，阶级斗爭最能激发他們的革命热情。老年人对革命大批判的认識不断提高，参加革命大批判的自觉性越来越高。为便于这些老年人参战，我們更多地采取了小型会、街头会、田間地头会等灵活多样的批判形式，充分发揮了老年人在革命大批判中的特殊作用。他們是旧社会的受害者，对沒权之苦，夺权之难体会最深，他們参加革命大批判，最能打中中国赫魯曉夫的要害；他們是阶級敌人累累罪行的見证人，他們同青年人结合起来一起战斗，批得最活、最狠，群众受教育最深；他們是伪頑时期的"活档案"，他們主动参战，使我們很快挖出了一小撮隐藏多年的反革命分子，更加稳、准、狠地打击了一小撮阶级敌人。

革命大批判开展起来以后，一度不能很好地同本单位阶級斗爭实际緊密結合起来。出現这种現象怎么办？

首先要去掉干部思想上的"挡头"

毛主席教导我們說："政治路线确定之后，干部就是决定的因素。"农村革命大批判运动，能不能步步深入地开展下去，关键在于干部敢不敢往前領。

中国赫魯曉夫的"三自一包"黑货，在我們大队流毒很深。一九六一年，我們大队的一个頑固走資派就以"开荒"为名，侵占集体耕地十五亩之多。在他的影响下，全村"开荒地"就达三百多亩。照理說，流毒越深越有批头。可是开初，有的生产队"光放高射炮，不打机关枪"。群众一联系本队的实际情况，有的干部就往"圈外"引，使革命大批判枯燥无味。原因在哪里呢？大队經过深入調查，发现有的干部怕联系到自己，怕引火燒身。第七生产队长孙文延去年擅自破坏了国家种植計划，在集体地里种了十六亩西瓜。西瓜熟了又高价在自由市場上出售。在大批判运动中，背上沉重的"包袱"，总是不敢往前領。认为自己"半身不逐"，沒理再說别人"瘫痪"，群众批来批去会批到自己头上来。这些思想就成了大批判的"擋头"。为了解决这个問題，大队专門举办了干部毛澤东思想学习班。学习了毛主席一系列最新指示和"**放下包袱，开动机器**"等有关教导，使大家认識到：我們都是中国赫魯曉夫修正主义路綫的受害者，更应該积极参加革命大批判，彻底肃清中国赫魯曉夫的流毒。我們的錯誤，也只有通过革命大批判才能认識深刻，改得彻底。在提高思想认識的基础上，大队干部在革命大批判中，带头亮私斗私。我首先檢查了自己过去接受地、县委一小撮走資派在东留善固大搞反革命經济主义的錯誤。大队負責人王守增同志也檢查了多吃多占以及参与砍伐集体树木的錯誤。大队干部带头把"私"字一亮，生产队干部的思想顾虑就解除了一半。原来有思想包袱的同志都主动在学习班里檢查了自己的錯誤。第七生产队长孙文延說："去年我破坏国家种植计划，利用集体耕地种西瓜，又到自由市場上去卖，这是变相扩大了社員自留地。这种资本主义經营方式，就是中了中国赫鲁晓夫'大公有私'、'三自一包'流毒的具体表现。"在孙文延同志带动下，第七队的干部，也主动作了检查。社員說："責任不全在干部身上，我們也有錯誤。"

干部思想上丢掉了"包袱"，就象孙悟空解脱了"金箍咒"，工作大胆了，领导运动的劲头更足了。革命大批判运动立即掀起了新的高潮。

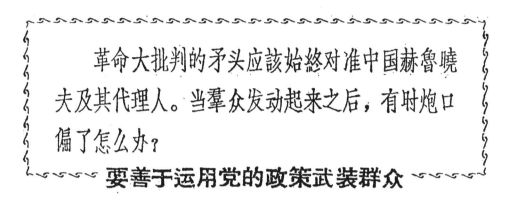

革命大批判的矛头应該始終对准中国赫鲁晓夫及其代理人。当羣众发动起来之后，有时炮口偏了怎么办？

要善于运用党的政策武装群众

毛主席教导我们說："政策和策略是党的生命，各级领导同志务必充分注意，万万不可粗心大意。"在革命大批判运动中，如果炮位不正，分不清敌友，就势必混淆两类不同性质的矛盾。遇到这种情况，就要立即用党的政策引导群众把炮位矫正过来。

我们大队有一个群众組織，因受了阶级敌人蒙蔽与操纵，干了不少坏事。在批判中国赫鲁晓夫推行的"打击一大片，保护一小撮"的资产阶级反动路綫时，革命群众对他們非常气愤。有的說："杀人的偿命，欠债的还錢。不管他幕前幕后，只要做过坏事的，我們就一锅端。"也有的說："过去他们把矛头指向我们，现在我们胜利了，也得叫他們尝尝无产阶级专政的厉害。"大队分析了这个苗头，认为我们的斗争矛头应該始終对准一小撮阶级敌人，絕不能把受蒙蔽的阶级兄弟当作阶级敌人来打。为了使广大群众严格掌握党的政策，我们专門举办了革命群众組織头头和全体大队、生产队干部的学习班。在学习班里认眞学习了毛主席关于正确区分和处理两类不同性质矛盾的教导，具体分析了这个組織的各方面的情况。大家认識到：这个組織中的群众絶大多数都是好的。无产阶级革命派同广大受蒙蔽的群众沒有根本利害冲突，我們应該热情地帮助他們迅速回到毛主席革命路綫上来。于是，无产阶级革命派便热情地同他們一起学习毛主席著作，一起斗私批修，鼓励他們自觉地檢查錯誤，揭发坏人。

对这个組織中办坏事較多的头头，我們始終是既严格要求，弄清是非，又从团結愿望出发。起初，这几个人思想紧张，甚至有的吃不下飯，睡不着觉。根据这种情况，在学习班里，我們不但沒有急于叫他們作檢查，反而我們带头亮私斗私，誠心地要他們給我們提意見。同时，还同他們一起开展忆苦活动，引导他們提高阶級觉悟。他們感动地流着热泪說："无产阶级革命派千好万好，就是好在听毛主席的敎导，照毛主席的指示办事上。我們一定不辜負无产阶級革命派的希望，坚决回到毛主席的革命路綫上来。"从此，他們主动檢查自己的严重錯誤，同时，还揭发了阶級敌人在幕后指挥的罪恶事实。活生生的阶級斗爭事实一摆，进一步敎育了广大人民群众，大家深有体会地說："阶級斗爭的盖子眞是不揭不知道，一揭吓一跳，原来坏根还是扎在一小撮阶級敌人身上，我們应該始終把炮口对准他們。"从此，无产阶級革命派和受蒙蔽的群众握紧了手，炮口对得更准了，火力更猛了，阶級敌人更孤立了。

> 开展革命大批判是要彻底肃清修正主义流毒。經过革命大批判，中国赫魯曉夫黑货重新露头怎么办？

斗私字 刨修根

我們大队对中国赫魯曉夫的修正主义黑货，进行了多次批制。但是，这些黑货在某些地方又有露头。比如，我們批判了中国赫鲁晓夫"三自一包"、"四大自由"、"物质刺激"等黑货后，有的队不顾国家种植計划，要在集体地里种西瓜；有的队在抗旱斗爭中又冒出了重洋輕土、向上伸手的苗头；有的人遇事就打个人主义小算盘，等等。为什么我們批判了中国赫鲁晓夫修正主义黑货，他的流毒又在起作用呢？我們带着这个問題学习了毛主席关于"**世界观的转变是一个根本的转变**"，"**稍微放松了对于农民的政治工作，资本主义倾向就会泛滥起来**"的教导。认識到：修是树，私是根，私根挖不掉，修树刨不倒。前一段，我們因为批修与斗私結合得不好，所以中国赫鲁晓夫的流毒又以改头換面的方式表現出来。問題找到了，在統一思想的基础上，我們以学习班为陣地，以两个阶級、两条道路、两条路綫斗爭为綱，狠斗私字，狠挖修根，把斗私同批修紧密結合起来。在各种类型的学习班里，組織干部、社員反复学习"老三篇"，以"老三篇"的基本观点为鏡子，以張思德、白求恩、老愚公三个光輝形象为榜样，大摆私字的危害，把私字搞得臭臭的，把三个光輝形象树得高高的。干部、群众在斗私批修过程中，学习毛主席的一条語录，批判修正主义的一个謬論，狠斗自己的一分私心，效果很好。

毛主席教导我們："**代表先进阶級的正确思想，一旦被群众掌握，就会变成改造社会、改造世界的物质力量。**"广大貧下中农、干部經过革命大批判，对毛主席更亲了，讀毛主席书的劲头更大了。人人爭当抓革命的闖将，促生产的模范。全村涌現出大批活学活用毛澤东思想积极分子。

（载九月十六日《人民日报》）

充分发挥工人阶级在斗批改
中的領导作用 大力改革不合理的
規章制度下放科室人員

——长春第一汽車制造厂車箱厂革委会緊緊
依靠广大革命职工認真开展斗批改

长春第一汽車制造厂車箱厂革委会,在駐厂解放軍毛澤东思想宣傳队的帮助下,遵照我們的偉大領袖毛主席**"要充分发揮工人阶级在文化大革命中和一切工作中的領导作用"**的教导,緊緊依靠革命职工,搞好斗、批、改,大力改革了不适应社会主义经济基础的規章制度,精簡了机构,改革了旧制度,改变了旧作风,斗、批、改的群众运动轟轟烈烈,生产形势空前大好。

依靠工人群众深刻揭露不适应
社会主义经济基础的上层建筑,
不断提高对搞好斗、批、改的認識

长春第一汽車制造厂从建厂以来,中国赫魯曉夫及其在厂內的代理人,頑固地推行了一条反革命修正主义的办企业路綫,从机构設置到人員分工,从生产到经营、管理,从总厂到分厂,上上下下,几乎全是照搬修正主义、資本主义的一套。

今年四月,車箱厂革委会就着手改革旧机构、旧制度、旧作风。但是,开始由于部分同志对斗、批、改的偉大意义認識不足,所以改革工作一度进展不大。

工人看到这种情况,一針見血地指出:"革委会是新政权,新人員，走的却是老路子。不是新的在改造旧的，而是旧的在影响新的，这样下去，就有'修'掉的危险。"

工人的尖銳批評，引起了革委会的重视。他们回顾前一段所走过的路，深切地感到旧的规章制度，对新生的革委会随时都在进行侵蚀，你不改造它，它就改造你，长此下去，就会走回头路。必须彻底改革。

为了进一步提高大家的认識，革委会又和工人群众一起，对不适应社会主义經济基础的规章制度，对中国赫鲁晓夫在政权建設問題上推行的反革命修正主义路綫所造成的恶果，进行了大揭露、大批判。工人說："旧机构科多、长多，办起事来扯皮多，有了問題找不着。完全是一个官僚机构，是为复辟资本主义服务的机构。那时工人見厂长、书記，要过三道門六道关。"旧机构是治工人的机构，旧制度也是治工人的制度。老工人刘永富在一次生产中，发现自己的机床掉了一个插销，他出于工人阶级当家做主的革命責任感，沒有找到維修值班員，自己就把插销擦干净安了上去。哪知不但沒有得到鼓励，反而被认为是違反了技术操作规程，受到了批評。在批判会上，他愤怒地說："我們工人是工厂的主人，是机器的主人。可是，过去工人連动一下机器的权利都沒有，眞是把活人当成了死人，把工人当成了奴隶。"在这里金錢挂帅、物质刺激的流毒更大，仅車箱厂就有什么安全奖、质量奖、季度奖、年中奖、年末奖、酌情奖等二十三种之多。另外还有一种"班组长津貼費"（工人叫操心費），管十人以下的組长，每月"操心費"三元，管二十人以上的組长每月"操心費"四元。在批判会上工人們气愤地說："这个奖、那个奖，就是沒有一点毛澤东思想；这个費、那个費，都是通向资本主义的旅差費。那一小撮走资派就是用这些东西把我們往资本主义道路上拉。"

通过大揭露、大批判，革委会的同志进一步认識到：不适

464

应社会主义经济基础的规章制度，过去就是这样为一小撮阶级敌人复辟资本主义服务的。现在，如果不彻底摧毁旧的上层建筑，又会成为阶级敌人复辟资本主义的思想基础和组織基础。只有发动广大革命职工清除旧的基础，建立起为社会主义經济基础服务的上层建筑，才能巩固新的革命政权，使工厂的大权眞正掌握在工人阶級手里。

依靠工人群众不断战胜敌人的干扰和破坏，在斗、批、改中开展对敌斗争

毛主席說："无产阶级文化大革命，实质上是在社会主义条件下，无产阶级反对资产阶级和一切剝削阶级的政治大革命，是中国共产党及其领导下的广大革命人民群众和国民党反动派长期斗争的继续，是无产阶级和资产阶级阶级斗争的继续。"車箱厂革委会在自己的革命实踐中深深地体会到：改革不适应社会主义經济基础的規章制度，絕不是单純地减少几个人，去掉几个科室，破除几項旧規章制度的問題，而是一場尖銳复杂的阶级斗争，是无产阶级和資产阶級阶級斗爭的继續。只有依靠工人群众，不断战胜阶級敌人的干扰和破坏，才能搞好斗、批、改。

精簡机构一开始，革委会选定一批新生力量，准备吸收到新的机构中来，一小撮阶級敌人就在背后煽动资产阶级派性，进行破坏。他們說："这一派人多了，那一派人少了"，"革委会有偏心，决定有錯誤"。革委会学习了毛主席"千万不要忘记阶级斗爭"的教导，认識到斗爭是不可避免的。于是，便发动群众把一个破坏精簡机构的坏分子揪了出来，粉碎了阶級敌人的猖狂进攻。

一場斗爭結束了，新的斗爭又开始了。当革委会把科室人員集中起来，办毛澤东思想学习班，深揭旧机构的害处时，敌

人又在那里破坏了，説什么："学习班一办，干部就成了兎子的尾巴——长不了喽。"煽动干部不去参加学习，还散布"要下去都下去"的謬論，給革委会施加压力。革委会和广大革命职工一起认眞学习了毛主席关于"**这种人不喜欢我们这个无产阶级专政的国家，他们留恋旧社会。一遇机会，他们就会兴风作浪，……**"的教导，认識到：改革就是斗爭，一小撮阶級敌人决不会甘心灭亡，只有把对敌斗爭进行到底，才能把改革进行到底。革委会就和工人一起，向阶級敌人发起了主动进攻，于是，很快就把一小撮阶級敌人揪出来了。

車箱厂革委会在斗、批、改中，紧紧依靠工人群众和革命干部，击退了一小撮阶級敌人一次又一次瘋狂反扑，彻底粉碎了敌人妄图破坏斗、批、改的罪恶阴謀。在斗爭中，他們体会到：旧的規章制度，是面临彻底灭亡的一小撮阶級敌人进行垂死挣扎的一个阵地，也是敌人用来同无产阶级、新生的革命政权作最后頑抗的一个重要堡垒。敌人企图固守这个阵地，用这个阵地进攻新生的革命政权。因此，在改革中，既不能改良，也不能用"和平改造"的方法，只能依靠群众，在阶級斗爭中改。只有这样，才能摧毁敌人的阵地，攻克敌人的堡垒，不断夺取新的胜利。

发动工人群众自觉地斗私批修，彻底完成斗、批、改的历史任务

在斗、批、改中，車箱厂革委会体会到，要认眞搞好斗、批、改，除了不断与阶級敌人的破坏和干扰作斗爭，还必须发动和依靠群众同自己头脑中的私心杂念作斗爭。只有革好思想上的命，才能革好不适应社会主义经济基础的上层建筑的命。

这个革命是从革委会改变旧作风开始的。

革委会在改变旧作风时，首先遇到的一个問題，是要不要和要个什么样的办公室的問題。有的同志认为，厂子大人員

多，过去十几个办公室都没有能把工作做好，现在总还得有个象样的办公室才行。

伟大领袖毛主席說："**国家机关的改革，最根本的一条，就是联系群众。**"革委会认眞学习了毛主席的指示，认識到：这不单单是个办公室的問題，而是要不要革命、要不要革掉"当官作老爷"的旧作风的問題。接着，就組織大家对"当官作老爷"思想进行批判。老工人王喜勤說："办公的'公'就是群众，离开了群众去办公，就是办'空'。过去的办公室不是办'公'，而是办'私'，不是为人民服务，而是'当官作老爷'，结果越办越私，越办越'修'。"认識提高了，革委会决定，只留一間房子，既是革委会的工作室，又是学习室。

在改造旧机构中，发动群众斗私批修，重要的是要依靠工人作好下放科室人員的思想政治工作，不断用毛澤东思想对他們进行再教育。开始，科室人員在留与下的問題上，思想上有很大阻力。有人說："在上不好干、下去不好看。"原技术科有两个干部，革委会决定留下一个、下去一个。开始，他們思想都不通，下去的感到丢了面子；留下的感到一个人要負担几个人的工作，怕挑不起担子，負不起責任。革委会一边組織他們学习，一边发动工人作他們的思想政治工作。工人們就找这两个干部談心，一些老工人还给他們忆旧社会的苦，談新社会的甜，启发他們的阶级觉悟。工人群众的热情帮助，使这两个技术干部受到很大教育和鼓舞。他們带着問題，进一步学习了毛主席"**要斗私、批修**"的教导，很快解除了顾虑。留下的那个干部工作忙不开，工人就和他一起研究解决，碰到問題帮他出主意，想办法，他工作比过去完成的更好。工人們称贊他"干劲大，眞是好样的！"下去的那个干部，跟工人一起劳动，一起学习，一起斗私批修，一起解决生产中的問題。工人們反映："干部下来的时間虽然不长，但是大大变了样。"他自己也感到："跟工人在一起，不是丢了什么'面子'，而是丢掉了资产阶级思想，得到的是无产阶级思想。"通过精简机构的实践，許多干部深有感受地說："难办、难看，是'私'字作怪，丢掉了'私'字，留下的安心，下去的愉快。"

斗、批、改的群众运动摧毁了旧的上层建筑，巩固和发展了无产阶级文化大革命的伟大成果

車箱厂革委会在斗、批、改中，依靠革命工人，用革命大批判摧毁了不适应社会主义经济基础的规章制度，又依靠革命工人用毛澤东思想建設了新的政权机构，建立了新的规章制度，树起了密切联系群众的新作风，进一步巩固和发展了无产阶级文化大革命的偉大成果。他们取消了原来的五个科、三个室，健全和充实了革委会的办事机构，干部由原来的七十七人减少到十八人；廢除和革新了許多不合理的规章制度，用政治讲評代替金錢物质奖励，用政治考勤代替了經济考勤，用群众管理代替了"专家治厂"，組成了由工人、革命技术人員、革命干部参加的三結合技术管理小組，設立了群众設計室，从根本上跳出了旧机构、旧规章制度的圈子。

革委会人員在群众中办公，首先抓阶级斗争。加工工段的大批判过去一直搞得比較差，走資派就乘机大搞翻案。革委会主任王荣高到这个工段以后，和工人一起学习毛主席"千万不要忘记阶级斗争"的教导，用革命大批判，向一小撮阶级敌人猛烈进攻，粉碎了阶级敌人的翻案妖风，使革命大批判越来越深入。

革委会人員深入基层以后，使一些长期得不到解决的問題，迅速得到了解决。生产車箱用的木料，过去由于受旧规章制度約束，造成了运、管、用脱节。因木材不能及时轉运入库，长期积压在装卸綫上，影响了铁路运輸，生产得不到及时供应，成批木料因雨淋日晒变形报廢。建厂以来，工人曾多次

提出意見，一直沒有解決，被稱為"老大難"問題。革委会生产组人员下到車間和工人一起劳动，一起研究，打破了旧规章制度的約束，实行了运、管、用的统一調度，很快解决了問題。

思想革命有力地推动了技术革命。革委会的同志、下放的科室干部、技术人員，和工人一起斗私批修、一起劳动，大大加速了思想革命化，有力地推动了技术革命。木材堆垛机械化設备，过去被走資派封为技术"权威"的，搞了五年多都沒搞成，安装的部分项目也根本不能使用，干部、技术人員和工人一結合，仅用了三十二个小时，就把其中一项单軌吊車改革成功，由人工搬运变成机械作业，提高搬运效率十倍。"三結合"的技术革新队伍，不但改革了旧的技术設备，还試制成功了我国第一台适用于各种电焊机的变压器。这种变压器的重量和体积，只相当于同样容量旧变压器的百分之三十，达到了世界最先进的技术水平。这些活生生的事实，对大家教育很深。

目前，車箱厂的革命轟轟烈烈，生产热气腾腾，斗、批、改的群众运动正在向纵深发展，活学活用毛澤东思想的群众运动更加广泛深入，广大职工的精神面貌发生了深刻的变化。革命带动了生产，車箱生产日日上升，創造了建厂以来班产的最高紀录。

（載九月二十二日《人民日报》）

以班組为基础的革命大批判好得很！

天津市粮食局油脂儲炼厂革命委員会在解放军支左人員的帮助下，高举毛澤东思想偉大紅旗，克服右傾思想，全面开展"一批、三查"运动。发动群众打"人民战爭"，以班組为主要战場，深入持久地开展革命大批判，使一小撮阶級敌人陷于"人民战爭"的汪洋大海之中。他們的經驗是：

一、班組是深入开展革命大批判的主要战場

这个厂革委会在开展革命大批判时遇到的一个問題，就是依靠誰搞革命大批判？是靠"秀才"，还是靠群众？是靠少数人搞，还是靠大家动手？是相信群众，依靠群众，还是縮手縮脚，"怕"字当头？对于这样一个十分重要的問題，在革委会中存在有两种不同的看法：一部分同志认为，搞好革命大批判，必须放手发动群众，打一場革命大批判的"人民战爭"，只有这样，才能把中国赫魯曉夫及其在天津的代理人万張反革命修正主义集团和本单位一小撮阶级敌人彻底批深批透，批倒批臭。也有一些同志有怕乱求稳的思想，对广大革命群众迫切要求深入持久地开展革命大批判的巨大革命热情估計不足。他們說："搞大批判是拿笔杆的人干的，是'秀才'的事'大老粗'既不会写文章，又不会讲一大套的理論。"因此，他們主張"秀才"搞批判，"老粗"促生产。由于厂革委会认識不一致，依靠誰搞大批判的問題沒有眞正解决，使革命大批判一度搞得冷冷清清。群众意见很大，批評革委会有些委員存在右傾保守思想，領导无力。厂革委会在解放军的帮助下，带着这个問題組織革委会成员学习毛主席关于"**人民，只有人民，才是创造世界历史的动力。**""**群众是眞正的英雄，而我们自己则往往是幼稚可笑的，不了解这一点，就不能得到起码的知识**"的教导，他們认識到，靠少数"秀才"，还是靠群众，說起来是个认識問題，实质上是对待群众的根本态度問題。这个問題的本身就是两条路綫斗爭的反映。坚持毛主席的革命路綫，就是要相信群众，依靠群众，尊重群众的首創精神，大搞革命的群众运动；站在资产阶级反动路綫的立場上，就会不相信群众，不依靠群众，不敢放手发动群众，只是依靠少数人包办代替。通过学习，大家加深了对毛主席革命路綫的理解，认識到在革命大批判中，要坚决依靠无产阶级革命派，坚决依靠广大群众。认識問題解决了，还要解决方法問題。他們經过实踐和反复研究，认識到，以班組毛澤东思想学习班为主要战場，是开展革

命大批判的好形式，也是革命大批判深入开展的必然趋势。因为班组是工厂的基层组織，是工厂阶级斗爭、生产斗爭的前哨陣地；只有把革命大批判的基点放到班组，才能更充分地发动群众，真正做到人人动手，口誅笔伐，从政治上、思想上、理論上把中国赫鲁晓夫及其在天津的代理人万张反革命修正主义集团和本单位一小撮阶级敌人批深批透，批倒批臭，从各个角落彻底肃清他們所散布的反革命修正主义流毒，普遍提高广大群众的阶级斗爭和两条路線斗爭觉悟，深深扎下毛澤东思想的根子；也只有把革命大批判的基点放到班组，才能真正深入开展"一批、三查"运动，处理好"以批带查"的关系。大家提高了认識以后，厂革委会主要领导成員亲自动手，在两个班組试点，领导开展革命大批判，取得經驗然后在全厂推广，从而迅速掀起了班組革命大批判的高潮，出现了广大革命群众人人争当批判家的新气象，調动了浩浩蕩蕩的革命大軍，展开了革命大批判的"人民战争"。

二、怎样搞好班組的革命大批判

偉大領袖毛主席教导我們說："**领导工作不仅要决定方针政策，还要制定正确的工作方法。有了正确的方针政策，如果在工作方法上疏忽了，还是要发生问题。**"这个厂革委会认为，群众充分发动起来以后，一方面要坚决地爱护群众的革命积极性，同时，又要善于引导群众，把群众的革命热情引导到正确的方向上来。于是，解决批什么和怎么批的問題，就成为班組能否深入持久开展革命大批判的一个重要关键。在这一方面，他們的經驗是：抓住一个綱，狠批一条綫，实行五个一，作到四坚持。

抓住一个綱，狠批一条綫，就是以毛澤东思想为武器，抓住阶级斗爭和两条路綫斗爭这个綱，狠批反革命修正主义路綫，把斗爭矛头紧紧对准中国赫鲁晓夫及其在天津的代理人万张反革命修正主义集团和本单位的一小撮阶级敌人。

实行五个一，就是学习毛主席的一段語录，針对阶级敌人一条罪状，批臭一个反动謬論，肃清一股反动流毒，提高一步阶級斗争和两条路綫斗争觉悟。各个班組結合当前形势、任务和本部門的特点，采取专題和一事一批的办法开展革命大批判。

作到四坚持：一是坚持战前准备，不打无准备之仗，每次班組革命大批判之前，都集体研究作战計划，确定批判題目，认眞准备发言材料，作好战斗分工；二是坚持战斗紀律，集中精力，集中火力，紧密配合，协同战斗，质問、揭发、批判相結合，防止简单、急躁情緒，"要用文斗，不用武斗"，眞正从政治上、思想上、理論上批倒批臭一小撮阶級敌人；三是坚持战后讲評，及时总結战果，找出經驗教訓，发揚成績，克服缺点，以利再战；四是坚持交流經驗，每个班組开批判会，都邀請兄弟班組代表参加，会后交流战斗經驗，互相学习，互相帮助，取长补短，共同提高，做到打一仗，进一步。

三、班組革命大批判就是好

一个多月来，这个厂以班組为基础开展革命大批判的实踐证明，班組批判就是好，立竿見影效果大。全厂革命和生产面貌发生了很大的变化，表現在五个方面：

一是活学活用毛澤东思想的劲头比过去更大了。开展革命大批判，就需要首先用毛澤东思想武装自己的头脑。因此，各班組的同志在做革命大批判的准备前，普遍带着問題学习毛主席語录，学一条，用一条，把活学活用毛澤东思想的群众运动推向了新的高潮。装卸大队老工人孟宪雨，在开展班組革命大批判后，深有体会地說："我們大队第一次批判活靶子，会开得眞好，可我就是上不了綱，上不了綫，脑瓜里毛澤东思想太少了！"从此以后，他努力学习毛主席著作，现在，他不仅在革命大批判会上能用毛主席一条語录，批判一个反动謬論，而且在工作中还努力活学活用毛主席著作，收到了很好的效果。与此同时，各班組都办了斗私批修专栏。很多同志认識到批修必须斗私。电工李文增說："要批修，就必须斗私，要不就批不深，批不透。"他积极地用偉大的毛澤东思想斗私批修，被

1967年2月10日，革命群众愤怒地捣毁了吹捧刘少奇的谈判室，并将谈判大楼改名为革命造反大楼。

1922年大罢工时，刘少奇和资本家密日和谈的所謂"談判大楼"

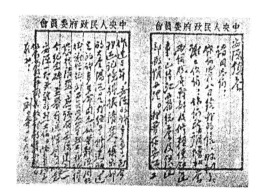

刘少奇篡改安源工人运动史的罪证之一——給安源鎮工会的信

刘少奇的家庙——安源路矿工人俱乐部大楼

1967年2月10日，革命群众砍倒了刘少奇的偶像——梧桐树。